das netz

Kataloge
der Museumsstiftung
Post und Telekommunikation
Band 12

das netz

Sinn und Sinnlichkeit vernetzter Systeme

Herausgegeben von
Klaus Beyrer und Michael Andritzky

Mit Beiträgen von
Michael Andritzky
Klaus Beyrer
der Deutschen Telekom
Christel Frank
Michael Friedewald
und Simone Kimpeler
Dorothea Friedrich
Hermann Glaser
Thomas Hauer
Jochen Hörisch
Heiner Keupp
Edgar Lersch
Marion Möhle
Hans Mohr
Thomas Pruß
Franziska Roller
Konrad Schliephake
und Steffen Niemann
Wolf Singer
Dagmar Steffen
Florian Straus
Karin Teister
Günther Uhlig
Samuel Zschokke

Eine Publikation der
Museumsstiftung
Post und Telekommunikation

EDITION BRAUS

Impressum

Diese Publikation erscheint anlässlich der Ausstellung „Das Netz. Sinn und Sinnlichkeit vernetzter Systeme" im Museum für Kommunikation Frankfurt (28. Februar bis 1. September 2002). Weitere Stationen: Museum für Kommunikation Nürnberg, Museum für Kommunikation Hamburg, Museum für Kommunikation Berlin

Projektleitung
Monique Behr
Christina Haak
Helmut Gold

Konzeption
Michael Andritzky

Ausstellungsarchitektur
Alexander Grünenwald
Susanne Maucher

Wiss. Ausstellungsbüro
Thomas Hauer
Martina Brenner

Mitarbeit
Connie Betz
Christel Frank
Eleonore Papajewski
Anke Sindermann
Dagmar Steffen
Karin Teister

Ausstellungsorganisation
Monique Behr
Christina Haak

Ausstellungsgrafik
Heike Hofacker

Ausstellungsbau
Fa. Weiss, Nürnberg

Künstlerische Installation
Willi Bucher
Ralf Kopp
Kazuyo Funabiki
Walter Giers
Moishe Moser
E.R. Nele

Katalogredaktion
Klaus Beyrer (verantw.)
Benedikt Burkard
Tanja Hommen (Text)
Margret Baumann (Bild)

Buchgestaltung und Satz
Andreas Haller

Titelfoto
Markus Heinisch

Repro
Text + Grafik, Heidelberg

Druck
Wachter, Bönnigheim

Gesamtherstellung
Edition Braus, Heidelberg

Sponsoren
Neben der Deutschen Post und der Deutschen Telekom, die die Museumsstiftung finanziell tragen, haben diese Ausstellung großzügig unterstützt:

Fraport AG, Frankfurt am Main

Gemeinnützige Hertie-Stiftung, Frankfurt am Main

Die Deutsche Bibliothek –
CIP Einheitsaufnahme
Das Netz : Sinn und Sinnlichkeit vernetzter Systeme , eine Publikation der Museumsstiftung Post und Telekommunikation ; diese Publikation erscheint anlässlich der Ausstellung „Das Netz" im Museum für Kommunikation Frankfurt (28. Februar – 1. September 2002): weitere Stationen: ... Museum für Kommunikation Berlin / hrsg. von Klaus Beyrer und Michael Andritzky. Mit Beiträgen von Michael Andritzky ... – Heidelberg: Ed. Braus, 2002
ISBN 3-89904-011-2

Inhalt

VERSORGUNG UND INFRASTRUKTUR

TELEKOMMUNIKATION

ANHANG

Das Netz – was assoziieren Sie, liebe Leser, zuerst mit diesem Titel von Ausstellung und Katalog? Eine entsprechende Umfrage wäre nicht ohne Reiz, ermöglichte sie doch zugleich eine Positionsbestimmung hinsichtlich der Durchsetzung moderner Bedeutungen: Angesichts von über 400 Millionen Nutzern weltweit ist nämlich für viele *das Netz* schlichtweg zuallererst ein Synonym für das Internet. Für diese Klientel dürfte dagegen ein Einkaufsnetz in der Assoziationskette erst weit hinten, wenn überhaupt, auftauchen, als antiquierte Transportmöglichkeit jenseits von moderner E-Commerce-Logistik. Bei der Mehrheit der Bevölkerung, so mutmaßen dagegen die Verantwortlichen der Ausstellung in ihrem Einführungsbeitrag, werde bei *Netz* nach wie vor noch die Konnotation mit Spinnen- oder Fischernetz vorherrschend sein.

Moderne und traditionelle Begriffe des *Netzes* schließen einander nicht aus, sie stehen vielmehr nebeneinander. Lexika dokumentieren in anschaulicher Weise Bedeutungswandel und -vielfalt des Begriffs. Ob „Zedlers Universallexikon", die „Allgemeine deutsche Real-Encyklopädie" oder das Grimmsche „Deutsche Wörterbuch": Das *Netz* erscheint im 19. Jahrhundert zuallererst als „ein gewisses von zarten oder starken Zwirn, Bindfäden oder Hanff mit weiten oder engen Maschen ... verfertigtes Gestricke, allerley Arten Thiere, Fische und Vögel darin zu fangen" (Zedler). Auch die übertragene Bedeutung – bis heute in vielen Redensarten präsent – ist früh bekannt: „Jemandem ins Netz gehen" oder „seine Netze auswerfen" fand und findet gleichermaßen Anwendung für polizeiliche Ermittlungen wie für amouröse Lockungen. Immer erscheint das solchermaßen „Vernetztsein" aber wenig erstrebenswert, ein unfreiwilliger Akt. Es bleibt dabei: Auch diese Metapher-Netze dienen dazu, jemanden oder etwas einzufangen.

Daneben entwickelten sich die modernen Bedeutungen: Netze zur Versorgung und zur Verbindung nehmen ab Mitte des 20. Jahrhunderts in den Lexika zunehmend mehr Raum ein. Zum einen werden damit die verzweigten Verteilungsnetze für die Versorgung etwa mit Wasser, Strom, Gas und Kanalisation bezeichnet, zum anderen, mit wachsender Bedeutung, die Netze, die der Kommunikation dienen: Verkehr, Post und Telekommunikation.

So groß die Bandbreite der unterschiedlichen Netze sein mag: Zwischen Fischernetz und Internet, zwischen Spinnennetz und moderner Leichtbaukonstruktion, zwischen neuronalen Netzen und denen der Telefonie gibt es strukturelle Parallelen, die zuweilen erstaunlich sind und über den kleinsten gemeinsamen Nenner – Netz als Knotengebilde und Geflecht – hinausgehen. Für diese oft überraschenden strukturellen Gemeinsamkeiten möchten Ausstellung und Katalog sensibilisieren. Dies gilt aber zugleich auch hinsichtlich der Vielfalt der Netze, das heißt für deren Differenz: Denn natürlich bestehen gewaltige Unterschiede zwischen mehr oder weniger eindimensionalen Verteilnetzen und lernfähigen, interaktiven, sich selbst organisierenden Netzwerken, deren avancierteste Formen übrigens – so können Sie in diesem Katalog nachlesen – in der Natur zu finden sind.

Das Netz ist ein höchst aktuelles Thema, das in die Zukunft weist. Zu den risikolos vorhersehbaren Zukunftsszenarien gehört zweifelsohne das vom Zusammenwachsen von immer mehr einzelnen Netzen, gerade in der Kommunikationstechnologie (Festnetz- und Mobilfunktelefon, TV und Internet und anderes mehr). Die zunehmende Vernetzung vollzieht sich im Kontext globalisierter Netzwerke von Kapital und Wissen. Für die damit einhergehenden gesellschaftlichen Veränderungen sind – das zeigt der Beitrag über soziale Netze – die Zukunftsprognosen schwieriger und ambivalenter:

einerseits Hoffnungen auf eine Demokratisierung des Wissens und eine größere Flexibilität, andererseits Befürchtungen vor der Auflösung langfristiger sozialer Bindungen und vor dem Verlust identitätsbildender Strukturen. Als Schlüsselbegriff dieser Diskussion hat sich in den Sozialwissenschaften der Terminus *network society* etabliert. Es ist sicher nur eine Frage der Zeit, bis der Begriff *Netzwerkgesellschaft* auch umgangssprachlich eine ähnliche Verbreitung findet wie etwa der des Informationszeitalters. *Das Netz* wird uns auf jeden Fall weiter beschäftigen.

Die Idee und Konzeption des gesamten Projektes entwickelte das Büro Andritzky aus Karlsruhe, namentlich Michael Andritzky selbst und sein engster Mitarbeiter Thomas Hauer, denen ich, stellvertretend für das gesamte Team, für die engagierte Umsetzung danken möchte. Zum Erfolg trug wesentlich bei, dass es den Initiatoren hier – dem Thema gemäß – gelungen ist, für das Ausstellungsprojekt ein regelrechtes Netzwerk unterschiedlichster Mitarbeiter und Ratgeber zu etablieren. Im Anhang dieses Kataloges und im Impressum findet sich die Auflistung aller Beteiligten, der Leihgeber und all jener, die das Projekt mit Rat und Tat begleiteten. Ihnen allen gilt mein ausdrücklicher Dank.

Weiterhin hervorzuheben sind die Verantwortlichen für die bauliche und grafische Gestaltung der Ausstellung, Alexander Grünenwald, Susanne Maucher und Heike Hofacker, sowie für die grafische Gestaltung des Katalogs und der Begleitmedien Andreas Haller. Stellvertretend für die beteiligten Mitarbeiterinnen und Mitarbeiter aus unserem Haus seien hier Monique Behr und Christina Haak für die Projektleitung der Ausstellung genannt sowie als Verantwortlicher des Katalogs Klaus Beyrer.

Besonderer Dank gilt schließlich den Sponsoren der Ausstellung: Hier sind neben den die Museumsstiftung tragenden Firmen Deutsche Post und Deutsche Telekom besonders die Gemeinnützige Hertie-Stiftung sowie die Fraport AG Frankfurt zu nennen, die gemeinsam die Ausstellung großzügig finanziell unterstützten.

Allen Leserinnen und Lesern, allen Besucherinnen und Besuchern wünsche ich, dass sie sich nicht verstricken in der Vielzahl und Vielfalt der Netze, sondern dass ihnen Ausstellung und Katalog etwas geben, wozu Netze auch immer schon geeignet sind: Strukturen zur Orientierung.

Helmut Gold
Direktor
Museum für Kommunikation Frankfurt

Michael Andritzky, Thomas Hauer

ALLES, WAS NETZ IST

Jeder, der den Begriff Netz hört, verbindet damit eine ganze Reihe von meist recht konkreten Assoziationen – am häufigsten wohl noch immer das Spinnen- und das Fischernetz. Daneben wird der Begriff von verschiedenen Fachdisziplinen wie selbstverständlich in völlig unterschiedlichen Kontexten und Funktionszusammenhängen verwendet. Ingenieure begreifen Netze in erster Linie als eine Struktur, die Verbindungen zwischen verschiedenen Netzknoten schafft und damit einen wie auch immer beschaffenen Übertragungsweg öffnet. Deshalb unterscheidet man hier in erster Linie zwischen baum- oder sternförmig aufgebauten Verteilernetzen, die zum Beispiel zur Belieferung von „Endkunden" mit Wasser, Strom oder Gas dienen, und solchen, die ringförmig aufgebaut sind. Hier handelt es sich um dicht geknüpfte interaktive Netze, in denen ein Austausch von Informationen oder Dienstleistungen und Waren im Mittelpunkt steht, wie etwa bei Verkehrsnetzen, Wasserwegen, dem Telefonnetz oder dem World Wide Web.

Anders sieht es bei Naturwissenschaftlern und Mathematikern aus. Biologen versuchen unter Rückgriff auf den Netzwerkgedanken komplexe Interaktionsmuster innerhalb oder zwischen biologischen Systemen, etwa einer Zelle oder eines Zellverbandes, zu erklären. In diesem Sinne kann man einen ganzen Organismus wie den menschlichen Körper oder auch die Natur insgesamt als biologisches Netzwerk begreifen. Mathematiker dagegen sprechen vom Netz eines Würfels, wenn sie seine Oberfläche auf einer Ebene abbilden. Daneben liefert uns die Mathematik in Form der Eulerschen Graphentheorie die Grundlage aller naturwissenschaftlich-technischen Anwendungen von Netzstrukturen. Chemiker und Physiker hingegen arbeiten mit Kristallgittern und entwerfen Modelle molekularer und atomarer Vernetzungen.

Das Netz war immer auch eine Metapher für den Versuch, Strukturprinzipien in unserer Welt, ja in unserem Kosmos zu entdecken. Was hält die Welt zusammen? Frühe Beispiele sind das ptolemäische Koordinatensystem der Längen- und Breitengrade, die Verknüpfung der Sterne zu Sternbildern, das mythische Netz der Traumpfade der Aborigines, die den australischen Kontinent durchziehen, die geheimnisvollen Netzstrukturen, die sich über viele Quadratkilometer des Nazca-Plateaus in Peru erstrecken, oder die sich kreuzenden Felsrinnen auf Malta. Das Netz, verstanden als „Zeichen", hat eine doppelte Funktion wie die Sternbilder; sie sind einerseits ein „echtes" Orientierungssystem, etwa für die frühen Seefahrer, andererseits transportieren sie als symbolische Formen uralte mythische Bedeutungen.

Geistes- und Sozialwissenschaftler definieren Netze als „immaterielle Beziehungsgeflechte". Mit ihrer Hilfe versucht man den Zusammenhalt und die Interaktionen zwischen Individuen und Gruppen zu beschreiben und zu erklären. Auch Ökonomen bedienen sich der Netzterminologie, wenn sie von einer vernetzten (globalisierten) Wirtschaftsordnung oder der Unfinanzierbarkeit des sozialen Netzes sprechen, weil angeblich zu viele in der Hängematte des Wohlfahrtsstaates liegen.

Die hier skizzierte begriffliche und inhaltliche Unschärfe des Netzbegriffs muss jedoch nicht von Nachteil sein; die zunehmende Beliebigkeit in der Verwendung des Terminus Netz fordert dazu heraus, einen Minimalkonsens zu finden, was die unverzichtbaren Bestandteile eines Netzes sind: die Knoten und Verbindungen, wie auch immer sie konkret aussehen mögen. Ein solcher Begriff zwingt uns, eine Perspektive einzunehmen, in der alles mit allem zusammenhängt, und bietet damit die Chance, komplexe Abläufe und Interaktionen in ihren Wechselwirkungen zu verstehen.

Natur und Leben

Nur selten machen wir uns bewusst, dass die Natur, die uns umgibt, aus „vernetzten Systemen" besteht, die man nur dann adäquat begreifen kann, wenn man selbst „vernetzt denkt", wie einer der Pioniere der Netztheorie, Frederic Vester, immer wieder betont hat. Es ist vor allem die augenfällige strukturelle Ähnlichkeit natürlicher und künstlicher Netzwerke über alle Größendimensionen hinweg, die den Betrachter frappiert – vom Mikrokosmos der Quanten, Quarks, Atome und Moleküle über die Natur, die uns alltäglich umgibt, bis hin zum Makrokosmos der Galaxien und Sternenhaufen. Hier ist das verbindende Moment des Netz-Prinzips besonders deutlich zu erfahren.

Bleiben wir aber zunächst noch ein wenig vor unserer Haustür: Jeder kennt das archetypische Radnetz der Spinne als Urbild aller Netzvorstellungen. Gebannt beobachten wir, wie die Spinnen mit einem Geschick, das weit über alle uns bekannten technischen Möglichkeiten hinausführt, aus filigransten Seidenfäden ein scheinbar fragiles Gebilde weben, obwohl der „Baustoff" der Spinne in Wahrheit elastischer als Nylon und reißfester als Stahl ist. Wen mag es wundern, wenn viele Menschen, von diesem Archetypus inspiriert, immer wieder versucht haben, die kühnen Leichtbaukonstruktionen der Spinnen für menschliche Bauten nutzbar zu machen. Ein prominentes Beispiel dafür ist die Dachkonstruktion des Münchner Olympiastadions.

Doch das Spinnennetz ist nur ein Beispiel für die fast unendlich erscheinende Vielfalt der Netzstrukturen, die sich in der Natur finden lassen. Dabei entziehen sich manche der größten und umfassendsten natürlichen Netzwerke unseren Blicken fast vollständig. So ist das größte bekannte Lebewesen auf unserem Planeten ein weitgehend unterirdisches Pilzgeflecht eines Hallimaschs, dessen eng verflochtenes Mycelnetz sich im Nordwesten der USA über rund neun Quadratkilometer erstreckt. Aber die Natur hat auch soziale Netzwerkstrukturen hervorgebracht, die Abläufen in der menschlichen Gesellschaft zum Teil sehr ähnlich sind – hierzu zählen der Ameisen- beziehungsweise Termitenstaat oder das Bienenvolk. Innerhalb dieser sozialen Entitäten kooperieren Tausende oder gar Millionen von Individuen mit jeweils begrenzter Lebensspanne und erbringen dennoch beachtliche kollektive Leistungen. Es ist deshalb nicht verwunderlich, wenn solche „natürlichen Konstruktionen" als Vorbild für die Softwareentwicklung und für die Lösung von Logistikproblemen gelten, wie sie zum Beispiel im Rahmen der so genannten „Ant Colony Optimization" zum Zweck der Beschleunigung und Sicherung der innerhalb von Datennetzen verschickten Informationspakete typisch sind.

Richten wir den Blick auf uns selbst, dann ist wahrscheinlich unser Körper und Geist das herausragendste Beispiel für die Vernetzung einzelner Systeme zu einem funktionierenden Ganzen. Ist nicht das neuronale Netz aus Milliarden von Nervenzellen die weitaus komplexeste biologische Vernetzung, die wir überhaupt kennen? Ist das Rätsel um unser Bewusstsein in Wahrheit nicht einfach eine Frage nach dem Grad der Vernetzung und damit der Komplexität in unserem Gehirn? Ob wir die letzten Rätsel des Geistes jemals werden lösen können, kann heute niemand sagen – fest steht, dass vernetzte Strukturen in der Entwicklung unseres Bewusstseins und damit unserer Zivilisation eine entscheidende Rolle gespielt haben.

Da das Netz eine der grundlegendsten Strukturen der natürlichen Umwelt ist und Vernetzung eine elementare Eigenschaft aller höheren Systeme darstellt, ist es sicher nicht falsch zu behaupten, dass die Entwicklung des Menschen in ihrer Gesamtheit als Ergebnis der Vernetzung von Informationen verstanden werden kann. Das Netzprinzip steht am Anfang aller Zivilisation und bestimmt seither die historische Entwicklung der menschlichen Gesellschaft bis hin zum Industriezeitalter. Im Zeichen global vernetzter Informationen hat die Bedeutung des Netzprinzips gewaltig zugenommen.

Ein prägnantes Beispiel: Die Entwicklung von Schrift, Zahlen und Mathematik hängt unmittelbar zusammen mit dem Aufbau von ausgedehnten Bewässerungsnetzen im Zweistromland Mesopotamien und in Ägypten, die einen blühenden Garten Eden inmitten der lebensfeindlichen Wüste entstehen ließen. Aufgrund der Komplexität der baulichen Maßnahmen und der Instandhaltung der weit verzweigten Kanalnetze war es unumgänglich, dafür Systeme der Informationsspeicherung und Informationsverarbeitung zu entwickeln. Auch die fortschreitende Entwicklung von Gesetzgebung und öffentlicher Verwaltung lässt sich daraus ableiten. In diesen Kontext gehören außerdem die römischen Aquädukte oder bestimmte Bewässerungstechnologien etwa in China. Erst wenn man sich solche Zusammenhänge vor Augen führt, wird die grundlegende zivilisatorische Bedeutung von Vernetzung deutlich.

Wissen

Wissen ist Macht – zu keiner Zeit war diese alte Weisheit wohl zutreffender als heute, da wie niemals in der Weltgeschichte zuvor so viel Wissen so vielen Menschen zugänglich ist. Das Internet hat die Möglichkeiten der Informationsbeschaffung in eine Dimension katapultiert, die geradezu unvorstellbar ist. Anders als früher ist heute das Problem deshalb nicht mehr der Mangel an Information, sondern im Gegenteil die Informationsflut: Wie soll man unter Milliarden von Internetseiten diejenigen finden, die man tatsächlich braucht? Dies lässt vermuten, dass morgen nicht diejenigen vorn sein werden, die Zugang zu Wissen haben, sondern diejenigen, die intelligent selektieren und das Gesuchte in der Datenflut finden können. Ein völlig neuer Berufszweig entsteht: der des Informationsbrokers, der ein „Netzexperte" sein muss.

Die historische Entwicklung des Wissens selbst wird in Zukunft ein Forschungszweig werden. „Informationsgeschichte" wird sich als wissenschaftliche Disziplin herausbilden, die ausgehend von antiken, mittelalterlichen und frühneuzeitlichen Idealen den Formen der Wissensvernetzung nachgeht. Man denke etwa an den Kanon der mittelalterlichen „septem artes liberales", an die Universalgenies der Renaissance wie Leonardo da Vinci oder des 18. Jahrhunderts wie Goethe oder an die Vorstellung von Wissensnetzen im Sinne Humboldts, in denen sich das sich wandelnde Verständnis universaler Gelehrsamkeit ausdrückt. Was machte den Menschen in verschiedenen Epochen zum Gelehrten? Wie müsste ein Universalgenie von heute aussehen? Und wäre das unter den gegenwärtigen Bedingungen überhaupt vorstellbar? Was ist das verbindende, was das trennende Element in den verschiedenen Vorstellungen von Gelehrsamkeit?

Dies leitet unmittelbar zu den „chaotischen", frei flottierenden Wissensnetzen unserer Tage über. Die universelle Verfügbarkeit von Informationen via Internet, die an jeder beliebigen „Zapfstelle" in der ganzen Welt abgerufen werden können, gepaart mit der „anarchischen" Verknüpfung des scheinbar Unvereinbaren, steht dabei im Mittelpunkt. Das World Wide Web kennt keine Chronologie, kein Vorher und kein Nachher, auch keine örtlichen Privilegien mehr – völlig anders als noch im Mittelalter, als das Wissen in der Regel nur studierten Klerikern zugänglich war, die griechisch, lateinisch oder gar arabisch lesen konnten und Zugang zu Klosterbibliotheken besaßen. Aber ist die Welt des Internets auch eine demokratische Welt, die allen Menschen offen steht? Lassen wir nicht außer Acht, dass Milliarden Menschen in der Dritten Welt vom Zugang zu diesem kollektiven Menschheitsgedächtnis ausgeschlossen sind?

In unmittelbarer Verbindung mit der Frage nach den Wissensnetzen stehen die Vorgänge des Lernens und Verknüpfens, des Erinnerns: Wie behalten wir eigentlich, was wir lernen? Warum vergessen wir auch jenes, was wir auf keinen Fall vergessen wollten? Warum erinnern wir uns an anderes, das scheinbar keinerlei Bedeutung mehr hat? Während die Antworten auf diese Fragen immer noch nicht ausreichen, gibt es auf der anderen Seite bereits Jahrtausende alte Techniken, mit denen „Normalsterbliche" schier unglaubliche mentale Kapazitäten freisetzen können, die es ihnen erlauben, in kürzester Zeit ungeheure Mengen an – meist unzusammenhängenden – Einzelinformationen zu speichern.

Verkehr

Die grundlegende zivilisationsgeschichtliche Bedeutung moderner Verkehrsnetze ist den meisten Nutzern in der Regel nicht bewusst, solange der Verkehr reibungslos fließt – egal ob auf der Straße, der Schiene, dem Wasser oder in der Luft. Meist erkennen wir unsere Abhängigkeit vom ungehinderten Verkehrsfluss und damit vom Funktionieren des Netzes erst im Stau, im Falle einer Verspätung oder eines gestrichenen Fluges oder angesichts der vom Sturm aufgewühlten See – also sinnbildlich beim „Verkehrsinfarkt", dem Zusammenbruch des Netzes. Es ist ein interessantes Phänomen, dass der Ausbau des Verkehrsnetzes (vor allem der Straßen) dem Verkehrszuwachs immer hinterherhinkt. Warum eigentlich? Erzeugt vielleicht erst der Ausbau der Infrastrukturnetze den zusätzlichen Verkehr?

Unstrittig ist zumindest, dass ein funktionierendes Verkehrsnetz die Grundvoraussetzung einer hoch entwickelten, arbeitsteilig organisierten Industriegesellschaft ist. Die industrielle Produktion von Gütern, die aus Tausenden von Einzelteilen bestehen, die „just in time" angeliefert werden, beruht aber nicht nur auf einem reibungslosen Verkehrsfluss, sondern darüber hinaus auf einem engmaschigen Logistiknetz, von dem das Netz der Verkehrswege nur eine Teilmenge darstellt. Bereits in den 50er-Jahren (aufbauend auf Erfahrungen der Nachschublogistik im Zweiten Weltkrieg) wurden Techniken entwickelt, um solche hochkomplexen Produktionsprozesse zu optimieren. Der bekannteste Ansatz ist die so genannte Netzplantechnik als Teilbereich der Operations Research. Noch heute ist dieser – ständig fortentwickelte – Klassiker das Herzstück aufwändiger Produktionsabläufe. Grundlage des Verfahrens ist unter anderem die bereits eingangs erwähnte Eulersche Graphentheorie.

Kommunikation

Das weltumspannende Netz der Telekommunikationstechnologien ist die wahrscheinlich weitreichendste, engmaschigste und umfassendste aller jemals von Menschenhand entwickelten Netzwerkstrukturen. Früher ausschließlich mit Hilfe von (auch transatlantischen) Kupferkabeln realisiert, ist der Kommunikationsprozess heute auf der Basis eines ausgeklügelten Netzes von Satelliten, Glasfaserkabeln, Mobilfunkrichtantennen und Internet-Backbones im wahrsten Sinne grenzenlos geworden. Die Frage, ob das dabei Kommunizierte in seiner Komplexität dem technischen Aufwand entspricht, stellt sich allerdings nicht erst seit der Erfindung jener magischen drei Buchstaben SMS.

Im historischen Rückblick wird klar, wie wichtig die Herrschaft über die Medien und der Umgang mit ihnen ist. Das Dritte Reich bietet ein Beispiel dazu. Die Informationsverteilung erfolgte – aufgrund der Eigenheit des Mediums – streng hierarchisch (baumförmig). Die gewünschten „Informationen" konnten mit Hilfe einiger weniger Sender und eines umfassenden Empfängernetzes bis in den letzten Winkel des Reiches und darüber hinaus transportiert werden. Es gibt hierzu beeindruckende Film- und Tondokumente, zum Beispiel über die Wunschkonzerte der Wehrmacht, die die Verbindung der Front mit der Heimat über die Klammer des Radios verdeutlichen. Die Herrschaft über das Netz ist also unter Umständen ein faktisches Mittel der Herrschaftsausübung oder gar der Unterdrückung ebenso wie der demokratischen Informationsverteilung.

In der Gegenwart ist es nicht zuletzt der scheinbar ungebremste Siegeszug des Internets, der das Prinzip der Vernetzung heute in nahezu jedem Lebensbereich zum Schlagwort und gleichzeitig zum Inbegriff von Fortschritt und Modernität gemacht hat. Nachdem wir uns an das Telefonnetz bereits so gewöhnt haben, dass wir es fast für eine „natürliche" Sache halten, gilt uns heute das Internet, das „Netz der Netze", als die Zukunftsmaschine schlechthin. Es verknüpft Millionen einzelner Informationsspeicher zum weltumspannenden Netz, so dass im Prinzip jeder an jedem Ort jede im Netz enthaltene Information mit einem Klick für sich verfügbar machen kann. Nicht vergessen sollte man allerdings die historische Entwicklung des Internets, das auf die Planspiele von US-Militärs zurückgeht, die erreichen wollten, dass selbst im Falle der Vernichtung der bestehenden Kommunikationsmöglichkeiten durch einen atomaren Schlagabtausch ein funktionierendes Kommunikationssystem aufrechterhalten werden kann. Vergleicht man die geschilderte, einseitige Informationsübermittlung an eine große Zahl von Empfängern, wie beispielsweise beim Radio (Verteilernetz), mit dem interaktiven Internet, ist klar, warum das Internet vom Prinzip her ein demokratisches Medium ist.

Infrastruktur

Für den privaten Verbraucher ist das infrastrukturelle System der energetischen und stofflichen Versorgungsnetze, auf denen die moderne Welt beruht, in weiten Teilen weder sichtbar noch begreifbar. Gleichgültig ob Waren, Energie, Wasser – alles ist auf fast magische Weise einfach „da", wenn man es braucht. Strom fließt aus der Steckdose, Wasser aus dem Hahn, Lebensmittel aus aller Herren Länder müssen beim Supermarkt um die Ecke nur in den Einkaufswagen gelegt werden. Dem Druck auf den Lichtschalter, dem Öffnen des Wasserhahns, dem Griff ins Supermarktregal entspricht ein System langer Transportwege, komplizierter Technologien, ausgeklügelter Logistik und schließlich ein Geflecht multinationaler Konzerne.

Bei den Energieträgern, Strom und Gas, und beim Grundnahrungsmittel Wasser gibt es keine private Bevorratung. Eine Ausnahme bildet das Heizöl. Die Haushalte sind mittelbar (Benzin) oder unmittelbar (Strom, Gas, Elektrizität) an zentrale Versorgungsnetze angeschlossen; Symbol hierfür ist das Rohr, die Pipeline, die Versorgungsleitung. Unsere Städte (und jedes einzelne Haus) sind mit Zehntausenden von Kilometern Versorgungsleitungen durchzogen, die in der Regel unsichtbar bleiben. Nur ungern beschäftigen wir uns mit den Konsequenzen, die auf uns zukämen, wenn Teile dieses Versorgungsnetzes kollabierten. Selten machen wir uns bewusst, dass der technisch-zivilisatorische Überbau unserer Gesellschaft an einem sehr verletzlichen Netz hängt.

Wenn aber Energie fernab des alltäglichen Anschauungshorizonts erzeugt wird und – wie etwa beim Gas – über Zigtausende von Kilometern herbeigeschafft werden muss und auch Wasser selten direkt vor Ort aus Brunnen gepumpt wird (so versorgt der Vogelsberg die Stadt Frankfurt, der Bodensee liefert Wasser für Stuttgart), dann ist unser Komfort, unser Lebensstandard abhängig von einem ausgedehnten Versorgungsnetz über alle nationalen Grenzen hinweg. Das heißt in letzter Konsequenz, dass Sibirien, Arabien, Venezuela oder auch ein französisches Atomkraftwerk zu „unserem" Umweltraum gehören, weil wir den „Rohstoff" Energie von dort beziehen. Ähnliches gilt für viele Waren des täglichen Gebrauchs. Noch vor 50 Jahren war im Lebensmitteleinzelhandel nur ein Bruchteil dessen erhältlich, was heute selbst in einem Minisupermarkt zum unverzichtbaren Standard gehört; ein Großteil aller angebotenen Waren und Lebensmittel wurde damals außerdem relativ nahe am Absatzort produziert oder gar beim Produzenten selbst – etwa dem Milchbauern – gekauft. Heute „shoppen" wir mal eben kurz ein paar Shrimps aus Südostasien, Bananen aus Honduras, ein Straußensteak aus Australien, Datteln aus Marokko und eine Flasche sizilianischen Weines – und schon haben wir fünf Kontinente im Einkaufswagen versammelt.

Wir sind weit davon entfernt zu begreifen, welche ungeheure logistische Leistung den Strom (und die Produktion) der Waren auf unserem Planeten steuert; wie überseeischer Containertransport, Luftfracht, Straßen- und Schienenverkehr zusammenwirken, um zumindest demjenigen, der es bezahlen kann, jedes gewünschte Produkt zu jeder beliebigen Zeit und an jedem beliebigen Ort uneingeschränkt zugänglich zu machen. Wer sich einmal den Weg einer bestimmten Ware vom Ort der Erzeugung bis zum Endverbraucher vor Augen führt, kann schon ins Staunen geraten – oder nur mit dem Kopf schütteln. Ein gutes Beispiel sind die Nordseekrabben, die in der Nordsee gefischt, dann per Kühl-Transporter nach Nordafrika zum Pulen verfrachtet werden, dann retour zum norddeutschen Großhändler geschickt werden, der sie abpackt und mit dem LKW zum Einzelhändler liefert, wo der Verbraucher dann schließlich „seine" Nordseekrabben in Händen hält.

Soziale Netze

Soziale Netze sind nicht direkt und unmittelbar anschaulich darstellbar, weil es sich hier um „unsichtbare" Muster menschlicher Handlungen handelt. Gleichwohl lassen sich Veränderungen in sozialen Netzen indirekt am Beispiel der sich wandelnden familiären, verwandtschaftlichen und sonstigen Beziehungsformen darstellen. Beispiele hierfür sind die so genannte Patchworkfamilie, die allein Erziehenden oder die vielen älteren Menschen, die nicht mehr in ein reiches, verwandtschaftliches Beziehungsgeflecht eingebunden sind. In unserer westlich-abendländischen Gesellschaft, deren Schlachtruf der Dreiklang „Flexibilisierung, Liberalisierung, Globalisierung" geworden ist, scheint es auf den ersten Blick um das personale Beziehungsgeflecht des Einzelnen schlecht bestellt zu sein. Das Schlagwort der Singlegesellschaft macht die Runde.

Die sozialen Netze insbesondere der Verwandtschaft dünnen sich aus. Generell gehen die Geburten zurück und die Zahl der Einzelkinder steigt, die später nicht selten selbst wieder als Single leben. Ein Einzelkind aber, so die Soziologen Hartmut Häussermann und Walter Siebel, „deren Eltern auch Einzelkinder sind, hat außer seinen Eltern überhaupt keine Verwandten mehr: keine Onkel, keine Tanten, keine Vettern und Cousinen, keine Neffen und Nichten. Wenn man bedenkt, welch große Rolle noch heute die Verwandtschaft für Geselligkeit und Hilfe spielt, wird die Lücke deutlich." Selbst gewählte Nachbarschaft, ein über Jahre intensiv gepflegter Freundeskreis, generell ein aktives außenorientiertes Leben können dazu beitragen, diesen Mangel ein Stück weit auszugleichen. Man kann auch sagen: Je mehr das Individuum in die eigene soziale Netzwerkarbeit investiert, also wie die Spinne ein eigenes Netz webt, desto eher beugt es der sozialen Isolation im Alter vor und kann dennoch sein Leben weitgehend in freier Selbstbestimmung führen.

Die Lage ist also nicht so prekär, wie sie in der Presse manchmal gezeichnet wird. Auch die tradierten sozialen Beziehungsgeflechte haben noch längst nicht ausgedient. Dürfen wir den Ergebnissen der empirischen Sozialforschung trauen, entwickeln wir uns keineswegs zu sozialen Egomanen und hedonistischen Selbstverwirklichern um jeden Preis. Die neuesten Jugendstudien zeigen vielmehr, dass sich eher traditionsorientierte Werte wie Ehe und Familie wieder großer Beliebtheit erfreuen. Dennoch gilt, dass zahlreiche soziale Rituale, die im Prozess der Sozialisation des Menschen über Jahrhunderte hinweg eine zentrale Rolle gespielt haben, heute zunehmend an Bedeutung verlieren – wie etwa das gemeinsam eingenommene Familienmahl. Nietzsche nannte Speiseordnungen nicht von ungefähr „Offenbarungen über Kulturen".

Unter dem Oberbegriff des sozialen Netzes können aber auch Netzwerke eingeordnet werden, in denen sich soziale Gruppen mit einem spezifischen, klar definierten Interessenspektrum unabhängig von verwandtschaftlichen oder freundschaftlichen Beziehungen zusammenfinden und aufgrund ihrer netzwerkförmigen Organisationsstruktur Macht und Einfluss gewinnen können. Darunter fallen traditionell christliche Ordensgemeinschaften wie die Jesuiten und die Zisterzienser, aber auch säkulare Vereinigungen wie Freimaurer oder Mafia-Clans.

Schließlich fallen unter den Begriff des sozialen Netzes auch die Errungenschaften von rund 120 Jahren sozialstaatlicher Wohlfahrtspolitik, insbesondere die fünf Säulen der sozialen Sicherungssysteme: Krankenversicherung, Arbeitslosenversicherung, Rentenversicherung, Pflegeversicherung und Sozialhilfe. Die staatlich garantierten Sicherungssysteme bilden – unabhängig von der sozialen Beziehungsarbeit jedes Einzelnen – das Rückgrat des Sozialstaates.

Was wird die Zukunft auf dem „Global Network Planet Earth" bringen? Werden wir tatsächlich in einer total vernetzten Welt leben (wollen)? Wird die Vernetzung ein solches Ausmaß annehmen, dass – wie manche ernsthaft behaupten – eine Art Weltbewusstsein, analog zum menschlichen Gehirn, entsteht? Alle Versuche, diese Fragen zu beantworten, sind Spekulation. Fest steht, dass der Trend zu immer engerer Vernetzung im Moment noch ungebrochen erscheint. Zu groß sind die offensichtlichen Vorteile, zu gewaltig die Ersparnis an Zeit und Geld, zu verlockend für viele Netzpioniere die ungeahnten Möglichkeiten weiterer Verflechtungen – vor allem wirtschaftlicher Art. Aber werden nicht langsam auch die Gefahren einer scheinbar grenzenlosen Vernetzung sichtbar, sind wir nicht bereits konfrontiert mit den Auswirkungen globaler Kriminalität, grenzenloser Geldgier, grenzenloser Rationalisierung, bei der jeder einzelne Knoten im Netz, das heißt jeder Einzelne von uns, eine immer geringere Rolle spielt? Sind gigantische Renommierprojekte wie die beiden total vernetzten, mitten im Dschungel aus dem Boden gestampften malaiischen Retortenstädte Putrajaya und Cyberjaya wirklich unsere Zukunft? Brauchen wir „intelligente Gebäude" oder ans Internet angeschlossene Kühlschränke? Wollen wir intelligente Kleidung, die unseren Gesundheitszustand ständig überwacht und an einen zentralen Rechner weitergibt? Es scheint, als würden wir hier vorerst einfach nicht nach unserer Meinung gefragt. Wie auch immer: Eines muss uns immer klar sein – wenn die Idee des Netzes am Anfang aller Zivilisation steht, kann sich die Zivilisation in der totalen Vernetzung auch selbst strangulieren. Es wird darauf ankommen, den Menschen in seinen meist sehr alten und einfachen Grundbedürfnissen nach Schutz, Geborgenheit, Liebe und sozialer Wärme nicht zu vergessen, die er in aller Regel nicht global findet, sondern nur im Nahbereich seines Lebens befriedigen kann – in kleinen überschaubaren Netzen.

Franziska Roller

FANGEN – HALTEN – ZEIGEN – SPIELEN
Zur Geschichte des Netzes als Alltagsgegenstand

Netz [Grundbedeutung = Geknüpftes (zu nhd. nähen)], allgemein ein aus Fäden, Zwirnen, Chemiefasern, Schnüren u. a. geknüpftes, bei Verwendung von Drähten, Stahlseilen u. a. auch geflochtenes Maschenwerk, dessen „Fadenlegungen" an den Kreuzungsstellen z. B. durch Verknotungen so festgehalten werden, dass sie regelmäßige, meist rhomb. „Maschen" bilden.[1]

Netz – Netzwerk – Vernetzung – Internet – zum Begriff *Netz* stellen sich sofort Assoziationen ein, bei denen das Wort im übertragenen Sinne steht. Sie sind so präsent, dass die ursprüngliche Bedeutung geradezu aus dem Blickfeld gerät. Und dabei war das Netz einer der ersten Gegenstände überhaupt, den der Mensch herzustellen lernte. Solche Netze aus maschenförmig geknüpften Schnüren und Garnen finden im Alltag nach wie vor in zahlreichen Variationen Anwendung.

Als Frauen noch mit langen Kleidern Fahrrad fuhren, verhinderte ein Netz am Hinterrad, dass sich der Rock darin verfing, und beim Militär werden Tarnnetze verwendet, in die sich Zweige und Grasbüschel einarbeiten lassen; auf diese Weise werden Soldaten oder auch ganze Panzer und Anlagen für das menschliche Auge unsichtbar. Beim Ballsport sind die Tore mit Netzen versehen, in älteren Zügen kann man noch Gepäcknetze finden, aus Südamerika haben Urlauber netzförmig geknüpfte Hängematten mitgebracht, aus afrikanischen Ländern kommen Trommeln, deren Felle mit kunstvoll geknoteten Verschnürungen gehalten werden. Der Angler hat einen Käscher dabei, ebenso wie das Kind im Urlaub am Meer. Eine der neben dem Fischen ältesten Nutzungsweisen des Netzes ist bis heute nicht ausgestorben – trotz der Erfindung der Plastiktüte: Das Netz als Tragemittel hat eine lange Tradition vom vorgeschichtlichen Beutel zum Nahrungsammeln bis hin zur Einkaufstasche.

Die Aufzählung ist ein beliebiges Sammelsurium; sie zeigt, dass Netze in unzähligen Funktionsweisen und Alltagsbereichen ihren Platz haben. Kaum eine andere Erfindung ist so schlicht und gleichzeitig vielseitig; das gewirkte oder geknotete Material hält einerseits zusammen, andererseits ist es durchlässig, es kann ab- oder aufhalten und schützen, sichtbar machen und umhüllen.

Fangen

Eine der wichtigsten frühen Nutzungsweisen des Netzes ist der Fischfang. Für die prähistorische Zeit belegen Funde von Senkbleien und Überreste von großen Seefischen in Ansiedlungen, dass Fischfang auf hoher See nicht nur mit Angeln, sondern auch mit Netzen betrieben wurde. Unter glücklichen Umständen blieben Netzfragmente sogar erhalten: Eine ganze Reihe von Funden aus der Jungsteinzeit stammt von Pfahlbauten in Hornstaad am Bodensee. Dort wurden Netze aus Flachs geborgen, die verkohlt unter Wasser geraten und dadurch konserviert worden waren. Das in Europa bislang älteste Stück Geknüpftes wurde 1914 im finnischen Korpilathi gefunden. Es war Teil eines Zugnetzes aus gedrehten Bastfasern und wurde von steinzeitlichen Fischern benutzt. Im schweizerischen Schötz wurde ein Exemplar der

[1] Meyers Enzyklopädisches Lexikon. Mannheim, Wien u. Zürich 1980.

ältesten Grundformen des Netzes aus der Jungsteinzeit ausgegraben, ein knotenloses Netz, das aus einfachen Schlaufen besteht.

Im Mittelalter war der Fischfang in weiten Teilen Europas eine wichtige Nahrungs- und Einnahmequelle. Zum Teil sind Gesetze überliefert, die das Fischereirecht regeln, so beispielsweise die *Lex Salica* aus dem 6. Jahrhundert. Sie schreibt ein königliches Fischereiprivileg fest und regelt die Bestrafung von Diebstahl. Die fast unüberschaubare Vergabe von Fischereirechten führte angesichts konkurrierender Interessen immer wieder zu Konflikten, die räumliche Einschränkungen zur Folge hatten: So wurden zum Beispiel in großen Seen Fischereirechte durch Netzzüge *(tractus sagenarum)* begrenzt. Der Begriff bezeichnet das Gebiet, in dem das Netz von Ufer zu Ufer ohne Behinderung gezogen werden konnte. Noch ein Handbuch aus dem 19. Jahrhundert nimmt auf Fischereiprivilegien im Titel Bezug: Das „Neue allgemein praktische Wörterbuch der Fischerey für Fischer, Gutsbesitzer und Fischereyberechtigte mit Rücksicht auf die dahin einschlagenden Gesetze" von 1811. Ohnedies beschreibt das Werk eine ganze Reihe von Netzformen: „Fischwathe, Streichwathe, Eisnetze, Treib- oder Keutelnetze, Wurfgarne, Senkgarne, Koffer- oder Sackgarne, Fischwasser, Fischporte, Taupel- oder Tauchbeerengarne, auch Quadernetze genannt. Auch gehören dahin die Garn-, Fall-, Schlepp- und Gründlingsköpfe, nicht weniger alle Arten von Hahmen und Koetzschern, worüber alle diese Worte nachzulesen sind."[2]

Der wunderbare Fischzug. *Gemälde von Konrad Witz, 1444*

Die Formen der Fischernetze sind im Grunde heute die gleichen wie vor Hunderten von Jahren. Geändert haben sich seither allerdings die Materialien. Ursprünglich wurden Pflanzenfasern wie Baumwolle, Flachs oder Sisal zu Netzen geknüpft und mit Teer vor der Verrottung geschützt. Inzwischen sind Kunstfasern wie Nylon, Polyester, Polypropylen und Polyethylen an ihre Stelle getreten; diese Materialien sind leichter und obendrein wasserfest. Selbstverständlich ist es mit motorisierten Schiffen heute auch möglich, vergleichsweise große Netze einzusetzen. Was sich ebenfalls grundlegend gewandelt hat, sind die Hilfsmittel, mit denen die Fische aufgespürt werden: Wo heute Funk und Radar weiterhelfen, hatten in früheren Jahrhunderten die Fischer ihre wohlgehüteten Geheimnisse. Dazu gehörten die Köder, die vor allem in einer Sonderform des Fischnetzes, der Reuse, zum Einsatz kamen. Ein Handbuch der Fischerei von 1825 bietet seinen Lesern eine Reihe von Rezepten an: „Will man aber Köderpulver machen, so nimmt man Reigermark und Rindmark, Menschenblut, faules Holz und Branntwein, das thut man unter einander in einen ledernen Sack, und hängt ihn in die Reussen. / Nimm Bärenschmalz und Honig und Kühekoth im Maimonat, zerlaß solches unter einander, dann nimm eine Hand voll Korn, mische dieses unter ersteres, mache Küchlein davon, trockne sie, und lege sie in die Reussen."[3]

Solche Rezepturen hören sich derart abenteuerlich an, dass man meinen könnte, die Zutaten wirkten nicht nur durch ihren Geruch, sondern auch mit Hilfe von Zauberei. Wem die Fische ins Netz gehen und wer lange Zeit ohne guten Fang bleibt, das galt in der Tat nie nur als Frage der Fertigkeiten. So ist es kein Wunder, dass sich unter Fischern eine Vielzahl von Methoden entwickelt hat, um – sei es mit Hilfe von Gott oder von schwarzer Magie – dem Glück auf die Sprünge zu helfen. Zum Thema „Netze" hat das Handwörterbuch des deutschen Aberglaubens eine Reihe solcher Praktiken zusammengestellt: „Daß die Fische in diese gehen, scheint ebenfalls auf Zauber beruhend; man sucht ihn zu steigern; so soll man ein wenig Rosenblätter, Senf, einen Fuß von einem Wiesel hineinlegen (Fischbuch Nr. 29) ... Das Fischglück kann einem glücklichen F[ischer] zusammen mit der Leine oder dem Netz gestohlen werden, so wird von den Kuren (Ostpreußen) an das Netz ein Stück vom Schiffstau eines glücklichen Schiffes gebunden, oder es wird in der Nacht aus dem Netz eines glücklichen F[ischer]s ein Stück herausgeschnitten, verbrannt und die Asche auf die eigenen Netze gestreut."[4] Das Netz in seiner Bezeichnung als „Masche" sei, so heißt es weiter, wohl auch der etymologische Ursprung des Wortes Maske, wonach „mit *masca* ursprünglich ein Wiedergänger gemeint war, ein Toter, den man in ein Netz gehüllt hatte, um ihn eben am Wiederkommen zu verhindern. Primitive hüllen vielfach ihre Toten in Netze ein oder spannen welche über das Grab."[5] Schon bei Ausgrabungen aus frühalemannischer Zeit wurden Netze angetroffen, die um die Gräber gespannt worden waren. Aber noch bis ins 20. Jahrhundert gab es die abergläubische Praxis, Toten zumindest ein Stück Netz mit ins Grab zu geben.

Selbstverständlich waren in der magischen Vorstellungswelt der Fischer die Netze immer auch potentielles Fanggerät für Meerjungfrauen. Peter F. Anson beschreibt in seinem Buch über „Fisher folk-lore" zahlreiche Begegnungen mit Meermännern und Meerjungfrauen. Beispielsweise soll sich 1833 vor der Isle of Yell im Netz von sechs Fischern von den Shetlandinseln eine Seejungfrau verfangen haben. Die Männer erzählten übereinstimmend, sie hätten die *mermaid* drei Stunden lang auf ihrem Boot gehabt, sie sei ungefähr drei Fuß lang gewesen, habe sich weder gewehrt

[2] Neues allgemein praktisches Wörterbuch der Fischerey für Fischer, Gutsbesitzer und Fischereyberechtigte mit Rücksicht auf die dahin einschlagenden Gesetze. Leipzig 1811.

[3] Das Ganze der Fischerei als Angel-, Netzfischerei und Teichwirthschaft sammt der Naturgeschichte der deutschen Fischarten. Ein Handbuch für Fischerei- und Teichbesitzer. Nürnberg u. Leipzig 1825, S. 111f.

[4] Hanns Bächtold-Stäubli u. a. (Hrsg.): Handwörterbuch des deutschen Aberglaubens. Berlin u. New York 1987 (Nachdruck der Originalausgabe 1927-1941), dort das Stichwort „Fischer".

[5] Vgl. ebd. das Stichwort „Maske".

noch zu beißen versucht, aber ununterbrochen herzzerreißend gejammert. „Einige wenige steife Borsten waren oben auf ihrem Kopf, die bis auf ihre Schultern herunterreichten, und sie konnte sie nach Belieben aufstellen und anlegen, so etwa wie ein Kamm." Die Meerjungfrau hatte weder Kiemen noch Schuppen oder Flossen, und die sechs Seeleute berichteten, sie hätten sie schließlich wieder von Bord geworfen.[6]

Nicht nur Fische und Fischmenschen wurden im Netz zur Beute, sondern auch an Land waren geknüpfte Garne ein Jagdwerkzeug. Es gibt kaum ein Tier, dem die Jäger vor der Erfindung der Schrotflinte nicht mit Hilfe eines Netzes nachgestellt hätten. Laut Grimmschem Wörterbuch nutzte man für die „oberjagd die hirsch-, sau-, spiegel-, und prellnetze, die kuppel-, reh-, und wolfsnetze, zur niederjagd die hasen-, lausch- oder lückennetze, die dachs-, hauben-, biber-, fischotter-, marder- und iltisnetze".[7] Das Netz als universell einsetzbares Fangwerkzeug funktioniert zu Wasser, zu Land und selbst in der Luft; mit Leimnetzen werden bis heute – illegal – Singvögel als Delikatesse auf ihrem Zug in den Süden gefangen.[8] Und auch die Lepidopterologen – zu deutsch: Schmetterlingsforscher – gehen mit dem Käscher auf die Jagd.

Netzflicker am Genfer See
Gemälde von François Louis David Bocion (1828-1890)

Fischfang
Ägyptische Wandmalerei aus dem Grab des Bildhauers Ipui in Deir El-Medina

Halten

Das Netz kann dem, der hineingerät, Verderben bringen oder aber schützen und vor Verletzungen bewahren: Im Zirkus dient es dazu, den Akrobaten bei einem Absturz das Leben zu retten; der Imker schützt sich mit einem Netzhut vor den Bienen, und das Moskitonetz verhindert den mancherorts gefährlichen Biss der Stechmücke. Zu netzförmigen Gebilden verknotete Fäden können als Kleidungsstück den Körper schützend umhüllen oder einen gewebten Stoff sichern: So hat sich aus einem einfachen Zusammenknüpfen von Garn die Spitze entwickelt, eine Handarbeitskunst, die, technisch gesehen, aus der Fixierung der Fäden des Stoffrandes hervorgegangen ist. Die Kettfäden einer Webarbeit mussten in irgendeiner Weise vor dem Ausfransen bewahrt werden; letzten Endes stellt Spitze nichts weiter als eine selbständig gewordene Stoffrandverzierung dar.[9]

Dekorativ eingesetzte Knoten finden sich bereits in Ausgrabungen aus der ägyptischen Stufenpyramide von Sakkâra um 2400 vor Christus. Bei den Assyrern (900 bis 609 vor Christus) trugen nicht nur die Könige, sondern der gesamte Hofstaat an ihren Gewändern verknüpfte Fransen; sogar die Decken der Pferde waren mit reichen Knüpfkanten geschmückt. In Europa hält die Spitze allerdings erst mit den Arabern im 8. Jahrhundert nach Christus Einzug. Ein weiterer Einfluss entstand durch die Kreuzzüge: Im 11. bis 13. Jahrhundert brachten die Kreuzfahrer orientalische Ware nach Europa. Die Art und Weise einiger Stick- und Knüpftechniken ähnelt grundsätzlich der des Fischernetzes; der Netzgrund für die Filetstickerei verwendet zum Teil identische Knoten sowie einige Formen des Makramée. Und es gibt noch eine weitere Überschneidung: Die Seefahrer im Mittelalter brachten nicht nur die Makramée-Tradition aus dem arabischen Raum nach Europa mit, sondern sie entwickelten die Knüpfkunst auch selber weiter. Da die Schiffe oft monatelang unterwegs waren, begannen die Seeleute an Bord Garn und Tauwerk zu Mustern zu knüpfen. Dabei kopierten sie die orientalischen Muster und integrierten außerdem ihre Seemannsknoten: halbe Schläge, Überhand-, Achter- und Kreuzknoten oder Kronenplatting. Mit den fertigen Produkten schmückten sie ihre Schiffe und tauschten oder verkauften sie in den Häfen.[10]

[6] Vgl. Peter F. Anson: Fisher folk-lore. London 1965, S. 121-128.

[7] Deutsches Wörterbuch von Jacob und Wilhelm Grimm. Leipzig 1889.

[8] Auch hier bietet das Grimmsche Wörterbuch weitere Details: „Bei dem vogelfang hat man … hoch-, hang- und ziehnetze, stecke- und klebenetze."

[9] Marie Schütte: Alte Spitzen (Nadel- und Klöppelspitzen). Ein Handbuch für Sammler und Liebhaber. Berlin 1914.

[10] Eva Andersen: Makramée als Kunst und Hobby. Niedernhausen/Taunus 1980, S. 17f.

Ein Narr ist, wer will fangen Sparrn [Spatzen]
Und offenkundig stellt das Garn;
Denn leicht ein Vogel dem entflieht,
Wenn er es offen vor sich sieht.
Holzschnitt aus „Das Narrenschiff" von Sebastian Brant

Zeigen

Das Netz umschließt nicht nur, sondern gibt auch den Blick frei auf das, was in ihm ist. Auf diese Weise kann es einhüllen und verbergen und gleichzeitig die Aufmerksamkeit auf das Umschlossene sogar noch erhöhen. Dies gilt im Besonderen für den Strumpf aus gewirktem Gewebe, der ja, genau besehen, auch ein Netz ist. Seine Geschichte begann in Europa als Fußlappen, und er hat sich seitdem vom Strickwerk über die feinste, kaum sichtbare Masche bis hin zur deutlichen Netzform in unzähligen Varianten entwickelt. Im arabischen Raum lassen sich schon zwischen 500 und 1200 nach Christus gestrickte Strümpfe mit Schriftzeichen aus blauer und weißer Baumwolle nachweisen.[11] In Europa löste der gestrickte Strumpf erst im 16. Jahrhundert seine genähten Vorgänger ab. Die älteste Gilde der Strumpfstricker – ein damals noch männliches Gewerbe – wurde 1527 in Paris gegründet. Während die einfachen Bürger und die Bauern nach wie vor aus Wollstoff oder Leinen genähte Strümpfe trugen, zeigte die Oberschicht das Bein im Seidenstrumpf.

[11] Vgl. generell zur Geschichte des Strumpfes Ingrid Loschek: Mode- und Kostümlexikon. Frankfurt am Main 1994.

Schmetterlingsfang
Holzschnitt nach einer Zeichnung von Th. Hosemann, 1872

Die Geschichte des gestrickten Strumpfes ist eine Geschichte voller Verbote. Vielerorts wurde den Bürgern das Strümpfetragen verboten, weil es ein Privileg der Elite bleiben sollte, so beispielsweise 1582 in Augsburg und 1596 in Leipzig. In England wurde dazu die Herstellung der Strümpfe gesetzlich eingeschränkt: Der Pfarrer William Lee erfand 1589 den Strumpfwirkstuhl, erhielt auf die neue Maschine jedoch kein Patent, weil das Handwerk der Strumpfstricker geschützt werden sollte. So kam es, dass sein Wirkstuhl in Rouen aufgestellt wurde. Auch der Damenstrumpf war mit zahlreichen Verboten und Tabus belegt. Eine häufig kolportierte Strumpf-Anekdote stammt vom spanischen Hofe des 13. Jahrhunderts, als Johanna von Navarra, die Braut Philipps des Schönen von Frankreich, anlässlich einer Reise in die französische Hauptstadt von den Stadtvätern kostbare seidene Strümpfe überreicht bekam. Der Zeremonienmeister soll das Geschenk empört in den Schmutz geworfen und ausgerufen haben: „Wisst Ihr nicht, dass die Königinnen von Spanien keine Beine haben!" Gerade weil das Bein auch in den folgenden Jahrhunderten unter dem langen Rock den Blicken verborgen blieb, war es Objekt von Träumen, Fantasien, und ein beiläufiges Anheben des Saums konnte als erotische Geste wirken. Zu Beginn des 20. Jahrhunderts kamen Strümpfe mit sprechenden Symbolen auf, die durch das beiläufige Anheben des Rocks ihre Botschaft mitteilen konnten: Spinnennetze für den „Männerfang", Blumenranken oder Vögel und vieles mehr.

Der Erste Weltkrieg und der damit einhergehende Mangel an Rohstoffen führte zur Suche nach neuen Materialien, die Seide ersetzen konnten. So entstand der kunstseidene Strumpf – allerdings wurde er weit weniger begeistert aufgenommen, als man hätte erwarten können. Den echten Durchbruch schaffte erst das neue Material Nylon. Nach 1945 kam der Nylonstrumpf aus den USA nach Europa und wurde zum begehrten Tauschobjekt mit den US-Soldaten. Mit der Erfindung der hauchdünnen, haltbaren Strumpfhose wurde schließlich in den 60er-Jahren eine Minimode möglich, die das ganze bestrumpfte Bein als Blickfang darbot. Nylons bedeckten die Haut und ließen sie zugleich in besonders schmeichelhafter Weise durch das Gestrick durchscheinen.

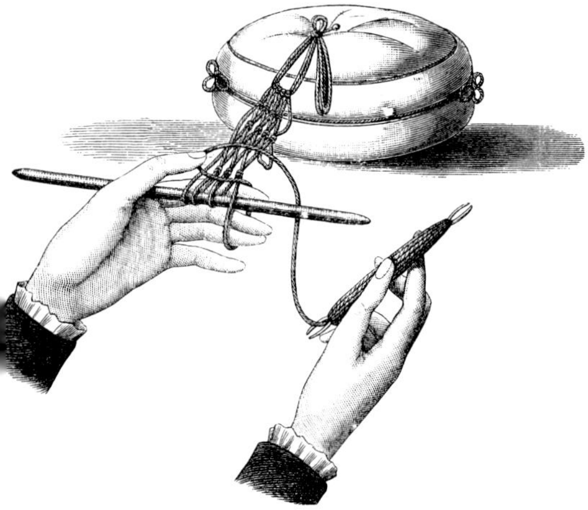

Das „Netzen" diente ursprünglich der Herstellung von Netzen für Fischfang und Jagd, entwickelte sich aber in vielen Ländern zu einer filigranen Handarbeitstechnik.

Dabei war das Tragen von Strümpfen noch in den Fünfzigern lange nicht so verbreitet, wie es sich die Strumpfindustrie wünschte. Während der Nachkriegszeit hatten viele versucht, mit Beinfarbe und aufgemalter Naht die unerschwinglichen Strümpfe zu imitieren, doch offensichtlich gab es nach wie vor Frauen, die im Sommer das Gefühl des strumpffreien Beins zu schätzen wussten. Gegen diese Gewohnheit startete beispielsweise die Firma „arwa" eine aufwendige Werbekampagne. Sie empfahl das Aufstellen von kniehohen Spiegeln, die die Frauen mit dem unerträglichen Anblick des strumpflosen Beins konfrontieren sollten. Zur Unterstützung der Strumpfverkäufer veröffentlichte die „arwa"-Strumpfzeitung 1953 sogar Aphorismen eines gewissen Ludwig Caesar Bauer, die vor keinem Vergleich zurückschreckten: „Ein Damenstrumpf ist ein Hauch Gottes um ein Stück Schöpfung." Aber einer der Sprüche führt – wenn auch auf zweifelhafte Weise – immerhin direkt zurück zum Thema Netz: „Es ist nur logisch, daß Damenstrümpfe immer mehr Fischernetzen gleichen: In beiden zappelt ein Leckerbissen."[12]

Wann genau allerdings der in großen Rhomben geknüpfte Strumpf, der Netzstrumpf im eigentlichen Sinne,[13] in Mode kam, ist noch nicht erschöpfend untersucht. Auf Abbildungen kann man ihn bereits in den 20er- und 30er-Jahren im Varieté-Bereich nachweisen. In den 50er-Jahren ist er ebenfalls auf Modefotografien zu sehen, häufig auch da als Beinbekleidunq von Tänzerinnen. Bis heute hat der Netzstrumpf einen unseriösen Ruf, er ist plakativ und direkt, zeigt viel nackte Haut und weckt durch seine grobe Struktur starke Bilder: das Bein als Eingefangenes und Präsentiertes, als Eingeschnürtes und Freigelegtes. Noch 1975 singt Henry Valentino: „Ich hab' dein Knie gesehn, das durfte nie geschehn, nun kann ich die verstehn, die immer sagen: Du bist wunderschön!"[14]

Für eine kurze Zeit haben auch Männer sich diese Wirkung des Netzes zu eigen gemacht, um, gewissermaßen im bekleideten Zustand, ihre Muskeln zur Schau zu stellen. In den 80er-Jahren kam die Mode auf, Netzhemden zu tragen: Das Kleidungsstück, das früher als Arbeitsunterwäsche bei schweißtreibender Tätigkeit für Lüftung sorgte, war auf einmal präsentabel. Allerdings haftete dem Netzhemd auch in dieser Phase ein eher proletarisches Image an und es verschwand bald wieder aus dem Straßenbild. Doch noch 20 Jahre später bleibt es im Besatzstreifen an Jogginghosen oder Sportschuhen als Zitat erhalten.

[12] So die „arwa"-Strumpfzeitung, Heft 36. Stuttgart, Oktober 1953, S. 13.

[13] Nach Alfons Hofer (Textil- und Modelexikon. Frankfurt am Main 1988) ist Netzstrumpf ein Sammelausdruck für Strümpfe, die durch die Art der Maschenbildung wenig anfällig gegen Laufmaschen sind, darunter unter anderen Pint-Point, eine Variante technisch laufmaschensicherer Strümpfe, und Micromesh, Fangware, in eine Richtung maschensicher.

[14] Nach einer Vorlage von Hans Blum.

Eine weitere, zu ihrer Zeit modische Netzform, die heute kaum mehr anzutreffen ist, kann auf eine jahrtausendealte Geschichte zurückblicken: das Haarnetz – aus Fäden, Draht, Schnüren oder Bändern geknüpft oder aus Garn gehäkelt oder gestrickt. Schon in einem germanischen Grab der Bronzezeit sind solche Netze gefunden worden.[15] Auch im antiken Rom hielten Frauen ihre Frisur von einem Haarnetz bedeckt. Zunächst wurde es noch unsichtbar aus Menschenhaar geknüpft, gegen Ende der Republik im ersten vorchristlichen Jahrhundert kamen immer aufwendigere Verzierungen und sogar gewirkte Gold- und Silberfäden auf.

Überliefert ist die Mode in Büsten und Portraits, aber auch durch schriftliche Zeugnisse. Petron beschreibt im „Gastmahl des Trimalchio" Fortunata, die Gattin des Gastgebers, in einer pikanten Szene: „Schließlich löste sie die Kniebänder und das goldene Haarnetz, von dem man sagte, es sei aus reinstem Gold."[16] Im Mittelalter trugen vornehme Frauen Goldfäden auf dem Haar, die in der Art der Fischernetze geknüpft und oft mit farbigen Stickereien verziert waren. In der Renaissance war das Haarnetz – oft mit Perlen und Edelsteinen besetzt – ein beliebter Haarschmuck, und im 16. Jahrhundert gehörte es zu zahlreichen süddeutschen Städtetrachten. Noch im 19. Jahrhundert fassten Frauen ihre großen Nackenchignons in Bänderhaarnetzen zusammen. Mit der Mode des schulterlangen Haares etwa um 1938 erwachte die Haarnetzmode ein weiteres Mal zu neuem Leben. Und während des Zweiten Weltkriegs musste das Haarnetz oft den kriegsbedingt vernachlässigten Hut ersetzen.[17]

Marilyn Monroe
in „Bus Stop", 1956

[15] Ruth Klein: Lexikon der Mode. Drei Jahrtausende europäischer Kostümkunde. Baden-Baden 1950.

[16] „Ultimo etiam periscelides resolvit et reticulum aureum, quem ex obrussa esse dicebat." Petron: Cena Trimalchionis, 67.6, zit. nach Maria Jedding-Gesterling (Hrsg.): Die Frisur. Eine Kulturgeschichte der Haarmode von der Antike bis zur Gegenwart, veranschaulicht an Objekten der Sammlung Schwarzkopf und internationaler Museen. München 1988, S. 39f.

[17] Vgl. bei Ruth Klein (wie Anm. 15).

Ein kurzes Gastspiel hatte das Haarnetz nach 1968 bei der Bundeswehr: Immer mehr junge Rekruten traten ihren Wehrdienst mit einer schulterlangen Mähne an anstatt mit sauber ausrasiertem Stoppelkopf. Das Bundesverteidigungsministerium sah Handlungsbedarf und erließ am 8. Februar 1971 den so genannten Haarnetz-Befehl. So mussten Soldaten, deren Haare über den Hemdkragen reichten, aus Sicherheitsgründen ein Haarnetz tragen. Bundesverteidigungsminister Helmut Schmidt erhielt dafür den Aachener „Orden wider den tierischen Ernst". Doch sein salomonischer Umgang mit den Langhaarigen währte nicht lange; im Streit ums Haupthaar sprach das Bundesverwaltungsgericht am 13. Mai 1972 ein Machtwort: „a) Bei aufrechter Haltung des Kopfes darf das Haar weder Uniform noch Hemdkragen berühren; b) das Haupthaar ist so zu tragen, daß Ohren und Augen nicht durch überhängende Haare bedeckt werden; c) das Haar muß am Kopf anliegen." Um allen Einsprüchen zu begegnen, befand das Gericht weiter, dass diese Vorschrift weder die Würde des Menschen verletze noch ihn zum Objekt herabwürdige oder seine ureigenste Intimsphäre missachte. Ehre gekränkt oder nicht – jedenfalls war das das Ende der Renaissance des Haarnetzes; zumindest hierzulande sieht man kaum noch Frauen und schon gar keine Männer, die ihren Dutt auf diese Weise zusammenhalten.

Spielen

Das Netz trennt, schafft ein Innen und Außen, es kann aufhalten und einfangen. Diese Vielseitigkeit prädestiniert es dafür, spielerisch eingesetzt zu werden. Dabei erfüllt es in gewisser Weise vergleichbare Funktionen wie bei Jagd oder Fischfang, und die Sichtbarkeit des Umschlossenen, Eingefangenen oder Aufgehaltenen begünstigt die Anwendung und Überprüfung von Regeln: Ob der Ball drin ist oder nicht, lässt sich von allen gut nachvollziehen. Im Hand- und Fußball ist das Netz ein Tor, in das der Ball hineingebracht werden muss, der Basketballspieler hat den Ball durch einen netzförmigen Korb zu werfen. Bei anderen Sportarten wie Volleyball oder Tennis verliert der Spieler Punkte, wenn der Ball ins Netz gerät; hier ist es nicht Ziel, sondern Hindernis.

Und ein weiteres Spiel, das hierzulande höchstens von Mädchen in einer recht eingeschränkten Fassung gespielt wird, ist das Herstellen von Schnurfiguren, die alleine oder zu zweit aus einem langen, an den Enden zusammengebundenen Faden gemacht werden. Viele Knüpftechniken für Netze haben sich in vielen Kulturen unabhängig voneinander in ganz ähnlicher Weise entwickelt; und das gilt auch für dieses Spiel, es ist in fast allen Regionen der Welt verbreitet. Ganz ungefährlich ist es allerdings nicht, mit den Fäden fingerfertige Muster herzustellen; zahlreiche Völker kennen strenge Schnurspiel-Tabus, deren Übertretung als lebensgefährlich gilt. So kann es den Eskimos vom Noatak-Fluß im Norden Alaskas geschehen, dass der Schnurgeist sie heimsucht, wenn jemand zur Unzeit eine Schnurfigur herstellt: „Wo immer der böse Geist auftaucht, verlöschen langsam die Lichter. Und wenn es nicht gelingt, ihn zu vertreiben, bevor die letzte Lampe ausgegangen ist, dann tötet er alle Anwesenden."[18]

In einer ganzen Reihe von Kulturen können Schnurfiguren einen Liebeszauber bewirken, oder aber sie sind Bestandteil von großen Mythen und Entstehungsgeschichten der Welt. Das Ethnologenehepaar H. C. und H. E. Maude berichtet, dass den Bewohnern der mikronesischen Gilbert-Inseln zufolge die Schnurfiguren so alt seien wie die Welt selbst: „Als am An-

[18] Felix R. Paturi: Schnurfiguren aus aller Welt. München 1988, S. 7.

Die britische Ethnologin Kathleen Haddon, eine berühmte Schnurfiguren-Expertin, 1956

fang der Welt die Himmel von der Erde gehoben wurden, stand Na Ubwebwe, ein Halbgott, auf und führte während des langsamen Aufstiegs der Himmel eine Reihe von elf Schnurfiguren aus."[19] Die Yirkalla, ein Stamm australischer Aborigines, erzählen die Geschichte von zwei Schwestern, die in einem fremdartigen Land alle Tiere, Pflanzen und anderen Dinge begreifen, indem sie von ihnen Schnurfiguren herstellen. In Jelganu zum Beispiel sehen sie ein Opossum. Sie töten es, ziehen seine Eingeweide heraus und machen eine Schnurfigur von einem Opossum. So oder so ähnlich ist in einer langen Liste die Entstehung von nicht weniger als 92 Schnurfiguren beschrieben, bis die beiden Schwestern zum Schluss auf der Insel Jappa Jappa von einer Schlange verschlungen werden. In religiösen Mythen taucht ebenfalls immer wieder die Netzform auf: Der vedische Schöpfergott Varuna hat das Netz als Waffe, Marduk kämpft mit Hilfe eines Netzes gegen Tiamat, die altmesopotamische Urmutter und Chaosgöttin, und auch der babylonische Wassergott Ea besiegt die Ungeheuer, indem er sie kunstfertig umgarnt.[20]

[19] Ebd., S. 10.

[20] So J. C. Cooper: Illustriertes Lexikon der traditionellen Symbole. Wiesbaden o. J. (engl. Orig. 1978); J. E. Cirlot: A dictionary of symbols. London 1962.

Möglicherweise erklären auch derlei mythische Vorstellungen, warum die Schnurfiguren gerade in Eurasien und Nordafrika, den Gegenden mit monotheistischen Religionen, kaum eine Rolle spielen. Und doch stammt die älteste erhaltene Beschreibung einer Schnurfigur aus Europa. Um 400 nach Christus beschrieb der griechische Arzt Oribasius von Pergamon eine Art, die Schnur zu knüpfen, die er *plinthius* nannte. Er schlang diese Figur, die sich auch in Ozeanien wiederfindet, um den gebrochenen Unterkiefer eines Patienten und stellte ihn so in Idealposition für die Heilung ruhig. Ansonsten finden sich im hiesigen Kulturraum Schnurfiguren nur noch in religiösen Schriften, und zwar als zu bekämpfendes Übel, so beispielsweise in den Apokryphen oder in der 113. Sure des Korans: „Im Namen Gottes, des Gnädigen, des Barmherzigen. Sprich: ‚Ich nehme meine Zuflucht beim Herren der Morgendämmerung … vor den Übungen der Knotenleserinnen.'"[21]

„Schildkröte"
Schnurfigur

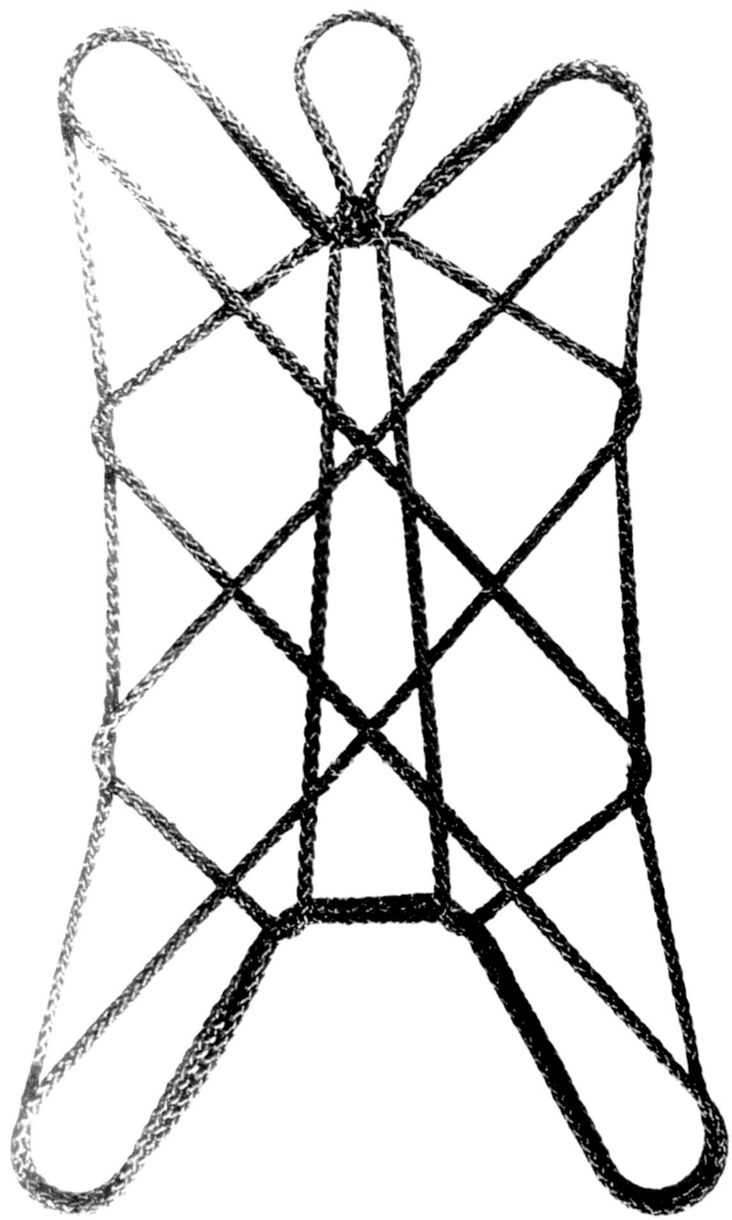

[21] Zit. bei Paturi (wie Anm. 18), S. 16. Knotenleserinnen sind laut älterer Korankommentare Zauberinnen, die magische Knotenfiguren knüpfen, sie anblasen und darüber Verwünschungen sprechen, eine angeblich übliche Praxis im vorislamischen Arabien.

[22] Weitere Beispiele u. a.: Psalm 9,16: Die Heiden sind versunken in der Grube, die sie zugerichtet hatten; ihr Fuß ist gefangen in dem Netz, das sie gestellt hatten. Psalm 37,7: Denn sie haben mir ohne Ursache ihr Netz gestellt, mich zu verderben, und haben ohne Ursache meiner Seele Gruben zugerichtet.

[23] Lukas 5,2-6; Johannes 21,4-8.

Die Vielzahl von Verwendungsmöglichkeiten macht das Netz zu einem sprechenden Bild. Das Unglück, mit dem Hiob auf die Probe gestellt wird, ereilt ihn als netzförmige Falle: „Seine kräftigen Schritte werden in die Enge kommen, und sein Anschlag wird ihn fällen. Denn er ist mit seinen Füßen in den Strick gebracht und wandelt im Netz. Der Strick wird seine Ferse halten, und die Schlinge wird ihn erhaschen" (Hiob 18, 7-9).[22] In den Psalmen, bei einer Reihe von Propheten und anderswo finden sich derlei Vergleiche häufig; im Neuen Testament hat das Netz dagegen eine positive Bedeutung: Die wundersamen Fischfänge von Simon Petrus und seinen Fischern durch die Hilfe Jesu können als Symbol für das Anwachsen der Gemeinde gedeutet werden.[23]

Das Netz im übertragenen Sinne wurde in einer ganzen Reihe von Sprichwörtern und Redensarten verwendet, auch wenn diese heute – wohl gleichzeitig mit der Abnahme der Bedeutung des Netzes als Jagdgerät – kaum noch bekannt sind. Im „Narrenschiff" von 1494 wird das Garn, sprich Netz, des Vogelfängers in einer Warnung an Großmäulige und Schwätzer sinnbildlich verwendet: „Ein Narr ist, wer will fangen Sparrn [Spatzen] / Und offenkundig stellt das Garn; / Denn leicht ein Vogel dem entflieht, / Wenn er es offen vor sich sieht."[24] Luther erwähnt ein Sprichwort für das Unverhältnis von Einsatz und Ergebnis, das im Lexikon der Brüder Grimm noch in zahlreichen anderen Zusammenhängen nachgewiesen wird: „das heiszt die verkehrte welt, die mit gülden netzen fischet, da die kost gröszer ist denn der gewin."[25] Mit trockenen Netzen fischen heißt, den Gewinn aus dem Lohn der Arbeit anderer ziehen, und auch das Liebesnetz, das ausgeworfen wird und in dem sich der Umgarnte gefangen fühlt wie ein Vogel, war ein geläufiges Bild, das heute allerdings höchstens noch im Ausdruck „auf den Leim gehen" Bestand hat. Im Märchen wird seine seltsame Zwischenposition bildhaft umgesetzt, indem die Aufgabe, weder nackt noch bekleidet aufzutreten, mit einem Fischernetz gelöst wird. Das Netz ist ein durch und durch pragmatischer Alltagsgegenstand, und doch kann es als Sinnbild die Welt umspannen, wie im chinesischen Tao Te Ching: „Das Netz des Himmels" – in der Bedeutung von Netzwerk aus Sternen und Sternbildern – „ist weitmaschig, aber lässt nichts durch."[26]

[24] Sebastian Brant: Das Narrenschiff. Stuttgart 1995 (Orig. Basel 1494), S. 142.

[25] Deutsches Wörterbuch (wie Anm. 7).

[26] J.E. Cirlot: A dictionary of symbols. London 1962.

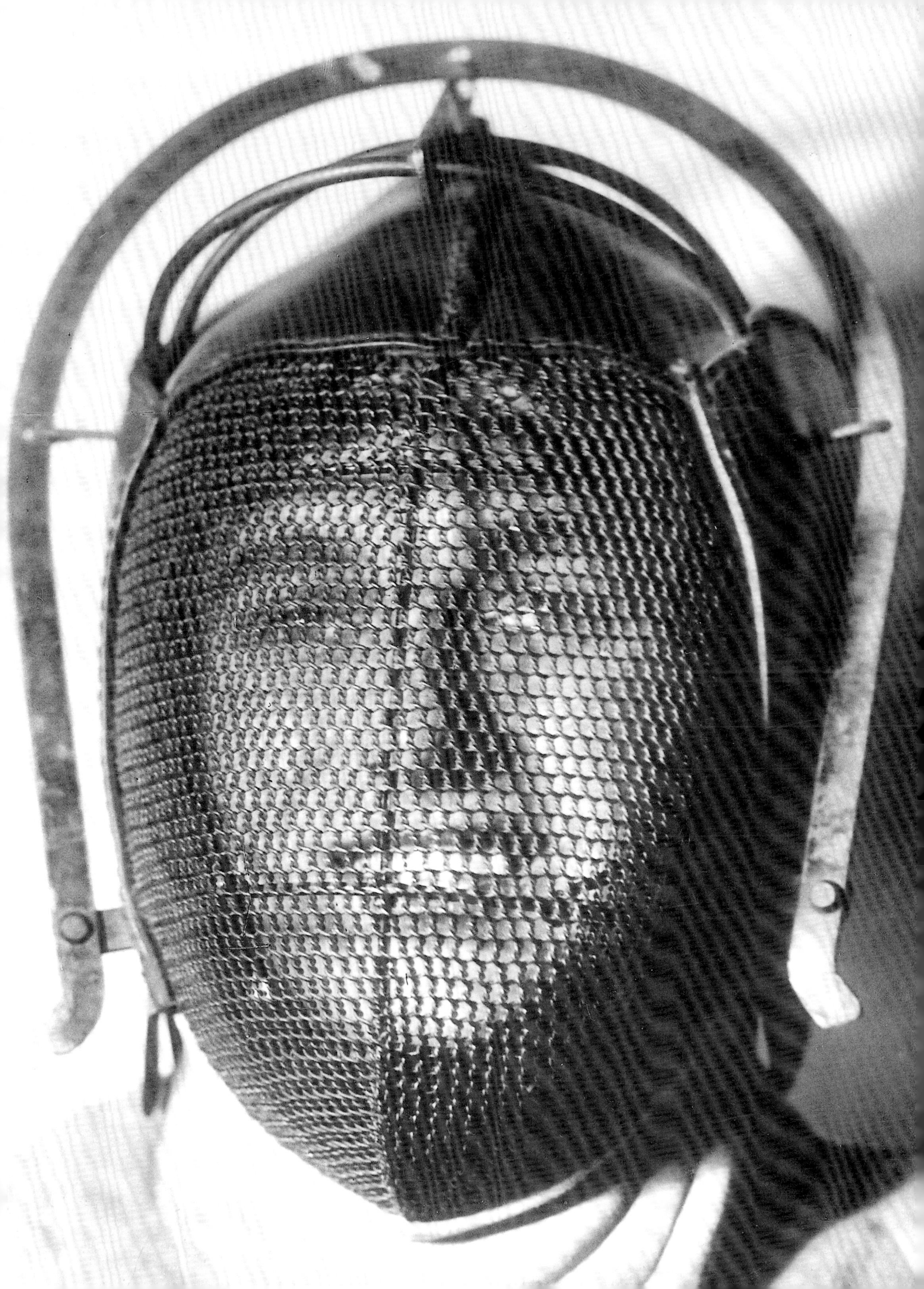

NETZWERKE DES LEBENS

Wolf Singer

Samuel Zschokke

Thomas Pruß

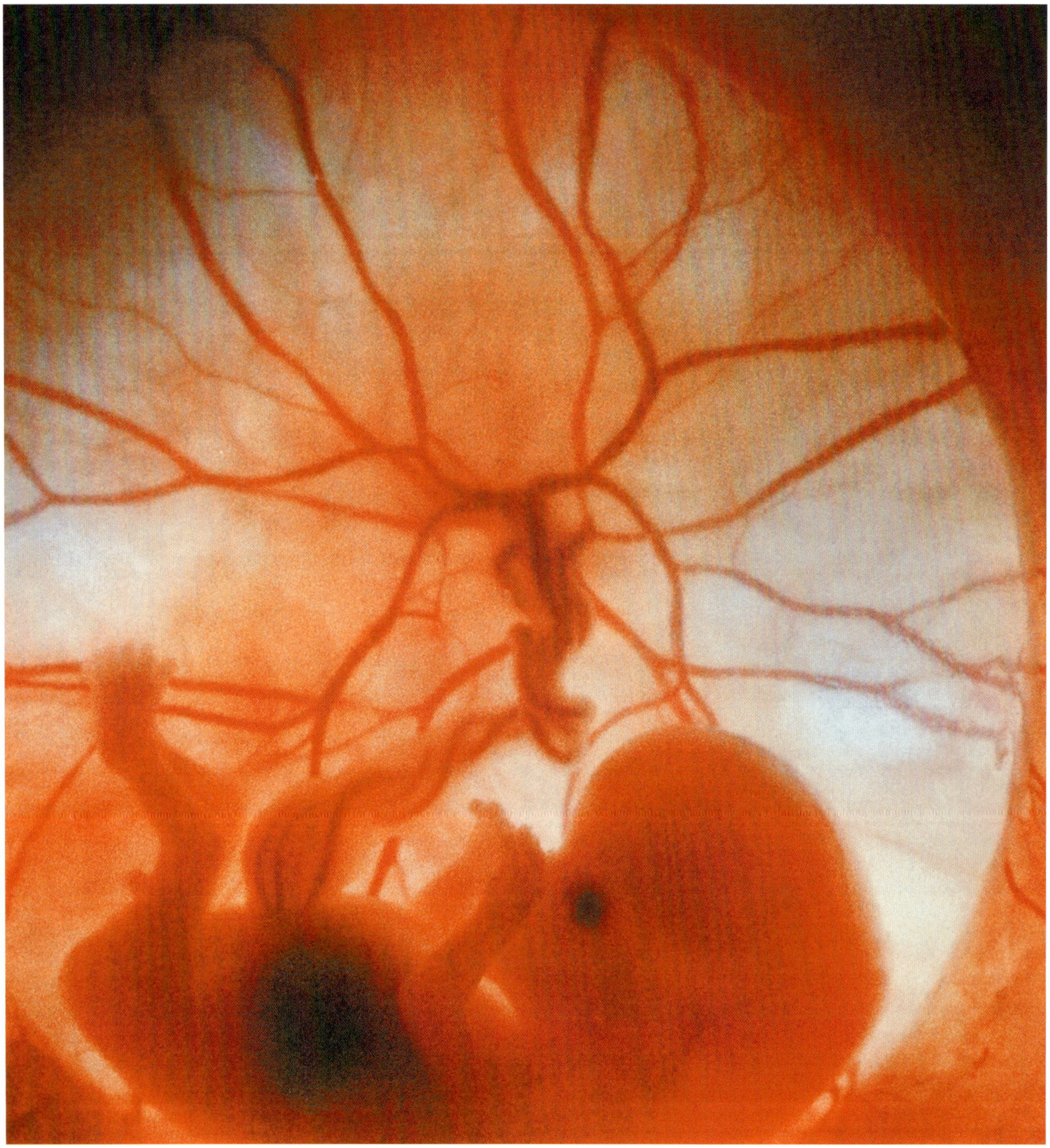

Embryo

Wolf Singer

DIE NATUR DES MENSCHEN
Neuronale Informationsverarbeitung

Nur wenige Begriffe unserer Sprache laden zu so vielfältigen Assoziationen ein und eignen sich zum metaphorischen Gebrauch wie das „Netz". Netze fangen, Netze fangen auf, Netze verbinden und Netze verarbeiten Information. Spinnen- und Schutznetze, soziale und konspirative Netze, Straßen- und Telefonnetze, Gefäß- und Nervennetze. Opfer verfangen sich im Gewirr verflochtener Fäden oder im Gespinst der Lügen. Fangnetze schützen gestürzte Akrobaten und soziale Netze die Gestrauchelten. Nerven- und Beziehungsnetze legen fest, wer mit wem wie verbunden ist.

Netze sind also etwas Besonderes. Es sind Gebilde, in denen das Dazwischen zählt, der Raum, der von den Maschen umschlossen wird, die Beziehungen, in denen die Knoten zueinander stehen. Netze sind deshalb leicht, luftig, filigran und durchsichtig. Die großmaschigen lassen den Kleinen eine Chance, in den komplexen verfangen sich selbst die Raffiniertesten.

Meist genügen wenige Angaben, um Netze vollständig zu beschreiben. Für Fangnetze gelten einfache Verknüpfungsregeln. Knoten sind jeweils nur mit ihren nächsten Nachbarn direkt verbunden. Es genügt festzulegen, mit wie viel nächsten Nachbarn die Knoten verknüpft werden sollen und wie lang die verbindenden Maschen sind. Alles andere ergibt sich von selbst. Ähnlich einfach lassen sich Netze festlegen, bei denen alle Knoten mit allen verbunden sind. Hier genügt die Angabe der Abstände zwischen den Knoten. In beiden Fällen ergeben sich hochgeordnete Netzstrukturen. Gleichermaßen einfacher Instruktionen bedarf es, um vollkommen ungeordnete Netze aufzubauen. Solche entstehen, wenn die Orte der Knoten und die jeweiligen Verbindungen zu anderen Knoten erwürfelt und damit dem Zufall überlassen werden. Zwischen diesen Extremen, die sich durch maximale Ordnung beziehungsweise Unordnung auszeichnen, lässt sich eine theoretisch unendlich große Zahl unterschiedlicher Netzarchitekturen denken, die sich durch Verknüpfungsregeln und die ein-, zwei- oder dreidimensionale Anordnung der Knoten voneinander unterscheiden. Da das Verhältnis von Ordnung und Unordnung ein Maß für Information ist, kann in der Struktur von Netzen Information gespeichert werden. Auch lassen sich durch die Anordnung der Verbindungen Regeln ausdrücken, analog zu den logischen Verknüpfungen sprachlicher Syntax oder mathematischer Formeln. Deshalb können konfigurierbare Netze zur Speicherung, Verarbeitung und Erzeugung von Information genutzt werden. Ein Beispiel hierfür sind die neuronalen Netze, die natürlichen, wie sie in Nervensystemen vorkommen, und die technischen, die der Natur nachgebildet wurden.

Entsprechend der verschiedenen Funktionen von Netzen hat die Evolution unterschiedliche Netzarchitekturen hervorgebracht und auch wir, die wir Netze als Werkzeuge einsetzen, haben deren Architektur an die gewünschten Funktionen angepasst. An den Unterschieden zwischen Fangnetzen und informationsverarbeitenden Netzen lassen sich diese Struktur-/Funktionsbeziehungen besonders deutlich ablesen. Bei Fangnetzen kommt es darauf an, mit möglichst wenig Material eine möglichst große Fläche abzudecken. Zudem soll die Maschengröße gleichmäßig sein, weil diese wie ein Filter wirkt und festlegt, wer nicht gemeint ist. Natürlich vorkommende und vom Menschen nachempfundene Architekturen von Fangnetzen entsprechen diesen Vorgaben.

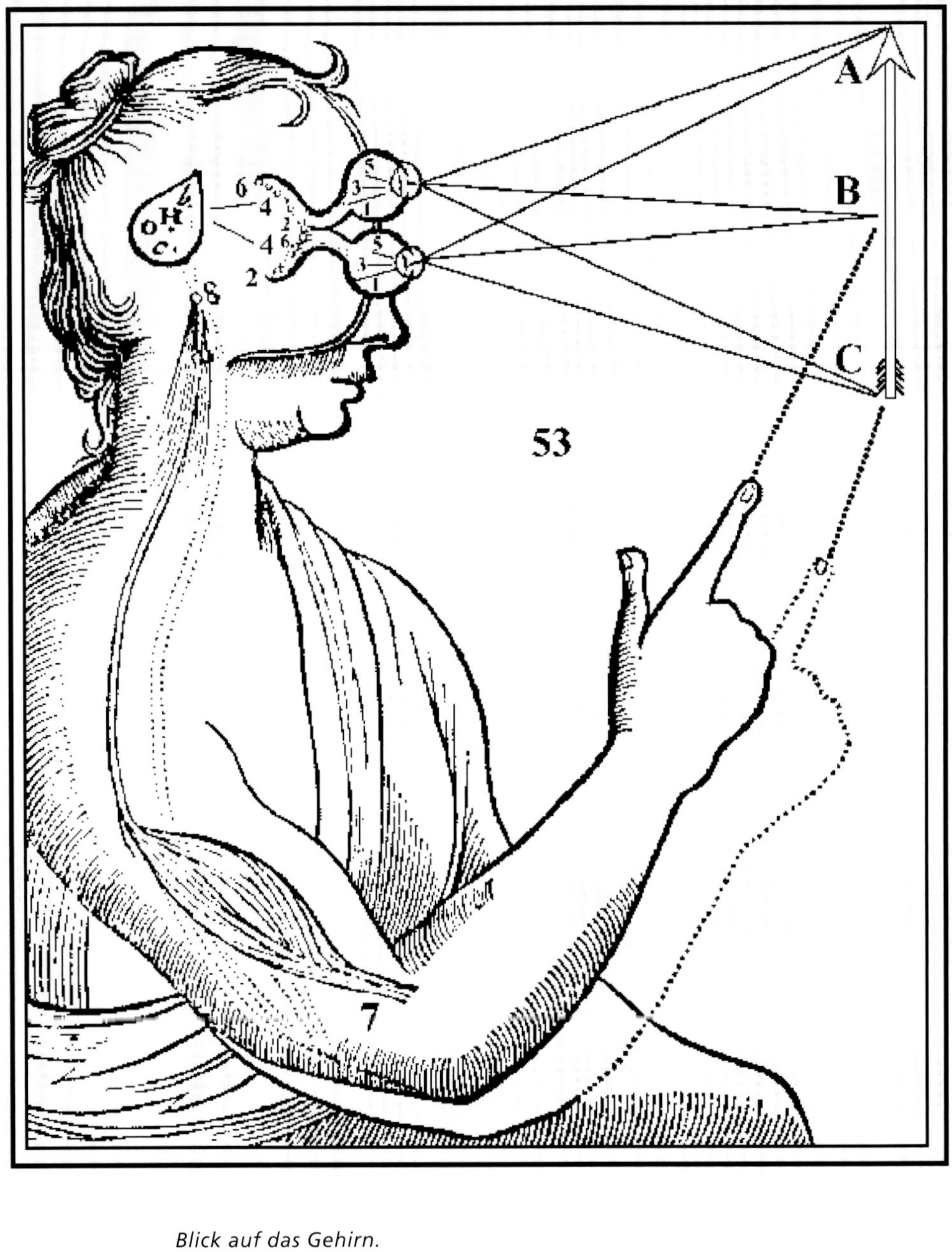

Blick auf das Gehirn.
Seiner Intuition folgend, geht der Philosoph Descartes davon aus, dass es im Gehirn ein Zentrum geben müsse, in das alle Sinnessignale zusammengeführt werden, um eine kohärente Wahrnehmung der Welt zu ermöglichen.

Ganz anders verhält es sich mit den Architekturen von Netzen, die zur Speicherung und Verarbeitung von Information entwickelt wurden. Hier kommt es darauf an, dass Knoten mit anderen auf möglichst vielfältige und unterschiedliche Weise interagieren können, wobei jedoch wiederum einschränkende Randbedingungen berücksichtigt werden müssen. Einerseits soll die Komplexität, das heißt die Vielfalt der Interaktionsmöglichkeiten, maximiert werden, andererseits soll die Zahl der Leitungen zwischen den Knoten so klein und deren Länge so kurz wie möglich sein, um Material und Übertragungsenergie einzusparen. Ferner darf die Anzahl von Verbindungen, die ein Knoten empfängt, ein gewisses Maß nicht übersteigen, weil die informationsverarbeitende Kapazität der einzelnen Knoten – man denke an Telefonzentralen, Nervenzellen oder Verkehrsknoten – naturgemäß begrenzt ist. Netze, in denen jeder Knoten mit jedem anderen verbunden ist, würden zwar der Forderung nach vielfältigen Interaktionsmöglichkeiten genügen, überforderten jedoch die Leistungsfähigkeit der Knoten. Netze, bei denen jeweils nur die Nachbarknoten miteinander Verbindungen unterhalten, gehen zwar sparsam mit Leitungsbahnen um und stellen nur geringe Ansprüche an die Leistungsfähigkeit der Knoten, erlauben jedoch keine komplexen Interaktionen. Es müssen also Kompromisse eingegangen werden. Bei natürlichen Netzen, etwa den neuronalen Netzen in Nervensystemen, tritt eine weitere wichtige Variable hinzu – die Zeit. Da die Informationsweiterleitung in Nervenbahnen relativ langsam ist und eine Geschwindigkeit von 100 Metern pro Sekunde kaum überschreitet, muss dafür Sorge getragen werden, dass die Laufzeiten zwischen den Knoten nicht zu lang werden, weil sonst gleichzeitig ablaufende Prozesse nicht mehr koordiniert werden können.

Soweit sich bislang erkennen lässt, hat die Evolution bei der Herausbildung neuronaler Netze optimale Kompromisse zwischen diesen sich widersprechenden Anforderungen gefunden. Das neuronale Netzwerk der Großhirnrinde ist hierfür wohl das am besten erforschte Beispiel. Faszinierend ist hierbei, dass sich einige der Grundprinzipien der Netzarchitektur auch in Netzen wiederfinden, die wir selbst erschaffen haben. Dies gilt für die Telefonnetze ebenso wie für die Vernetzung der Serverknoten im Internet und für die Koppelung von Homepages im World Wide Web. Bemerkenswert ist dabei, dass all diese Netze nicht nach einem vorgegebenen Plan aufgebaut wurden, sondern sich während ihres Wachstums weitestgehend selbst organisiert haben. Dem Bedarf entsprechend wurden immer neue Knoten hinzugefügt und in die bereits bestehenden Verbindungsarchitekturen jeweils so eingebettet, dass mit einem Minimum an Investitionen ein Maximum an Funktionalität gewährleistet wird. Die von uns geschaffenen Netze entstanden also nicht auf der Basis eines ausformulierten Gesamtplans, sondern sind Folge aufeinanderfolgender und an die jeweiligen Bedingungen angepasster Entwicklungsschritte.

Ein charakteristisches Merkmal der von uns geschaffenen Netze ist, dass Knoten mit sehr vielen Verbindungen selten und solche mit mittlerer bis geringer Verbindungsdichte häufig sind. Netze mit solchen Architekturen weisen eine hohe Fehlertoleranz auf und können den Ausfall einzelner Knoten gut kompensieren. Dies gilt jedoch nur dann, wenn die Zerstörung von Knoten nach dem Zufallsprinzip erfolgt. Große, besonders wichtige Knoten sind dann, wegen ihrer geringen Zahl, nur selten betroffen. Der viel wahrscheinlichere Ausfall kleinerer Knoten gefährdet die Funktionstüchtigkeit des gesamten Netzes nur wenig. Der Preis für diese Robustheit gegenüber zufälligen Störungen ist jedoch eine besonders hohe Vulnerabilität gegenüber geplanten Eingriffen. Die gezielte Inaktivierung einiger großer Knoten kann die Funktion des gesamten Netzes zum Erliegen bringen. Trotz dieser prinzipiellen Verletzlichkeit haben die von uns geschaffenen Netze Architekturen ausgebildet, in denen einige, über das Netz verteilte große Knoten vorkommen. Der Grund ist, dass solche Strukturen eine besonders ökonomische Ausnutzung der Verbindungen ermöglichen. Die Evolution natürlicher Systeme ist offenbar den sichereren Weg gegangen. Sie hat auf die Ausbildung zentraler, besonders dicht vernetzter Knoten verzichtet und Netze hervorgebracht, die eine homogenere Verteilung der Knotengrößen aufweisen. Als Preis für diese erhöhte Betriebssicherheit muss die Zahl der Verbindungen erhöht werden, um bei gegebener Knotendichte eine vergleichbare Komplexität der Interaktionsmöglichkeiten herzustellen.

Berechnungen haben ergeben, dass etwa die Verschaltung der Nervenzellen in der Großhirnrinde einen optimalen Kompromiss darstellt zwischen den Anforderungen, eine bestimmte Knotengröße nicht zu überschreiten und bei gegebener Zahl von Knoten mit einer minimalen Zahl von Verbindungen und minimalen Übertragungsdistanzen maximale Interaktionsmöglichkeiten zu erschließen. Hierzu einige Zahlen: In einem Kubikmillimeter Großhirnrinde finden sich etwa 40 000 Nervenzellen. Jede von diesen erhält etwa 10- bis 20 000 Kontakte von anderen Nervenzellen. Die meisten von diesen liegen in der unmittelbaren Nachbarschaft im Umkreis von wenigen Millimetern. Nicht wenige der Verbindungen kommen aber von Nervenzellen aus weit entfernten Regionen der Großhirnrinde, die sich mit ganz unterschiedlichen Funktionen befassen. Wieder andere kommen von Sinnesorganen und vermitteln Informationen über den Zustand des Körpers und die Bedingungen der Außenwelt. Umgekehrt nehmen einzelne Nervenzellen der Hirnrinde mit vielen tausend anderen Verbindungen auf, wobei die entsprechenden Zielzellen in der unmittelbaren Nachbarschaft, aber auch weit entfernt liegen können. Dieses Geflecht von Verbindungen ist so dicht, dass es sich auf eine Gesamtlänge von etwa sechs Kilometern pro Kubikmillimeter addiert. Damit die Nervenzellen durch die Langstreckenverbindungen nicht zu weit auseinander gedrängt werden, was die Übertragungswege für die am häufigsten vorkommenden Kurzstreckenverbindungen zu stark anwachsen ließe, hat die Natur die weitreichenden Verbindungen aus der Hirnrinde selbst ausgelagert. Diese verlaufen im so genannten Marklager unterhalb der Großhirnrinde. Weil die Langstreckenverbindungen mit einer weiß schimmernden Isolierung umwickelt sind, grenzt sich dieses mächtige Mark als weiße Substanz von dem etwa zwei Millimeter dicken Mantel aus Nervenzellen ab, der die eigentliche Großhirnrinde ausmacht. Diese wird als graue Substanz bezeichnet, weil die Nervenzellenschichten eine dunklere Tönung aufweisen.

Worauf aber beruht nun die Fähigkeit solcher Netzstrukturen, Information zu speichern und zu verarbeiten? Die Funktionsweise so komplexer Netze wie die Großhirnrinde ist noch weitestgehend unverstanden, aber einige der allgemeinen Prinzipien lassen sich zumindest in Umrissen erkennen. Wenn die Knoten solcher Netze durch Signale von außen angeregt werden, etwa durch Signale von der Netzhaut des Auges, dann kommt es zu mannigfaltigen, im Wesentlichen gleichzeitig erfolgenden Wechselwirkungen zwischen den Knoten. Dadurch wird die Erregung der einzelnen Knoten in kontextabhängiger Weise verändert, bis ein Gleichgewichtszustand erreicht ist. Ein bestimmtes Muster von Eingangssignalen wird auf diese Weise in ein bestimmtes, räumlich und zeitlich strukturiertes Muster von Knotenerregungen übersetzt. Wie stark ein bestimmter Knoten aktiv wird, hängt also davon ab, wie die Eingangssignale konfiguriert sind und wie die jeweils angeregten Knoten miteinander verkoppelt sind. Solange die Verschaltung der Knoten konstant bleibt, wird eine bestimmte Konfiguration von Eingangssignalen, die zum Beispiel einem Objekt der Wahrnehmung entspricht, zu einem entsprechenden und immer gleichen Muster von Knotenerregungen führen. Die neuronale Repräsentation eines bestimmten Wahrnehmungsobjektes wäre demnach ein bestimmtes raumzeitliches Muster von Knotenerregungen. Damit ist aber noch nicht viel gewonnen, da sich lediglich eine 1:1-Entsprechung zwischen verschiedenen Konstellationen von Eingangssignalen und verschiedenen Netzzuständen ergibt. Was gebraucht wird, ist vielmehr eine Netzarchitektur, die dafür sorgt, dass immer der gleiche Netzzustand erzeugt wird, wenn ein bestimmtes Objekt auf der Netzhaut des Auges abgebildet wird, und zwar unabhängig davon, wo genau es zur Abbildung kommt, wie es im Raum gedreht ist und wie groß es ist. Unter diesen Bedingungen erzeugt das gleiche Objekt jeweils sehr unterschiedliche Konfigurationen von Eingangssignalen. Das Netz aber sollte trotz dieser unterschiedlichen Konstellationen immer den gleichen Endzustand erreichen – da es sich ja um das gleiche Objekt handelt. Ferner sollte sich der dabei schließlich erreichte Gleichgewichtszustand von allen anderen Zuständen, die anderen Objekten entsprechen, so stark wie möglich unterscheiden.

Im Prinzip lässt sich solches durch Lernvorgänge erreichen, die zu Veränderungen in den Verbindungen zwischen den Knoten führen. Es gilt heute als gesichert, dass die Verbindungen zwischen Nervenzellen, den Knoten des Netzwerkes, durch die Aktivität, die sie selbst vermitteln, verändert werden können. Die Verbindungen können ihre Wirksamkeit erhöhen oder vermindern. Die Regeln, nach denen diese Veränderungen erfolgen, sind weitestgehend aufgeklärt. Verbindungen zwischen Knoten, die gleichzeitig aktiv sind, werden verstärkt und Verbindungen zwischen Knoten, deren Aktivitäten keine zeitliche Korrelation aufweisen, werden abgeschwächt. Im Prinzip lässt sich über solche Veränderungen erreichen, dass die unterschiedlichen Konfigurationen von Eingangssignalen, die von einem bestimmten Objekt erzeugt werden können, zu einem immer gleichen Erregungsmuster im Netz führen. Voraussetzung für diesen Lernprozess ist jedoch, dass dem Netz über zusätzliche Signale mitgeteilt wird, dass es sich bei den unterschiedlichen Eingangssignalen um Signale vom jeweils gleichen Objekt handelt. Die einfachste Strategie, sich der Identität eines Objektes zu vergewissern, besteht darin, es zu ergreifen und vor den Augen zu bewegen. Das Objekt erzeugt dann zwar ständig andere Konstellationen von Signalen, das Gehirn kann sich aber über den Tastsinn vergewissern, dass es sich dabei immer um die Signale des gleichen Objektes handeln muss. Durch Veränderung der Koppelstärken zwischen den einzelnen Knoten der neuronalen Netze, die sich mit der Verarbeitung visueller Information befassen, lernen diese Netze, den verschiedenen Erscheinungsformen eines Objektes ein immer gleiches raumzeitliches Erregungsmuster zuzuordnen. Demselben Prinzip folgend können die entsprechenden Netze lernen, verschiedenen Objekten verschiedene Netzzustände zuzuordnen. Durch solche Veränderung der Netzarchitektur wird Information über die charakteristischen Signalkombinationen gespeichert, die bestimmten Objekten der Wahrnehmung entsprechen. Das Netz lernt, Objekte zu erkennen und voneinander zu unterscheiden.

Die bei solchen Prozessen zwischen den Knoten erfolgenden Interaktionen können auch als Ausdruck logischer Operationen gesehen werden, die in großer Zahl parallel abgearbeitet und miteinander verknüpft werden. Hier ein Beispiel für eine logische „und"-Operation: Bei entsprechender Verschaltung zwischen Knoten lässt sich erreichen, dass Knoten C dann, und nur dann, aktiv wird, wenn Knoten A und B gleichzeitig von außen angeregt werden. Es genügt, die Kopplung von A nach C und von B nach C so einzustellen, dass C nur dann erregt wird, wenn A und B gleichzeitig aktiv sind. Auf gleiche Weise lässt sich die logische Operation des „oder" realisieren. Es genügt, die Kopplungen von A nach C und von B nach C so stark zu machen, dass C aktiviert wird, wenn entweder A oder B aktiv ist. Entsprechend gekoppelte Netze können also die gleichen logischen Operationen ausführen wie die Mikroprozessoren in digitalen Rechnern. Im Prinzip sind damit neuronale Netze auch in der Lage, beliebige algebraische Operationen durchzuführen, da sich diese alle auf einige wenige logische Kalküle reduzieren lassen.

Die besondere Attraktivität neuronaler Netze liegt nun darin, dass sie aufgrund ihrer distributiven und dennoch hoch vernetzten Architektur eine Vielzahl logischer Operationen parallel ausführen und die einzelnen Rechenprozesse zudem so miteinander verknüpfen können, dass alle Teilergebnisse unmittelbar miteinander verglichen und die Ergebnisse dieser Vergleichsoperationen allen Elementen für die nächsten Schritte nahezu gleichzeitig wieder zur Verfügung stehen. In den Prozessoren konventioneller Digitalrechner werden alle zur Lösung einer Aufgabe erforderlichen logischen Operationen nacheinander abgewickelt, und wenn das erste Teilergebnis verfügbar ist, muss der gesamte Prozess erneut durchlaufen werden. Diese unterschiedlichen Verarbeitungsstrategien sind der Grund dafür, dass biologische Systeme unseren konventionellen Rechenmaschinen in vielen Bereichen überlegen sind, obgleich die biologischen Schaltelemente unendlich viel langsamer arbeiten als Transistoren und die Information zwischen den Schaltelementen nicht mit 300 000 Kilometern pro Sekunde, sondern lediglich mit 100 Metern pro Sekunde weitergeleitet wird. Solange es lediglich darum geht, eine lineare Kette logischer Operationen hintereinander abzuarbeiten, was für die Lösung der meisten arithmetischen Aufgaben ausreicht, ist der konventionelle Digitalrechner den natürlichen Netzen im Hinblick auf Geschwindigkeit und Präzision haushoch überlegen. Wenn es aber darum geht, eine Vielzahl logischer Operationen miteinander zu verknüpfen und jede in Abhängigkeit von allen anderen zu bewerten, dann stellen natürliche Systeme alle bisher realisierten Computer nach wie vor in den Schatten.

Noch bereitet es große Schwierigkeiten, die von der Natur realisierten Netzarchitekturen in Silikon zu übertragen. Ein Grund hierfür ist unser noch sehr unvollständiges Wissen über die Entwicklung, die funktionelle Organisation und Dynamik natürlicher Netzwerke, wie sie etwa in der Großhirnrinde ausgebildet sind. Schon jetzt lässt sich absehen, dass es kaum möglich sein wird, biologische Verschaltungsprinzipien einfach in Silikon zu übertragen und zu hoffen, dass die dann erhaltenen Systeme die erwünschten Leistungen erbringen und zuverlässig funktionieren. Die Komplexität natürlicher neuronaler Netze ist so hoch und deren Dynamik so kompliziert, dass sich eine umfassende analytische Darstellung der Prozessabläufe als unmöglich erweisen dürfte. Eine Alternative könnte deshalb sein, die Regeln zu ergründen, nach denen sich natürliche Netze entwickeln und selbst organisieren. Es könnte dann möglich sein, technische Systeme zu konzipie-

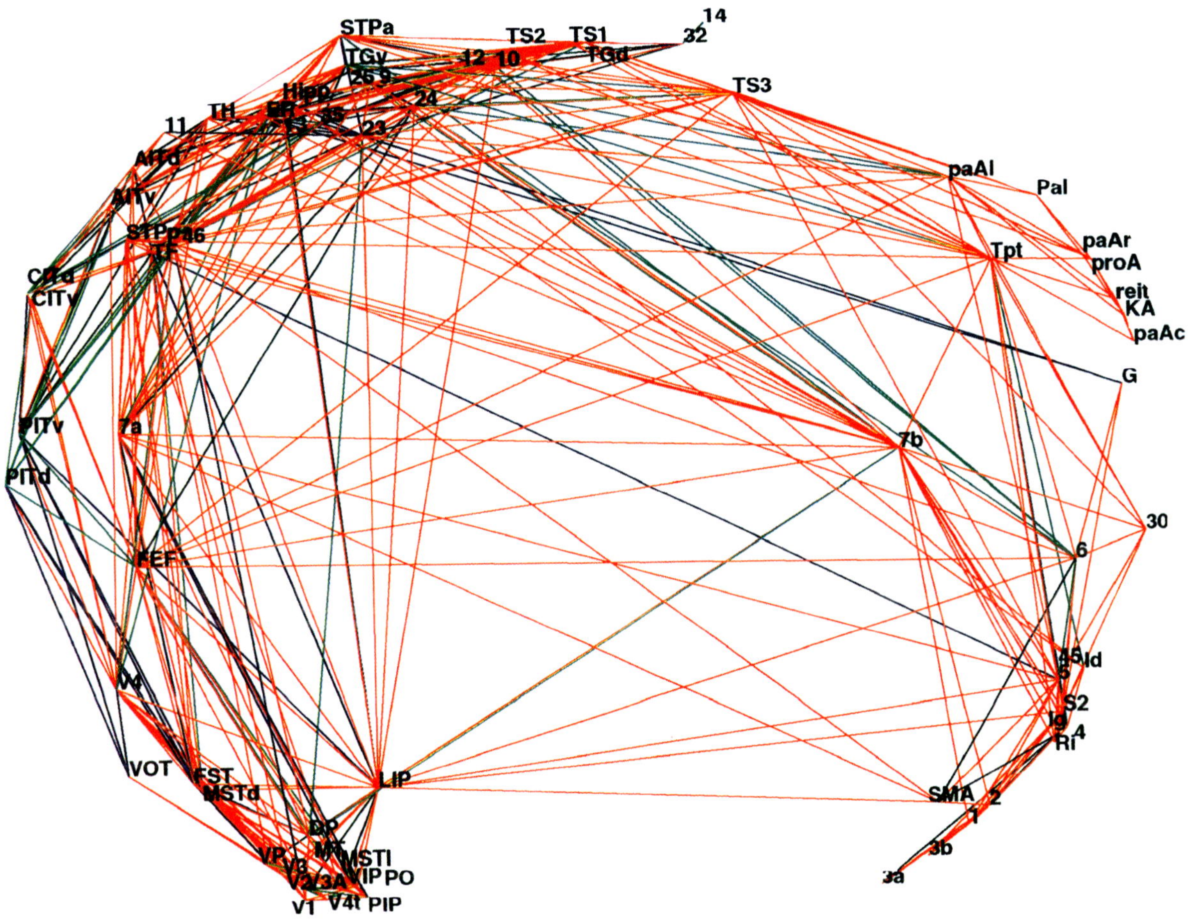

Das Verschaltungsdiagramm der Hirnrindenareale eines Rhesusaffen.
Jeder Punkt steht für ein Areal der Hirnrinde, jeder Strich für Verbindungen zwischen diesen Arealen. Das von Descartes vermutete Konvergenz-Zentrum ist nicht auszumachen. Jedes Areal erfüllt nur bestimmte Teilaufgaben. Wie aus diesen vernetzten Teilfunktionen integrierte Leistungen entstehen, ist ein ungelöstes Problem.

ren, die sich ebenfalls selbst entwickeln, sich selbst stabilisieren und über Lernprozesse an die Lösung bestimmter Aufgaben herangeführt werden können. Noch ist der Weg dahin weit und die Erforschung biologischer Systeme noch mit zu vielen ungelösten Problemen konfrontiert. Aber prinzipiell sollte es auch hier möglich sein, von der Evolution zu lernen. Wir haben der Natur das Prinzip der Fangnetze abgeschaut und diese für unsere Zwecke mit anderen Technologien realisiert, angepasst und optimiert. Gleiches ist in Bezug auf die informationsverarbeitenden Netze vorstellbar.

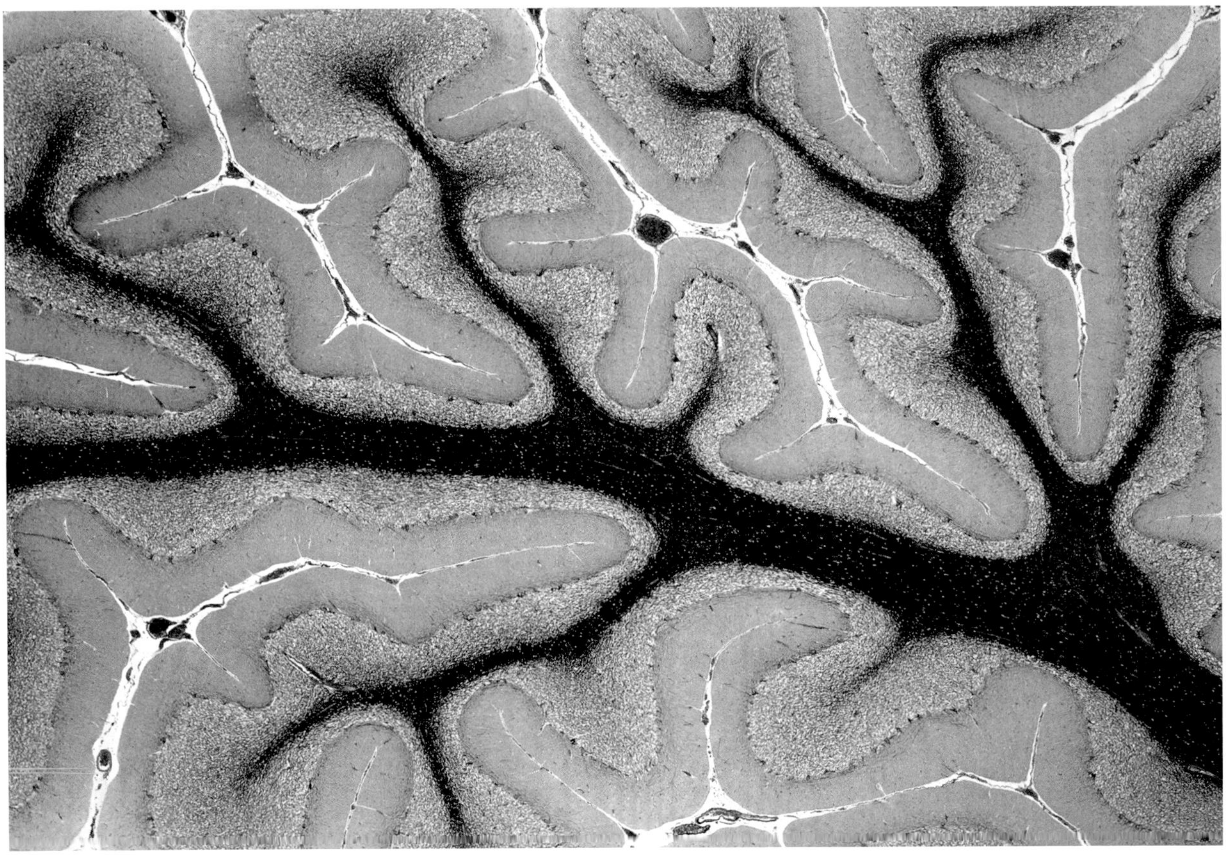

Nervensystem.
Der mikroskopische Schnitt zeigt die Kleinhirnrinde mit Körnerschicht.

Samuel Zschokke
DAS SPINNENNETZ

An einem Sommerabend kurz nach Sonnenuntergang fliegt eine Stechmücke in freudiger Erwartung einer Blutmahlzeit gegen das hellerleuchtete Fenster. Bevor sie ihr Ziel erreicht, wird sie allerdings unvermittelt zurückgeworfen. Dünne Fäden haben ihren Flug jäh gebremst und andere, klebrige Fäden halten sie zurück. Verzweifelt versucht sie zu entkommen – ein Bein kann sie befreien, so dass sie ein Stück nach unten fällt; allerdings nicht sehr weit, sondern nur direkt auf die nächsten Klebefäden. Inzwischen ist die Erbauerin dieser Fäden, eine Sektorenspinne, durch den Aufprall alarmiert, in die Mitte des Netzes geeilt und hat sich dort der Mücke zugewendet, deren Befreiungsversuche sie als Erschütterungen ihres Netzes gut wahrnehmen kann. Diese Erschütterungen ermöglichen es der nahezu blinden Spinne, ihre Beute genau zu lokalisieren und zu erkennen, ob es sich um eine problemlose oder um eine gefährliche Beute handelt. Einer Wespe etwa muss sich die Spinne mit gebotener Vorsicht nähern, damit sie selbst heil davonkommt. Eventuell handelt es sich beim Erzeuger der Erschütterungen gar um einen attraktiven Spinnenmann, der das Netz als Kommunikationsmittel für sein Liebestrommeln verwendet.[1] In Windeseile läuft die Spinne bald an einem Faden entlang zu ihrem Opfer und tötet es mit ihren Kieferzangen durch eine Giftinjektion. Die Mücke wird durch dieses Gift nicht nur rasch getötet, sondern auch innerlich aufgelöst, die Spinne verdaut sozusagen ihre Beute bereits vor dem Essen. Nach einem kurzen Einwickeln mit Seide trägt sie die Mücke zurück in ihr Versteck und saugt sie aus. Die Überreste der Beute finden die Bewohner des Zimmers, die von dieser Mücke nicht gestochen wurden, am anderen Morgen auf dem Fensterbrett.

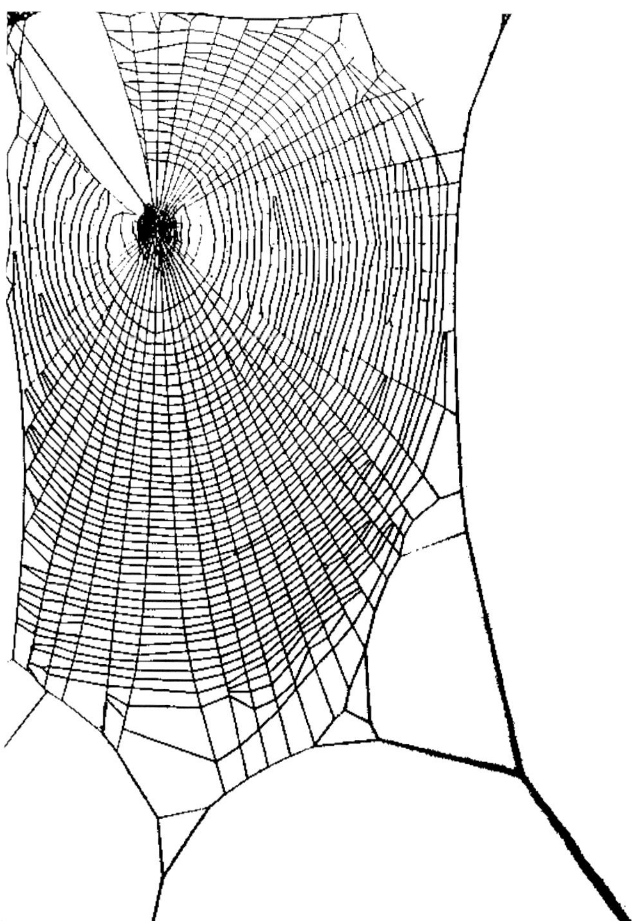

***Netz einer Sektorenspinne,** wie es oft an Fenstern anzutreffen ist. Tagsüber hält die Spinne sich überwiegend in ihrem Versteck (links oben) auf.*

[1] Erwachsene männliche Spinnen bauen keine Fangnetze mehr; sie konzentrieren sich ausschließlich auf die Suche nach dem Netz eines Weibchens ihrer Art. Wenn sie es gefunden haben, befestigen sie daran einen Balzfaden und teilen dem Weibchen durch arttypisches Schlagen und Zupfen ihre Anwesenheit mit. Das Weibchen wird durch die Erschütterungen aus seinem Versteck gelockt und kommt, falls es paarungswillig ist, dem Männchen auf dem Balzfaden entgegen. (Vgl. Rainer F. Foelix: Biologie der Spinnen. Stuttgart 1979.)

Die Struktur

Betrachten wir dieses Radnetz,[2] mit dem viele Spinnen ihre Beute fangen, einmal etwas genauer. Es ist – der Name sagt es schon – einem Rad recht ähnlich. In der Mitte liegt die Nabe, an der die Speichen befestigt sind. Außen liegt – analog der Felge des Rades – der Rahmen des Netzes, welcher mit einigen wenigen Verankerungsfäden befestigt ist. Zusätzlich – und hier fehlt die Analogie zum Rad – finden wir beim Spinnennetz noch eine Klebspirale.

Das Radnetz ist eine äußerst raffinierte und optimierte Konstruktion: Zunächst einmal besteht es aus zwei verschiedenen Arten von Seide,[3] einer klebrigen und einer nicht klebrigen. Die nicht klebrige Seide ist wenig dehnbar, aber sehr reißfest und wird für die Verankerungsfäden, den Rahmen und die Speichen verwendet. Wo es nötig ist, das heißt, wo ein Faden unter hoher Zugkraft steht, verwendet die Spinne die Seide doppelt oder gar mehrfach.[4] Die nicht klebrige Seide ist von hoher Zugfestigkeit, pro Gramm Material um ein Mehrfaches stärker als Stahl und auch um einiges elastischer.[5] Der Mensch hat sich die Eigenschaften dieser Seide zunutze gemacht. So wurden Spinnenfäden früher in optischen Geräten als Mikrometerfäden oder Zielkreuze verwendet, und seit einigen Jahren wird in Laboratorien der amerikanischen Armee daran gearbeitet, eine kugelsichere Weste aus (künstlicher) Spinnenseide herzustellen, die den gleichen Schutz bieten soll wie eine herkömmliche Weste aus Kevlar, dabei aber um einiges leichter ist.

Die zweite Art Seide, die klebrige, unterscheidet sich stark von der nicht klebrigen. Einerseits lässt sie sich sehr leicht und sehr stark dehnen – eine Dehnung auf das Dreifache ihrer Länge übersteht sie ohne zu reißen[6] – und andererseits ist sie, wie es der Name sagt, klebrig. Bei fast allen einheimischen Radnetzen sind es kleine, entlang des Fadens verteilte Leimtröpfchen, die dafür sorgen, dass die Insekten hängen bleiben. Sich selbst schützt die Spinne mit einer öligen Schicht auf ihrer Körperoberfläche davor, im eigenen Netz kleben zu bleiben.[7]

Das Zusammenwirken der beiden Seidenarten, der klebrigen und der nicht klebrigen, macht das Radnetz zur perfekten Falle für Insekten: Die nicht klebrigen Speichen bremsen den Flug ab, und die Klebspirale hält das Insekt im Netz fest – eine äußerst effiziente Kombination. Der Unterschied zwischen den beiden Arten von Seide lässt sich übrigens problemlos (und ohne Gefahr – keine der einheimischen Spinnen ist für den Menschen gefährlich) selber kennen lernen: Zupfen Sie ruhig einmal am Rahmenfaden eines Radnetzes und an einem Stück der Klebspirale, Sie werden den Unterschied sofort feststellen.

Alle Spinnenfäden sind mit einem Durchmesser von wenigen Mikrometern (Millionstel Meter) unvorstellbar dünn. Ein Vergleich kann hier unserer Vorstellungskraft ein wenig nachhelfen: Wenn wir die Spinne samt Spinnennetz auf Menschenmaß vergrößern, erhalten wir ein Netz, das aus rund drei Kilometer Faden besteht und einen Durchmesser von 40 Metern hat. Bei derselben Vergrößerung hätte die Spinnenseide einen Durchmesser von einem Viertel Millimeter.[8] Menschen haben den Versuch unternommen ein derartiges Spinnennetz zu bauen. Sie sind entweder kläglich gescheitert oder haben lediglich ein sehr kümmerliches Netz zustande gebracht.[9]

[2] In Mitteleuropa leben gut 1200 verschiedene Spinnenarten (vgl. Wolfgang Nentwig u. a.: Spinnen Mitteleuropas – An internet identification key. http://www.araneae.unibe.ch). Obwohl nur gut die Hälfte davon Netze bauen und von diesen wiederum nur eine kleine Minderheit von etwa 70 Arten Radnetze, bilden gerade die Radnetze für viele Menschen den Inbegriff von Spinnennetzen.

[3] Die Seide der Spinne besteht, ähnlich der Seide der Seidenraupe, aus Proteinen, genauer aus Fibroinen. Die verschiedenen Seidenarten (neben den im Text erwähnten Arten gibt es auch noch eine Seide zum Einwickeln der Beute und eine Seide, die zum Bau des Eikokons verwendet wird) werden in speziellen Spinndrüsen am Hinterleib der Spinne produziert.

[4] Samuel Zschokke: Radius construction and structure in the orb-web of Zilla diodia (Araneidae). In: Journal of Comparative Physiology A 186 (2000), S. 999-1005.

[5] Fritz Vollrath und David P. Knight: Liquid crystalline spinning of spider silk. In: Nature 410 (2001), S. 541-548.

Der Bau

Das Radnetz ist also eine sehr komplexe Struktur. Um so mehr erstaunt es, dass den Spinnen die Fähigkeit, Radnetze zu bauen, angeboren ist. Schon stecknadelkopfgroße Jungspinnen sind in der Lage, perfekte kleine Radnetze zu bauen. Wenn wir eine Spinne beim Bau eines neuen Netzes beobachten, fällt auf, dass sie zuallererst einen horizontalen Faden oberhalb des zukünftigen Netzes spannt. Dazu lässt sie meist einen Faden durch den Wind forttragen (der leiseste Hauch genügt) und hofft, dass er sich an einer geeigneten Stelle verfängt. Wenn dies nicht auf Anhieb klappt, versucht sie es noch einmal und noch einmal, macht dann eine kürzere oder längere Pause und versucht es schließlich abermals. Erst wenn sie nach vielen Anläufen keinen Erfolg hatte, greift sie zur umständlichen Methode, indem sie den Umweg untendurch läuft und, den Faden hinter sich herziehend, so den ersten horizontalen Faden baut (A, B). Nun beginnt – von diesem horizontalen Faden ausgehend – ein scheinbar regelloses Fadenziehen. Die Spinne lässt sich hier an einem Faden herunter, baut dort neue Fäden, ver-

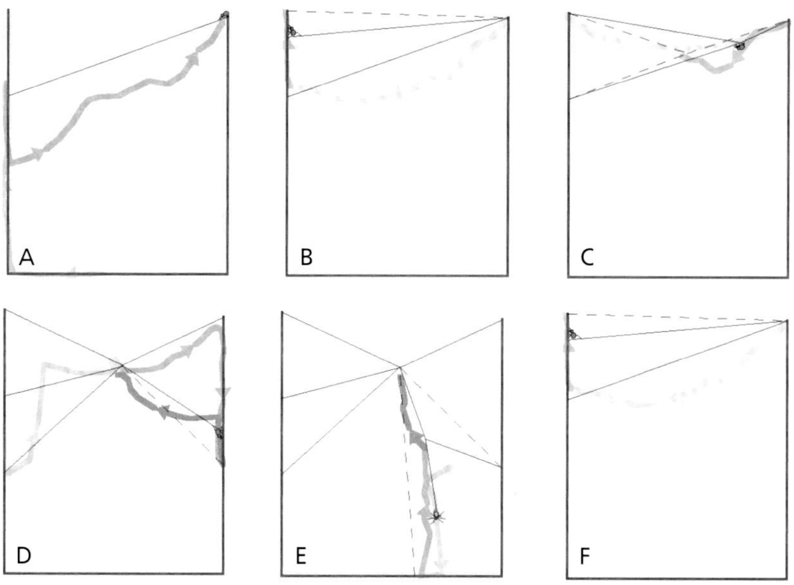

So baut eine Kreuzspinne ihr Netz. *Grau gezeichnet ist der Weg der Spinne, die Fäden sind schwarz dargestellt. Gestrichelte Linien kennzeichnen die Lage der Fäden am Ende des dargestellten Bauschrittes.*

schiebt andere und baut auch einzelne Fäden wieder ab (C, D). Dies kann einige Minuten, aber auch mehrere Stunden in Anspruch nehmen, da die Spinne ihre Arbeit immer wieder für Minuten oder gar Stunden unterbricht. Anfangs bemerkt der interessierte Beobachter gar nicht, dass die Spinne bei der Arbeit ist. Fällt es ihm endlich auf, ist es zu spät, um festzustellen, wie sie bei diesen ersten Schritten eigentlich vorgegangen ist. Irgendwie aber entsteht aus dem Fadengewirr ein erster Fadenstern mit drei bis sieben Strahlen (E). Mit diesem Fadenstern hat sich die Spinne ihre Arbeitsplattform geschaffen. Von nun an läuft sie nur noch auf ihren eigenen Fäden. Der nun folgende Teil des Netzbaues ist daher weit weniger variabel, da er nicht mehr von äußeren Faktoren wie etwa der Lage eines Ästchens abhängig ist. Damit dürfte auch zusammenhängen, dass die Spinne ab diesem Schritt bis zum Ende des Netzbaues keine Pausen mehr einlegt.

Ausgehend von diesem Fadenstern baut sie als nächstes den Rahmen des Netzes und die ersten Speichen. Der erste Rahmenfaden ist meist der oberste, der so genannte Brückenfaden (F). Wie auch alle anderen Rah-

[6] Rainer F. Foelix (wie Anm. 1).

[7] Eine stammesgeschichtlich ältere Methode besteht darin, die Klebseide statt mit Leimtröpfchen mit Bündeln von ganz feinen Seidenfasern zu umhüllen, an denen die Insekten ebenfalls hängenbleiben. Die einzelnen Fasern haben einen Durchmesser von lediglich 0.015 µm, sind also etwa hundertmal dünner als die normalen Fäden in Spinnennetzen. Diese Klebfäden, Kräuselfäden genannt, haben den Vorteil, dass sie nicht austrocknen, ihre Herstellung ist aber um ein Vielfaches aufwändiger als die der Klebfäden mit Leimtropfen.

[8] Dieser Vergleich basiert auf der 200fachen linearen Vergrößerung eines Netzes mit 20 Zentimetern Durchmesser, gebaut aus Seide mit einem Durchmesser von 1.2 µm von einer jungen Kreuzspinne mit einer Körperlänge von 9 Millimetern.

[9] Vgl. Richard Conniff: Tödliche Seide. In: National Geographic (Deutsche Ausgabe, August 2001), S. 64-79.

menfäden (G), spannt die Spinne diesen Faden recht stark an. Interessanterweise tut sie dies aber nicht, wenn sie sich an einem der beiden Enden des Brückenfadens, sondern wenn sie sich in dessen Mitte befindet. Dies führt dazu, dass sie beim Anspannen des Fadens gleichzeitig sich selbst in die Höhe hieven muss, was ihr aber keine Probleme zu bereiten scheint. Nachdem der Rahmen vollständig errichtet ist, baut die Spinne die Speichen. Dabei läuft sie um die Nabe herum, und jedesmal wenn sie eine große Lücke zwischen zwei Speichen findet, setzt sie dort eine weitere Speiche ein (H, I). Nachdem die Spinne die letzte Speiche eingesetzt hat, umrundet sie die Nabe weiter, als ob sie sich vergewissern möchte, dass wirklich nirgends mehr eine Lücke ist. Gleichzeitig stellt sie so den äußeren Teil der Nabe her. Das Umrunden der Nabe geht nach ein paar Umgängen fast fließend in den Bau der so genannten Hilfsspirale über. Innerhalb der Spirale, die später wieder abgebaut wird, gibt es sehr große Abstände zwischen den einzelnen Umgängen. Ohnedies dient sie der Spinne als Bau- und Lehrgerüst für den Bau der Klebspirale.[10]

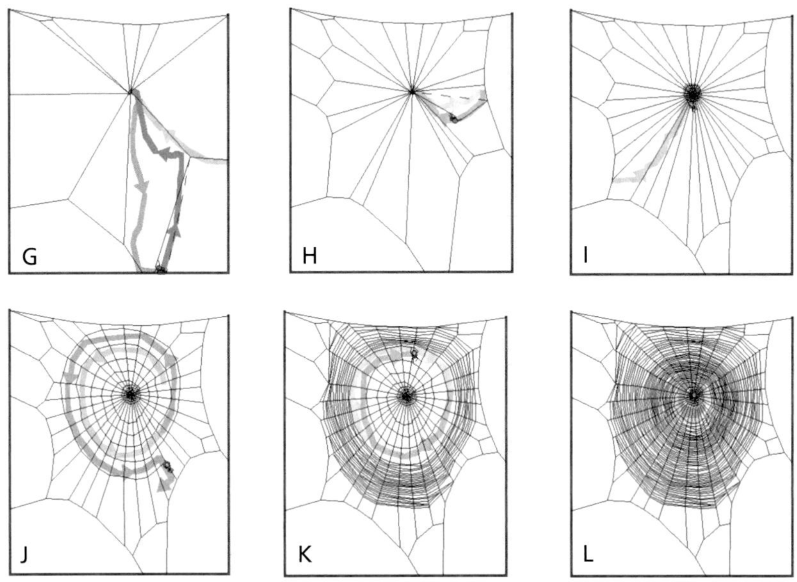

Nach vier bis fünf Umgängen der Hilfsspirale erreicht die Spinne den Rahmen des Netzes, wo sie für eine Weile pausiert, vermutlich um die Seidenproduktion von der bis zu diesem Schritt ausschließlich verwendeten nicht klebrigen Seide auf die klebrige Seide umzustellen (J). Nun beginnt die Spinne mit dem Bau der Klebspirale, die sie – im Gegensatz zur Hilfsspirale – von außen nach innen baut. Während der Bau der Hilfsspirale auf den Betrachter recht hastig wirkt, erscheint der Bau der Klebspirale eher gemächlich und überlegt, da die Spinne jedesmal, bevor sie ein Stück der Klebspirale an einer Speiche befestigt, kurz innehält. Während des Baus der Klebspirale, besonders entlang des äußeren Randes des Netzes, ändert die Spinne mehrmals ihre Laufrichtung, vermutlich um den vorhandenen Platz optimal mit Klebefäden zu füllen. Während die Spinne so mit dem Bau der Klebspirale langsam gegen die Netzmitte vorrückt, baut sie die Hilfsspirale fortlaufend wieder ab (K). Zurück bleiben einzig kleine Seidenbällchen, die im fertigen Netz als kleine Punkte auf den Speichen sichtbar sind. Nach Beendigung der Klebspirale entfernt die Spinne den inneren Teil der Nabe und

[10] Samuel Zschokke: The influence of the auxiliary spiral on the capture spiral in Araneus diadematus Clerck (Araneidae). In: Bulletin of the British Arachnological Society 9 (1993), S. 169-173.

verspannt diese mit einigen Fäden neu. Nun setzt sie sich auf die Nabe und wartet dort bewegungslos, bis eine Beute in das Netz fliegt (L).

Die Zeit, welche die Spinne für den gesamten Netzbau benötigt, variiert sehr stark, besonders durch die Pausen zu Beginn des Baus, welche insgesamt oft viele Stunden in Anspruch nehmen. Wenn die Spinne aber einmal den Fadenstern gebaut hat, benötigt sie gerade noch etwa eine halbe bis eine Stunde, um das Netz fertigzustellen. Sie verbraucht für ein Netz mit einem Durchmesser von 20 Zentimetern rund 15 Meter Faden und stellt gut 1 500 Verknüpfungen her.

In der Regel erneuert die Spinne ihr Netz jede Nacht oder – falls das Netz einen Tag ohne größeren Schaden übersteht – jede zweite Nacht. Bei der Erneuerung eines Netzes lässt die Spinne meistens die Ankerfäden und den Rahmen größtenteils stehen und baut nur die Speichen und die Spiralen neu. Dabei wird die Seide des alten Netzes nicht etwa fortgeworfen, sondern von der Spinne verspeist, so dass das Material zum Aufbau des nächsten Netzes verwendet werden kann – Radnetzspinnen kennen das Recycling schon lange.[11]

„Koffeinnetz".
Auch Spinnen bekommen Drogen nicht! Unstrukturiertes Netz einer Sektorenspinne nach Einnahme einer größeren Dosis Koffein.

[11] Die ältesten Radnetzspinnen sind aus der frühen Kreidezeit bekannt, sie waren somit Zeitgenossen der Dinosaurier und der ersten Blumen. (Vgl. Paul A. Selden: Orb-web weaving spiders in the early Cretaceous. In: Nature 340 (1989), S. 711-713.)

[12] Peter N. Witt, Charles F. Reed, David B. Peakall: A spider's web. Problems in regulatory biology. Berlin und New York 1968.

Die Erforschung

Die Erforschung des Netzbaues ist keine einfache Angelegenheit. Besonders während der ersten Schritte reagiert die Spinne auf Störungen sehr empfindlich. Gerade diese Phase erfordert aber wiederholte Beobachtung, da die Spinne die ersten Schritte immer wieder variiert. Eine andere Schwierigkeit besteht darin, dass die Spinnen ihr Netz meistens nachts bauen. Als der bekannte Spinnennetzforscher Hans M. Peters Ende der 40er-Jahre des 20. Jahrhunderts den Netzbau filmen wollte, versuchte er – damit das Kamerateam nicht mitten in der Nacht arbeiten musste – die Spinne dazu zu bringen, ihr Netz tagsüber zu bauen. Er bat deshalb seinen Kollegen aus der Pharmazie, Peter Witt, um ein Aufputschmittel für seine Spinnen, in der Hoffnung, diese damit zu einem früheren Start ihres Netzbaus bewegen zu können. Dieser Versuch war sehr erfolgreich, aber nicht auf die Weise, die sich Peters vorgestellt hatte. Die Spinnen bauten ihre Netze unbeirrt zur üblichen Zeit, aber der Netzbau war stark gestört. Dieses überraschende Resultat inspirierte den Pharmakologen Witt dazu, eine Vielzahl von Drogen an Spinnen zu verfüttern, um ihre jeweilige Wirkung auf den Netzbau zu testen. Dabei stellte sich heraus, dass jede Droge zu charakteristischen Veränderungen beim Netzbau führt, wobei das Netz fast immer unregelmäßig beziehungsweise gestört wird.[12]

Inzwischen hat auch auf dem Gebiet der Spinnennetzforschung der Computer als Hilfsmittel Eingang gefunden. Anstelle langwieriger Beobachtungen unter schwierigen Bedingungen zeichnet heute der Computer in Verbindung mit einer Videokamera den gesamten Weg auf, den die Spinne beim Bau eines Netzes zurücklegt: vom ersten vorsichtigen Umherklettern bis zum fertigen Netz. Diese Aufzeichnungen erlauben qualitative und quantitative Analysen des Netzbaus, die früher undenkbar waren. Ein angenehmer Nebeneffekt: Bei dieser Methode entstehen optisch ansprechende Grafiken.

Thomas Pruß

PILZE. NETZE ZWISCHEN LEBEN UND TOD

Ein Netz liegt über unserer Welt, vielen unbekannt oder unheimlich. Es durchzieht den Boden unserer Wälder mit einem bleichen, fast unsichtbaren Geflecht; es hat Seen, Flüsse und sogar die Meere erobert; es fasert im heißesten Wüstensand und fristet sogar an den kältesten Orten der Erde sein Leben. Aber nicht nur die unbelebte Welt wird von diesem Netz bedeckt, auch Lebewesen, egal, ob Pflanze, Tier oder Mensch, sind in ihm gefangen. Die Rede ist von Pilzen – Organismen, die wie kaum eine andere Lebensform in die Stoffkreisläufe auf der Erde eingreifen, ja, sie sogar erst ermöglichen.

Weder Pflanze noch Tier

Die Frage: „Was ist ein Pilz? Tier oder Pflanze?", wird von den allermeisten Menschen spontan beantwortet: „Na, natürlich eine Pflanze!" Richtig? Falsch! Pilzen mangelt es am wichtigsten Merkmal aller Pflanzen, dem Blattgrün oder Chlorophyll, mit dem Pflanzen mit Hilfe des Sonnenlichtes aus Wasser und Kohlendioxid Sauerstoff und Zucker aufbauen. Pilze ernähren sich, in dem sie totes organisches Material abbauen; sie sind nicht autotroph (selbsternährend) wie die Pflanzen, sondern heterotroph wie die Tiere.

Ein zweites wichtiges Merkmal: Pilze bauen sich, mit wenigen Ausnahmen, aus Chitin auf, das man eigentlich als Baustoff der Insektenpanzer kennt. Tatsächlich gehören die Pilze einem ganz eigenen Reich an, das man neben das der Pflanzen und Tiere stellt und das ebenso vielfältig und groß ist. Man schätzt, dass weltweit gut anderthalb Millionen Pilzarten existieren, von denen allerdings erst etwa 200 000 bekannt sind. Damit sind nicht ausschließlich die so genannten Großpilze gemeint, also solche mit Hut und Stiel: Zu dieser unübersehbaren Artenzahl gehören auch die mikroskopisch kleinen, einzelligen Hefepilze, die uns beim Bierbrauen helfen (Saccharomyces carlsbergiensis), und Schimmelpilze (Penicillinum), die uns das Penicillin beschert haben, aber auch das krebserregende Aflatoxin (Aspergillus) erzeugen. Dazu gehören außerdem Schleimpilze (Myxomycetae), die über den Waldboden kriechen, sich zur Fortpflanzung mit Hilfe von Pheromonen (Hormone, die über die Luft oder Wasser übertragen werden) zusammenfinden und zum Teil fantastische Formen bilden, sowie jene Pilzarten, die sich mit Algen zusammengetan haben und als Flechten (Liches) bekannt sind. Dazu gehören auch die zahllosen krankheitserregenden Pilzarten wie zum Beispiel der Apfelrost – ein Ascomycet (Schlauchpilz) – oder der Fußpilz (Gattung Candida), eine Hefeart. Wir bleiben aber bei den Pilzen, die man sehen und essen kann (oder auch nicht) und von denen es in Mitteleuropa etwa 6000 Arten gibt.

„Da steht ein Pilz", hört man oft bei einem Waldspaziergang. Nun, wer sich in die Welt der Pilzkunde vertieft, könnte jetzt Haare spalten und sagen: „Nein, da steht kein Pilz, sondern der Fruchtkörper eines Pilzes." Und er hätte Recht. Tatsache ist, dass wir die wenigsten Pilze direkt sehen können. Der Pilz als solcher ist ein ziemlich unauffälliges, farbloses bis weißes Geflecht, das sich wie ein riesiges Netz durch den Boden zieht. Erst wenn es seine Fruchtkörper ausbildet – was man „fruktifizieren" nennt –, erfahren wir von seiner Existenz. Das Netz, das Geflecht, nennt man „Mycel", und das Mycel ist der Pilz. Dieses Mycel nimmt aus der Umgebung Nährstoffe auf: Es wuchert in totes Laub, in abgestorbenes Holz (Pilze sind, neben einigen Bakterien, die einzigen Organismen, die Holz zersetzen können) und knackt die chemischen Verbindungen. Oder das Mycel sucht sich zusätzlich einen Partner. Dieser Partner kann zum Beispiel ein Baum sein. Das Mycel legt sich als ein dichtes Gespinst um die feinen Wurzeln dieser Pflanze und dringt in sie ein. Die Pflanze erhält von dem Pilz Nährstoffe, die dieser aus dem Abbau von organischer Substanz gewinnt, und Kohlendioxid. Der Pilz bekommt von der Pflanze Zucker, den er zum Aufbau seines eigenen Körpers nutzt. „Mykorrhiza"[1] nennt der Fachmann diese Verbindung zu gegenseitigem Nutzen. Beispiel für einen Mykorrhiza-Pilz ist der Steinpilz (Boletus edulis), der mit Eiche oder Fichte eine Symbiose eingeht. Etwa ein Viertel der Großpilze sind Mykorrhiza-Pilze. Nun können Bäume auch ganz gut ohne die Mykorrhiza leben, aber es gibt Pflanzen, die darauf angewiesen sind: die Orchideen. Diese Schönheiten geben ihren winzigen Samen Pilzsporen bei, damit die jungen Pflanzen überleben können.

Hallimaschmycel

Das Mycel, das sich dem Auge weitgehend entzieht, kann riesengroß sein. Ein Beispiel hierfür ist der Hallimasch: Amerikanische Wissenschaftler haben 1992 ein gigantisches Exemplar dieser Spezies gefunden, dessen 100 Tonnen schweres Wurzelgeflecht nicht weniger als 150 000 Quadratmeter Waldboden im US-Staat Michigan durchzieht.

Warum aber macht der Pilz mit seinen Fruchtkörpern auf sich aufmerksam, wenn er sich ansonsten so verborgen hält? Der Grund liegt in der Triebfeder jedes Lebewesens: die Vermehrung und Erhaltung der eigenen Art. Das, was wir Pilz nennen, ist der Sporenträger. Aus den Sporen entstehen bei der Keimung Gameten, die sich zu einem Mycel entwickeln. Und damit sichergestellt wird, dass es von diesen winzigen, nur wenige tausendstel Meter großen Gebilden einige schaffen, zu einem neuen Organismus heranzuwachsen, darf der Pilz nicht kleckern, sondern muss klotzen: Der Fruchtkörper eines einzigen Riesenbovisten (Langermannia gigantea) zum Beispiel, der immerhin so groß wie ein Medizinball werden kann, produziert bis zu sieben Billionen Sporen. Aber auch kleinere Pilze sind überaus fleißig bei der Sporenbildung. Statt eines großen bilden sie viele kleine Fruchtkör-

[1] Vom griechischen „mykes" = Pilz und „rhiza" = Wurzel.

per. Der Autor zählte einmal auf einem Quadratmeter Waldboden mehr als 120 Violette Lacktrichterlinge (Laccaria amethystina). Die gesamte Fläche, die blauviolett leuchtete, maß etwa 30 mal 50 Meter. Dass zwischen diesen schmackhaften Pilzen etliche andere Arten wie Knollenblätterpilze (Amanita virosa), Täublinge (Gattung Russula) oder Rotfußröhrlinge (Xerocomus chrysenteron) wuchsen, sei nur nebenbei erwähnt. Das zeigt auch, wie unglaublich dicht die verschiedenen Mycele den Waldboden durchziehen. Buchstäblich jeder Quadratmillimeter kann von ihnen durchwuchert sein. Die Fruchtkörper der Pilze mögen zwar vergänglich sein und nur wenige Tage wachsen, doch das Mycel kann wahrhaft ein biblisches Alter erreichen: Der erwähnte Hallimasch (übrigens ein sehr schmackhafter, wenngleich roh schwach giftiger Pilz) ist wahrscheinlich 1500 Jahre alt – und kerngesund. Gibt es noch eine Steigerung? Aber ja: Die eingangs erwähnten Flechten stellen diesen Hallimasch in den Schatten. Denn wer in der Lage ist, das härteste Gestein zu knacken, der muss wahrlich ein Leben in geologischen Altersdimensionen führen können: Einige Flechtenarten haben den Bau der Pyramiden erlebt, sind mithin bis zu 6000 Jahre alt!

Das Reich der Pilze existiert seit gut 400 Millionen Jahren. Und es ist vital wie eh und je: Wenn es Zeit ist, die Fruchtkörper zu bilden, beginnen sie zu wachsen – Hindernisse werden überwuchert oder beiseite gedrängt. Wenn es dem Stadtchampignon (Agaricus bitorquis) gefällt, schiebt er seine wohlschmeckenden Fruchtkörper mit Gewalt durch den Asphalt. Zerdrückt und zerquält pressen sich die Hüte hindurch, manchmal gar nicht mehr als solche zu erkennen. Aber ihrer Aufgabe der Sporenverbreitung werden sie immer noch gerecht; und einzig darauf kommt es an. Die Sporen werden an den Lamellen oder in den Poren des Fruchtkörpers gebildet. Verantwortlich dafür sind spezielle Zellen, die so genannten Basidien („Ständerzellen"), weshalb man diese Pilze „Basidiomyceten" (Ständerpilze) nennt. Dazu gehören Steinpilze, Pfifferlinge, Täublinge. Die Sporen werden von den Basidien abgeschnürt und „stehen" eine Zeitlang auf ihnen, bevor sie abfallen und vom Winde verweht werden. Aber nicht alle unserer Großpilze gehören zu den Ständerpilzen. Einige, wie die Trüffel (Tuber melanosporum), die Stinkmorchel (Phallus impudicus), die Becherlinge (zum Beispiel Gattung Peziza), lassen ihre Sporen in Schläuchen wachsen. Man nennt sie deshalb „Ascomyceten" (Schlauchpilze). Sind die Sporen reif, platzt der Schlauch, und die Sporen werden frei.

Pilze und Ernährung

Pilze sind immer schon ein fester Bestandteil der menschlichen Ernährung. Allerdings ist ihr Nährwert eher gering. Bei einem Wassergehalt von etwa 90 Prozent ist das nicht verwunderlich. Mit zwei Prozent schlagen unverdauliche Ballaststoffe (Chitin) zu Buche. Verwertbare Kohlenhydrate (Glukose, Fructose, Saccharose) machen nur etwa 0,3 Prozent aus. Sehr hoch ist allerdings der Gehalt an nicht verwertbarem Mannit, einem Zuckeralkohol, und Trehalose. Trehalose ist ein in Lebensmitteln selten vorkommendes Disaccharid (ein Zucker aus zwei Glukosemolekülen). Bei manchen Menschen fehlt im Darm das Enzym Trehalase, das diesen Zucker spaltet. Bei solchen Personen führt der Pilzgenuss oft zu starken Verdauungsbeschwerden. Der Gehalt an Fetten und Vitaminen ist sehr gering und die Proteine haben eine geringe biologische Wertigkeit, weil ihnen einige lebenswichtige Aminosäuren fehlen.

Im Netz des weltweiten Handels mögen Pilze nur eine untergeordnete Rolle spielen, doch ist die Produktionsmenge dennoch bemerkenswert: Etwa 63 Prozent der weltweit kultivierten Speisepilze werden in China geerntet. Das sind nicht weniger als vier Millionen Tonnen. Die Welternte insgesamt lag 1997 bei 6 344 000 Tonnen. Von den 30 kultivierbaren Speisepilzen haben nur zehn Marktbedeutung. Obenan, mit 32 Prozent Anteil an der Weltproduktion, steht der Champignon (Agaricus bisporus), gefolgt von Austernseitling (Pleurotus ostreacus), Shii-Take (Lentinula edodes), Judasohr (Auricularia auricula-judae), Strohpilz (Volvariella volvacea) und Samtfußrübling (Flammulina velutipes). Ein Pilzgericht aus gekauften Pilzen ist freilich nichts im Vergleich zu einem aus selbst gesammelten. Wer jemals eine Krause Glucke (Sparassis crispa) oder eine Steinpilzpfanne gekostet hat, wird den Unterschied kennen.

Pilzvergiftungen

Den 200 „guten" essbaren Pilzen stehen etwa gleichviel „böse" giftige Pilze gegenüber. In jeder Pilzfamilie gibt es „gute" und „böse" Pilze, und wer selbst Pilze sucht, kommt um ein intensives Studium der Arten nicht herum. Die einzige Regel bei der Unterscheidung von giftigen und ungiftigen Pilzen ist, dass es keine Regel gibt. Die Aussage, dass giftige Pilze eine Zwiebel oder einen Silberlöffel schwarz färben, ist ein ebenso lebensgefährlicher Irrtum wie die Annahme, dass Käfer und Schnecken Anzeiger für genießbare und giftige Pilze sind. Der gefährlichste Pilz unserer Wälder, der Grüne Knollenblätterpilz (Amanita phalloides), wird genauso gerne von Schnecken gefressen wie der Steinpilz.

Pilzvergiftungen können in zahllosen Varianten auftreten: vom „einfachen" Durchfall und Erbrechen über zentralnervöse und Kreislaufbeschwerden bis hin zu Todesfällen. Der erwähnte Grüne Knollenblätterpilz und sein Verwandter, der Kegelhütige Knollenblätterpilz (Amanita virosa), sind die giftigsten Pilze. Ihr Gift, das Amanitin, zerstört die Leber und führt zu einem schmerzhaften Tod. Das Hinterhältige an diesem Gift ist seine lange Wirkzeit, die bis zu 36 Stunden betragen kann. Erst zu diesem Zeitpunkt treten mitunter die ersten Symptome auf, und dann ist es meist zu spät. Hier hilft nur noch eine Lebertransplantation. „Knollis", wie Knollenblätterpilze von Pilzsammlern oft verniedlichend genannt werden, geraten oft ins Pilzgericht, weil sie einigen Champignonarten ähnlich sehen. Aus diesem Grund sind die meisten tödlichen Pilzvergiftungen auf den Knollenblätterpilz zurückzuführen.

Ein weiterer überaus giftiger Pilz ist der Orangefuchsige Raukopf (Cortinarius orellanus). Sein Gift, das Orellanin, hat eine Latenzzeit von bis zu zwei Wochen und ist nach dieser Frist stets tödlich (Nierenversagen). Sehr junge Rauköpfe können mit jungen Pfifferlingen verwechselt werden, doch sind Vergiftungen bei uns überaus selten. Fliegenpilze (Amanita muscaria) gehören ebenfalls zu den Knollenblätterpilzen. Vergiftungen mit diesem auffälligen Pilz sind gar nicht selten, aber daran sind die Konsumenten selbst schuld. Meistens handelt es sich um drogenabhängige Menschen, die sich vom Genuss des Pilzes einen Rausch erhoffen. Die psychoaktive Substanz ist das Muskarin. Das aber ist in unseren einheimischen Fliegenpilzen – im Gegensatz zu sibirischen Arten – nur in geringster Menge enthalten. Hauptgift des Fliegenpilzes ist die Ibutensäure, die zu schweren Herz-Kreislauf-Störungen und gastrointestinalen Effekten führt. Insgesamt hält der

Fliegenpilz einen Cocktail aus 25 verschiedenen Giften bereit, zu denen auch das Amanitin gehört. Ein weiterer „Rauschpilz", bei dem von einigen Menschen eine Vergiftung bewusst in Kauf genommen wird, ist der Spitzkegelige Kahlkopf (Psilocybe semilanceata). Die Pilze aus der Gattung Psilocybe enthalten das psychoaktive Gift Psilocybin, das zu bewusstseinserweiternden Zuständen führen soll.

Eine besondere Art der Vergiftung kann der Kahle Krempling (Paxillus involutus) hervorrufen. Seine Giftigkeit wurde erst sehr spät erkannt, denn sehr viele Menschen aßen ihn über Jahrzehnte ohne Schäden, bis sie plötzlich einem allergischen Schock auf die Eiweiße dieses Pilzes erlagen. Seitdem wird der Kahle Krempling unter den starken Giftpilzen geführt. Ganz neu in die Liste der gefährlichen Pilze aufgenommen wurde der Grünling oder Edelritterling (Tricholoma equestre). Erst seit September 2001 wird er – nach zwölf Vergiftungsfällen zwischen 1992 und 2000 in Frankreich, von denen drei tödlich endeten – von der Deutschen Gesellschaft für Mykologie (DGfM) als Giftpilz geführt.

Sehr merkwürdig sind Vergiftungen mit der Frühjahrslorchel (Gyromitra esculenta). Das Gift dieses Pilzes ist das Gyromitrin, das hitzelabil und wasserlöslich ist, also durch längeres Kochen und anschließendes Abgießen des Kochwassers aus dem Pilz entfernt werden kann. Das Gyromitrin verwandelt sich im Körper in das hochgiftige Hydrazin und das ist nichts anderes als – Raketentreibstoff! Die schlimmsten Vergiftungsfälle aber wurden niemals durch Großpilze verursacht. Sie liegen auch schon einige 100 Jahre zurück. Im Mittelalter raffte nämlich der Mutterkornpilz, ein Parasit auf Getreide und anderen Gräsern, buchstäblich hunderttausende von Menschen qualvoll dahin. Grund für diese Vergiftungswellen: Mit den mittelalterlichen Methoden des Landbaus war es nicht möglich, die Getreideernte so zu sieben, dass die befallenen Körner ausgesondert werden konnten.

Pilzmycel

Pilze und Umwelt

Unsere Umwelt, unsere Natur ist ohne das Wirken der Pilze eigentlich gar nicht vorstellbar. Durch ihre Fähigkeiten, organisches Material abzubauen, ermöglichen sie erst das Leben auf der Erde. Sie stehen am Ende der Nahrungskette, wo ungeheure Mengen an Abfällen anfallen, die vom Netz der Mycele aufgefangen und wiederverwertet werden. Es ist klar, dass Pilze damit in besonderem Maße den menschengemachten Einflüssen, der Umweltverschmutzung, ausgesetzt sind. Neben ihrer Fähigkeit zu zersetzen muss, besonders bei essbaren Arten, auch auf ihre Fähigkeit zu kumulieren hingewiesen werden. Nach dem Super-GAU in Tschernobyl galten Pilze lange Zeit als nicht essbar, und selbst heute sind die Werte an radioaktiven Substanzen in einigen Arten noch so hoch, dass man sie nur eingeschränkt essen kann. Maronenröhrlinge (Xerocomus badius) zum Beispiel speichern radioaktives Cäsium. Aber auch andere Umweltgifte werden von Pilzen aufgenommen: Champignons sind wahre Cadmium-Speicher, weshalb man diese Pilze niemals entlang von Straßen oder in Industrieregionen sammeln sollte. Die Liste ließe sich endlos fortsetzen. Wegen der Fähigkeiten der Pilze, Umweltgifte zu sammeln und abzubauen, könnte man sie als „Reinigungsmittel" für verseuchte Böden einsetzen, was ansatzweise schon versucht wird.

Und die Pilze selbst? Nehmen sie durch die Umweltverschmutzung Schaden und können sie aussterben? Diese Frage ist schwer zu beantworten. Tatsache ist, dass die Artenzahl rückläufig ist. Aber die Gründe sind nicht oder nur unzulänglich bekannt. Tatsache ist auch, dass viele unserer Großpilze auf der „Roten Liste" der gefährdeten Arten stehen. Vielen Arten wurde der Lebensraum genommen, und so ist es sinnvoll, Pilze wie zum Beispiel den Torfmoos-Saftling (Hygrocybe coccineocrenata), der in Mooren wächst, in die Rote Liste aufzunehmen. Andererseits aber sind Pilze unglaublich vital: Viele unserer Großpilzarten kommen fast weltweit vor, zumindest aber rund um die Nordhalbkugel. Und die Sporen sind so klein und leicht, dass sie über tausende von Kilometern mit dem Wind reisen können. Sobald sie einen Lebensraum finden, der ihnen zusagt, wachsen sie. Ausrotten wird man die Pilze also kaum. Die Pilzsammeleinschränkungen und -verbote in der Schweiz und in Österreich sollen verhindern, dass gewerbliche Pilzsucher den Bestand ganzer Regionen wegsammeln. Die Restriktionen sehen vor, dass nur an bestimmten Tagen und nur ganz bestimmte Mengen gesammelt werden dürfen. Zuwiderhandlungen werden mit empfindlichen Geldbußen belegt. In Deutschland dagegen ist das Pilzesammeln nach wie vor ohne Mengenbegrenzung erlaubt. Da etliche Pilzarten auf der Roten Liste stehen, ist jedoch der Handel mit ihnen verboten. Was an Pfifferlingen und Steinpilzen bei uns auf die Wochenmärkte kommt, stammt zum größten Teil aus Osteuropa.

Pilze und ihre Namen

Großer Schmierling, Kupferroter Gelbfuß, Krause Glucke, Aprikosenblättriger Schneckling – egal, wo man ein Pilzbuch aufschlägt, man stolpert über kuriose Namen. Dabei sind das nur die „offiziellen" deutschen Artnamen. Im Volksmund hat so mancher Pilz noch ganz andere Namen. Eine Auswahl: der Perlpilz (Amanita rubescens) heißt Kuckemucken, Mops, Gugelmagen; die Krause Glucke (Sparassis crispa) Zitterer, Feistling oder Wackelschwamm. Für den Kartoffelbovisten (Scleroderma citrinum) findet man Hundeeier, Krachpuff, Puffgrumbeer, Katzenfist, Fähenfurz, Deibelsmehlsack. Sehr derb geht es bei den essbaren Flaschenbovisten (Lycoperdon perlatum) zu: Bubenforz, Weiberfist, Trudenfurz, Nonnenfürzli. Und die Stinkmorchel, die den bezeichnenden Artnamen Phallus impudicus trägt, heißt Pfurzglocke, Aasmorchel, Schlemenei, Leichenfinger. Wer jemals zur Stinkmorchelzeit im August/September durch den Wald gegangen ist, weiß diese Namen durchaus zu würdigen.[2]

[2] Der Autor ist Harry Regin und Vivien Bedregal-Calderon, geprüften Pilzsachverständigen der Deutschen Gesellschaft für Mykologie, den passionierten Pilzsammlern Volker Fäßler, Gottfried Thumser, Karl Keck, Felix Kerl sowie Georg Müller, Webmaster des Internet-Pilzeforums, zu Dank verpflichtet.

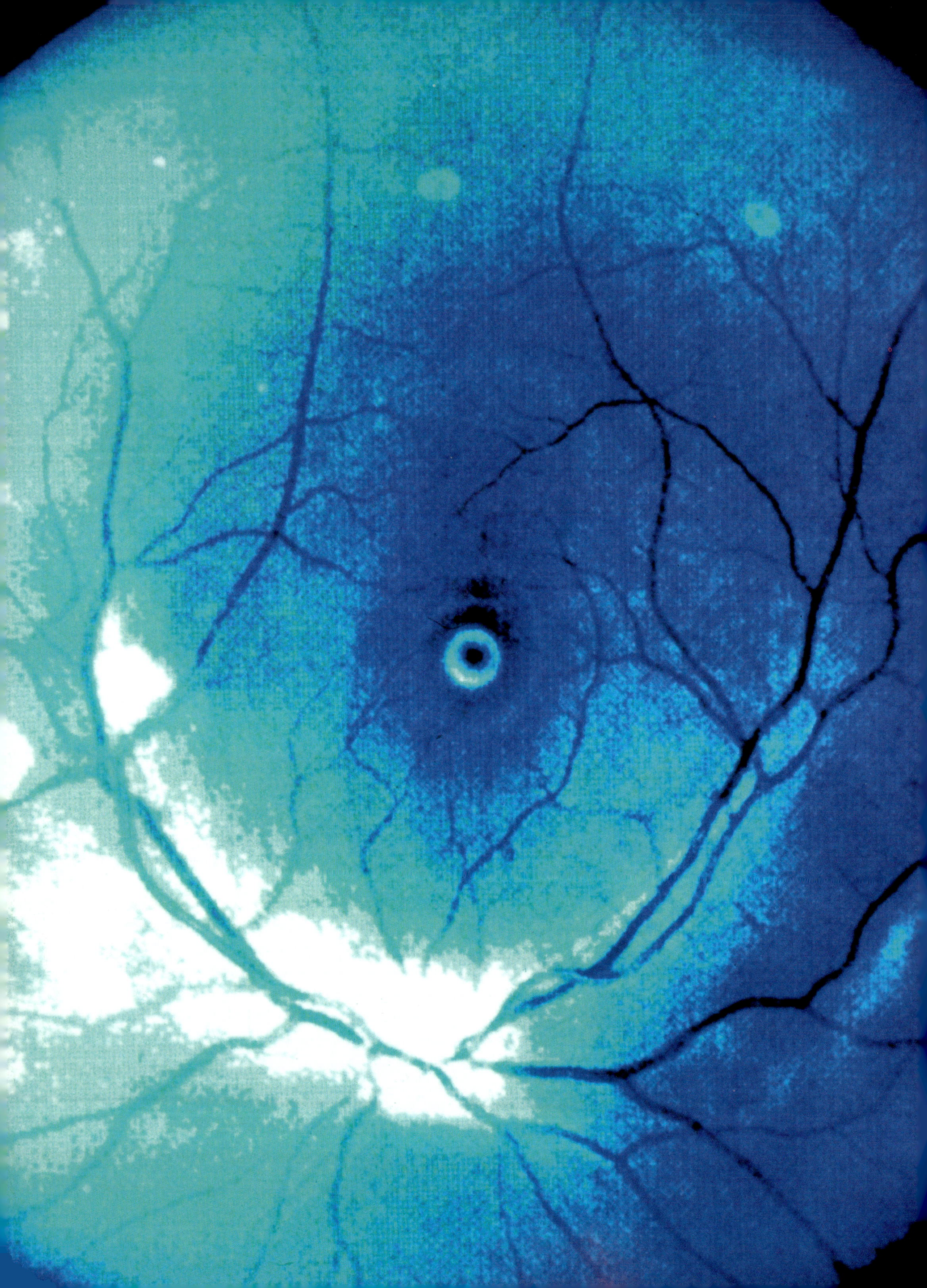

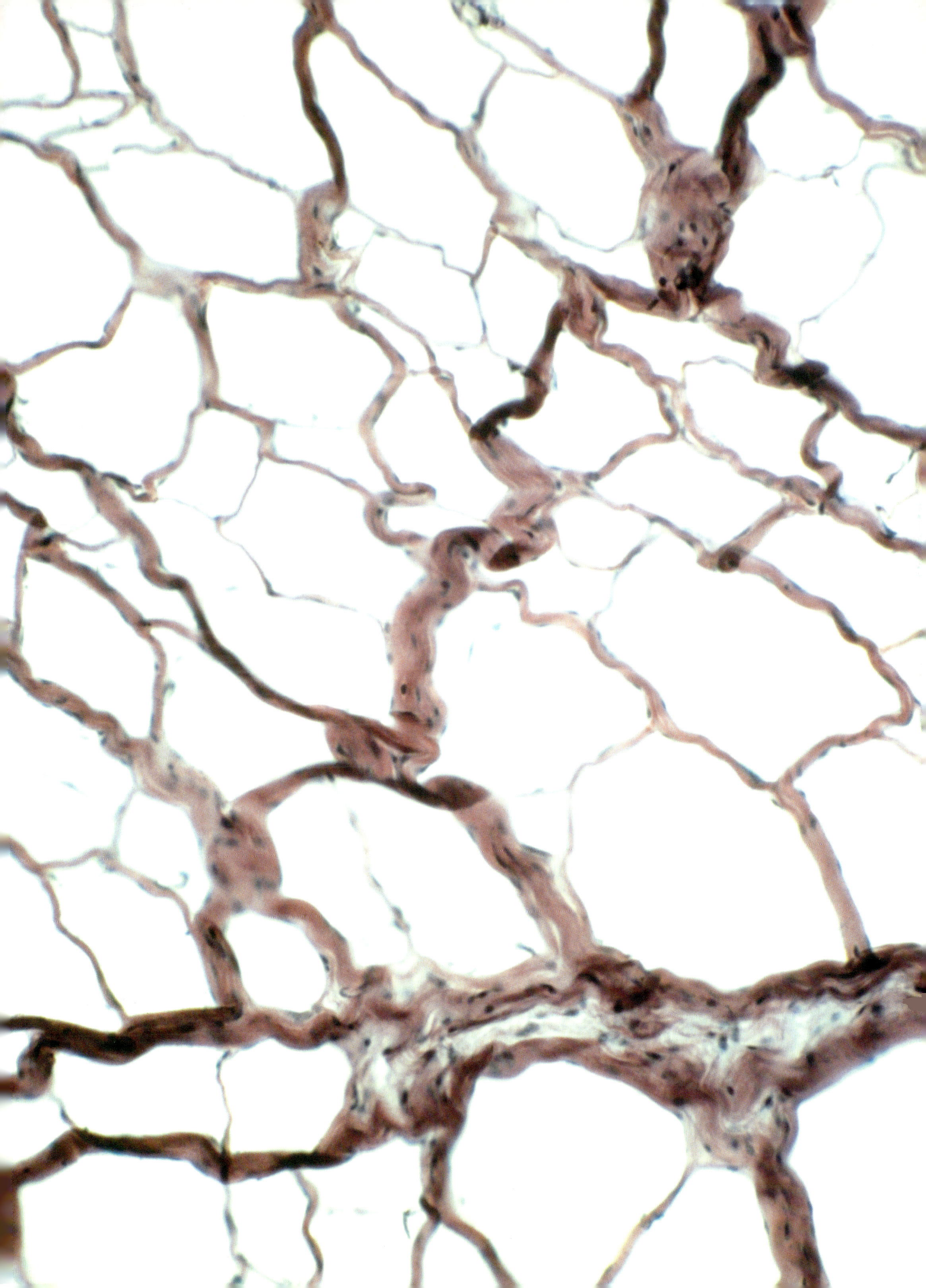

NETZWERK UND ZIVILISATION

Klaus Beyrer

Christel Frank

Thomas Hauer

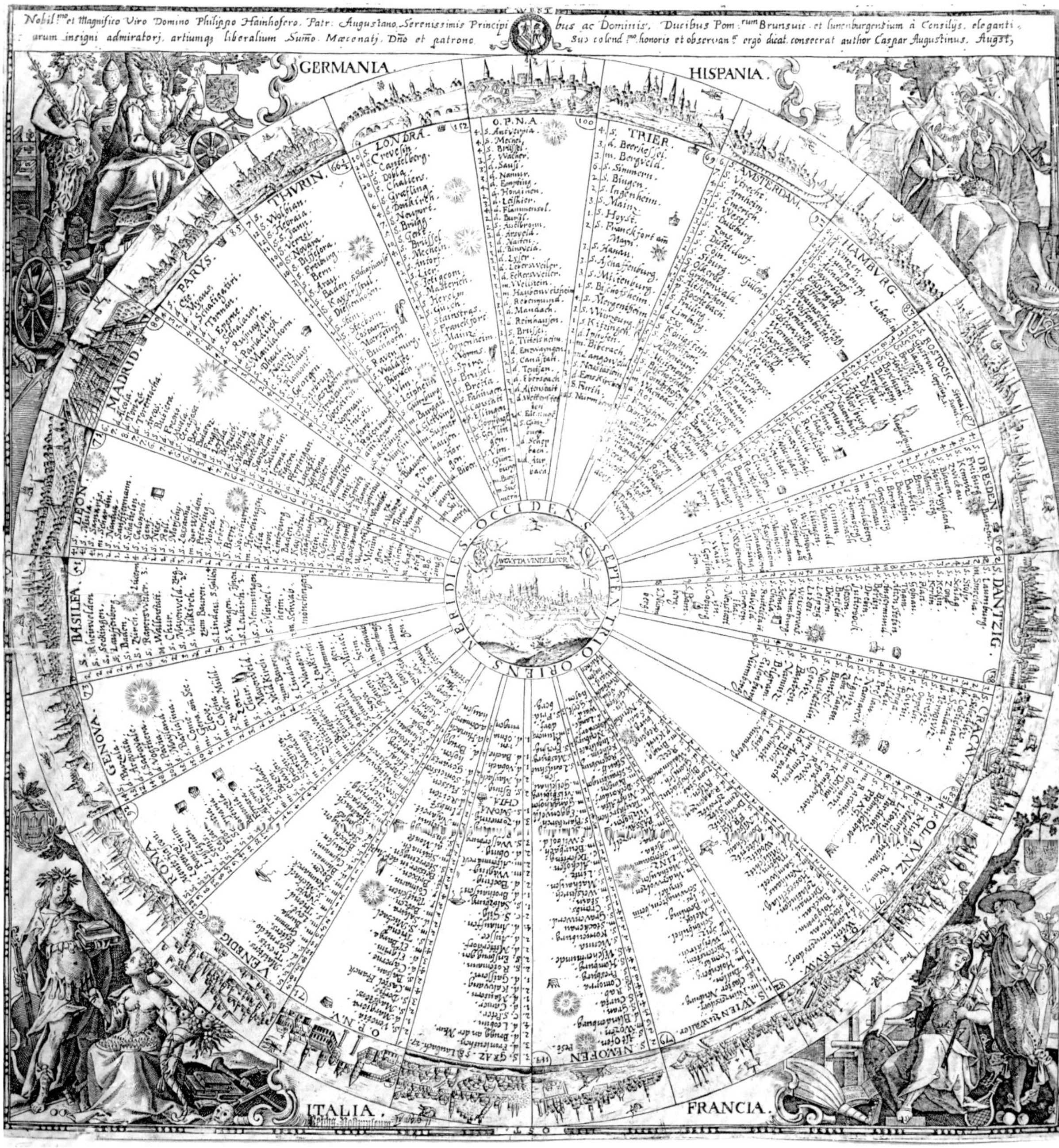

Augsburger Meilenscheibe
aus dem Jahre 1629

Klaus Beyrer

GEBAHNTE WEGE

Aspekte der Vernetzung im historischen Landverkehr

Wenn ein verwunschener Fisch sich in armer Leute Netz verfängt, wird daraus leicht eine Geschichte. Und wenn obendrein noch Habgier und Maßlosigkeit im Spiel sind, nimmt sie gewöhnlich ein schlechtes Ende. Was nicht alles werden wollte die Frau des Fischers: Herzogin und Königin, Kaiser, Papst, und endlich werden „wie der liebe Gott" – bevor sie sich in ihrer strohgedeckten Hütte wiederfand, „Pißputt" genannt. Doch ist die Geschichte – dem „Butt" sei Dank – um eine Variante zu bereichern, die ihre Pointe schlicht aus einem Rollentausch bezieht. Die *andere* Wahrheit, die den Märchensammlern um Philipp Otto Runge und Jacob und Wilhelm Grimm zu Ohren gekommen sein soll, sie zeigt nämlich Ilsebill als bescheidenes Eheweib, dagegen den Fischer selbst maßlos in seinen Wünschen: „Im Krieg unbesiegbar will er sein, Brücken über den breitesten Fluß, Häuser und Türme, die bis in die Wolken reichen, schnelle Wagen, weder von Ochs noch Pferd gezogen, Schiffe, die unter Wasser schwimmen, will er bauen, begehen, bewohnen, ans Ziel fahren. Die Welt beherrschen will er, die Natur bezwingen und von der Erde weg sich über sie erheben ..."[1]

Im 19. Jahrhundert findet dies Drängen nach *Weiter, Höher, Schneller* seine Entsprechung in der Industrialisierung des Landverkehrs. Hierfür zeichnen maßgeblich verantwortlich Fortschritte im Straßenbau (Chausseen) und bei der Personenbeförderung (Eilpost), dann die Erfindung der Eisenbahn und dazu, als vorläufiger Höhepunkt des Individualverkehrs, das Automobil. Es ist vielleicht kein Zufall, dass in der damaligen Literatur der Bau von Schienenwegen und im Übrigen die Anlegung künstlicher Wasserstraßen erstmals unter dem Begriff der Vernetzung diskutiert werden. Wie sich bald zeigt, dient die Metapher der angemessenen Beschreibung in Ausprägung und Dichte so vormals nie gekannter Verkehrsstrukturen.

Die neue Technik der Eisenbahn wurde Mitte des 19. Jahrhunderts kontrovers diskutiert. Kritiker bemängelten die Fortschrittsgläubigkeit der Zeit und befürchteten eine irreversible Abhängigkeit von den technologischen Entwicklungen. Im britischen „Punch" von 1865 wird die Eisenbahn als Gefahr bringende Spinne karikiert.

Als Ensemble von Verbindungen und Kreuzungen, von Linien und Knoten hat als einer der ersten in der deutschsprachigen Literatur der Nationalökonom Friedrich List den Verkehr begriffen. Aus dem Jahr 1835 stammt sein Entwurf eines deutschen Schienennetzes. Zwar spricht List vorerst von einem Eisenbahn*system*, ein Bericht über das wirtschaftlich fortschrittliche Belgien optimiert den Begriff wenig später jedoch zum Eisenbahn*netz*.[2] Weiter verbreitet sich die *Netz*-Metapher in raschen Schritten: Sie findet Eingang in den Sprachgebrauch der elektrischen Telegrafie – ein 1857 er-

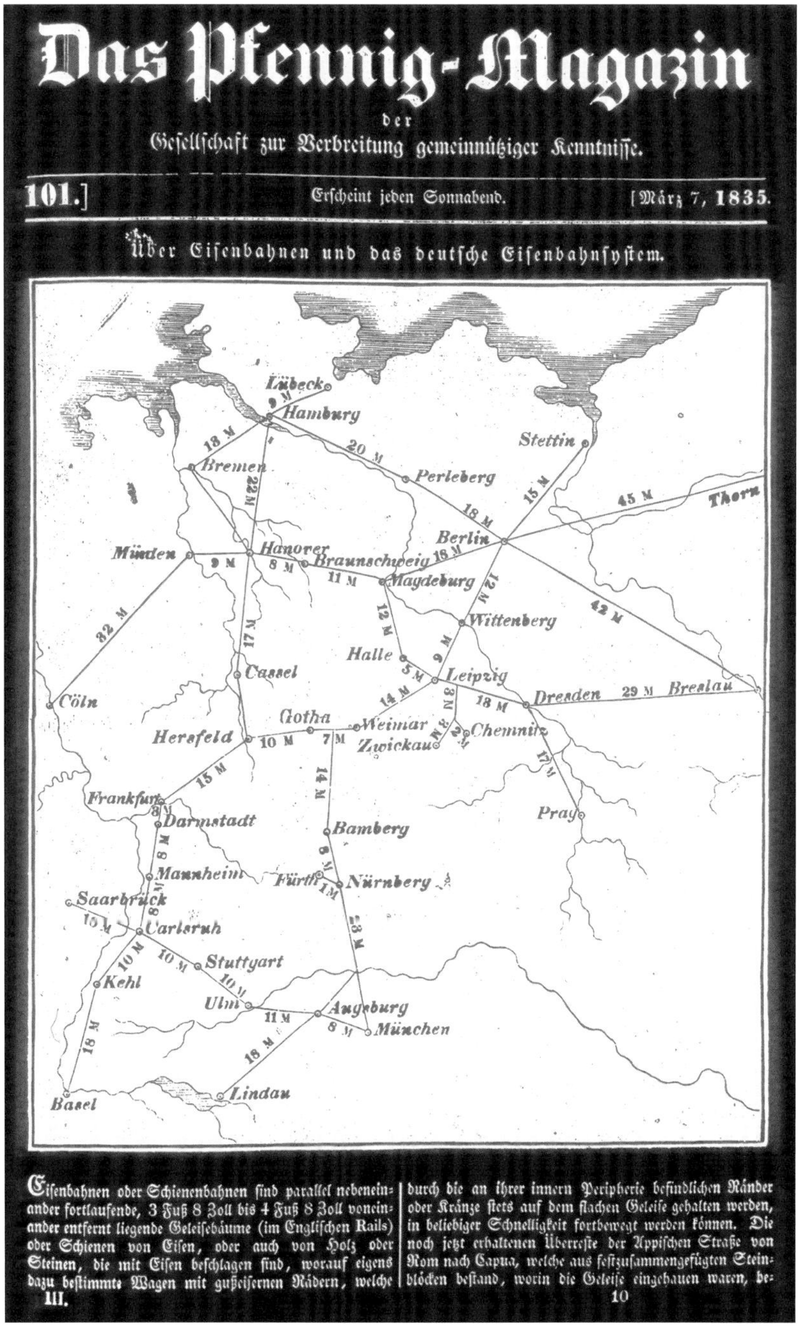

Das Pfennig-Magazin
der
Gesellschaft zur Verbreitung gemeinnütziger Kenntnisse.

101.] Erscheint jeden Sonnabend. [März 7, 1835.

Über Eisenbahnen und das deutsche Eisenbahnsystem.

Eisenbahnen oder Schienenbahnen sind parallel nebeneinander fortlaufende, 3 Fuß 8 Zoll bis 4 Fuß 8 Zoll voneinander entfernt liegende Geleisebäume (im Englischen Rails) oder Schienen von Eisen, oder auch von Holz oder Steinen, die mit Eisen beschlagen sind, worauf eigens dazu bestimmte Wagen mit gußeisernen Rädern, welche durch die an ihrer innern Peripherie befindlichen Ränder oder Kränze stets auf dem flachen Geleise gehalten werden, in beliebiger Schnelligkeit fortbewegt werden können. Die noch jetzt erhaltenen Überreste der Appischen Straße von Rom nach Capua, welche aus festzusammengefügten Steinblöcken bestand, worin die Geleise eingehauen waren, be-

III. 10

Friedrich Lists Entwurf eines deutschen Eisenbahnsystems, Titelblatt des „Pfennig-Magazins" vom 7. März 1835

[1] Günter Grass: Der Butt. Werkausgabe, Bd. 8. Göttingen 1997, S. 440ff. (zuerst: 1977).

[2] Friedrich List: Über Eisenbahnen und das deutsche Eisenbahnsystem. In: Das Pfennig-Magazin 101 (7.3.1835), S. 73ff.; zur belgischen Eisenbahn: Das Pfennig-Magazin 321 (25.3.1939), S. 42.

[3] Karl Knies: Der Telegraph als Verkehrsmittel. Tübingen 1857, S. 242f.; Hermann Helmholtz: Die neueren Fortschritte in der Theorie des Sehens (1868). Nachdruck: Abhandlungen zur Philosophie und Geometrie. Cuxhaven 1987, S. 59; Heinrich Stephan: Das Verkehrsleben im Alterthum. In: Historisches Taschenbuch 39 (1868) 4, S. 30 u. S. 118.

schienenes Werk des Wirtschaftsprofessors Karl Knies handelt vom „Netz der Telegraphenleitungen und Stationen" – und kehrt, in der populären „Gartenlaube" von 1881, in den „großstädtischen Fernsprechnetzen" wieder. Mehr noch erkennt Knies in der Telegrafie eine Übereinstimmung mit dem „telegraphischen Netz der Nerven in unserem Körper" und regt so wiederum die Naturwissenschaften an – in diesem Sinne greift beispielsweise der Physiker Hermann Helmholtz in seiner „Theorie des Sehens" aus dem Jahr 1868 auf den Begriff zurück. Doch selbst damit nicht genug: Heinrich Stephan, späterer Chef der Deutschen Reichspost, der in jungen Jahren als Historiker debütierte, setzt den *Netz*-Begriff gar in einem verkehrsgeschichtlichen Rückblick ein: In einem im gleichen Jahr erschienenen Beitrag zum „Verkehrsleben im Altertum" zollt Stephan dessen „weitverzweigtem Netz von Karawanenstraßen" Anerkennung und bespricht das römisch-antike „Netz geregelter Straßenanlagen".[3]

Dass die Vernetzungsmetapher gewissermaßen rückwirkend dafür herzuhalten hat, (noch) ältere verkehrsgeschichtliche Phänomene zu beschreiben, wird Historiker heute kaum mehr stören. Längst sind die Geschichtswissenschaften selbst vom mittlerweile inflationär gebrauchten Modewort unterwandert. Demnach lassen sich Vernetzungsleistungen weit in die Geschichte zurückverfolgen – aufspüren etwa in den Handelsverbindungen im sumerischen Nahen Osten des vorchristlichen zweiten Jahrtausends, in den diplomatischen Beziehungen unter den Völkern Mesopotamiens, den kriegerischen Feldzügen der Assyrer, den Hochkulturen Ägyptens und der Perser. Freilich, eine Geschichte der Verkehrsvernetzungen, in eins gesetzt mit zivilisatorischen und kommunikativen Leistungen der Menschheit, fiele automatisch zusammen mit einer Geschichte des Verkehrs schlechthin. Der Begriff des Netzes wäre dann synonym zu veranschlagen mit den Wegen und Straßen, die seit alters entstehen, und mit den Menschen, die durch sie verkehren. Das stete *Weiter und Schneller*, das der Menschheit vielleicht sogar als Grundbedürfnis innewohnt wie etwa das Streben nach *Kommunikation*, wäre dann zu ergänzen um solch einen Drang nach *Vernetzung*.

Antike Verkehrsnetze

Schenkt man den Historikern Glauben, gelangt das antike Netz der Verkehrsverbindungen und Nachrichtensysteme im Rom namentlich des Kaiserreichs zu seiner vollen Blüte. „Wer die Straßen erfunden hat", meint der Sachbuchautor Hermann Schreiber, „kann niemand sagen. Das Straßennetz aber ist die Schöpfung der Römer." Von Britannien bis zum Euphrat soll es sich erstreckt und zu Beginn des dritten nachchristlichen Jahrhunderts, nach dem „Itinerarium Antonini Augusti" zu urteilen, einer aus der Zeit Caracallas stammenden Verkehrskarte, nicht weniger als 53 000 Meilen (annähernd 80 000 Kilometer) umfasst haben.[4] Manche der Fernverkehrsstraßen sind bis heute ein Begriff, etwa die *Via Appia*, die *Via Latina* und die *Via Salaria*. Von Rom nach Ariminum (Rimini) verlief die *Via Flamina*, von Altinum am Adriatischen Meer über das Etschtal, den Reschen-Scheideck-Pass nach Augsburg und zur Donau die *Via Claudia Augusta*, von Nordengland bis nach Jerusalem die *Via Sacra*. In Rom – wohin, sprichwörtlich, alle Wege führen – sollen zur Kaiserzeit bis zu 46 Fernstraßen geendet haben.

Cursus publicus war die römische Staatspost. Anders als der Name glauben macht, handelte es sich jedoch um keine öffentliche, vielmehr um eine strikt reglementierte Einrichtung. Der Kreis der Nutzer erschöpfte sich,

[4] Hermann Schreiber: Sinfonie der Straße. Düsseldorf 1959; Karl Christ: Geschichte der römischen Kaiserzeit. Von Augustus bis zu Konstantin. München 1992, S. 500f.; Enzyklopädie der Technikgeschichte. Stuttgart 1973; Handbuch der deutschen Wirtschafts- und Sozialgeschichte, hrsg. von Hermann Aubin u. Wolfgang Zorn. Stuttgart 1976ff.

Corbridge
York
Chester
London
Richborough
Dover
Exeter
Köln
Boulogne
Amiens
Cherbourg
Le Havre
Reims
Metz
Augsburg
Paris
Brest
Langres
Bozen
Nantes
Aquilaea
Zagreb
Poitiers
Padua
Clermont
Lyon
Piacenza
Modena
Valence
Genova
Fano
Bordeaux
Firenze
Ancona
Monaco
Nimes
Pisa
Aix
Siena
Dax
Toulouse
Arles
Fréjus
La Coruña
Santander
Pau
León
Perpignan
Pamplona
Roma
Zaragoza
Barcelona
Porto
Tarragona
Toledo
Valencia
Palermo
Marsala
Lissabon
Mérida
Lezuza
Elche
Cordoba
Karthâgo
Sevilla
Algier
Bougie
Constantine
Cadiz
Sétif
Tarifa
Timgad
Tanger
Tebessa
Oran
Melilla
Gafsa
Gabès
Rabat
Casablanca
Meknes

Trapzon
Satala
Beograd
Ankara
Istanbul
Sofia
Edirne
Sura
Antakya
Gallipoli
Tarsus
Thessanoliki
Durazzo
Palmyra
Bari
Brindisi
Antalya
Beirut
Damaskus
Cosenza
Haifa
Madaba
Gaza
Suez
Akaba
Alexandria
Sabhat
Kairo
Tobruk
Bengasi
Syrte
Assuan

Grafik auf Seite 78/79:
Straßennetz des Römischen Reiches *zur Zeit der Antoninischen Kaiser. Es sind lediglich zentrale Achsen aufgeführt, nicht aber das vollständige Wegeensemble (nach: Atlas der Alten Welt. München: Orbis 2000, S. 140f.).*

neben dem jeweiligen Herrscher und seinem Gefolge, in Staatsbeamten und Angehörigen von Kirche und Militär. Dennoch wechselvoll ist die Geschichte dieser Dienstpost in ihrer organisatorischen Ausprägung. Wurden die Nachrichten zunächst durch Stafettendienste übermittelt, zu denen Jugendliche aus vornehmem Haus verpflichtet waren, verlagerte sich der Nachrichtentransfer im Laufe der Zeit voll und ganz auf die reisenden behördlichen Funktionsträger. Nicht mehr die Nachricht war es, die fortan weitergereicht wurde, sondern ihre Überbringer.[5] Mit den Botenorganisationen späterer Zeit hat diese Methode nur wenig gemein, mit dem heutigen Begriffsverständnis von *Post* praktisch gar nichts. Schließlich bestand das Netz der Institution aus nicht mehr als ihrer Infrastruktur, für die vor Ort die einheimische Bevölkerung aufzukommen hatte. Deren Aufgabe war es, Gespanne zu stellen und den durchreisenden Beamten und Funktionsträgern Verpflegung und Unterkunft zu gewähren.

Vernetztes Mittelalter

Im 5. und 6. Jahrhundert nach Christus endete die Hochkultur des Römischen Reiches. Wege und Straßen verfielen und mit ihnen das Transport- und Nachrichtensystem der Zeit. Die Barbaren, zu infrastruktureller Leistung außerstande, beherrschten fortan das Straßenbild. Aber war das Mittelalter so dunkel, wie uns die Geschichtsbücher zu sehen gewöhnt haben? Hatte es keinen Bedarf an Kommunikation und entbehrte folglich jeglichen Nachrichtentransfers? Fest steht, dass mit dem Niedergang des römischen Staates auch die Staatspost des *Cursus publicus* ausgedient hatte. Als nichtöffentliche Einrichtung hatte sie keine Chance, die Zeitläufte zu überdauern. Dennoch bestehen Nachrichtennetze fort. Es sind die Kirche, die Klöster und religiöse Orden, von denen Vernetzungsleistungen jetzt zuvörderst ausgehen. Getreu dem Macht konzentrierenden Vorbild der Antike richtete die römische Kirche Glaubensgemeinschaft und Kommunikationssystem auf das Papsttum hin aus. Das Rom des Hochmittelalters galt deshalb als die bestinformierte Stadt der Christenheit.

Daneben wird man die Netzwerke der Orden und Klöster kaum überschätzen können. Im Zuge der Ordensgründungen entstand ein verzweigtes Botensystem, aus der ursprünglichen Aufgabe, den Tod eines Ordensbruders innerhalb der Ordensgemeinschaft anzuzeigen, eine Institution. Die Chronik St. Gallens beurkundet einen Klosterboten bereits für das Jahr 766, für die Abtei Prüm ist ein Nachrichtendienst wiederum für das 8. sowie für das 9. Jahrhundert belegt. Mittelalterliche Briefsammlungen dokumentieren den Gedankenaustausch gelehrter Mönche über weite Entfernungen. Zwischen Rom und Stockholm verkehrten Ordensbrüder im 13. Jahrhundert in einem regelmäßigen Botendienst. Aus jüngerer Zeit, nämlich der Wende zum 16. Jahrhundert, ist ein „Botenzettel" (*Rotula*) der Benediktinerabtei St. Lambrecht in der Obersteiermark überliefert. Sein Besitzer muss ein weit gereister Mann gewesen sein: Für die Zeit vom 8. Juli 1501 bis zum 4. April 1502 enthält die Rotula nicht weniger als 240 Einträge von Klöstern und Kirchen in Österreich, Bayern, der Pfalz, des Rheinlands, aus dem Elsass, der Schweiz und Tirol.[6]

[5] Anne Kolb: Transport und Nachrichtentransfer im Römischen Reich. Berlin 2000.

[6] Ein Faksimile der Rotula im Archiv des Museums für Kommunikation Frankfurt.

Handel, Märkte, Messen

In der mittelalterlichen Feudalgesellschaft war die Kommunikation über Standesgrenzen hinweg verpönt – eine Eigenheit, die nun in der Struktur des Nachrichtennetzes wiederkehrt. Denn genau genommen verfügte jeder Stand über ein eigenes Netzwerk. In dem Maße, wie die altständische Gesellschaft sich herausbildet, werden diese Nachrichtennetze immer wichtiger, darunter das Handelsnetz eines selbständigen Kaufmannsstandes, dessen Bedeutung und Einfluss seit dem Hochmittelalter enorm wachsen. Vor allem Fernhändler, zunächst im Warenhandel erfolgreich, bald auch in Wechsel- und Geldgeschäften international engagiert, sorgen jetzt für eine Umverteilung des ursprünglich durch Kirche und Agrararistokratie gebundenen Kapitals.

Ihren Anfang nahm diese „kommerzielle Revolution" in den oberitalienischen Seerepubliken Venedigs und Genuas im 12. und 13. Jahrhundert. „Das Netz von Warenlagern und festen Kolonien erstreckte sich bei den Genuesen vom muslimischen Spanien über Persien bis nach China, während die Venezianer vor allem das östliche Mittelmeer beherrschten. Im nördlichen Atlantik fuhren venezianische und genuesische Schiffe bis nach Flandern und England, im südlichen bis an die Küsten Marokkos."[7] Edelmetalle, Gewürze, Farben und Seide zählten zu den bevorzugten Handelswaren, aber auch Wolle, Öl, Leder und menschliche Arbeitskraft (Sklaven). Als Pendant zu den wirtschaftlichen Entwicklungen in Italien bildete sich innereuropäisch ein zweites Zentrum mit den Kaufmannschaften der Hanse heraus. Deren Blütezeit lag im späten 14. Jahrhundert, ihr Einfluss reichte bis nach Lissabon und Bordeaux, nach London sowie in den baltischen und den skandinavischen Raum. (Über ein eigenes Handelsnetz verfügten außerdem England, Portugal, Spanien sowie die Niederlande.) Zwischen den Eckpfeilern des internationalen Handels entstanden weiterhin markante Achsenverbindungen, die dem Austausch der Handelsimperien untereinander dienten. Solch eine „Berührungszone" erstreckte sich beispielsweise von Südost-England über die Normandie, Flandern und die Champagne, die Gegenden um Maas und Niederrhein, über Frankfurt, Nürnberg beziehungsweise Augsburg bis nach Oberitalien. Endlich zeichnete sich eine erste Verdichtung des Kommunikationsnetzes ab, als die großen Handelskompanien in den Zentren der jeweiligen Konkurrenz Filialen einzurichten begannen. So traf man deutsche Kaufleute nicht nur im Ostsee-, im Nord- und Westeuropahandel, sondern bald auch in Venedig an, wo sie im *Fondaco dei Tedeschi* spätestens ab 1228 ein Kauf-, Lager- und Wohnhaus unterhielten, während der italienische Handel in ganz Frankreich Fuß fasste, aber auch in Brügge und Genf, in Sevilla und Antwerpen. Nicht in der toskanischen Heimat gelangt der Kaufmann Francesco di Marco Datini zu Ruhm und Vermögen, sondern im fremden Avignon, dem damals wichtigsten Warenumschlagplatz zwischen Italien und Flandern.

Im Europa des ausgehenden Mittelalters lagen Venedig und Rom folglich näher an Augsburg als etwa Dresden und Berlin. Es war gerade Augsburg, das unter den mitteleuropäischen Städten, neben Nürnberg, eine Spitzenstellung einnahm. Mit seinen Kaufmannsfamilien der Welser und der Fugger etablierte es sich im globalen Netz des Handels als *Weltstadt*: Die Welser waren in ganz Europa, im Mittelmeerraum und mit Venezuela auch in der Neuen Welt anzutreffen, den Fuggern gehörten „die bedeutendsten Bergwerke Zentraleuropas, Ungarns, Böhmens, der Alpen", in Antwerpen gaben sie den Ton an, waren in Venedig vertreten, aber auch in

[7] Fernand Braudel: Sozialgeschichte des 15.–18. Jahrhunderts: Der Handel. München 1986, S. 161; Handbuch der europäischen Wirtschafts- und Sozialgeschichte, hrsg. v. Hermann Kellenbenz u. a. Bd. 2 (Mittelalter), hrsg. v. Jan A. van Houtte. Stuttgart 1980; Iris Origo: „Im Namen Gottes und des Geschäfts". Lebensbild eines toskanischen Kaufmanns der Frührenaissance. München 1985; Wilhelm Volkert: Adel bis Zunft. Ein Lexikon des Mittelalters. München 1991; Brockhaus. Die Bibliothek. Bd. 3. Leipzig 1998, S. 432f.

Spanien, in Portugal und in Chile – mit einem Wort: „Das Handelsimperium des gewaltigen Unternehmens war größer als das Reich Karls V. und Philipps II., in dem bekanntlich die Sonne nicht unterging"(Fernand Braudel). Nürnbergs Wirtschafts- und Handelsbeziehungen reichten unterdessen bis in den Nahen Osten, nach Indien, Afrika und gleichermaßen in die Neue Welt.

Vor allem das 14. Jahrhundert sorgte bei der Entwicklung des Nachrichtenverkehrs für wichtige Impulse. Damals begannen die Städte damit, ihr Botenwesen zu institutionalisieren, und die Kaufleute schlossen ihre Nachrichtendienste zu größeren Organisationen zusammen. Die 1357 gegründete „Scarsella dei Mercanti Fiorentini" richtete sogar eine wöchentliche Kurierpost mit Avignon ein. Regelmäßige Botendienste mit relativ genauen Abgangs- und Ankunftszeiten bestanden bald bis nach London, aber auch via Augsburg zwischen Venedig und Brügge. Der Florentiner „Scarsella" (Botentasche) gehörten nicht weniger als 17 Handelsgesellschaften an. Gewöhnliche Boten waren zwischen Florenz und Antwerpen rund 20 Tage unterwegs, Expressboten legten die Strecke in kaum mehr als vier Tagen zurück. An Bedarf herrschte kein Mangel: Von Francesco di Marco Datini weiß man, dass er Tag für Tag längere Briefe an seine Frau, seine Faktoren, die Leiter aller seiner Filialen und weitere Bezugspersonen schrieb. Die Korrespondenz Hans Fuggers (1531–1598) addierte sich im Laufe seines Lebens, allein soweit in den Kopierbüchern überliefert, auf 5000 Geschäftsbriefe. Im Antwerpen des 16. Jahrhunderts trafen jährlich 200 000 Briefe ein – pro Tag mehr als 500 Sendungen.

Die Fürsten Taxis

Die erste frühneuzeitliche, ab 1490 unter Kaiser Maximilian I. organisierte Post war – wie alle Vorläuferinnen – zunächst reine Dienstpost.[8] Es galt, mit Innsbruck und Mechelen bei Brüssel die Machtzentren Habsburgs untereinander zu verbinden. Für den Ablauf zeichnete Janetto de Tassis verantwortlich, ein aus Oberitalien stammender Postexperte, der sich als päpstlicher Kurier einen Namen gemacht hatte. Schon nach wenigen Jahren, zu Beginn des 16. Jahrhunderts, erzwangen kaiserliche Haushaltsengpässe die Öffnung des Postbetriebs für die Öffentlichkeit, die sich vorerst jedoch überwiegend aus Kaufleuten zusammensetzte. Immerhin war aber der Startschuss für einen neuen, expandierenden Wirtschaftszweig gefallen. Die älteste (reichs-)postalische Wegführung verlief von Innsbruck über den württembergischen Knotenpunkt Cannstatt, sodann über Knittlingen, Rheinhausen, Speyer und weiter über Hunsrück und Eifel bis nach Mechelen. Verträge aus dem frühen 16. Jahrhundert ermöglichten Anschlusslinien: Bei der Ernennung Johann Baptistas von Taxis zum Generalpostmeister durch Kaiser Karl V. (1530) umfasste das taxissche Postwesen bereits Spanien, Frankreich und die Niederlande, neben weiteren nach Rom und Neapel unterhaltenen Kursen. Der räumliche Maßstab dieser fortschrittlichen Entwicklung ist das Netz, ihr Motor aber die gesteigerte Nachfrage von Privat.

Freilich hatten die Taxis noch im Laufe des 16. Jahrhunderts allerhand Rückschläge zu verkraften. Die enge, fast unauflösliche Abhängigkeit von der spanischen Linie der Habsburger führte regelrecht zu einem Desaster: In den Strudel der spanischen Staatsbankrotte gerissen, wurden die Taxis wiederholt vor bedrohliche Liquiditätsprobleme gestellt. Doch damit

[8] Martin Dallmeier: 500 Jahre Post. Regensburg 1990; Wolfgang Behringer: Thurn und Taxis. München u. Zürich 1990; Fritz Voigt: Verkehr. Die Entwicklung des Verkehrssystems. Bd. 2.2. Berlin 1965; Ausst.kat. Der Brief. Eine Kulturgeschichte der schriftlichen Kommunikation. Frankfurt am Main/Heidelberg 1996.

nicht genug, hatten sie außerdem unter dem Machtkampf zwischen Reichskaiser und Territorialstaaten zu leiden. So scheiterten Anerkennung und Legitimation der Reichspost am anhaltenden Widerstand einzelner Fürsten. Die Idee einer postalischen Vernetzung im großen Stil – unter damaligen Umständen praktisch gleichzusetzen mit dem Anspruch auf ein Postmonopol –, sie war im partikularistischen Deutschland mit seinen ungezählten souveränen und halbsouveränen Staaten zwangsläufig zum Scheitern verurteilt.

Noch am Ende des 16. Jahrhunderts traten die Taxis auf der Stelle; nicht einmal die wichtigsten zentralen Handelsstädte hatten sie in die eigene Postorganisation einzubinden vermocht. Zwar nahm der traditionelle Taxis-Kurs mittlerweile einen Umweg über Augsburg, doch mussten die Frankfurter Briefe im ersten Jahrhundert der Reichspost durch Amtsboten nach Rheinhausen getragen werden, bevor sie auf Anschluss an den internationalen Brüsseler Kurs stießen. Ähnlich musste die Kölner Post ebenfalls nach Rheinhausen, ab den 1570er-Jahren dann zum Knotenpunkt in Wöllstein verbracht werden. Nürnberg setzte sich dank eigener qualifizierter Botenanstalten gegen die taxisschen Übernahmevorstöße bis ins frühe 17. Jahrhundert erfolgreich zur Wehr. Ein Botenabgangsplan der Stadt aus dem Jahr 1610 verzeichnet – ohne Zutun der Taxis! – regelmäßige Kursverbindungen mit Köln, Frankfurt und Hamburg, mit Breslau, Prag und Wien und selbstverständlich mit Augsburg und Venedig.

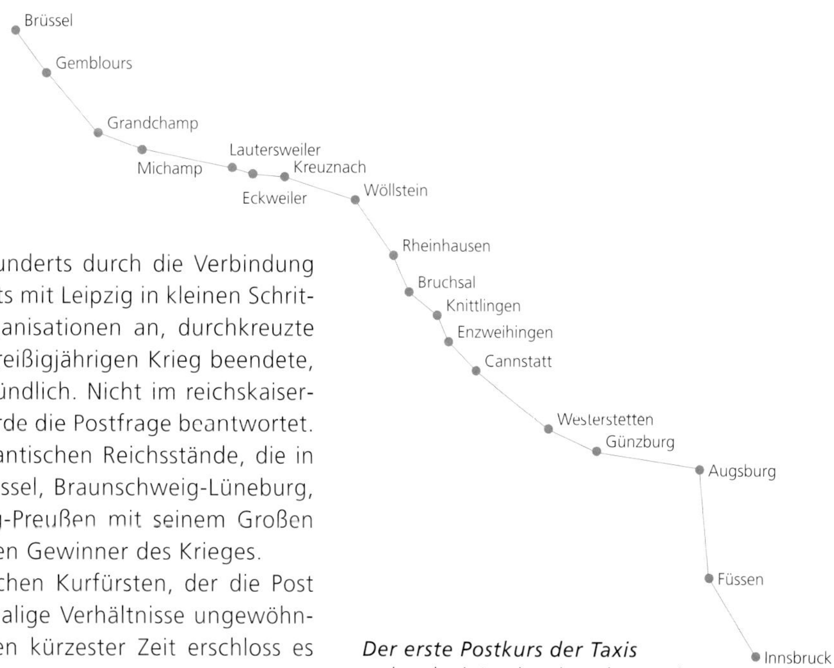

Der erste Postkurs der Taxis verband mit Innsbruck und Brüssel die Zentren der Macht Maximilians I. (1459–1519, Reichskaiser ab 1508)

Absolutistisches Postnetz

Knüpften die Taxis zu Beginn des 17. Jahrhunderts durch die Verbindung der Städte Köln und Hamburg sowie Frankfurts mit Leipzig in kleinen Schritten an den Standard der (älteren) Botenorganisationen an, durchkreuzte der Westfälische Friede von 1648, der den Dreißigjährigen Krieg beendete, ein weiteres Mal ihr Expansionsbestreben gründlich. Nicht im reichskaiserlichen, sondern im reichsfürstlichen Sinne wurde die Postfrage beantwortet. Kurz gesagt, waren es vor allem die protestantischen Reichsstände, die in Konfrontation zum Kaiser gingen: Hessen-Cassel, Braunschweig-Lüneburg, Württemberg, allen voran aber Brandenburg-Preußen mit seinem Großen Kurfürsten Friedrich Wilhelm, dem eigentlichen Gewinner des Krieges.

Unter der Regie des brandenburgischen Kurfürsten, der die Post zur Chefsache erklärte, entstand ein für damalige Verhältnisse ungewöhnlich dichtes postalisches Verkehrsnetz. Binnen kürzester Zeit erschloss es das spätere Preußen flächendeckend. Im absolutistischen Staat kurbrandenburgischer Prägung kam der Post denn auch eine Schlüsselfunktion zu: In dem gleichermaßen über alle Teile des Landes ausgebildeten Netz an Nachrichtenverbindungen spiegelte sich unmittelbar die Macht des absoluten Fürsten. Dessen Herrschaft und Allgegenwart in allen Teilen des Staatsraumes fand in der Post einen angemessenen Ausdruck. Mit ihrer zügigen Entwicklung zur ausgeprägten öffentlichen Einrichtung entsprach sie zugleich der Idee des absolutistischen Staates als Wohlfahrtsstaat.

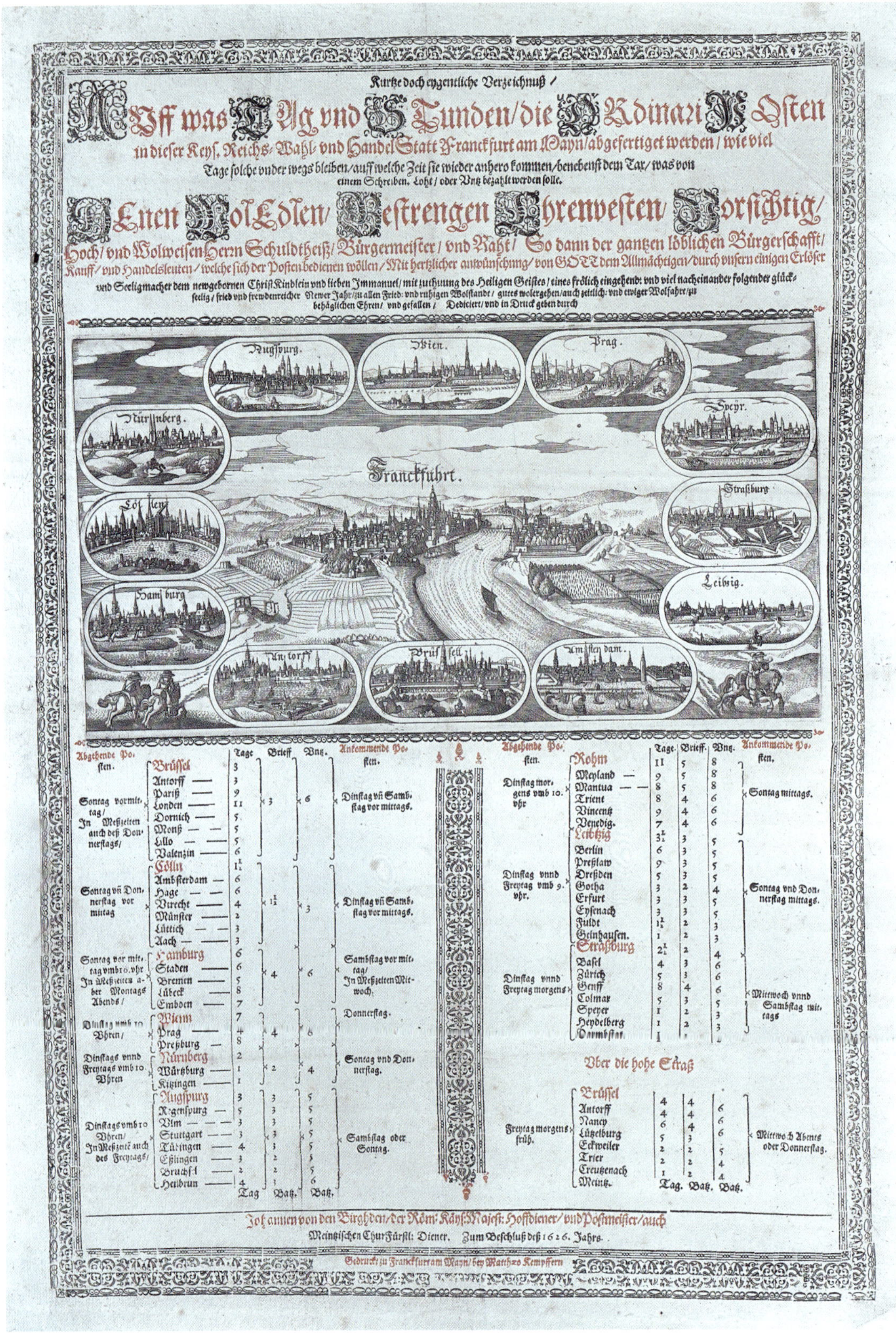

Kurtze doch eygentliche Verzeichnuß /

Auff was Tag vnd Stunden/ die Ordinari Posten

in dieser Keys. Reichs- Wahl- vnd HandelStatt Franckfurt am Mayn/ abgefertiget werden/ wie viel Tage solche vnder wegs bleiben/ auff welche Zeit sie wieder anhero kommen/ benebenst dem Tax/ was von einem Schreiben. Lohe/ oder Vntz bezahlt werden solle.

Denen WolEdlen/ Gestrengen Ehrenvesten Vorsichtig/

Hoch/ vnd Wolweisen Herrn Schuldtheiß/ Bürgermeister/ vnd Raht/ So dann der gantzen löblichen Bürgerschafft/ Kauff/ vnd Handelsleuten/ welche sich der Posten bedienen wöllen/ Mit hertzlicher antwünschung/ von GOTT dem Allmächtigen/ durch vnsern einigen Erlöser vnd Seeligmacher dem newgebornen ChristKindlein vnd lieben Immanuel/ mit zuthuung des Heiligen Geistes/ eines frölich eingehend: vnd viel nacheinander folgender glückseelig/ fried vnd frewdenreicher Newer Jahr/ zu allen Fried: vnd ruhigen Wolstandt/ guts wolergehen/ auch zeitlich: vnd ewiger Wolfahrt/ zu behäglichen Ehren/ vnd gefallen/ Dediciert/ vnd in Druck geben durch

Abgehende Posten.		Tage	Brieff	Vng.	Ankommende Posten.
Sontag vormittag/ In Meßzeiten auch deß Donnerstags/	Brüssel	3	3	6	Dinstag vñ Sambstag vor mittags.
	Antorff	3			
	Pariß	9			
	Londen	11			
	Dornich	5			
	Monß	5			
	Lillo	5			
	Valenzin	6			
Sontag vñ Donnerstag vor mittag	Cölln	$1\frac{1}{2}$	$1\frac{1}{2}$	3	Dinstag vñ Sambstag vor mittags.
	Ambsterdam	6			
	Hage	6			
	Vtrecht	4			
	Münster	2			
	Lüttich	3			
	Aach	3			
Sontag vor mittag vmb 10. vhr In Meßzeiten aber Montags Abends/	Hamburg	6	4	6	Sambstag vor mittag/ In Meßzeiten Mitwoch.
	Staden	6			
	Bremen	5			
	Lübeck	8			
	Embden	7			
Dinstag vmb 10 Vhren/	Wien	7	4	6	Donnerstag.
	Prag	4			
	Preßburg	8			
Dinstags vnnd Freytags vmb 10. Vhren	Nürnberg	2	2	4	Sontag vnd Donnerstag.
	Würtzburg	1			
	Kitzingen	1			
Dinstags vmb 10 Vhren/ In Meßzeitẽ auch des Freytags/	Augspurg	3	3	5	Sambstag oder Sontag.
	Regenspurg	5	3	5	
	Vlm	3	3	5	
	Stuttgart	3	3	5	
	Tübingen	4	3	5	
	Eßlingen	3	2	5	
	Bruchsal	2	2	5	
	Heilbrun	4	3	6	
		Tag	Batz.	Batz.	

Abgehende Posten.		Tage.	Brieff.	Vng.	Ankommende Posten.
Dinstag morgens vmb 10. vhr	Rohm	11	5	8	Sontag mittags.
	Meyland	9	5	8	
	Mantua	8	5	8	
	Trient	8	4	6	
	Vincentz	9	4	6	
	Venedig.	7	4	6	
Dinstag vnnd Freytag vmb 9. vhr.	Leibtzig	$3\frac{1}{2}$	3	5	Sontag vnd Donnerstag mittags.
	Berlin	6	3	5	
	Preßlaw	9	3	5	
	Dreßden	5	3	5	
	Gotha	3	2	4	
	Erfurt	3	3	5	
	Eysenach	3	3	5	
	Fuldt	$1\frac{1}{2}$	2	3	
	Geinhausen.	1	2	3	
Dinstag vnnd Freytag morgens	Straßburg	$2\frac{1}{2}$	2	4	Mittwoch vnnd Sambstag mittags
	Basel	4	3	6	
	Zürich	5	3	6	
	Genff	8	4	6	
	Colmar	5	3	5	
	Speyer	1	2	3	
	Heydelberg	1	2	3	
	Darmbstat	1	[illegible]	[illegible]	

Vber die hohe Straß

Abgehende Posten.		Tage	Brieff	Vng.	Ankommende Posten.
Freytag morgens früh.	Brüssel	4	4		Mittwoch Abents oder Donnerstag.
	Antorff	4	4	6	
	Nancy	6	4	6	
	Lützelburg	5	3	6	
	Eckweiler	2	2	5	
	Trier	2	2	4	
	Creutzenach	1	2	4	
	Meintz.				
		Tag.	Batz.	Batz.	

Johannen von den Birghden/ der Röm: Käys: Majest: Hoffdiener/ vnd Postmeister/ auch Meintzischen ChurFürstl: Diener. Zum Beschluß deß 1626. Jahrs.

Gedruckt zu Franckfurt am Mayn/ bey Matthæo Kempffern

__Eines der ersten Verzeichnisse__ der damals noch ausschließlich berittenen Briefpost für Frankfurt am Main aus dem Jahre 1626 zeigt Verbindungen zu zahlreichen mitteleuropäischen Handelsstädten an.

Fahrpost

Das Ende des Dreißigjährigen Krieges markiert nicht zuletzt den Beginn einer institutionalisierten Personenbeförderung. Sie wird verkörpert durch die *Ordinari*-Post, den gewöhnlichen, weil fahrplanmäßig verkehrenden Postwagen.[9] Als Schrittmacher der Entwicklung gilt erneut Friedrich Wilhelm und dessen ehrgeiziges Projekt eines Ost-West-Kurses von Memel im heutigen Litauen über Berlin bis nach Kleve an der holländischen Grenze. In seiner Gründungsphase als Reitpost angelegt, wurde der Kurs wohl ab 1663 zur Wagenpost ausgebaut.

Andere Länder rückten vom Prinzip der Verstaatlichung ab. Wie in Württemberg, Baden und in Kurköln überließen sie die Personenbeförderung den regionalen Fuhranstalten. Im Falle Kölns etwa führte die großzügige Konzessionspraxis bald zu einem sternförmig ausgebildeten Fahrpostnetz mit Verbindungen nach Düsseldorf (Johann Maurenbrecher, Fuhrunternehmer ab 1668), nach Neuß (Dietrich Külgens, 1689), Nimwegen (Johann Schöpplenberg, kurbrandenburgischer Postkommissar in Kleve, 1693), Aachen (Wilhelm Fleertmann), nach Maastricht (Louis Perignon, 1699) sowie nach Bonn (Peter Hamann, ab 1691; Johann Peter Lauten, ab 1699). Die Fuhrunternehmer Schöpplenberg und Külgens residierten in Köln im Gasthof zur „Roten Gans", Johann Peter Lauten, selbst Gastwirt, stand dem „Vogel Strauß" vor.

Das Augenmerk der Taxis galt in dieser Zeit fast ausnahmslos der Briefbeförderung. Offenbar nahmen die Logistik allein dieses Geschäftszweigs und dazu der anhaltende Streit um postalische Vorrechte ihre sämtlichen Kräfte in Anspruch. Angesichts wiederholt erfolgloser Lizenzgesuche um die Einrichtung von Fahrposten mögen sie eine Zeitlang sogar kapituliert haben. Bei dem Versuch, einen Wagenkurs entlang des Rheins zu etablieren, scheiterten sie noch im Jahre 1708 am Veto Kurkölns sowie der Städte Köln und Trier. Wenig später dann aber die erstaunliche Wende: In rascher Folge entstehen eine ganze Reihe von Fahrpostkursen, mit denen die Taxis im Süden des Reiches die Marktführerschaft übernehmen: So verkehrt der taxissche Postwagen jetzt zwischen Frankfurt, Nürnberg und Augsburg (vor 1720), in der anderen Richtung nach Köln (um 1725) und weiter bis Aachen (nach 1740), endlich auf der Strecke Frankfurt – Mannheim – Durlach – Basel (1742) und zwischen Mannheim und Düsseldorf (1744). In Ländern ohne Staatspost macht sich alles in allem aber eine erhebliche Konkurrenz bemerkbar. Mitte der 1730er-Jahre befahren den Kurs zwischen Köln und Aachen mittlerweile täglich ein halbes Dutzend Anstalten. Zur gleichen Zeit haben sich in Hamburg annähernd zehn verschiedene Landes- und Stadtpostanstalten niedergelassen. Köln verfügt noch im späten 18. Jahrhundert über vier konkurrierende Postanstalten.

Man kann die Quantitätssprünge bei den postalischen Dienstleistungen an den Fahrplänen und Aushängen ablesen, die im Laufe des 18. Jahrhunderts spürbar an Dichte gewinnen, nicht zwingend an Übersichtlichkeit. Im Briefverkehr bürgert sich auf den größeren Strecken immerhin bereits die tägliche Post ein. Bei der Personenbeförderung ist zumindest zweimal wöchentlich mit Fahrten zu rechnen. Annähernd 40 Postwagen pro Woche gehen Mitte des 18. Jahrhunderts von Berlin aus auf den überregionalen Kursen ab – Tendenz: weiterhin kräftig steigend. Nach Hamburg benötigt der Reisende mit der Ordinari-Post im späten 18. Jahrhundert von Berlin rund 100 Stunden, nach Frankfurt zwischen 126 und 166 Stunden. Wo die Kurse oder gar die Anstalten zu wechseln sind, bleiben jedoch mit

[9] Vgl. Klaus Beyrer: Die Postkutschenreise. Tübingen 1985; Ausst.kat. Zeit der Postkutschen. Frankfurt am Main/ Karlsruhe 1992.

den Passagieren auch die Vernetzungsleistungen vorerst auf der Strecke. In seiner „Monographie der deutschen Postschnecke", einem Reisepamphlet aus dem Jahre 1821, weiß der Schriftsteller Ludwig Börne eine solche Zwangspause zu erinnern, als er, von Stuttgart aufgebrochen, „in Bruchsal 24 Stunden liegen bleiben und auf den Straßburger Wagen warten musste, bis ich weiterkonnte nach Frankfurt".[10] Vernetzung – als räumlicher Maßstab der damaligen Reisequalität – bleibt insofern ein trügerischer Begriff. Jedenfalls erwies sich die Vernetzung der einzelnen Kurse so lange als wirkungslos, solange es an koordinierenden Absprachen ihrer Betreiber mangelte.

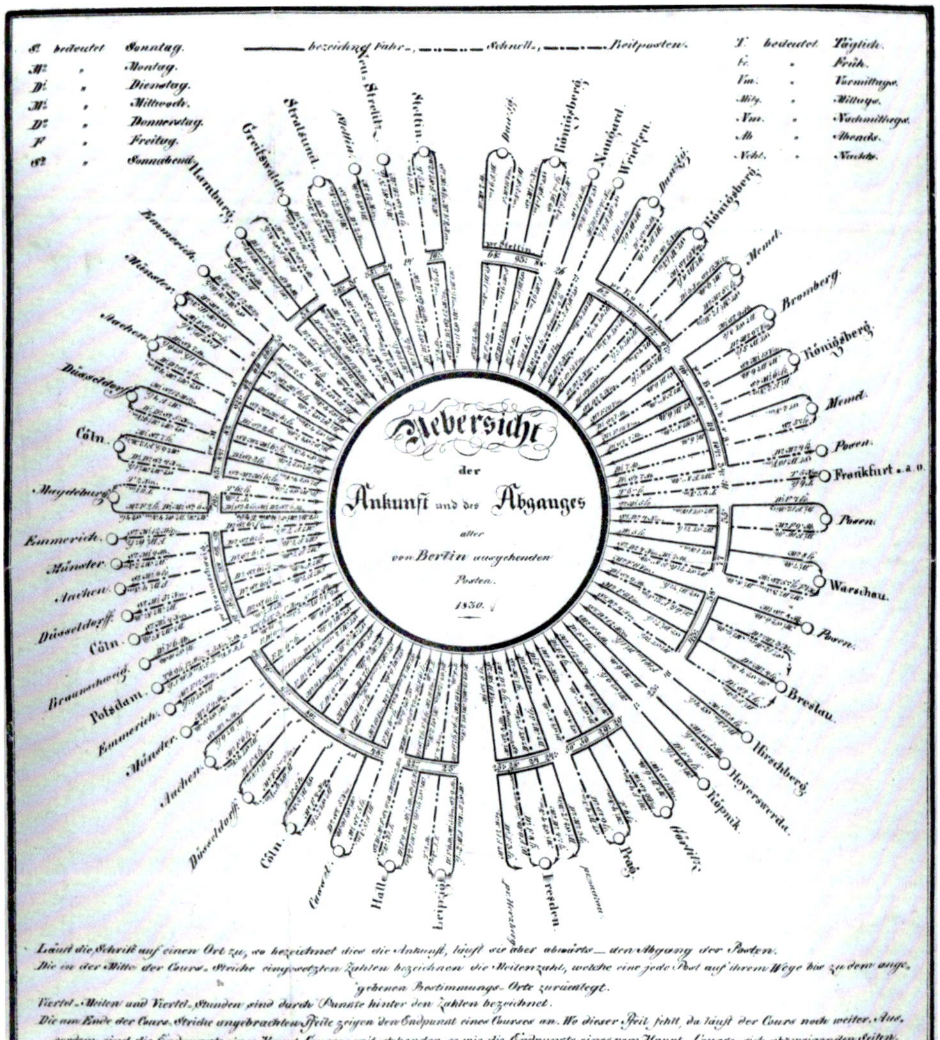

Der Fahrplan aller von Berlin ausgehenden und dort eintreffenden Posten
für das Jahr 1830 sucht die ausgreifende Fülle an Informationen in einer sternförmig angelegten Übersicht zu bündeln. Lithographie, 1830

[10] Ludwig Börne: Monographie der deutschen Postschnecke. In: Die Wage, hrsg. v. L.B. 2 (1821) 2, S. 1-25.

Chausseen

Das zentralistisch strukturierte Frankreich, das in den letzten Jahrzehnten vor der Revolution auf dem Sektor des Landverkehrs ein gewaltiges Reformwerk in Gang gesetzt hatte, galt hier als Vorbild. „Mit Hilfe neuer Techniken, die die Widerstandskraft des Bodenbelags soweit erhöhten, dass die ‚Wagen im Galopp' fahren konnten, wurde ein Netz von Hauptverkehrswegen"[11] errichtet. Zugleich bauten die Franzosen ihr staatliches Postkutschenwesen aus. Die Transport-Revolution führte zu einer gewaltigen Erhöhung der seit dem Mittelalter unverändert gebliebenen Geschwindigkeit. Zwei Wochen benötigte der Postwagen ursprünglich für die Fahrt von Paris nach Marseille, jetzt war er nur noch eine Woche unterwegs.

Vergleichbare Werte sind für Deutschland vorerst noch bare Utopie. Bei der Anlegung von „Kunststraßen" liegt mehr als ein halbes Jahrhundert zwischen den Initiativen Badens (1733) beziehungsweise Württembergs (1739) und dem ersten Spatenstich im Preußen der 1790er-Jahre. Militärstrategen sollen, so weiß es die Anekdote, für den unglaublichen Verzug sogar einen treffenden Grund gekannt haben: Wo kein Straßennetz existiere, lautete das Argument, sei man zumindest auch vor dem Einfall gegnerischer Heere sicher. Doch hatte der Norden des Reiches in der Hauptsache unter dem Mangel an geeigneter Bausubstanz zu leiden. Unbestritten wichtig war die Chaussierung der Straßen, weil sie die Postanstalten beziehungsweise die Fuhrwerke angesichts der häufig morastigen Passagen von ihrer jahreszeitlichen Abhängigkeit entband. Dass im Deutschland des späten 18. Jahrhunderts – aller partikularistischer Hürden zum Trotz – dennoch die Idee eines länderübergreifenden Wegenetzes entstand, ist indes längst der Vergessenheit anheim gefallen. Für den Vorstoß zeichnete Christian Friedrich von Lüder verantwortlich, ein Oberamtmann aus Castellaun in der kurpfälzischen Grafschaft Sponheim. Im Jahr 1779 veröffentlichte Lüder seinen General-Wege-Plan als Teil eines, so der Titel seines Werks, „vollständigen Inbegriffs aller bey dem Straßenbau vorkommenden Fälle". Insgesamt vier Hauptachsen in Nord-Süd-Richtung führen bei ihm von Bremen nach Trier, von Hamburg bis Basel, von Dresden über Regensburg nach Oberitalien, von Breslau über Wien bis Triest. Hinzu kommen Querspangen: Berlin – Bremen, Breslau – Leipzig – Göttingen – Münster und endlich Wien – München – Stuttgart – Karlsruhe.

Glanz des Postverkehrsnetzes

Wie zu keiner anderen Zeit übte die Post in Deutschland auf dem Weg ins 19. Jahrhundert ein Monopol aus auf sämtliche Belange des Landverkehrs. Damit einher gingen wichtige technische und organisatorische Reformen, für die – in der nachnapoleonischen Ära – insbesondere der preußische Staat verantwortlich zeichnete, darunter die Nachrichtenübermittlung mittels optischer Telegrafen sowie die Einführung des Briefkastens. Auch bei der Einrichtung einer ersten Schnellpost auf der Strecke Koblenz – Köln – Düsseldorf (1821) schlüpfte Preußen für seine Rheinprovinzen in die Rolle des Vorreiters. Die Grundidee war, die Aufenthalte an den Poststationen drastisch zu reduzieren und – Kernthema der Vernetzungspolitik – die Fahrpläne der überregionalen Kurse aufeinander abzustimmen. Dadurch sollten die Reisenden mit der Geschwindigkeit reitender Kuriere befördert werden. Im Urteil der Zeit euphorisch begrüßt, bedingte die Organisation dieser Eil-

[11] Patrice Flichy: Tele. Geschichte der modernen Kommunikation. Frankfurt am Main u. New York 1994, S. 54.

wagen und Schnellposten eine Verkürzung der Reisezeit um mehr als die Hälfte: zwischen Berlin und Magdeburg von zweieinhalb Tagen auf 15 Stunden, zwischen Berlin und Breslau von 96 auf 32 Stunden, zwischen Frankfurt und Stuttgart von 40 Stunden auf einen Tag. Zwei Tage und eine Nacht lag Frankfurt jetzt nur mehr von Berlin entfernt. Von dort gingen in den 1830er-Jahren pro Woche 93 Schnellpostwagen und weitere 137 ordinäre Fahrposten ab. Addiert man zu den abfahrenden die ankommenden Posten, so fertigte die Berliner Expedition im fahrplanmäßigen Reiseverkehr damit pro Tag mehr als 60 Postfuhrwerke ab – nicht eingerechnet die schwer zu bestimmende Zahl der privaten Fuhrwerke (Extraposten) sowie der Frachtwagen.

Vorläuferin des „Auto im Reisezug" *war im Frankreich des 19 Jahrhunderts die Postkutsche: „Formation du train des messageries à la Gare de Paris", Lithographie von Adolphe Jean-Baptiste Bayot, um 1845*

Schienenwege

Mit Ausnahme Großbritanniens und des wirtschaftlich ebenfalls fortschrittlichen Belgiens gab es in Europa um 1850 noch kein zusammenhängendes Eisenbahnnetz. Frankreichs Schienenstrecken erschöpften sich in wenigen, von Paris ausgehenden zentralen Linien. In den Ländern des deutschen Staatenbundes bestanden vergleichbare Verhältnisse. Friedrich Lists am angelsächsischen Vorbild orientierter Entwurf eines deutschen Eisenbahnsystems harrte der angemessenen Umsetzung. In den ersten 15 Jahren seiner Entwicklung spielte sich das eisenbahntechnische Zeitalter überwiegend im nördlichen Teil Deutschlands ab, während im Süden zwischen ungeordneten, für sich isolierten Schienenwegen noch gewaltige Lücken klafften. Selbst die Strecke zwischen Nürnberg und Fürth, auf der die deutsche Bahn 1835 ihren Einstand gegeben hatte, wurde so um ihre Pionierleistung betrogen. In den Gebirgslagen musste das Netz wiederholt vor den schwierigen geographisch-topographischen Verhältnissen kapitulieren, andernorts vor politischem Starrsinn und Uneinsichtigkeit.

Es war Baden, das mit einem Alleingang bei der Festlegung der Spurweite ein Schulbeispiel partikularistischer Egozentrik bot. In international besetzten Gremien hatten sich Ingenieure und Politiker damals auf eine „Normalspur" von 1435 Millimetern verständigt, Baden hingegen verstieg sich auf eine Spurweite von „5 ½ Fuß badisch", und das sind 1600 Millimeter. Der Entscheidung lagen wohlgemeinte Überlegungen zugrunde, wo der zu erwartende Verschleiß der Maschinenteile je breiter die Schiene, desto geringer zu veranschlagen war – indes führte sie bald in die vollständige Isolation. So musste an der Grenze zu Hessen mit dem nahe Mannheim gelegenen Friedrichsfeld regelrecht ein Umsteigebahnhof errichtet werden. Erst im Jahr 1854 wurde die nötige Umspuraktion vorgenommen, nachdem Württemberg sie zur Bedingung einer länderübergreifenden Kooperation gemacht hatte.

Dass die beiden Verkehrssysteme Postkutsche und Eisenbahn auf den überregionalen Strecken in dieser Zeit zumindest organisatorisch kaum miteinander konkurrieren, versteht sich nicht von selbst. Doch sind die Fahrpläne aufs Genaueste aufeinander abgestimmt. Die damaligen Reisenden nehmen Schnellpost und Dampfzug hauptsächlich als Verkehrsensemble wahr, weniger in ihrer technischen Gegensätzlichkeit.[12] In einer Verkehrskarte Mitteleuropas für das Jahr 1847 ist die Dampfeisenbahn von Berlin aus auf dem Weg nach Frankfurt bis Eisenach vorgedrungen, wohin sie – über Halle, Weimar und Erfurt – elfeinhalb Stunden benötigt. Ab Eisenach bewältigt die Schnellpost den restlichen Weg bis Frankfurt in 14 ½ Stunden. Neben dem Schlussstück vor Frankfurt befährt sie weiterhin zum Beispiel die Strecke zwischen Nürnberg und Augsburg, zwischen Frankfurt und Würzburg und zwischen Heidelberg und Heilbronn. Mit Mannheim hatte sich Heilbronn bis in die späten 1860er-Jahre zu gedulden, bevor es als Durchgangsbahnhof in das überregionale Streckennetz der Bahn integriert werden konnte. Um 1870 ist dieser Prozess der überregionalen Ablösung der Postkutsche durch die Eisenbahn abgeschlossen.

[12] Ausst.kat. Zug der Zeit – Zeit der Züge. 2 Bände. Nürnberg 1985.

Das Automobil

Die Erfindung des Automobils trennt auf dem Weg ins 20. Jahrhundert endgültig den Individualverkehr von den öffentlichen Einrichtungen. Den nunmehr unterschiedlichen Landverkehrssystemen entsprechen verschiedene Netze. Hatte die Postkutschenzeit (Flüsse und Kanäle einmal ausgenommen) lediglich *ein* Beförderungssystem gekannt, das auf dem Wechsel der Pferde an den Poststationen beruhte und den Nah- und Fernverkehr ebenso einbezog wie den Individualverkehr (Extrapost), kamen jetzt die Eisenbahn für den öffentlichen Fernverkehr und der Kraftpostomnibus für den Regionalverkehr auf, während der Individualverkehr auf den Kraftwagen umzusteigen begann. Das herkömmliche Postrelais wurde abgelöst durch Posthaus, Bahnhof und Tankstelle. Um den neuen Anforderungen zu genügen, mussten außerdem die Straßen asphaltiert werden. Deren Unterhalt wurde durch Abgaben auf Kraftwagen und Brennstoffe gedeckt – das Mineralölsteuergesetz stammt von 1930. Noch in den 20er-Jahren war ein deutsches Fernstraßennetz beschlossen und, nach der AVUS (ab 1921 in Betrieb), im Jahr 1926 die Autobahn Hamburg – Frankfurt – Basel als erstes Großprojekt in Planung genommen worden. Mit Beginn des Zweiten Weltkriegs wurde der Reichsautobahnbau bei einem Umfang von rund 3 800 Kilometern eingestellt, den West und Ost sich je zur Hälfte geteilt hatten. Nach dem Krieg wurde der Ausbau des Autobahnnetzes allmählich gesteigert: in den 50er-Jahren um rund 100 Kilometer pro Jahr bis auf 2 600 Kilometer, in den 60er- und 70er-Jahren um zunächst 200 bis 250 Kilometer pro Jahr – aktuell (2000) umfasst das Netz rund 11 500 Kilometer. Dagegen steigerte sich der Pkw-Bestand von 500 000 im Jahr 1932 über 1,6 Millionen (1955), zehn Millionen (1967) und 20 Millionen (1979) auf heute 42,5 Millionen.

Transport von Nachrichten war immer schon auch Schnittstellen-Problem

Es zählt zu den besonderen Augenfälligkeiten der Post, dass sie die verschiedenen Verkehrsnetze nie gegeneinander ausgespielt, sondern vielmehr an ihren Schnittstellen optimiert hat. Noch auf dem Höhepunkt der Postkutschenära war es so bereits der Dampfzug, den die Post ohne Verzug in ihre Dienste stellte: Bahnpostwagen wurden ab 1848 zur Unterwegsbearbeitung eingesetzt, also zum Sortieren der zugleich transportierten Post. Im Nahverkehr wurden die Postkutschen gleich zu Beginn des 20. Jahrhunderts durch Kraftomnibusse abgelöst. Die 1905 eröffnete Strecke Sonthofen – Hindelang bestand bis zum letzten Betriebstag der Kraftpost am 31. Mai 1985. Und von Anfang an, ab 1924, war die Luftpost – wie im Übrigen seit dem frühen 19. Jahrhundert die (Dampf-)Schiffspost – ein integrierter Bestandteil der Beförderungslogistik im Netz der Post. Wo es um logistische Fragen ging, waren Phantasie und Erfindungsreichtum kaum Grenzen gesetzt. Im Nordatlantikverkehr der späten 20er-Jahre zum Beispiel brachte ein Flugzeug die so genannte „Spätlingspost" von Köln nach Cherbourg, wo sie einem Dampfer des Norddeutschen Lloyd übergeben wurde. Das Schiff war mit einer Katapultanlage ausgerüstet, die es ermöglichte, eine Maschine vom Typ Heinkel aus dem Stand auf 177 Stundenkilometer zu beschleunigen. Mit ihr eilte der Postflieger, einige hundert Kilometer vom Zielhafen New York entfernt, dem Liniendampfer voraus. Ähnlich gestaltete sich das Arrangement auf der Südatlantikroute, auf der seit 1934 eine Staffel aus Mittel- und Langstreckenflugzeugen, Dampfer, Katapult- und Wasserflugzeugen auf den Weg geschickt wurde. Fünf Tage benötigte sie für die Bewältigung der insgesamt 11 000 Kilometer langen Strecke.

Christel Frank

DAS NETZ DER STADT
Grundrisse zwischen Labyrinth und Raster

Der Grundriss der Stadt ist ihr Wege- und Platzgefüge. Je nach Geländesituation und Kultur sind im Laufe der Weltgeschichte ganz unterschiedliche Grundrisse entstanden. Wege und Plätze sind öffentliche Elemente in der Stadt. Sie gehören allen. Öffentlichkeit aber wird in den Kulturen sehr verschieden aufgefasst. Während die westlichen Stadtkulturen großartige Plätze hervorbrachten, wurde in den östlichen und islamischen Kulturen die Privatheit betont. Plätze kommen in ihren historischen Städten kaum vor.

Die Grundrisse der ersten Städte der Menschheitsgeschichte in Mesopotamien waren labyrinthisch. Schwer überschaubare Wegenetze sind dann auch Kennzeichen fast aller islamischer Städte. Und heute noch entstehen labyrinthische Wegenetze in den illegalen Siedlungen der Metropolen des Südens neu. Rastergrundrisse sind eine Erfindung der Griechen und wurden wegen ihrer großen Flexibilität auch bei den Römern im Zuge ihrer Kolonisierung eingesetzt. Mit der Neuzeit hat das Raster weltweite Verbreitung gefunden. Die eigenartigen mittelalterlichen Grundrisse in Mittel- und Nordeuropa mit ihrem vielfältigen Wege- und Platzgefüge und ihren Stadtmauern sind nicht wiederholbar.

In Mittel- und Nordeuropa wurde im 17. und 18. Jahrhundert das Raster differenziert, den Bedürfnissen der Macht angepasst und zu repräsentativen Stadtgrundrissen umgewandelt. Es entwickelten sich eindrucksvolle Städte in der Alten und in der Neuen Welt. Diese neuen Gestaltungsprinzipien prägten auch die großen Stadterweiterungen des 19. Jahrhunderts. Das 20. Jahrhundert mit seinen neuen technischen Möglichkeiten bedrohte die vorhandenen Städte und schuf völlig neue „schnelle Netze". Dieser Prozess ist bis heute nicht abgeschlossen. Alle „langsamen" und alle „schnellen" Netze zwischen Labyrinth und Raster existieren bis heute nebeneinander.

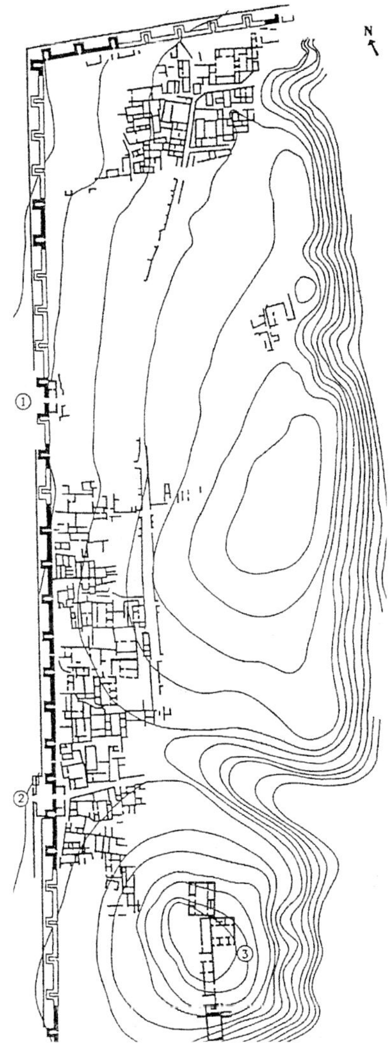

Habuba Kabira, im heutigen Syrien von einem Stausee überdeckt, um 3500 v. Chr.

Labyrinthische Wegenetze

Zwar gibt es von den ersten Städten in Mesopotamien, die vor etwa 5000 Jahren entstanden sind, nur noch Ruinen. Aus ihnen aber können die Archäologen Erstaunliches über die Organisation der Stadt herauslesen. Nicht nur die großen und hohen Bauten für die Gottheiten, die babylonischen Stufentempel, die so mächtig sind, dass sie bis heute erhalten geblieben und daher noch physisch erlebbar sind, sondern auch die kleinteiligen, feinen Strukturen, die Häuser der Menschen und die Art, wie sie zueinander standen, konnten zum Teil rekonstruiert werden. Diese Spuren geben Aufschluss über die ersten städtischen Wegenetze. Enge verwinkelte Gassen, Sackgassen und Treppen zwischen ein- und zweigeschossigen, um einen Innenhof gruppierten Häusern bildeten ein unregelmäßiges, labyrinthisches Netz, in dem sich Fremde kaum zurechtfinden konnten.

Ähnliche Netze mit engen verwinkelten Gassen und Sackgassen entstanden im 5. Jahrhundert vor Christus auch in den frühen griechischen Städten, wo sich die so genannten *insulas* um die Tempel, Orte für politische Versammlungen, Handel, Theater und sportliche Wettkämpfe gruppierten. Hier gab es zum ersten Mal in der Geschichte der Stadt öffentliche

Gebäude und Plätze. Sie dienten der Bürgerschaft als Versammlungsort und waren Symbole dafür, dass die Stadt allen gehöre. Öffentlichkeit in der Stadt wurde von den Griechen erfunden.

Labyrinthische Wegenetze sind auch Kennzeichen der orientalischen, später der islamischen Stadt. Durch das Gewirr der Gassen und die von der Straße abgewandten Häuser und Höfe wird der unübersichtliche Charakter verstärkt. Er ist gewollter Ausdruck der islamischen Kultur, in der Wohnen Privatsache ist und Öffentlichkeit sich auf Bäder und Moscheen beschränkt. Die Moscheen bilden mit ihren rechtwinklig angelegten großen Innenhöfen einen starken Kontrast zum engen Gassengewirr.

Heute gibt es solche labyrinthischen Wegenetze noch immer – und zwar in vielen illegalen Siedlungen vor allem in den Metropolen des Südens wie zum Beispiel in Caracas, Lissabon oder Lima. Diese *barrios*, *barriadas*, *favelas* und wie sie sonst genannt werden, haben mit den ersten Städten in Mesopotamien einiges gemeinsam: warmes Klima, Armut, große Gemeinschaften und wenig Öffentlichkeit im bürgerlichen Sinn. Alle diese Siedlungen sind ohne rechtliche Legitimation und ohne Planung entstanden. Die

Hafenviertel von Delos,
etwa 2. Jahrhundert v. Chr.

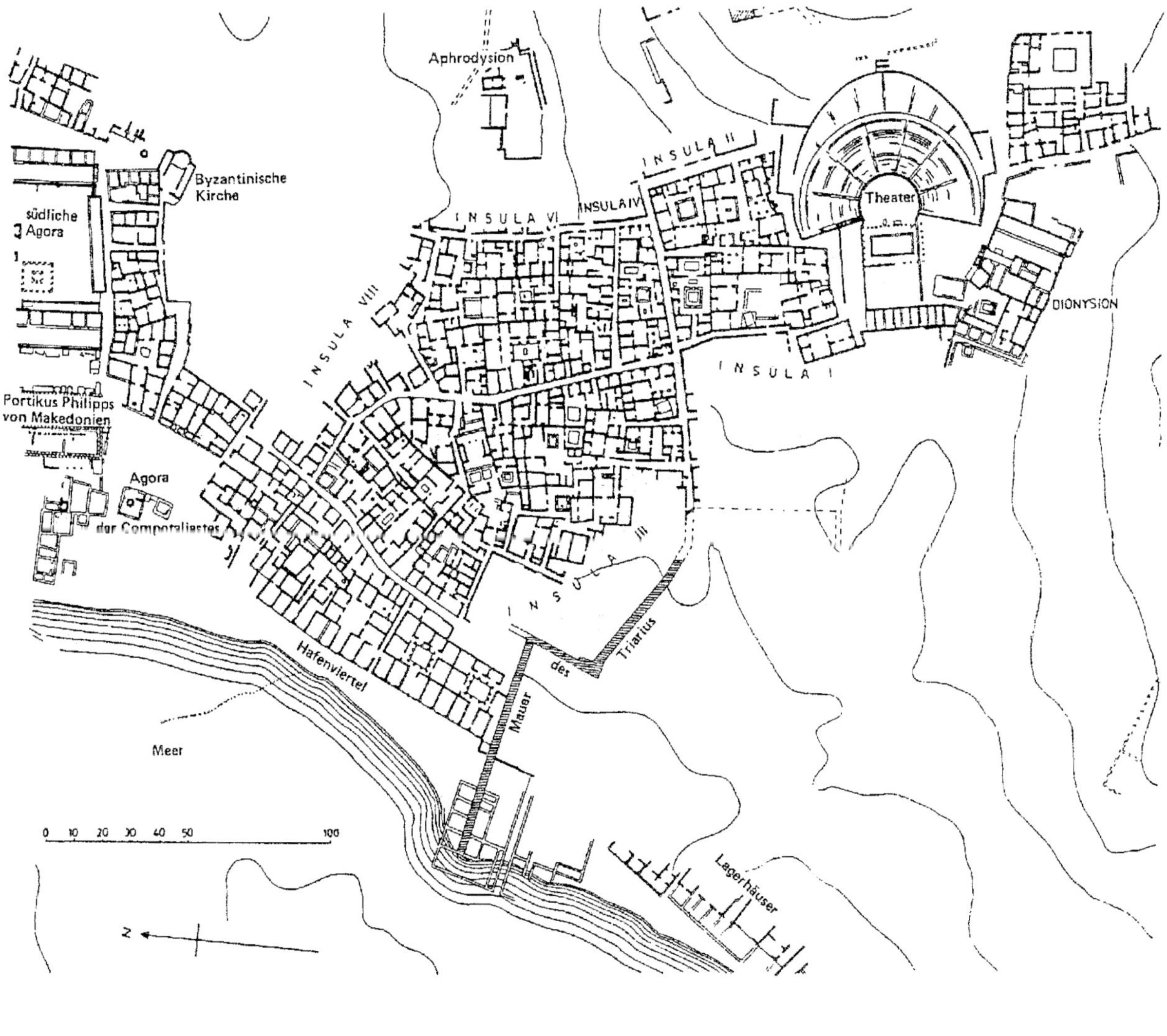

Häuser werden aus vorgefundenen Materialien notdürftig zusammengesetzt, oft an schwierig zu bebauenden Hängen. Infrastruktureinrichtungen fehlen meist – vor allem Wasser, Strom und Abwasser- und Müllentsorgung. Der Ausbau der Wege ist minimal. Oft ist nur die Zugänglichkeit gesichert. Weltweit organisieren Millionen von Bewohnern ihr Überleben mit Erfindungsreichtum und unkonventionellen Mitteln. Die illegalen Siedlungen wachsen schneller als die reguläre Stadt. Wurden Squatter-Siedlungen früher noch mit dem Bulldozer abgeräumt, so werden sie heute mehr und mehr akzeptiert, legalisiert und mit minimaler Infrastruktur versehen. Die Selbsthilfestadt wird zum Versorgungsmodell der Zukunft in vielen Metropolen.

Die labyrinthischen Netze in diesen Bezirken sind Fußgängernetze und eher gewachsen als geplant. Dennoch wurden sie nicht ohne Sachverstand gebaut. Die Plätze wurden sorgfältig ausgewählt, denn bei niedrigen Standards spielen Klima, Sonne, Wind und Wasser eine enorme Rolle. In Bezug auf die zerstörerische Kraft des Wassers zum Beispiel haben sich geschwungene und geknickte Wege bewährt, denn hier kann das Wasser gelenkt und zurückgehalten werden.

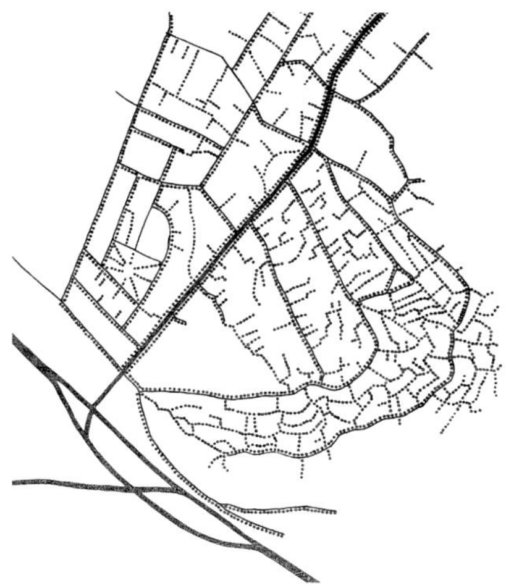

El Agostino, *Straßen und Fußwege im „Randbezirk" von Lima, um 1970*

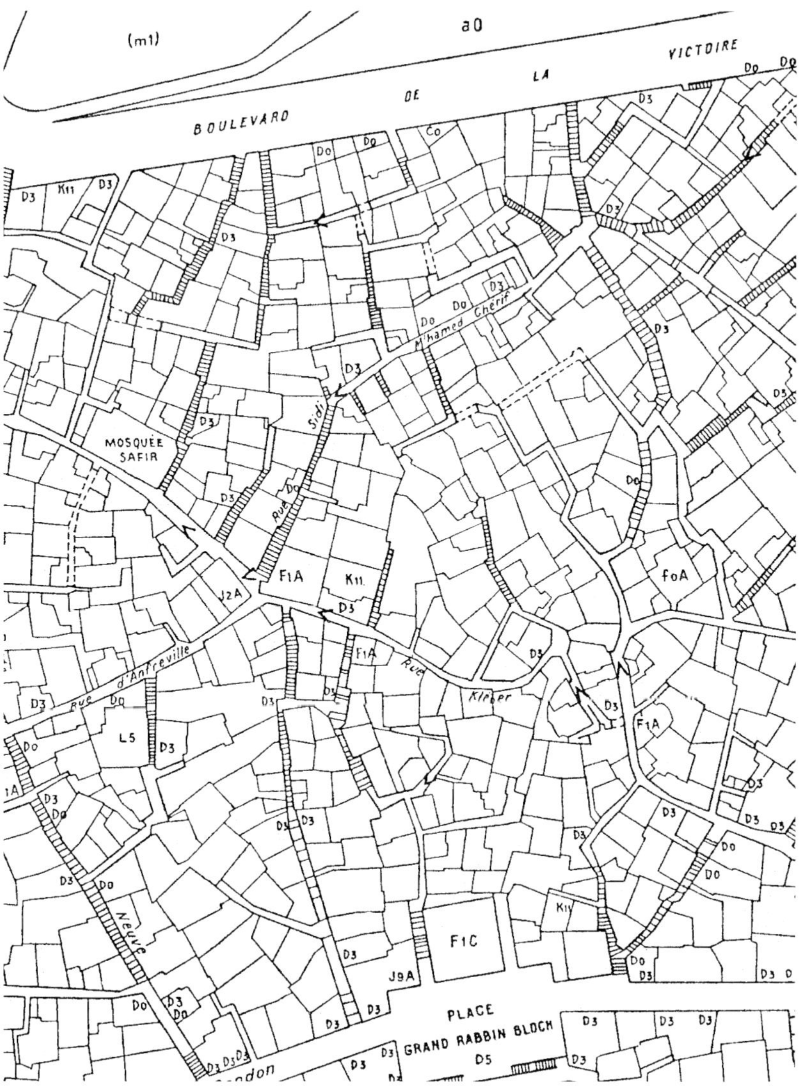

Die Kasbah von Algier, *umschlossen von Boulevards, Mitte 20. Jahrhundert*

Rasternetze

Um 2000 vor Christus entstanden in Indien, Indochina, China und Japan eng mit dem landwirtschaftlichen Umland verbundene, streng nach den vier Himmelsrichtungen ausgerichtete Raster-Städte. Sie bestanden immer aus zwei Mauerringen. Der innere umschloss die ständig bewohnte Stadt. Der äußere enthielt Obst- und Gemüsegärten, in die bei feindlichen Angriffen die gesamte bäuerliche Bevölkerung der Umgebung aufgenommen werden konnte. Die städteplanerischen Regeln und architektonischen Norm-Maße wurden in China um 300 vor Christus schriftlich festgehalten und von Dynastie zu Dynastie weitergegeben. Neben den symmetrisch angelegten Straßennetzen gab es aber immer auch die ungeordnete unregelmäßige Gartenlandschaft. Gemäß dem Prinzip von Ying und Yang gehört immer beides zum Leben: Kälte und Wärme, Schatten und Licht, Ruhe und Aktivität.

Schon im 5. Jahrhundert vor Christus plante der Grieche Hippodamus nach einem strengen geometrischen Prinzip mehrere neue Städte und Stadterweiterungen im Mittelmeerraum. Im Gegensatz zu den gewachsenen labyrinthischen Vierteln wurde das Straßennetz nun übersichtlich und rechtwinklig angelegt, mit Haupt- und Nebenstraßen. Die äußeren Grenzen dieser Planstadt folgten keinem regelmäßigen Muster, sondern passten sich dem jeweiligen Gelände an. Hippodamus erweiterte auch die römische Stadt Pompeji. Da sie 79 nach Christus unter dem Aschenregen des Vesuv begraben und erst seit 1748 ausgegraben wurde, können wir uns heute ein relativ genaues Bild des damaligen städtischen Lebens machen. Gepflasterte Straßen mit Kanalisation, eine hoch entwickelte Wirtschaft, ein weit-

Plan von Milet,
gegründet im 5. Jahrhundert v. Chr.

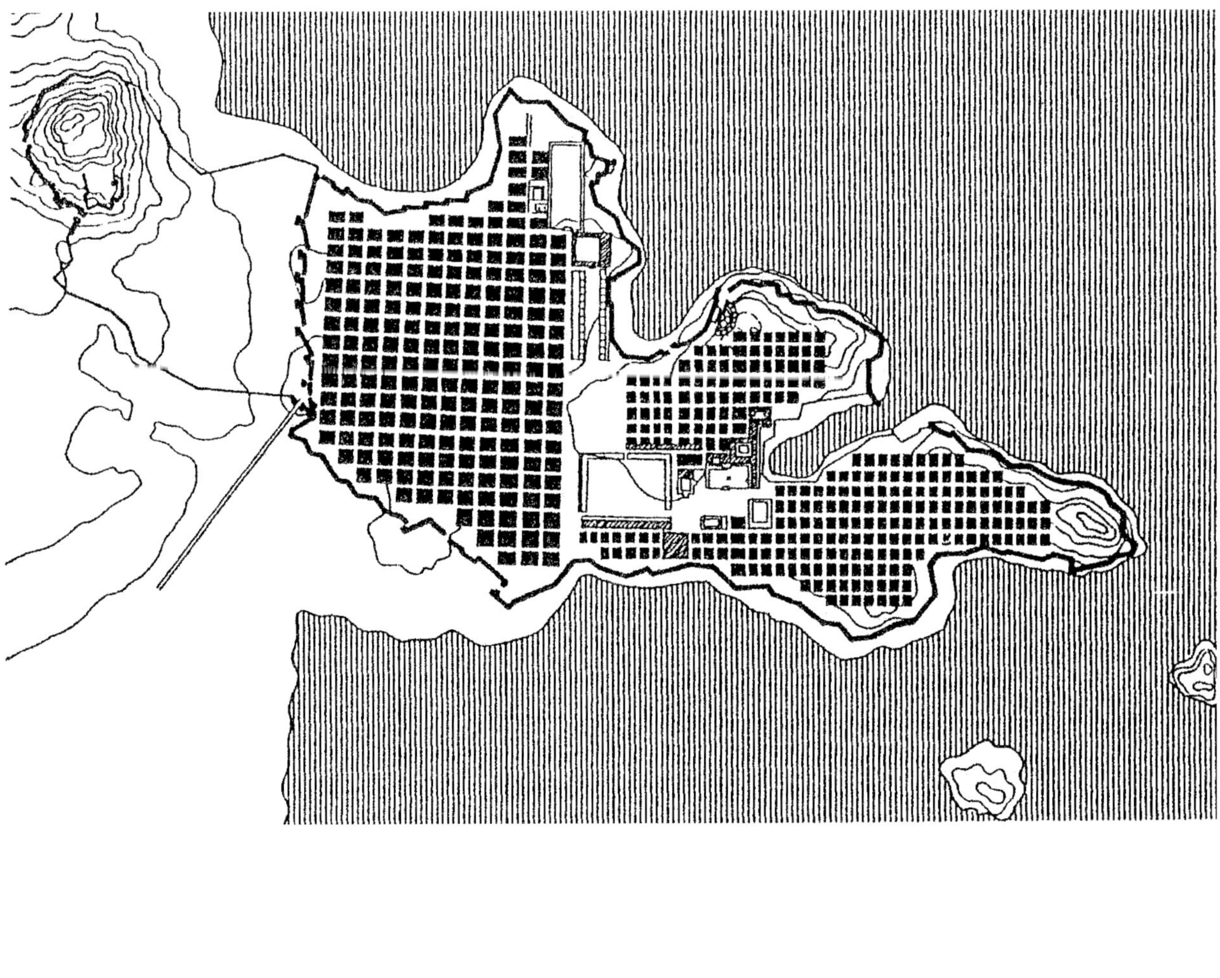

räumig angelegtes System öffentlicher Gebäude mit Thermen und Theatern zeugen vom hohen Standard der römischen Stadtkultur.

Die Römer eroberten ein gewaltiges Reich und bauten viele Straßen, Brücken und Aquädukte (Wasserleitungen) mit gewaltigen Bogenkonstruktionen, die als Ruinen zum Teil bis heute erhalten sind. Überall in ihrem Einflussbereich gründeten sie an gut zugänglichen Stellen, an großen Flüssen oder am Meer Heereslager, aus denen sich dann oft Städte entwickelten. Wegen des strengen Rasters entstanden so von Schottland bis Ägypten Städte, die einander sehr ähnlich sind. Allerdings verfielen sie mit dem Untergang des Römischen Reichs meist wieder. Dennoch zeigen Städte wie Köln, Regensburg und Wien bis heute ihre römischen Wurzeln.

Die Spanier und Portugiesen begannen im 16. Jahrhundert mit der Eroberung der Neuen Welt. Die Portugiesen entdeckten den Seeweg nach Indien, stießen dabei auf dicht besiedeltes Land und beschränkten sich auf den Ausbau einer Reihe von Seestützpunkten. Die Spanier hingegen ermordeten beziehungsweise vertrieben die eingeborene Bevölkerung aus den Hochebenen Mittel- und Südamerikas, zerstörten ihre Städte und begannen ein großes Urbanisierungsprogramm. Es entstanden flexible Stadtgrundrisse mit beliebig zu füllenden Rastern. Gut dokumentiert ist dieser Prozess für Mexiko City, das bei den Azteken Tenochtitlan hieß und geschützt zwischen Bergen auf einer Insel in einem See erbaut war. Die Spanier zerstörten 1628

Mexiko City,
das heutige Straßennetz mit Einzeichnung des Sees und der Aztekenstadt

die Aztekenstadt und begannen, ein schachbrettartiges Straßennetz anzulegen, das mit der Zeit nach allen Seiten erweitert wurde. Dazu legten sie auch den See trocken. Das Raster als Erweiterungsschema wird bis heute beibehalten.

Sehr eindrucksvoll ist auch der gerasterte Stadtgrundriss New Yorks, wie er im Bebauungsplan von 1811 festgelegt wurde. Durch zwölf Avenuen in Nord-Süd- und 155 Straßen in Ost-West-Richtung ergeben sich 2028 gleich große Blöcke. In diesem starren zweidimensionalen Schema stört nur eine Straße das Raster: der schräg verlaufende Broadway, ein alter Indianerpfad. Die strenge Beschränkung auf ein einziges Blockmaß brachte eine einzigartige Differenzierung in der Vertikalen mit sich. Das Raster ist das von fern geplante Erschließungsnetz, das sich im unbekannten Terrain bewährte. Es ist sehr flexibel und beliebig erweiterbar.

New York, *um 1900*

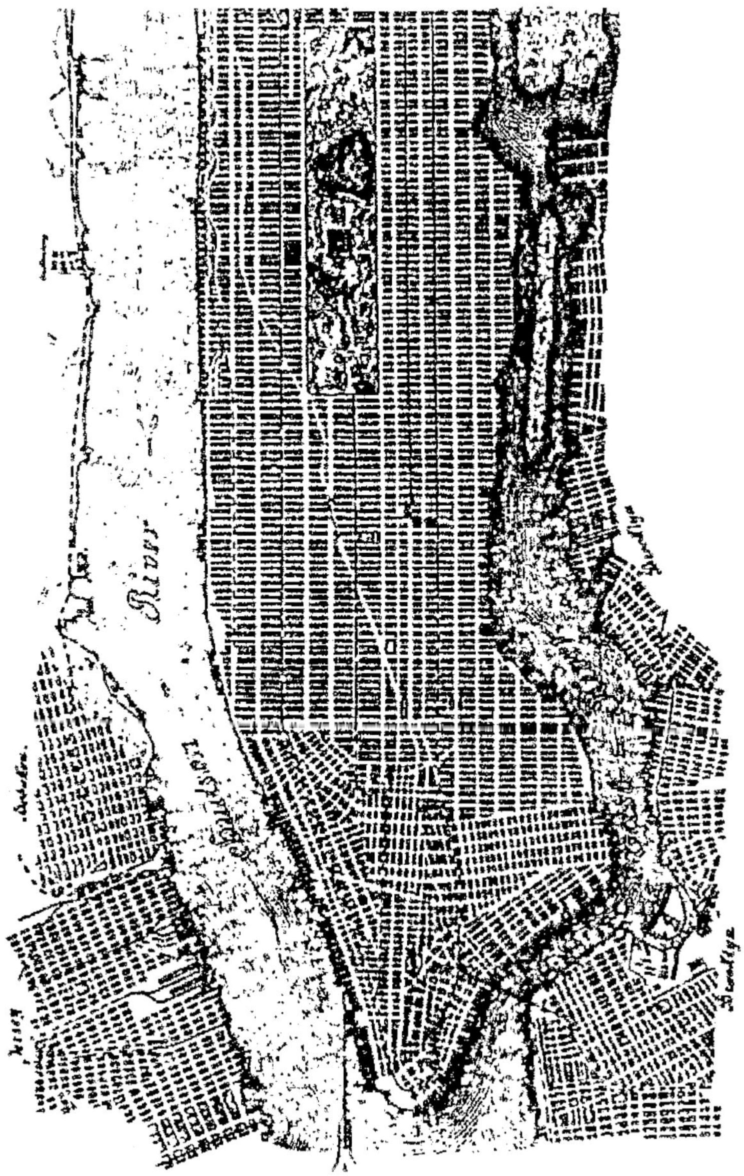

Weder Labyrinth noch Raster

Zwischen Labyrinth und Raster gibt es in Nordeuropa unzählige sehr interessante Stadtgrundrisse, die sich etwa um das Jahr 1000 entwickelten und keinen strengen formalen Regeln folgten. Es handelt sich hier um die mittelalterlichen Altstädte, die oft bis heute erhalten sind. Ihre Wegenetze orientierten sich an der jeweils unterschiedlichen Geländesituation. Allen Städten gemeinsam waren starke Mauern, die bis zum Ende des 18. Jahrhunderts die Wegenetze räumlich begrenzten.

Die Wege, Gassen und Straßen der Altstädte bilden ein relativ einfaches Netz, das schnell verständlich ist. Sackgassen sind selten. Die Hauptstraßen verlaufen oft parallel zu den topographischen Höhenlinien und quer zur Hauptwindrichtung. Sie treffen sich mit quer laufenden Straßen in Kreuzungen und Plätzen und markieren so die Knoten im Netz. Es gibt immer zwei oder mehr Zentren: der Kirchplatz mit Kirche und der Marktplatz mit Rathaus repräsentierten die kirchliche und die weltliche Macht. Die Plätze sind meistens keine geschlossenen Räume, sondern eng mit den Straßen verknüpft. Parallele Straßen in unterschiedlichen Höhenlagen werden durch Treppen miteinander verbunden. Das dichtmaschige Netz ist zwar unregelmäßig, doch klar in Haupt- und Nebenstraßen gegliedert.

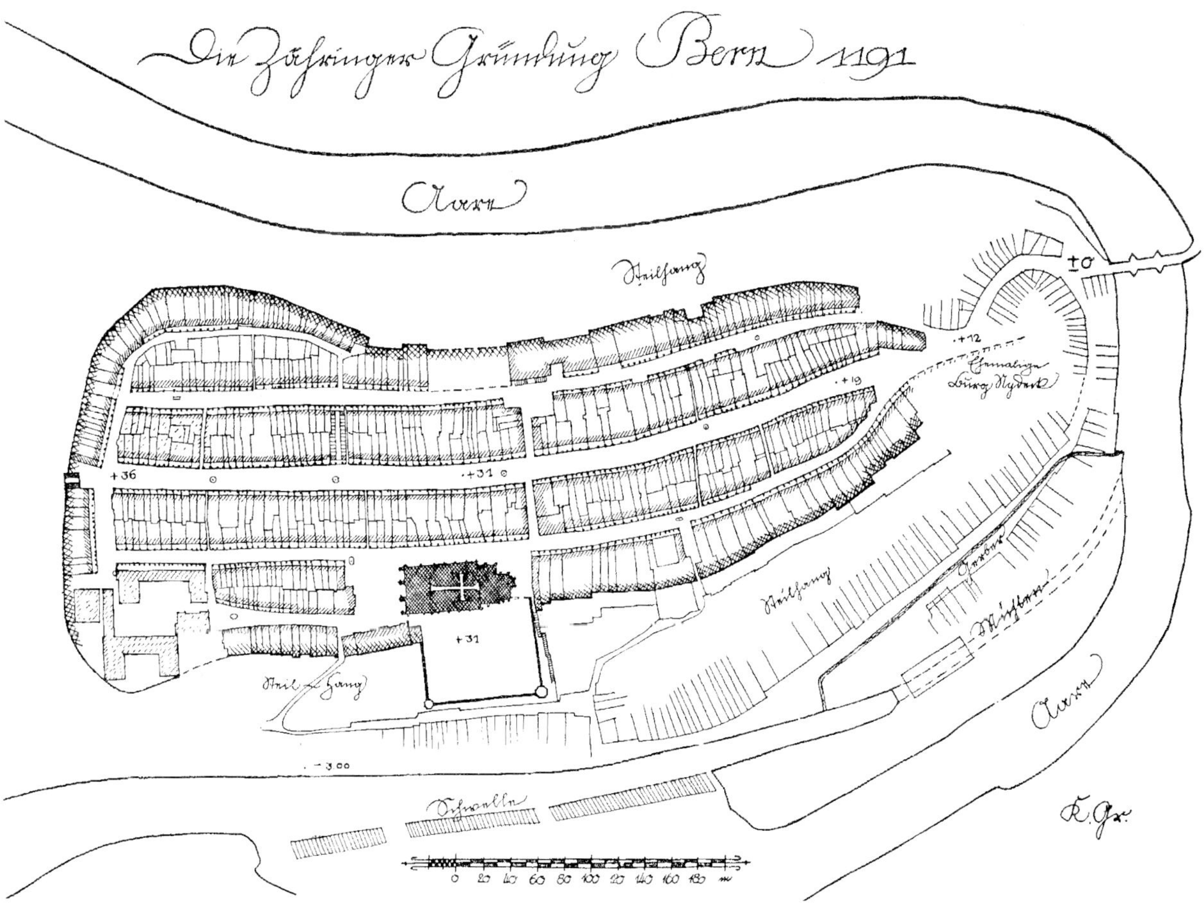

***Bern**, 1191*
Zeichnung von Karl Gruber

Erste große Städte entstanden an den Flussmündungen an Nord- und Ostsee, aber auch im Landesinneren an großen Flüssen. Je nach den verfügbaren Rohstoffen wurde unterschiedlich gebaut, und entsprechend sahen die Stadtbilder aus. Jede Stadt hatte einen anderen Charakter:

War der Ausgangspunkt der Entwicklung der Hafen, so mussten sich die Gründer mit Wasser und Trockenlegung von Sümpfen auseinandersetzen. Die Wegenetze wurden von Kanälen begleitet, wie zum Beispiel in Amsterdam.

War der Anfang ein römisches Lager, wie bei Köln am Rhein, Augsburg am Lech oder Regensburg an der Donau, so waren die topographischen Bedingungen von vornherein einfach und das regelmäßige Raster des Lagers setzte sich auch später fort. Der Stadtgrundriss war dann sehr klar und man konnte sich leicht orientieren.

Begann die Entwicklung mit einer hoch liegenden Burg, so siedelten sich die Vasallen am Fuße der Burg an und die Städte mussten an steiles Gelände angepasst werden. So entstanden großartige Treppenanlagen wie zum Beispiel in Schwäbisch Hall vor der Kirche.

Lübeck, *Grundriss*

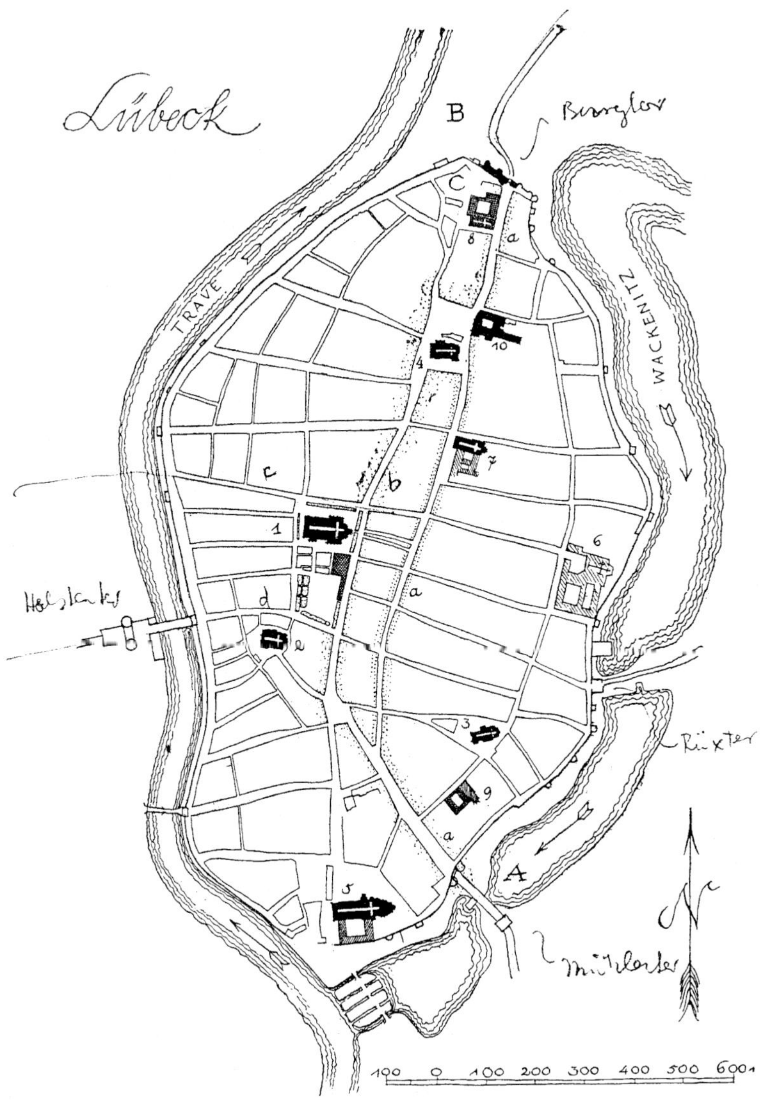

Als um 1800 überall die Stadtmauern fielen, konnten die weiten Flächen außerhalb der Mauern bebaut und große repräsentative öffentliche Bauten wie Schulen, Ämter, Bibliotheken, Zoos und Bahnhöfe errichtet werden. Parallel dazu entstand ein Straßensystem, das an diesen Einrichtungen orientiert war. Entwickelt wurden solche repräsentativen Netze schon früh. Neue Entwurfs- und Gestaltungsprinzipien waren Gradlinigkeit, Symmetrie und Ausrichtung auf ein bedeutendes Gebäude. Sie führten jedoch nicht zu einem regelmäßigen Raster, sondern zu abwechslungsreichen Netzen mit Sternplätzen, Diagonalen, Achsen und Alleen. Blickbeziehungen erleichterten die Orientierung. Dies ist besonders gut am Plan der Umgebung von Paris aus der Mitte des 18. Jahrhunderts zu sehen, der vor allem Parks enthält und die Umgebung nach den Bedürfnissen des Königs strukturiert.

Diese Gestaltungsprinzipien beeinflussten auch viele andere Städte. Beispiele sind die ausdrucksvollen Planungen für die neu errichteten Residenzstädte Mannheim und Karlsruhe.

Etwa 100 Jahre später wandte der Pariser Präfekt Haussmann diese Prinzipien auch auf die alte Stadt selbst an. Er fügte in das bis dahin mittelalterlich-enge Stadtbild neue repräsentative Boulevards mit Wasserleitungen, Kanalisation und Gasbeleuchtung sowie ein Netz von Pferdeomnibussen ein und schuf so die entsprechende Umgebung für neue Infrastruktureinrichtungen wie etwa die Oper. Vor großflächigen Abrissen schreckte er nicht zurück. Große Teile des feingliedrigen alten Netzes mussten den neuen breiten Boulevards weichen.

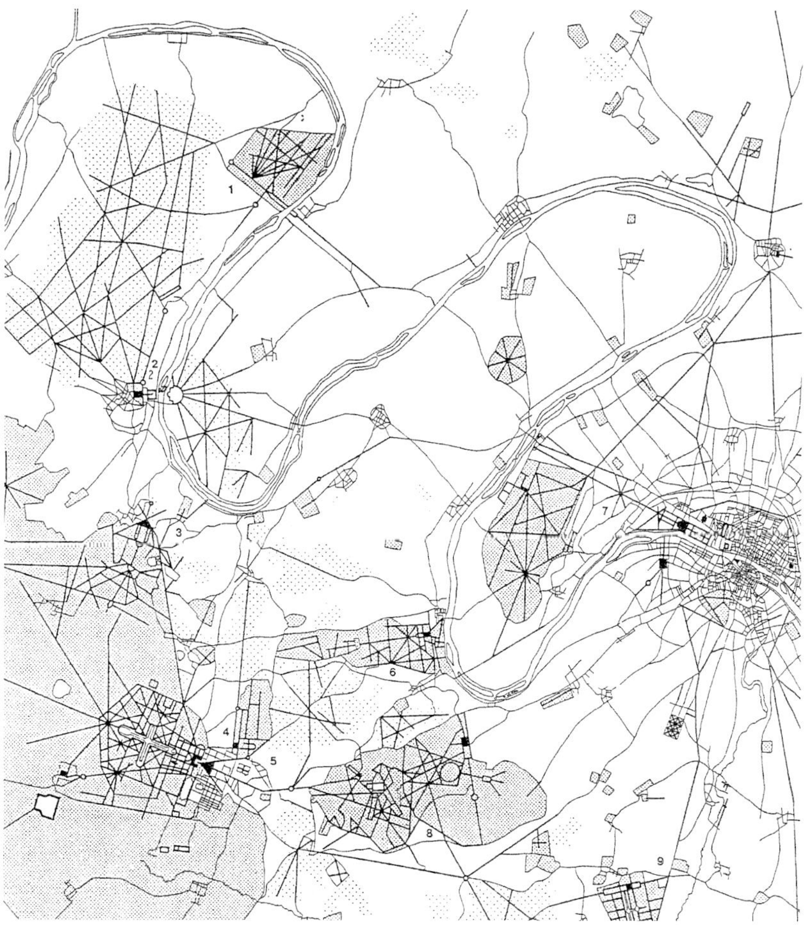

Plan der Umgebung von Paris, Mitte des 18. Jahrhunderts. Die feinen Linien geben das mittelalterliche Straßennetz wieder, die starken Linien die im 17. und 18. Jahrhundert angelegten Straßen und Alleen.

Dieses Vorbild beeinflusste wieder weitere Städte, die durch Industrialisierung und Landflucht mit einem enormen Wachstum konfrontiert waren, und prägten – flächenmäßig sehr bedeutsam – die Stadterweiterungen unzähliger großer Städte wie etwa Mailand.

Auch in die Kolonien wurden diese Gestaltungsprinzipien exportiert. Besonders eindrucksvoll stellt sich der Plan von Phnom Penh in Kambodscha dar. Anfang des 20. Jahrhunderts wurde er im Departement de l'Urbanisme in Saigon von dem Franzosen Hebrerand entworfen. Von dem schmalen bebauten Streifen entlang des Flusses ausgehend, wurde, über alle natürlichen Gegebenheiten wie Bäche und Seen hinweg, ein großer, spinnennetzartiger Grundriss entwickelt.

Die vielfältigen Stadtgrundrisse aus dem Mittelalter und den nachfolgenden Jahrhunderten sind ein kulturelles Erbe, das mittlerweile mit hohen Fördermitteln erhalten und gepflegt wird. Heute zählen sie zu den bevorzugten und beliebten Orten insbesondere für den Städtetourismus und dienen manchem neuen Vorhaben als Vorbild.

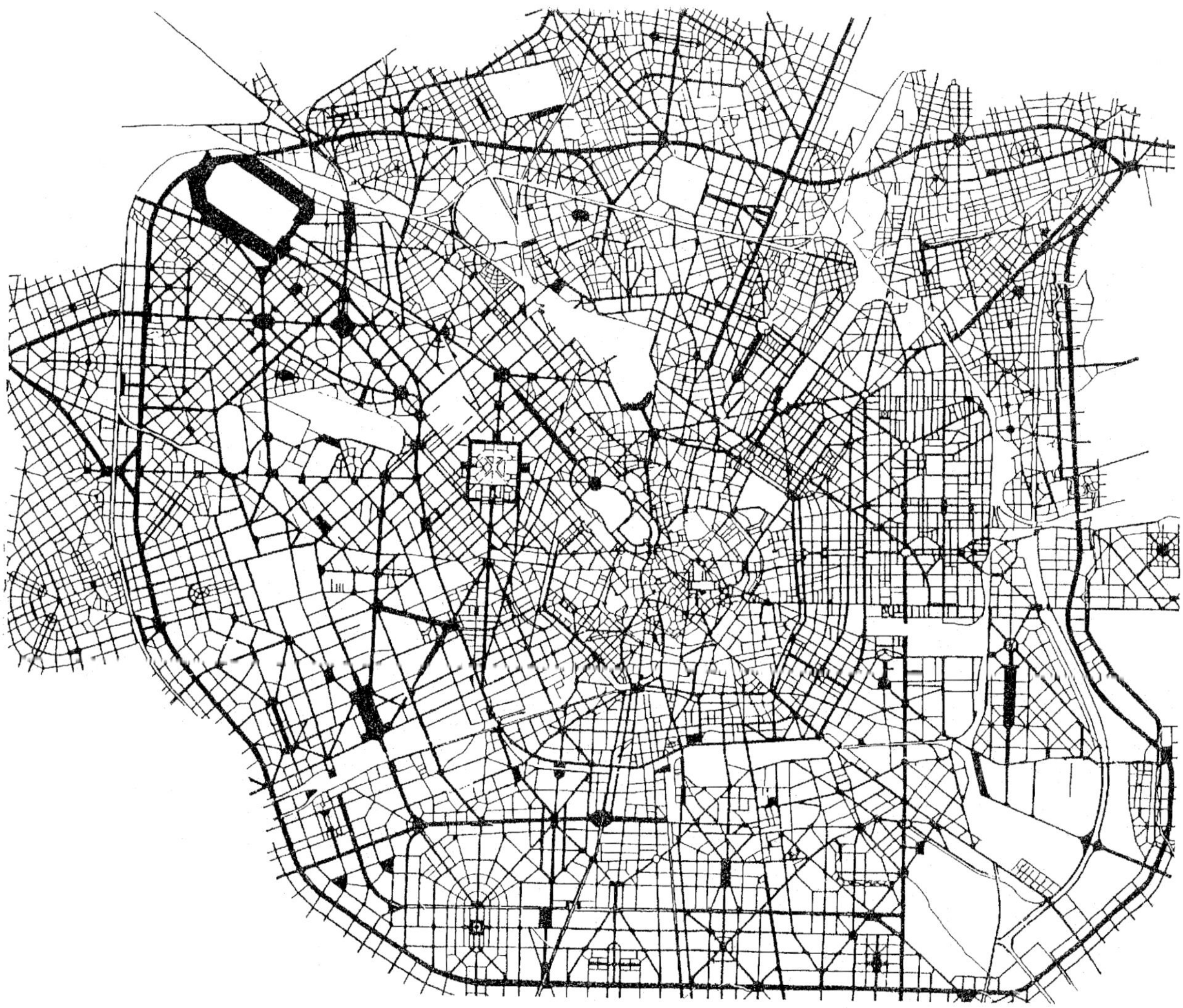

Das Straßennetz von Mailand, 1934

Zerrissen, zerstückelt und zerfranst

Das 19. Jahrhundert hatte mit der Industrialisierung und der massenhaften Zuwanderung vom Land ein ungeheures Städtewachstum mit sich gebracht. Die starke Verdichtung der städtischen Agglomerationen führte zu chaotischen Verhältnissen in Bezug auf Hygiene, Wasser und Verkehr. Die Großstädte zeigten ihre dunklen Seiten. Ihre Existenzberechtigung wurde nun von vielen Seiten in Frage gestellt. Um die Wende zum 20. Jahrhundert führten neue technische Entwicklungen zu neuen Stadtmodellen. Dezentrale überschaubare Gartenstädte, durch Grüngürtel voneinander getrennt, entstanden im Umkreis der großen Städte, ließen aber die verdichtete Stadt unangetastet. Vor allem in den Vereinigten Staaten gab es eine Entwicklung zur Aufteilung der Fläche in Grundstücke für Einfamilienhäuser. Der massenhafte Bau solcher Häuser wurde bald mit Hilfe der Eisenbahn und später des Automobils Realität – außerhalb der traditionellen Städte.

In den 30er-Jahren plädierte der Architekt und Stadtplaner Le Corbusier dagegen für den Abriss von Teilen der Metropolen und die Neugestaltung mit dichten Bauformen, um Wege zu minimieren. Dieses Modell mit Hochhäusern inmitten einer parkähnlichen Landschaft wurde als *Ville radieuse* (strahlende Stadt) bekannt. Seine Vorstellungen wurden aber erst nach dem Zweiten Weltkrieg Realität, nachdem viele Städte in Schutt und Asche lagen. Beim Wiederaufbau in den 50er-Jahren verkehrte sich die Idee der kurzen Wege allerdings durch die enorme Massierung und die Trennung der Funktionen in ihr Gegenteil. Zunächst wurden an den verschiedensten Standorten große neue Wohngebiete mit gut belichteten Blocks, Reihenhäusern, Doppelhäusern und Einfamilienhäusern gebaut. Die Erschließung – nun nicht mehr dicht an den Gebäuden – verlief locker im Grünen mit Wohnwegen und Ringstraßen.

Entscheidender Entwicklungsmotor nach dem Zweiten Weltkrieg war die massenhafte Verbreitung des Autos. Die mögliche höhere Geschwindigkeit veränderte grundlegend die den bisherigen Netzen innewohnende Logik von Entfernung und Zeit. Die Stadt wurde durch die täglichen Wege ihrer motorisierten Bewohner definiert und entwickelte sich dadurch zu einem System von Pendelvorgängen über relativ große, früher für unvorstellbar gehaltene Entfernungen. Die schnelle Stadt entstand. Dazu bedurfte es völlig neuer Straßen, die nach den Gesetzen der Geschwindigkeit entworfen wurden: Schnellstraßen, Autobahnen und Autobahnkreuze. Tra-

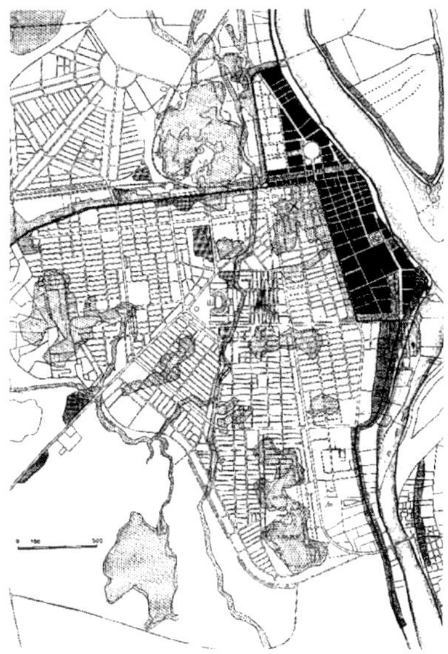

Phnom Penh, 1994

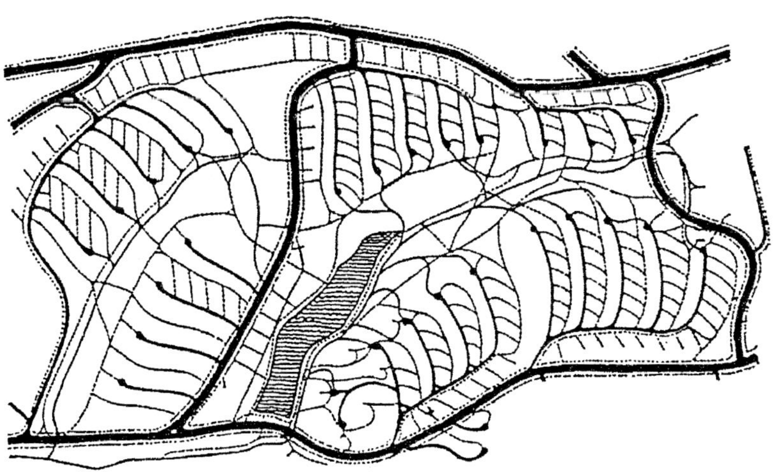

Verkehrsplan für die Neubausiedlung Steinbüchel in Leverkusen, um 1955

ditionelle Verkehrsmittel wie die Eisenbahn, die Straßenbahn, das Fahrrad oder einfach die Fortbewegung per pedes galten in der „autogerechten Stadt" nur wenig.

Andere Standortqualitäten außerhalb der traditionellen Stadt gewannen an Bedeutung. Neue Gebilde entstanden, zusammengesetzt aus Gebäuden verschiedenster Größe und unterschiedlichster Nutzungen, umgeben von Parkplatzflächen und erschlossen von neben- und übereinander existierenden Straßennetzen mit unterschiedlichen aus der Geschwindigkeit abgeleiteten Formen und Maschenweiten. Sie folgen keinen erkennbaren formalen Regeln mehr und sprengen alle bisherigen Größenordnungen.

Die zweite Hälfte des 20. Jahrhunderts hat neue großmaschige Netze hervorgebracht, die keinen unmittelbaren Bezug zur Bebauung mehr haben, sondern die schnelle Verbindung weit auseinander liegender Orte herstellen. Die althergebrachten Netze wurden stellenweise empfindlich beeinträchtigt.

Trotz aller Zerstörungen haben sich dennoch die alten Städte und ihre traditionellen Netze in Europa gegenüber der schnellen Stadt als erstaunlich resistent erwiesen – es gibt sie noch, auch wenn daneben viele andere, größere Stadtareale entstanden sind. In den großen Städten von heute gibt es sehr viele unterschiedliche Netze neben- und übereinander. Jeder benutzt ein anderes Netz, je nachdem, wo er wohnt, wo er arbeitet und wie er lebt. Und für manche wird das reale Netz schon durch das virtuelle ersetzt – Einkäufe, Bankgeschäfte und selbst der Job und soziale Kontakte werden von zu Hause aus am Bildschirm abgewickelt.

Autobahnkreuz

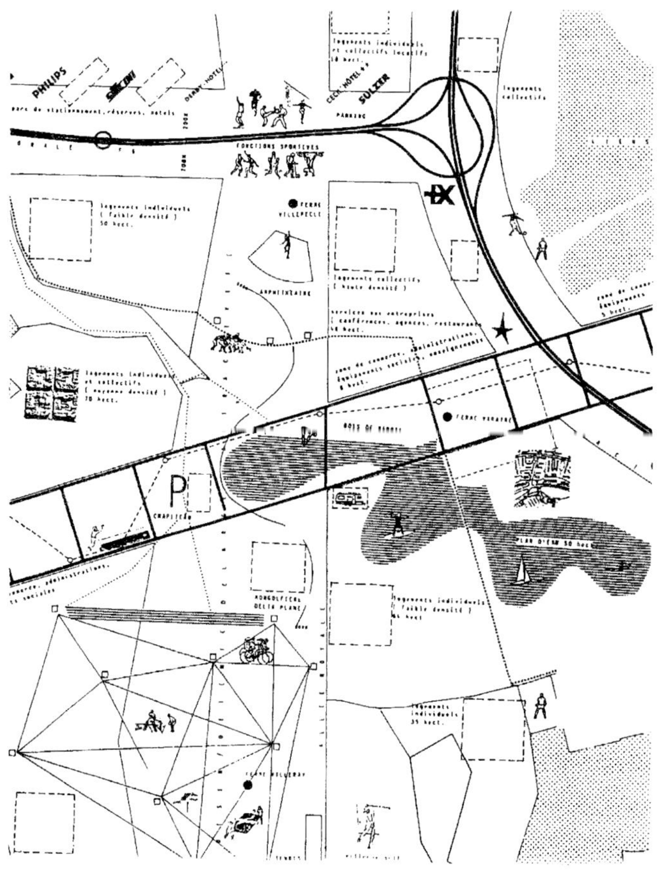

Ausschnitt aus Rem Koolhaas'
Gesamtplan des Bereichs Melun-Senart bei Paris, um 1990, mit Angaben etwa über Verkehrsbänder, Einkaufszentren und Büros

Thomas Hauer

WEGE IM WEGLOSEN

Von der Kunst, auf dem rechten Pfad zu bleiben[1]

Es gibt eine mathematische Binsenweisheit, die selbst diejenigen von uns begriffen haben, denen eine Ableitung oder ein Integral ein ewiges Rätsel bleiben werden. Sie besagt, dass die kürzeste mögliche Verbindungslinie zweier Punkte im Raum immer eine Gerade ist. Logisch. Doch ist der kürzeste Weg auch immer der beste? Schließlich lehrt uns schon die Bibel, dass der Pfad der Tugend nicht breit und geradlinig verläuft, sondern steil, eng und steinig ist.

Aber man muss der Frage nicht gleich eine moralische Qualität beimessen. Bleiben wir lieber auf dem Boden der Tatsachen und betreten einen Fußballplatz. Beim Anpfiff des Spieles liegt der Ball auf der Mittellinie und auch hier scheint zu gelten, dass der kürzeste Weg ins gegnerische Tor kerzengerade und im rechten Winkel zur Mittellinie verläuft.

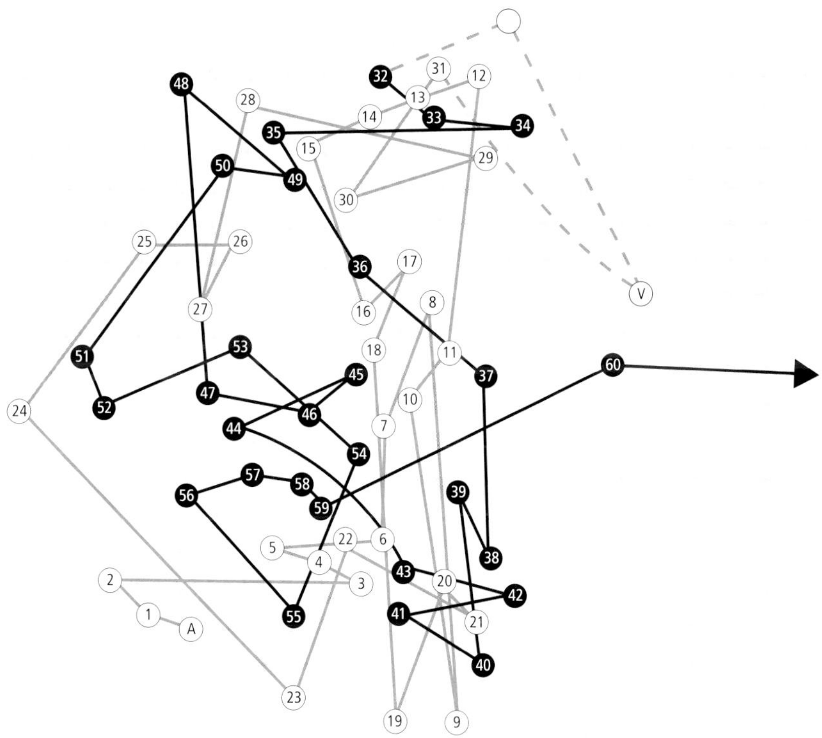

60 Pässe bis zum Tor
Das Liniennetz der fast dreiminütigen Ballstafette zum 3:1-Sieg des FC Barcelona über den FC Liverpool in einem Spiel der Champions League.
Auf A *(graue Linie) beginnt der erste Teil des Angriffs über 31 Stationen bis zur Abwehr des Liverpooler Verteidigers* V *ins Seitenaus. Mit dem Einwurf auf Position* 32 *folgen weitere 29 Pässe über das gesamte Mittelfeld bis zum erfolgreichen Torschuss.*

Würde ein Stürmer allerdings versuchen, diesen Weg blindlings zu verfolgen, er hätte wohl keine Chance, Torschützenkönig zu werden, denn die gegnerische Mannschaft hätte leichtes Spiel, ihm diesen Weg zu verbauen. Ein erfolgreicher Spieler wird vielmehr versuchen, durch eine vorausschauende Spielweise Lücken in der Abwehr zu erkennen und den Ball gekonnt durch diese Lücken zu bugsieren oder ihn bei allzu großer Bedrängnis einem Mannschaftskameraden zuzuspielen, auch wenn das einen Umweg bedeutet. Hier scheint der kürzeste Weg also nur selten der beste Weg zu sein. Doch es gibt noch ein weiteres Problem. Auf einem Fußballplatz befindet sich das Ziel, das gegnerische Tor, immer im Sichtfeld. Was tun wir aber, wenn das Ziel zu weit entfernt ist, um direkt angesteuert zu werden?

[1] Zur Kulturgeschichte der Wege und Wegmarkierungen Martin Scharfe: Wegzeiger. Zur Kulturgeschichte des Verirrens und Wegfindens. Marburg 1998. Außerdem Wolfgang Korn: Auf den Spuren der Wege. In: Geo 4/2001, S. 80-94.

Heutzutage lösen wir ein solches Problem, indem wir auf einer festgelegten Route einem Autobahnschild oder einer anderen Wegemarkierung folgen, die uns mehr oder weniger sicher zum Ziel lotst. Doch wie sind unsere Vorfahren überhaupt auf die Idee gekommen, feste Wege anzulegen und nicht einfach aufs Geratewohl durch die Landschaft zu marschieren? Offenbar sind die ersten Hominiden den ausgetretenen Pfaden von Huftieren auf deren saisonaler Wanderschaft durch die Savannen Afrikas gefolgt.[2] So lernten unsere Vorfahren, dass es praktisch sein kann, einem festen, netzartigen Wegmuster zu folgen, das systematisch größere Hindernisse und Gefahrenquellen umgeht. Die regelmäßige Nutzung dieser Pfade durch riesige Herden hinterließ deutliche Spuren in der Vegetation, Markierungsmuster, die der Gefahr vorbeugten, in einer Umwelt, in der es von Fressfeinden wimmelt, die Orientierung und damit den Überblick zu verlieren. Natürlich verlaufen auch diese Tierpfade keineswegs gerade, sondern stellen in aller Regel einen ökonomischen Kompromiss dar zwischen der kürzestmöglichen Distanz zum Zielpunkt – in diesem Fall das Gebiet mit dem größten Nahrungsangebot – und optimalen Wegbedingungen, wie etwa die Nähe zu Wasserstellen. Aber wie entsteht ein solcher Weg? Auf den ersten Blick scheint diese Frage genauso schwer zu beantworten wie jene nach der Henne und dem Ei. Ganz so komplex ist der Sachverhalt allerdings nicht. Fest steht, dass der Wegverlauf nicht „geplant" wird, wie dies ein Straßenbauingenieur beim Bau eines neuen Autobahnabschnitts von A nach B tun

[2] Vgl. Maxwell G. Lay: Die Geschichte der Straße. Vom Trampelpfad zur Autobahn. Frankfurt am Main u. New York 1994, S. 19f.

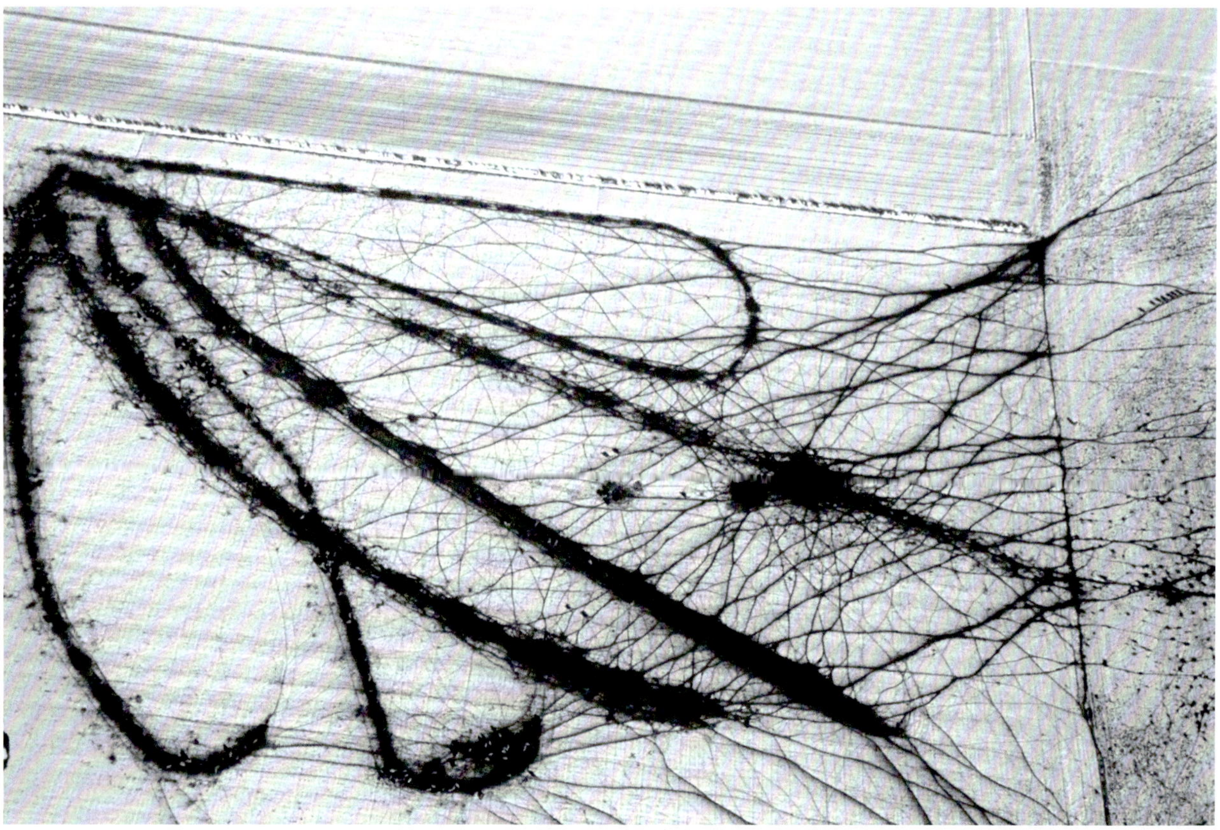

„Tierische Muster".
Spuren einer Schafherde im Schnee bei St. Peter Ording

würde. Die Entstehung eines solchen Wegs ist vielmehr das Ergebnis eines hoch komplexen Trial-and-Error-Verfahrens, das über einen längeren Zeitraum – einem evolutionären Prozess en miniature vergleichbar – zu einem optimalen Ergebnis führt. Um beim Beispiel der wandernden Herde zu bleiben: Jene Tiere, die durch Zufall den kürzesten Weg gefunden haben, erreichen die neuen Weidegründe als erste, verbrauchen am wenigsten Kraft auf dem Weg dorthin, erhalten vor Ort das meiste und beste Futter und pflanzen sich am erfolgreichsten fort. Im Laufe der Jahre, das heißt mehrerer Wanderzyklen, wird dann der oben kurz angedeutete Prozess in Gang gesetzt, in dessen Verlauf sich der oft benutzte Pfad durch die physikalische Abnutzung von der Umgebung abzuheben beginnt und als das erkennbar wird, was wir einen Weg nennen.

Es gibt im Tierreich allerdings noch wesentlich ausgeklügeltere Methoden, einen Weg zu markieren, zum Beispiel bei den Ameisen. Sie bedienen sich chemischer Botenstoffe als Wegmarken zwischen ihrem Nest und Futterquellen in der Umgebung, und zwar ebenfalls nach der Trial-and-Error-Methode. Jeden Morgen schwärmen zahllose Arbeiterinnen auf der Suche nach Nahrung aus dem Nest aus. Sobald sie fündig werden, transportieren sie die Nahrung auf kürzestem Wege zu ihrer Brut und ihren im Bau verbliebenen Artgenossen. Dabei hinterlassen sie winzige Duftmarkierungen auf dem benutzten Pfad. Hat eine Ameise eine besonders ergiebige Futterquelle entdeckt, wird sie in einer gegebenen Zeit den Weg zwischen dieser Quelle und dem Bau öfter zurücklegen als eine Ameise, die auf ihrer Suche nach Nahrung erst einmal sehr weit wandern musste. Die wiederholte Nutzung desselben Weges in vergleichsweise kurzen Zeitabständen verstärkt die Duftspur, was dazu führt, dass andere Ameisen auf diesen Erfolg versprechenden Pfad aufmerksam werden und ihn ebenfalls zu nutzen beginnen, was die Spur weiter verstärkt. Ein einziges Milligramm dieser chemischen Botenstoffe reicht aus, um eine Ameisenstraße zu markieren, die sich dreimal um den Äquator legen ließe. Ist die Futterquelle erschöpft, werden zunehmend weniger Ameisen den markierten Weg zum Rücktransport der Nahrung nutzen, und die chemischen Duftmarken „verduften" im wahrsten Sinne des Wortes. Ein geniales sich selbst regulierendes System. Und trotzdem ist dieses System nur ein – wenn auch wichtiger – Mosaikstein im Repertoire sozialer Interaktionsmuster von Ameisenvölkern. Einem Superorganismus, wie ihn ein Ameisenstaat als engmaschig verzweigtes Netzwerk von Individuen darstellt, ermöglicht dieses Verfahren, trotz der eingeschränkten Leistungsfähigkeit einer einzelnen Arbeiterin und ihrer relativ kurzen Lebensspanne über einen längeren Zeitraum eine Art kollektives Gedächtnis für optimale Futterquellen zu entwickeln und gewaltige Bauleistungen zu vollbringen. Man spricht in diesem Zusammenhang auch von Schwarmintelligenz oder anders ausgedrückt: *Eine* Ameise ist *keine* Ameise.[3]

Heute wird versucht, mit Hilfe der so genannten ACO (Ant Colony Optimization) dieses Verfahren der Ameisen mit Computern zu simulieren, um einen reibungslosen Datentransfer über das Internet zu ermöglichen. Das Prinzip ist eigentlich recht simpel: Obgleich Daten via Internet theoretisch annähernd mit Lichtgeschwindigkeit transportiert werden können, ist die riesige Datenmenge ein Problem, das zum Stau auf dem Datenhighway führen kann. Deshalb hängt man an die Datenpakete Miniprogramme an, die auf ihrem Weg durch die Internetbackbones winzige Spuren hinterlassen. Diese erfüllen dieselbe Aufgabe wie die chemischen Duftstoffe der Ameisen. Wie diese werden die digitalen Signaturen im Laufe der Zeit ana-

[3] Vgl. Bert Hölldobler und Edward O. Wilson: Ameisen. Die Entdeckung einer faszinierenden Welt. Basel u. a. 1995, S. 47ff. und S. 127ff.

log der Frequenz der Wegnutzung stärker beziehungsweise schwächer und verschwinden schließlich von selbst. Auf diese Weise wählen Datenpakete gleich Ameisenkolonnen nach einer gewissen Anlaufzeit, die dem Trial-and-Error-Element des biologischen Verfahrens entspricht, den optimalen, das heißt schnellsten Weg zu ihrem Zielpunkt, auch wenn dieser Weg auf den ersten Blick manchmal wesentlich länger zu sein scheint als die direkte Verbindung. Das bedeutet, dass eine E-Mail von Frankfurt nach Hamburg unter Umständen zunächst über New York und Tokio geschickt wird, ehe sie an ihr Ziel auf dem heimischen PC gelangt. Mit Hilfe der ACO lassen sich auch Produktions- und Logistikprozesse optimieren und virtuell ideale Reiserouten mit mehreren Zielvorgaben oder Stationen planen, eine Aufgabe, die als Travelling Salesman Problem bekannt wurde.[4]

[4] Vgl. Korn (wie Anm. 1), S. 94.

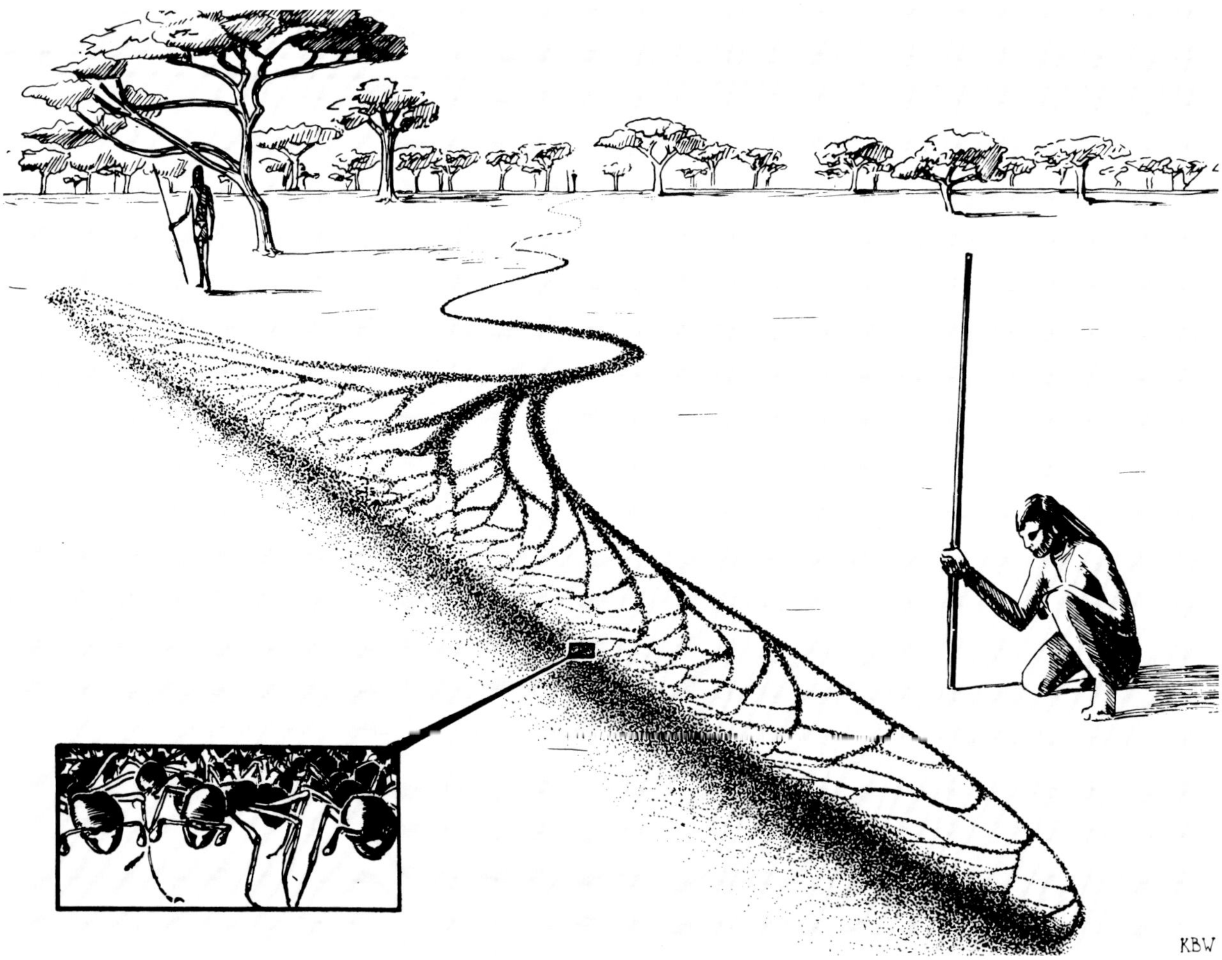

Der Treiberameisen-Superorganismus.
Ein Schwarm Ameisen auf Raubzug.
Zeichnung von Katherine Brown-Wing

Archaische Netze

Doch kehren wir noch einmal in die Vergangenheit zu unseren Vorfahren zurück. Während der letzten Eiszeit begannen die Menschen, sesshaft zu werden. Davor haben unsere Urahnen nur in Ansätzen versucht, es den Tieren nachzutun und ausgedehnte Wegenetze anzulegen. Sie waren nomadisierende Jäger und Sammler, die den Herden, ihren lebenden Nahrungsmittelvorräten, auf ihrer ausgedehnten Wanderschaft durch die weiten Ebenen des Graslandes der Savanne folgten. Was hätte es da für einen Sinn gemacht, eigenen Wegen zu folgen? Natürlich gab es Ausnahmen, wie etwa die australischen Aborigines, die trotz ihrer nomadischen Lebensweise schon sehr früh „ausgebaute“ Handelsrouten für den Austausch von Feuersteinen, Narkotika und Farben benutzten und diese Pfade nachweislich ständig verbesserten, indem sie Steine beiseite räumten und als Markierungen am Wegrand aufhäuften.[5]

Mit der Sesshaftigkeit und der Einführung der Ackerwirtschaft und Viehzucht gewannen mehr oder weniger kunstvoll angelegte Wegenetze von Behausung zu Behausung, zu den Wasserstellen, Kultplätzen oder anderen zentralen Versammlungsorten schnell an Bedeutung. Sie entwickelten sich fast zwangsläufig als Folge sozialer Interaktionen kaum anders als die Wanderrouten der Huftiere. Aus oft genutzten, das heißt kurzen und gefahrlosen Verbindungslinien zwischen zentralen Knotenpunkten innerhalb des sozialen Geflechts menschlicher Siedlungen wurden schnell Pfade und Wege. Das bedeutet: „Künstliche“ Verbindungen gewinnen in dem Moment der Zivilisationsgeschichte eine herausragende Bedeutung, da unsere Vorfahren stabile Gemeinschaften zu bilden beginnen. Letztlich sind Wege also ein physischer Ausdruck für den beginnenden Prozess der Vergesellschaftung und deren Grundlage: die Kommunikation. Damals wie heute dienen Straßen und Wege in erster Linie dem Austausch von Waren, Genen und Ideen – zuerst innerhalb kleinräumiger und enger sozialer Entitäten wie dem Familien- oder Sippenverband, später dann zwischen autonomen Dorfgemeinschaften, Städten, Provinzen, Nationen und Kontinenten.

Die so gewachsenen Wegnetze wurden im Laufe der Jahrhunderte immer engmaschiger geknüpft. Jene Forscher, die im 19. Jahrhundert das den Europäern größtenteils unbekannte Innere des afrikanischen Kontinents systematisch zu erforschen begannen, konnten diesen „von Ost nach West durchqueren“, ohne auch nur einmal das dort vorhandene Wegesystem, das Dorf mit Dorf, Sippe mit Sippe verband, verlassen zu müssen. Und auch die ersten Siedler, die den nordamerikanischen Kontinent betraten, fanden bei ihrer Ankunft bereits eine unüberschaubare Zahl von rund einem halben Meter breiten Indianerpfaden vor, die das Land gleich einem feinen Gespinst durchzogen. Manche dieser archaischen Wegenetze, die es natürlich auch in Europa gab und die teilweise noch heute erhalten sind, wurden so intensiv genutzt, dass sich Hohlwege bildeten. Im Laufe von Jahrhunderten wurden unter der Last von Menschen, Pferdehufen und Karren teilweise bis zu drei Meter tiefe Gräben ausgeschürft, denen man zum Beispiel in den Kalksandsteinformationen rund um Devon in England heute noch in ihrer ursprünglichen Form begegnen kann.[6]

Neben ihrer Verbindung stiftenden, auf Austausch und Kommunikation gerichteten Funktion sind Wege und Straßen immer auch ein Symbol menschlichen Eroberungswillens gewesen. Das vielleicht prägnanteste Beispiel hierfür ist die Landnahme des amerikanischen Westens durch die schier endlosen Kolonnen der Siedler und Pioniere auf den berühmt-be-

[5] Vgl. Lay (wie Anm. 2), S. 23.

[6] Ebd., S. 21f.

rüchtigten Trails; dass man dabei teilweise uralte Indianerpfade in Beschlag nahm, störte niemanden. So war auf dem berühmten Santa Fee Trail – ursprünglich eine wichtige Überlandverbindung der mexikanischen Indianer – bereits 1541 der Eroberer Francisco de Coronado in Richtung Westküste unterwegs gewesen. Hatten die Siedler ein Gebiet erst einmal „verkehrstechnisch" erschlossen (später vor allem durch die Eisenbahn), war es für sie selbstverständlich, dass damit auch der Besitz des Landes auf sie überging.[7] Wege sind also weit mehr als geographische Verbindungslinien zwischen Orten und Menschen. Sie sind auch ein Herrschaftsinstrument. Gleichzeitig sind sie Symbole geistig-spiritueller Orientierung, ja, sie gewinnen nicht selten sogar magisch-mystische Bedeutung.

In den Jahrtausende alten Mythen der australischen Ureinwohner, des ältesten Kulturvolkes unserer Erde, spielen Netzwerke aus so genannten „Traumpfaden" oder „Songlines" – für Europäer nicht sichtbar, für die Aborigines aber eine physische Realität – eine zentrale Rolle. Sie dienen gleichsam als „mentale Landkarte", die aus Liedern besteht, in denen die Topographie des australischen Kontinents aufgezeichnet ist. Ganze Liederzyklen mit Tausenden von Strophen beschreiben, wie geheimnisvolle mythische Schöpferwesen in der „Traumzeit" diesen Pfaden folgten und dabei die Welt erschufen. Besonders wichtige Orte entlang dieser Wege, so genannte Djang-Stätten, an denen „die Schöpferwesen erstmals auf der Erde erschienen, sich zur Ruhe legten, oder wo sie große Schöpfungsakte vollbrachten", gelten den Aborigines als heilige, energiegeladene Quellen einer „Urlebenskraft". Will man diese Vorstellung in ein Bild fassen, so kann man die Traumpfade als eine Art „Stromnetz" verstehen, „mit den Djang-Stätten als Steckdosen", an denen die Aborigines im religiösen Ritual die mystische Urkraft anzapfen können. Daneben sind die Songlines wichtigstes Element eines „transkontinentalen Kommunikationsnetzes", da kein Clan eine vollständige Songline besitzt, sondern immer nur die Lieder eines Teilabschnitts, was den kulturellen Austausch unentbehrlich macht; denn die Aborigines glauben, dass die Welt nur so lange existiert, wie sie – ohne auch nur eine Strophe auszulassen – die kompletten Liederzyklen immer wieder rezitieren und damit die Welt gleichsam in die Existenz singen.[8]

Mythologie u. Wege

Nicht nur in Australien sind Pfade und Wege mythischer Bestandteil der Kultur und des Selbstverständnisses einer Zivilisation. Auf dem Nazca-Hochplateau in Peru findet sich, neben einer Vielzahl geometrischer Muster und den berühmten figürlichen Darstellungen mythischer Tierfiguren, die man erst im 20. Jahrhundert vom Flugzeug aus entdeckte, ein enges Netzwerk von Myriaden sich kreuzender und schneidender, meist kerzengerader Wege und Pfade, die scheinbar ins Nichts führen. Bis heute weiß niemand genau, welchem Zweck sie dienten. Vielleicht waren sie Teil eines gigantischen astronomischen Kalenders, vielleicht waren sie als Straßen der Götter gedacht oder bewahren eine andere Form kultischer oder religiöser Vorstellung. Auf jeden Fall haben die Erbauer mit diesem „virtuellen", das heißt auf den ersten Blick ziellosen Linien- und Wegenetz die Landschaft auf beeindruckende Weise geprägt.[9]

[7] Ebd., S. 20.

[8] Vgl. Robert Craan: Geheimnisvolle Kultur der Traumzeit. Die Welt der Aborigines. München 2000, S. 171ff.

[9] Dazu Carmen Rohrbach: Botschaften im Sand. Reise zu den rätselhaften Nazca-Linien. München 2000.

Adrian Tjupurrula.
Tingari-Reise

Geplante Netzstrukturen

Während manche Wegnetze, wie oben geschildert, aus einer Art „organischem" Wachstum hervorgegangen sind, finden wir in der Zivilisationsgeschichte auch vielfältige Formen der systematischen Planung von Wegesystemen. Wie archäologische Ausgrabungen in zahlreichen Städten, zum Beispiel in Ur, zeigen, sind in den meisten frühen Siedlungen des Mittelmeerraumes oder des Nahen Ostens Straßen nicht als breite bequeme Verkehrswege angelegt worden, vielmehr musste sich der (Fußgänger-)Verkehr durch enge, verwinkelte Gassen quetschen, die allerdings den Vorteil boten, stets genügend Schatten gegen die lodernde Mittagshitze zu spenden. Die Städte waren durchzogen von einem weit verzweigten, unübersichtlichen Netz von Wegen, die maximal 2,5 Meter breit waren, so dass es schon für einen beladenen Esel schwierig war, hindurchzukommen. Trotz der scheinbaren Willkür im Verlauf dieses Straßen- und Wegenetzes bildeten sie ein funktionierendes System, ähnlich den oben erwähnten Verbindungspfaden zwischen den afrikanischen Dörfern. Dass viele moderne Straßen ihren Ursprung in solchen Fußpfaden haben, ist auch heute noch in manchen Städten erkennbar. So ist beispielsweise das Straßennetz von Newark, New Jersey, – ganz im Gegensatz zum Nachbarn New York – auf alten Indianerpfaden angelegt worden. Natürlich gab es bereits in der Antike geplante Straßennetze, so in Assur und Ninive. Der griechische Geschichtsschreiber Herodot erwähnt schon um das Jahr 450 vor Christus die Straßen Babylons als rechtwinkliges Netz. Im 5. Jahrhundert vor Christus tritt dann der erste namentlich bekannte Städteplaner der Geschichte auf den Plan: der Grieche Hippodamus. Seine Vorstellung der idealen Stadt nahm – im Gegensatz zum organischen Wachstum – nur wenig Rücksicht auf topographische oder klimatische Gegebenheiten. Hippodamus erklärte ein abstraktes Prinzip, in dem er den Sieg menschlicher Vernunft über die Willkür der Natur verwirklicht sah, zur goldenen Regel: gerade Straßen mit rechten Winkeln. Das führte unvermeidlich zu einer Gitternetzstruktur. Hinter Hippodamus' Vision standen allerdings handfeste ökonomische Argumente, denn Gitternetze und die daraus resultierende Blockbebauung vereinfachten die Aufteilung, den Verkauf und die Bebauung von Land ganz erheblich.[10]

Hippodamus' System wurde von den Römern begeistert übernommen und zur Grundlage der Planung von Garnisonsstädten im alten Europa gemacht. Von hier aus trat es seinen Siegeszug über den Atlantik in die Neue Welt und nach Australien an. Sein Einfluss ist damit im wahrsten Sinne des Wortes global, denn die 65 auf 110 Meter großen Blocks in Chicago unterscheiden sich nur wenig von dem 35 auf 115 Meter umfassenden Grundmaß des Straßennetzes von Pompeji, und auch in Sydney sieht es im Prinzip nur wenig anders aus. Selbst dort, wo das Festhalten am Schachbrettmuster zu unsinnigen oder bestenfalls kuriosen Ergebnissen führte, wichen die Planer nicht von dieser Tradition ab. Das zeigt zum Beispiel die absurde Ausrichtung der Straßen in den Hügeln San Franciscos, die im rechten Winkel zum Hang verlaufen.[11]

Immer wieder haben Städteplaner in der Moderne versucht, Alternativen zu den traditionellen Straßenplanungssystemen zu finden. Gesucht wurde ein optimaler Kompromiss zwischen einem Minimal-Wegesystem mit geringer Gesamtlänge, in dem jeder Punkt nur einmal angebunden ist, und einem System von Direktverbindungen, das alle Ziele untereinander verbindet, aber eine unakzeptable Gesamtlänge aufweist. Inzwischen ist man einer verblüffend einfachen Lösung auf die Spur gekommen: In einem Modell werden alle Zielorte durch Holzstäbchen markiert, die untereinander mit lockeren Wollfäden verbunden werden – entsprechend dem Direktverbindungssystem. Dieses Modell stellt man nun auf den Kopf und taucht es vorsichtig in ein Wassergefäß. Durch die Oberflächenspannung des Wassers beginnen sich die Fäden zu bewegen, nähern sich teilweise an und verkleben miteinander. Am Ende steht ein System minimierter Umwege bei mittlerer Gesamtlänge, das organisch gewachsenen Trampelpfaden auf verblüffende Weise ähnelt. Diese Strukturen sind dabei nicht weniger effektiv als Verkehrsleitsysteme vom Reißbrett. Im Gegenteil: Durch ihre variablen organischen Formen sind sie abwechslungsreicher und können damit das Stadtbild sogar bereichern.[12]

Orientierung im Wegenetz

Ganz gleich aber, ob natürlich gewachsen oder geplant, wenn ein Wegenetz ein bestimmtes Maß an Komplexität und Umfang erreicht, genügt der Weg allein nicht mehr, um das Ziel zu finden. Erst einmal muss der Nutzer herausfinden, wo er sich innerhalb des Systems befindet. Auf festem Grund ist dieses Problem teilweise noch durch natürliche oder künstliche Orientierungshilfen in Form von Wegmarkierungen lösbar. Seefahrtslinien und Luftstraßen, verstanden als „virtuelle" Wege, lassen das nur sehr eingeschränkt mit Hilfe von Bojen und Leuchttürmen zu. Und selbst in Zeiten satellitengestützter Positionierungssysteme wie GPS, das den Standort eines Empfängers mit Hilfe von drei getrennten Satellitensignalen auf weniger als zehn Meter genau bestimmen kann, kann es nach wie vor zu Katastrophen kommen, die schlichtweg das Ergebnis eines Positionsirrtums sind.

Bleiben wir beim Beispiel der Seefahrt. In den frühen Tagen, lange vor detaillierten Seekarten, Kompass und Sextant, musste man, nur von Instinkt und Erfahrung geleitet, ins Ungewisse segeln, wie es zum Beispiel die Polynesier sehr erfolgreich bei der Besiedlung der pazifischen Inselwelt taten. Oder man blieb nahe der Küstenlinie mit Sichtkontakt zum Festland, um bei Nacht im Zweifelsfall vor Anker gehen zu können. Bald entdeckte man jedoch, dass die Nacht ein wichtiger Verbündeter der Seefahrer ist, denn der nächtliche Sternenhimmel enthält ausgezeichnete, hell leuchtende Wegmarken ohne Zahl. So begann man schon vor Tausenden von Jahren, die Sterne systematisch zu leicht wiedererkennbaren mythologischen Figuren zu verknüpfen, die Orientierung boten.

Um das Jahr 150 nach Christus beschrieb Ptolemäus in seinem Weltatlas als Orientierungshilfe erstmals ein Koordinatennetz aus von Pol zu Pol verlaufenden Längen- und parallel zum Äquator liegenden Breitengraden. Damit wurde es möglich, in Verbindung mit noch primitiven Seekarten und diversen astronomischen Gerätschaften wie dem Jakobsstab, eine wesentlich systematischere, wenn auch nur annähernde Positionsbestimmung vorzunehmen. Um das Jahr 1200 gelang schließlich die Entwicklung eines einfachen magnetischen Kompasses, mit dem man nun auch tagsüber und bei bedecktem Nachthimmel, also unabhängig von Himmelskonstellationen oder dem Sonnenstand, den Kurs beziehungsweise die Himmelsrichtungen bestimmen konnte. Wichtigstes Hilfsmittel in der Navigation blieb jedoch das Wissen um die genaue momentane Position.[13]

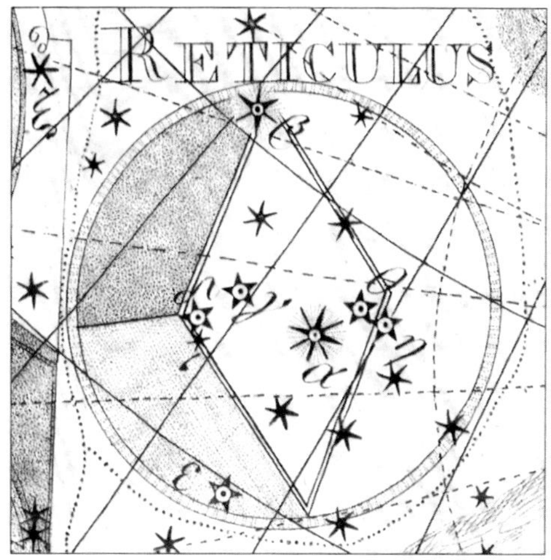

Die Darstellung des „Reticulum" in Johann Bodes „Uranographia", einem astronomischen Kartenwerk, das im Jahr 1801 veröffentlicht wurde

[10] Vgl. Lay (wie Anm. 2), S. 27ff.

[11] Ebd., S. 29.

[12] Vgl. Korn (wie Anm. 1), S. 91f.

[13] Zur Geschichte der Navigation: Friedrich-Wilhelm Pohl: Die Geschichte der Navigation. Hamburg 1999; Hans-Christian Freiesleben: Geschichte der Navigation. Wiesbaden 1976; Wolfgang Köberer: Das rechte Fundament der Seefahrt. Hamburg 1982.

Während die geographische Breite in Ptolemäus' Koordinatensystem schon Jahrhunderte vor Erfindung des Kompasses recht exakt bestimmbar war – nämlich durch eine Berechnung des Winkelmaßes einer bestimmten Sternen- oder der Sonnenposition im Verhältnis zum Horizont (später ergänzt durch darauf abgestimmte Deklinationstabellen als Vergleichsmaßstab) –, blieb eine exakte Bestimmung der geographischen Länge bis in die Neuzeit ein großes Problem. Um diese auf hoher See ermitteln zu können, muss man die exakte Uhrzeit an Bord des Schiffes und gleichzeitig die exakte Zeit im Heimathafen oder einem beliebigen anderen Ort mit bekannter Länge kennen, denn: Eine vollständige Drehung der Erde um ihre Achse, also um 360 Grad, dauert 24 Stunden. Das heißt, dass sie in einer Stunde ein Vierundzwanzigstel oder 15 Grad dieser Umdrehung zurücklegt. Eine Stunde Zeitunterschied zwischen Heimathafen und aktueller Position des Schiffes bedeuten demnach eine Entfernung von 15 Grad östlicher beziehungsweise westlicher Länge vom Ausgangsort – je nachdem, ob die Schiffszeit der Zeit im Heimathafen vorausläuft oder hinterherhinkt. Stellt der Navigator an

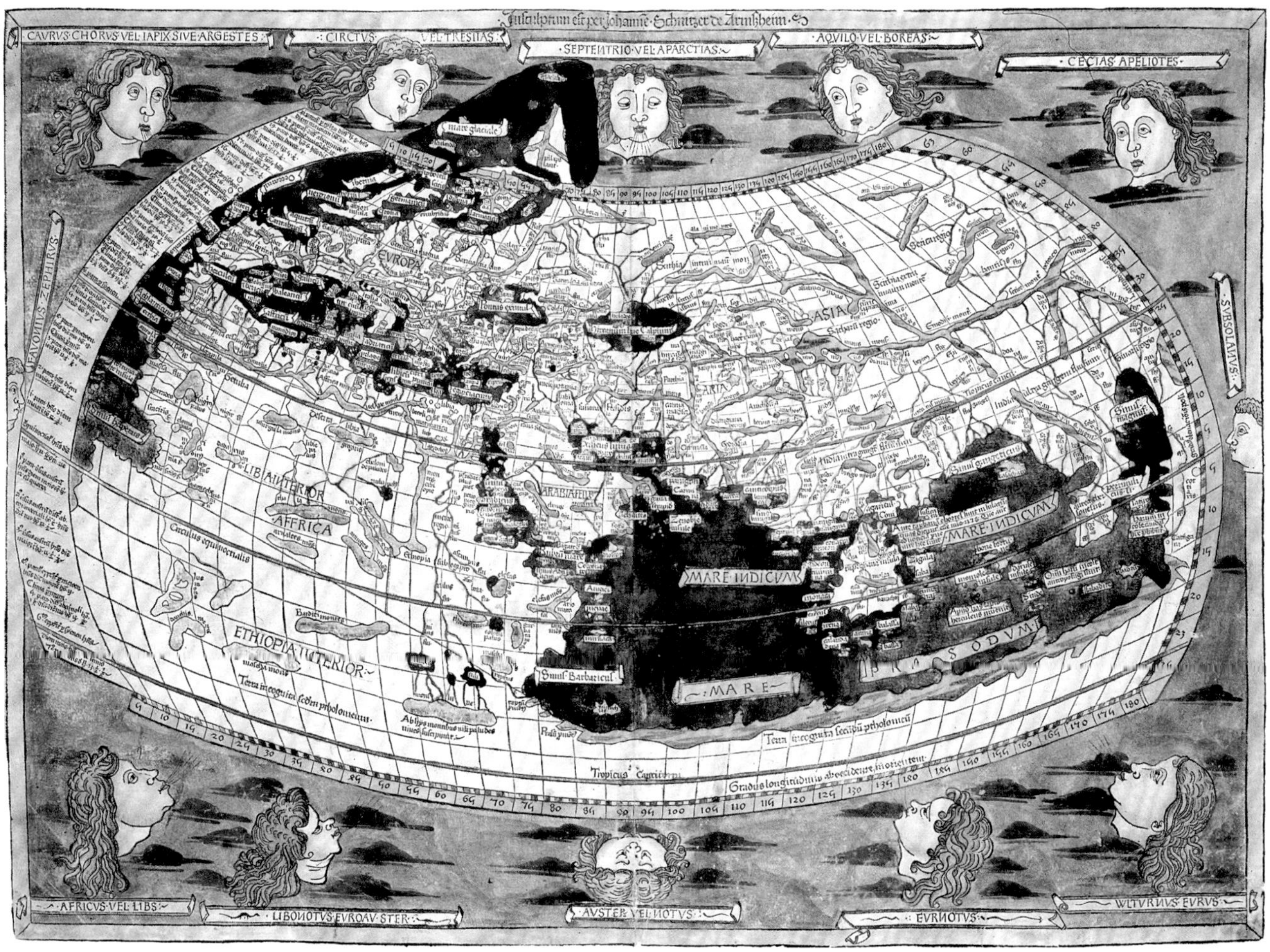

Erdkarte des Ptolemäus *aus der dritten Fassung der „Cosmographia", Ulm 1482*

Bord des Schiffes seinen Schiffschronometer bei Sonnenhöchststand auf 12 Uhr ein und vergleicht diesen dann mit der mitgeführten Uhr, die die Zeit im Heimathafen anzeigt, ergibt sich aus der Abweichung zwischen beiden Uhren ein Zeitmaß, das sich problemlos in die geographische Länge „übersetzen" lässt.[14]

Im Jahre 1884 bestimmte man auf einer internationalen Konferenz in Washington den in der Navigationspraxis schon viele Jahre maßgebenden Längengrad, der durch den Innenhof der königlich-britischen Sternwarte Greenwich bei London führte, offiziell zum internationalen Nullmeridian und schuf damit einen definitiven Bezugspunkt für die Messung der geographischen Länge. Der Nullbreitengrad entlang des Äquators ist hingegen nicht willkürlich bestimmbar, sondern als natürliche Grenzlinie zwischen Nord- und Südhalbkugel definiert.

Da die geographische Länge als ein Äquivalent von Zeit betrachtet werden kann beziehungsweise umgekehrt Zeit als ein Äquivalent geographischer Länge, beginnt jeder neue Tag auf Erden exakt um 00.00 Uhr GMT (Greenwich Mean Time). Die GMT ist gleichfalls die offizielle Bezugsgröße für die Zeitmessung im Weltall. Die Uhrzeit in den verbleibenden 23 Zeitzonen läuft dieser Standardzeit eine genau festgelegte Anzahl von Stunden voraus beziehungsweise hinterher, je nachdem, ob man sich östlich oder westlich des Nullmeridians befindet. Irgendwo im Pazifik stoßen die Zeitzonen dann an der geheimnisvollen internationalen Datumsgrenze zusammen und man kann durch einen einzigen Schritt theoretisch 24 Stunden in die Vergangenheit oder in die Zukunft reisen – die wohl einzig realistische Form einer Zeitreise, auch wenn sie nur auf einer Konvention beruht.

Bis zur Mitte des 18. Jahrhunderts gab es jedoch keinen Zeitmesser, der genau genug gewesen wäre, um den geographischen Zeitunterschied mit der nötigen Exaktheit anzugeben. Die Regierung Ihrer Majestät Queen Anne erließ nicht zuletzt aus diesem Grund am 8. Juli 1714 den Longitude Act, der einen für damalige Verhältnisse gewaltigen Geldbetrag von 20 000 Pfund als Preis für denjenigen auslobte, der als erster die Länge auf ein halbes Grad genau bestimmen konnte.

Wie meistens, wenn es um viel Geld geht, brachte dieser Wettbewerb eine Flut skurriler, aber auch überzeugender Einfälle hervor. Die originellsten hat Dava Sobel in ihrem Buch „Längengrad" gesammelt. Doch erst dem genialen britischen Uhrmacher John Harrison gelang es, einen wirklich exakten Zeitmesser zu bauen, der zudem gegen die Unbilden eines schlingernden Schiffes oder starker Temperaturschwankungen gefeit war. Dennoch enthielt man ihm den Preis jahrzehntelang vor, indem man von Harrisons mechanischen Meisterwerken immer neue Beweise ihrer Exaktheit verlangte. Schließlich wurde ihm der Preis kurz vor seinem Tod zumindest teilweise doch noch ausgezahlt.

Dieser kurze Einblick in die Geschichte der Navigation schließt den Kreis und führt uns wieder zurück an den Beginn unserer kursorischen Reise durch die Irrungen und Wirrungen des Wegefindens. Ganz gleich aber ob gewachsen oder geplant, aus festgetretenem Lehm oder aus Asphalt, über Land oder Wasser – der Weg an sich ist noch lange keine Garantie, das angestrebte Ziel zu erreichen. Erst im Zusammenspiel mit sekundären Faktoren, wie Wegzeichen, Kompass oder GPS, kommen wir sicher dort an, wo wir hinwollen. Denn einem Weg zu folgen ist nicht schwierig, einen Weg zu finden aber eine Kunst.

[14] Vgl. dazu und zum Folgenden Dava Sobel: Längengrad. Die wahre Geschichte eines einsamen Genies, welches das größte wissenschaftliche Problem seiner Zeit löste. München 1998, S. 13f.

WISSENSNETZE

Hermann Glaser

Hans Mohr

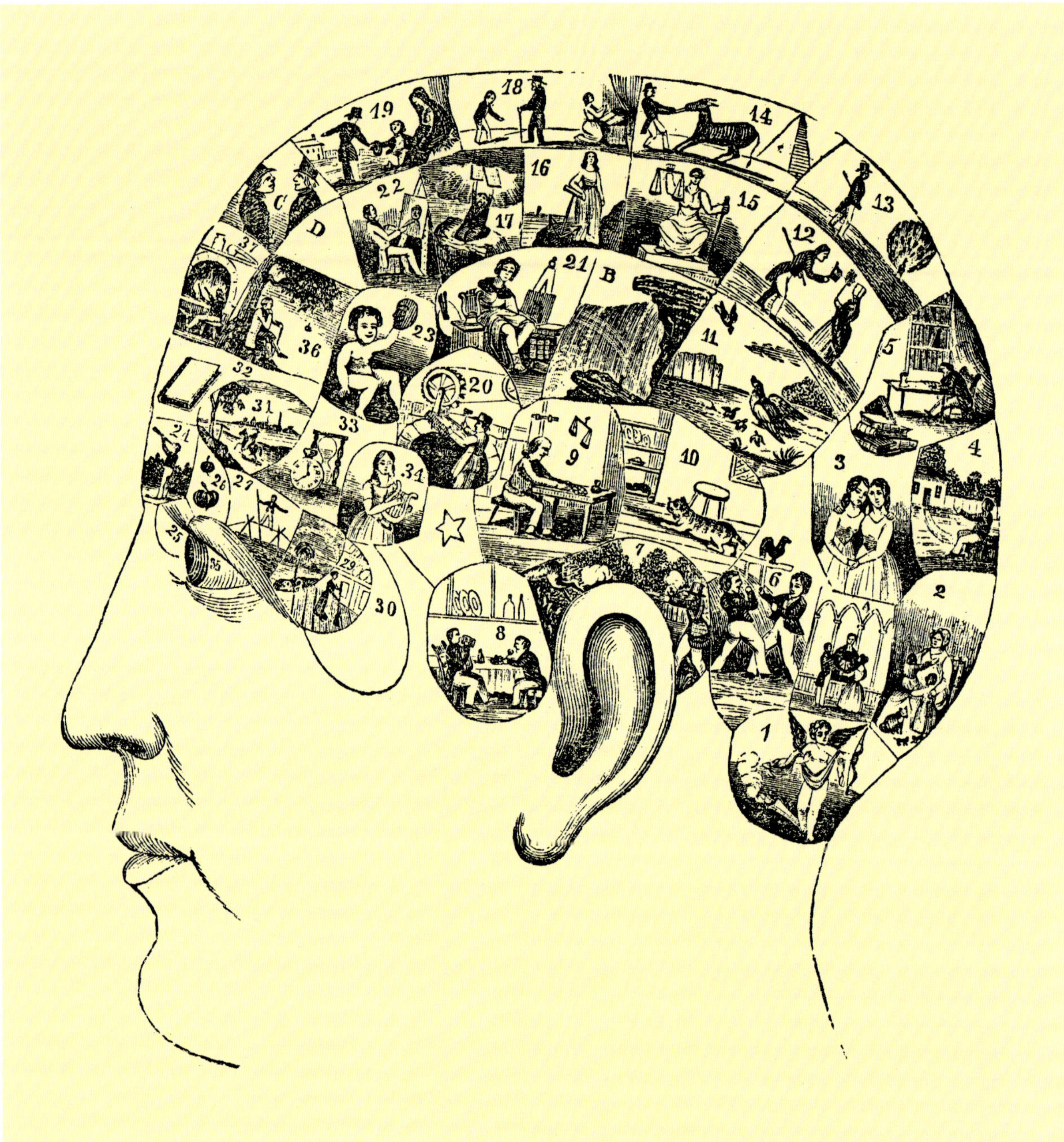

Kartierung des Gehirns.
Nach Überlegungen des Wiener Arztes Franz Gall

Hermann Glaser

NETZE DES WISSENS
Von Dr. Faustus zum Glasperlenspieler

Die flexiblen elektronischen Surfer im Internet – Horst W. Opaschowski bezeichnet die „Generation @" als „neues Nomadentum" („per Mausklick in die Heimatlosigkeit") – durchstreifen mit zunehmender Intensität den rapide anwachsenden Raum der Informationen. Wenn sie, wie Opaschowski vermutet, zugleich auf der Suche nach sinnvoller Orientierung sind, wäre dies eine moderne Variante des faustischen Erkenntnistriebes: „Dass ich erkenne, was die Welt / im Innersten zusammenhält" (Johann Wolfgang Goethe). In der anonym 1587 erschienenen „Historia von D. Johann Fausten" heißt es, dass der durch Hoffart und Neugierde angetriebene Gelehrte „alle Gründ' am Himmel und Erden erforschen" wolle. Der heute als selbstverständlich empfundene Wissensdrang (in der aktuellen Pädagogik etwa mit dem Ziel: Alle Schulen ans Netz!) bedeutete für den Verfasser des Faust-Buches – wahrscheinlich ein protestantischer Theologe, doch ist auch eine katholische Autorenschaft nicht auszuschließen – Hybris, weshalb dann auch Faust vom Teufel geholt wird. Mit seiner Absicht, die „Elementa" (die Urstoffe der Schöpfung) zu „spekulieren", also die Suche nach den letzten Wurzeln des Lebens und der Welt zu wagen, maßt er sich an, Gott nachzuahmen. Solche *imitatio dei* erweist sich als *experimentum medietatis*, als Versuch des Menschen, sich selbst in den Mittelpunkt der Welt zu rücken.

Faust. Der Alchimist.
Radierung von Rembrandt Harmensz. van Rijn, um 1652

Was die Welt zusammenhält

Man kann annehmen, dass die Faust-Geschichte, die als warnendes Beispiel für menschliche Überheblichkeit gedacht war, seinerzeit in weiten Kreisen gegen den Strich gelesen wurde. Das Volksbuch war ein literarischer Verkaufserfolg sondergleichen; es erlebte 23 Auflagen beziehungsweise Nachdrucke innerhalb von zwölf Jahren und fünf Übersetzungen in europäische Sprachen. Es spiegelte den Aufstand des denkenden und forschenden Subjekts gegen theologisch-kirchliche Gängelung. Mit Hilfe eines zu knüpfenden Wissensnetzes sollten die Phänomene von Leben und Welt (von Mikro- wie Makrokosmos) eingefangen und durchdrungen werden; nach dem „platonischen Mittelalter", das auf die Teilhabe der erkennenden Seele an der Idee ausgerichtet war, galt es im Sinne des Aristoteles Realität wahrzunehmen. Das Bild vom „Netz" ist auch deshalb angebracht, weil es die Hoffnung und der Glaube von Renaissance wie Humanismus waren, dass man das Wissen verknüpfen und so zu prinzipiellen wie strukturellen Erkenntnissen vordringen könne. Ein solches geistiges Streben nach Universalismus, das auch die sich verändernden beziehungsweise die neu gegründeten Universitäten bestimmte, hatte seinen topographischen Schwerpunkt in Italien, dem Geistesleben des Landes seinen besonderen Reichtum und Glanz verleihend. Den *homo universale* (so Egon Friedell in seiner „Kulturgeschichte der Neuzeit") habe vor allem der Mangel jeglichen Spezialistentums ausgezeichnet und die Tatsache, dass jeder führende Mensch eine ganze Universität in sich verkörperte und noch mehr als das: „Die hervorragenden Humanisten waren Philologen und Historiker, Theologen und Rechtslehrer, Astronomen und Ärzte in einer Person; nicht nur fast alle großen Künstler, auch zahlreiche kleinere waren gleichzeitig Maler, Bildhauer und Architekten und daneben auch noch oft hoch begabte Dichter und Musiker, scharfsinnige Gelehrte und Diplomaten. Das menschliche Talent war damals eben noch nicht künstlich in besondere Kanäle gepresst, sondern ergoss sich als ein freier Strom befruchtend über alle Gebiete. Wir hingegen kommen heutzutage mit Gehirnen zur Welt, die gleichsam schon gefächert sind. Wir vermögen uns nicht vorzustellen, dass ein Mensch mehr als eine einzige Sache kann. Wir kleben jedem ein bestimmtes Etikett auf und sind erstaunt, misstrauisch, beleidigt, wenn er sich nicht an dieses Etikett hält. Dies kommt daher, dass in unserer Kultur der Gelehrte, und zwar der Dutzendgelehrte, so vollständig dominiert, dass wir von ihm unwillkürlich den Rückschluss auf alle anderen geistigen Betätigungen gemacht haben. Dieser Dutzendgelehrte versteht in der Tat immer nur eine einzige Sache, während er auf sämtlichen anderen Gebieten die Hilflosigkeit und Ahnungslosigkeit eines Kindes oder eines Analphabeten besitzt. Das Wesen des wahren Künstlers besteht aber gerade darin, dass er alles versteht, allen Eindrücken geöffnet ist, zu allen Daseinsformen Zugänge hat, dass er eine enzyklopädische Seele besitzt."[1]

Bibliothek der Universität in Leyden.
Kupferstich von Jan Cornelis Woudanus, 1610

Was Friedell subjektiv-polemisch formuliert – ohne der Frage nachzugehen, warum die Geistesgeschichte der Neuzeit zu einem Sieg der analytischen Vernunft führte –, enthält die objektiv richtige Feststellung, dass sich inzwischen, mit dem Höhepunkt im 20. und 21. Jahrhundert, die Dialektik des Universalismus vollzogen hat, das heißt dessen Verkehrung ins Gegenteil: in ein Spezialistentum, dessen Vertreter von immer weniger immer mehr wissen und am Ende von fast nichts alles. Die Unfähigkeit zu erkennen, was die Welt im Innersten zusammenhält, und die Tendenz, solche Erkenntnis gar nicht mehr anstreben zu wollen, hat bereits Goethe auf den Zustand der Universitäten zurückgeführt:

„Habe nun, ach! Philosophie,
Juristerei und Medizin,
Und leider auch Theologie!
Durchaus studiert, mit heißem Bemühn.
Da steh' ich nun, ich armer Tor!
Und bin so klug als wie zuvor;
Heiße Magister, heiße Doktor gar,
Und ziehe schon an die zehen Jahr
Herauf, herab und quer und krumm
Meine Schüler an der Nase herum –
Und sehe, dass wir nichts wissen können!"

Griff nach Erkenntnis

Das Gehirn ist ein Netzwerk: Mit seinen etwa zehn Milliarden Nervenzellen (den Neuronen), die in einer drei Millimeter dicken Schicht der Großhirnrinde zusammengedrängt sind, bildet es ein System von fast grenzenloser Komplexität und Feinheit; es ist unersättlich beim Einfangen von Informationen. Diese Neugier trat für den christlich-abendländischen Kulturkreis, laut Genesis, erstmals im Garten Eden in Erscheinung. Die theokratische „Erfindung" der Erbsünde wiederum versuchte dann Jahrhunderte lang, das von Eva eingegangene Wagnis des Wissens zu denunzieren und zu unterbinden. Während Adam im schönen Garten, mit seinen „lustigen Bäumen" offensichtlich völlig zufrieden, in „bewusstlosem Glück" dahinvegetiert, ihn weder der Baum des Lebens noch der Baum der Erkenntnis interessieren, stellt Eva die für jede Enkulturation entscheidende Frage: Sie will wissen, was gut und böse, richtig und falsch sei – wie Gott; *scientes malum et bonum*, so heißt es in der Vulgata, der für die römisch-katholische Kirche maßgebenden lateinischen Übersetzung der Bibel aus dem Hebräischen durch den Kirchenlehrer Hieronymus (337-420). *Malum* heißt lateinisch Apfel; *malus*, Akkusativ *malum*, auch böse; durch Verwechslung oder Manipulation erhielt ein Abstraktum, das Böse, in Form des Apfels sinnliche Gestalt; heraus kam ein „böser Apfel".

Für jede aufgeklärte Kultur, die den Mythos „gegen den Strich" liest, handelt es sich jedoch um einen „guten Apfel". Denn indem das Weib von ihm isst und ihn an den Mann weiterreicht, beginnt der Prozess der Kultur beziehungsweise Zivilisation, der auf Erkenntnisgewinn und Erkenntnisfortschritt aus ist. Freilich ist solcher Fortschritt oft genug mit „unglücklichem Bewusstsein" verbunden.

[1] Egon Friedell: Kulturgeschichte der Neuzeit. Bd. 1. München 1930, S. 191.

Adam und Eva im Paradies.
Gemälde von Lucas Cranach d.Ä., 1533

Die Renaissance ist charakterisiert durch ein „humanistisches" Aufbegehren gegen den Sündenfall und die Erbsünde; die Passivität gegenüber dem Schicksal weicht und schlägt um in die Absicht, das irdische Jammertal eigenwillig umzugestalten, die Natur sich untertan zu machen. Das handelnde Subjekt tritt als Creator und Homo faber neben Gott, will selbst Schöpfer und „Verfertiger" sein. Eva hat einst, indem sie wie Gott wissen wollte, was gut und was böse sei, mit diesem *experimentum medietatis* begonnen. Mit dem Beginn der Neuzeit wird das christliche Sündhaftigkeitsbewusstsein, vor allem des Mittelalters (mit Hiob als Leitfigur), korrigiert und revidiert.

In seiner Abhandlung „De dignitate hominis" („Über die Würde des Menschen", 1486) lässt der Humanist Giovanni Pico della Mirandola – ein von der offiziellen Lehre der Kirche abweichender Ketzer, der von Papst Innozenz VIII. verfolgt wurde und mit 31 Jahren starb – Gott zu Adam sagen: „In die Mitte der Welt habe ich dich gestellt, damit du von da aus leichter betrachten kannst, was in der Welt geschaffen ist. Weder himmlisch noch irdisch, weder sterblich noch unsterblich haben wir dich gemacht, damit du gleichsam mit eigenem Verständnis und zu eigener Ehre dein Schöpfer und Bildner seiest, in welcher Form immer du dich ausgestaltest. Du kannst zu den niedersten Geschöpfen der Tierwelt entarten. Du kannst dich aus eigenem Willensentschluss in die höheren, das heißt die göttlichen Regionen wiedergebären."

Der Mensch als gottähnlicher Schöpfer entwickelt ein anderes, neues Verhältnis zur Geschichte. Nach Gerhild Scholz-Williams wird die Zeit weniger als Hinführung zum unvermeidlichen Letzten Gericht verstanden denn als eine dem Menschen geschenkte Möglichkeit, mit dem Fortschreiten in der geschichtlichen Zeit auch das menschliche Wissen zu erweitern; der Fortschritt in der Erkenntnis erfolge nicht nur „in" der Zeit, sondern auch „durch" die Zeit; Wissen werde zum kumulativen Besitz.[2]

Bildhaft beschreibt Egon Friedell die neue Diesseitigkeit als einen Umschlag des vertikalen ins horizontale Denken: Der Mensch, bisher in dumpfer, andächtiger Gebundenheit den Geheimnissen Gottes, der Ewigkeit und seiner eigenen Seele hingegeben, schlage die Augen auf und sehe um sich. Er blicke nicht mehr über sich, verloren in die heiligen Mysterien des Himmels, nicht mehr unter sich, erschauernd vor den feurigen Schrecknissen der Hölle, nicht mehr in sich, vergrübelt in die Schicksalsfragen seiner dunklen Herkunft und noch dunkleren Bestimmung, sondern geradeaus, die Erde umspannend und erkennend, dass sie sein Eigentum sei. „Die Erde gehört ihm, die Erde gefällt ihm; zum ersten Mal seit den seligen Tagen der Griechen." Sie erweise sich als ein Bauplatz für alles erdenklich Nützliche, Wohltätige und Lebensfördernde, für Werkstätten der Heilkunst, der Messkunst, der Scheidekunst, für Institute und Apparate zur Verfeinerung, Erleichterung und Erhöhung des Daseins, für babylonische Türme, die sich zum Himmel recken, um ihm sein Geheimnis zu entreißen, als ein unermesslich weites, unerschöpflich reiches Operationsfeld für die Betätigung und Steigerung der Kräfte des reinen Verstandes, des Verstandes, der sich ganz auf sich selbst stellt, sich alles zutraut, vor nichts zurückschreckt, durch nichts zu enttäuschen ist. Dies sei die heroische Seite des neuen Blickes neben seiner animalischen.[3]

Das derart beschriebene neuzeitliche Mentalitätsmuster wurde damals „epikureisch" genannt, auf den Einfluss der epikureischen Philosophie zu Beginn der Neuzeit verweisend. Als Schlagwort beschrieb es, positiv besetzt, die Emanzipation des Menschen; negativ, als Schimpfwort, sollte es

[2] Gerhild Scholz-Williams: „Nicht so dunkel, wie es scheint." Faust und Wagner als Figuren des Epochenwandels (Vortragsmanuskript).

[3] Egon Friedell (wie Anm. 1), S. 229f.

Ketzer marginalisieren. Der Mensch Epikurs fürchtet nicht den Tod; er hat deshalb auch keine Furcht vor Gott und den Göttern; das höchste Gut ist das Leben in Harmonie mit der Natur und sich selbst; da nach dem Tod keine Unterwelt droht, entfällt die Furcht vor Strafen als Mittel zur Sozialdisziplinierung; das Universum besteht aus Atomen und leerem Raum; die Atome formen eine Vielzahl von Welten; die Menschen, die Seele, die Götter, alles, was nicht Leere ist, setzt sich zusammen aus Atomen von unterschiedlicher Feinheit; nicht Angst bestimmt den Menschen, sondern seine Glücksmöglichkeit; Fragen über die Natur des Universums sollen nicht beunruhigen, denn das Ziel des menschlichen Lebens ist allein die gleichmütig-glückselige Anschauung der Schöpfung, deren Ursprung unbekannt bleiben muss.[4]

Während Erasmus von Rotterdam in einem seiner „Colloquia", dem 1533 veröffentlichten „Epikureus", den guten Christen einen „wahren Epikureer" nennt, steht der Faust des Faust-Buches mit seinem leidenschaftlichen, die dem Menschen gesetzten Grenzen überschreitenden ruhmsüchtigen Verhalten für den Epikureer im negativen Sinne. Dementsprechend bekämpfte Luther Erasmus als „Epicurissimus". Das in Faust steckende Epikureisch-Aufrührerische verherrlichte Christopher Marlowe, einer der großen genialen Intellektuellen des 16. Jahrhunderts, ohne den es keine Faust-Überlieferung bis Goethe gegeben hätte (1604 erschien sein Drama „Die tragische Geschichte vom Leben und Tod des Doktor Faustus"). Marlowe wurde unter mysteriösen Umständen 1593 ermordet. 1600 ließ die Inquisition Giordano Bruno wegen seiner epikureischen Lehren von der Unendlichkeit der Welt und der Vielheit wie Gleichheit der Weltsysteme verbrennen. In der nur wenige Jahre nach dem Faust-Buch erschienenen Geschichte des Faustschülers Christoph Wagner ist die epikureische Neugier und Weltsucht nochmals gesteigert. Wagner unternimmt Reisen nach Amerika; er strebt nach einem Wissen, das ihm Reichtum bringen kann (wobei ihn Fausts metaphysischer Wunsch nach Wissen um seiner selbst willen weniger bewegt).

Als ein anderer Gewährsmann für das Wissensnetz, mit dem Renaissance und Humanismus die Weltfülle in ihrer phänomenologischen Faszination einzufangen und in ihrer Ganzheit zu verstehen trachten, erweist sich Aristoteles. Dieser war als antiker Denker innerhalb der Kirche vielfach verpönt, da er nicht Ideen verkündete, sondern von den Realien ausging. Der Aristotelismus steht am Anfang der neuzeitlichen Wissenschaft; die Universität von Paris war ein Mittelpunkt solcher philosophischen Neuorientierung. Das war den Arabern zu verdanken, die mit dem griechischen Erbe vertraut geblieben waren. Der arabische Philosoph, Theologe und Mediziner Ibn Ruschd, genannt Averroes, zum Beispiel hatte im 13. Jahrhundert Kommentare zu Aristoteles verfasst. Die Aristoteliker von Paris wurden von den deutschen Humanisten gelobt und als Vorbild empfunden, etwa von Ulrich von Hutten, der unter anderem deshalb in einem Brief an Willibald Pirckheimer (25. Oktober 1518) in den Jubelruf ausbricht: „O seculum! O literæ! Iuvat vivere, etsi quiescere nondum juvat, Bilibalde. Vigent studia, florent ingenia. Heus tu, accipe laqueum, barbaries, exilium prospice." („O Jahrhundert! O Wissenschaften! Es ist eine Freude zu leben, wenn auch noch nicht sich zur Ruhe zu setzen, mein Willibald! Es blühen die Studien, die Geister regen sich! Du nimm den Strick, Barbarei, und mache Dich auf Verbannung gefasst!")

[4] Vgl. Gerhild Scholz-Williams (wie Anm. 2).

Aber auch technologisch brachte die Renaissance eine Wissensrevolution. *Curiositas* führte zur Vorbereitung des heutigen „digitalen" Bewusstseins: Die damals erfundene neue Druckkunst, das Gutenberg-Zeitalter eröffnend, beruhte auf einem genial-einfachen, aber revolutionären Einfall, der beweglichen Letter. Dies bedeutete die analytische Zerteilung von Ganzheit (Wortganzheit) und bot die Möglichkeit, die einzelnen, nun zur Verfügung stehenden „Bits" (*basic indissoluble information units*), das heißt Buchstaben, beliebig und auf „unendliche" Weise zu kombinieren. In seinem fundamentalen Werk über den „Buchdruck in der frühen Neuzeit" („eine historische Fallstudie über die Durchsetzung neuer Informations- und Kommunikationstechnologien") hat Michael Giesecke gezeigt, dass damit eigentlich die Hard- und Software des Abendlandes bereitgestellt worden ist. Eine „Maschine" und die ihr eigene „Kombinatorik" (das „Truck-Werk") hätten die Identität nahezu aller europäischen Kulturen und bald darüber hinaus auch diejenige weit entfernter Länder verändert – ein so unwahrscheinlicher Vorgang, dass er in der Menschheitsgeschichte nur wenige Parallelen finde.

Die Humanisten wandten sich ab von den Klagen über die Nichtigkeit des Menschen; sie rühmten seine Würde, Größe und Erhabenheit. Der Sündenfall als Folge des Griffs nach Erkenntnis sei nicht für das Elend des menschlichen Daseins verantwortlich, sondern Ursprung zivilisatorischen Fortschritts. Die durch die Vertreibung aus dem Paradies geschaffene Situation habe dem Menschen Arbeit, kulturelle Gestaltungskraft und schöpferische Phantasie abverlangt und ihn so zum Subjekt einer neuen, von ihm selbst erschaffenen Welt gemacht. Adam wird, freilich unter Missachtung von Eva als der eigentlichen Innovatorin, als Vater aller menschlichen Künste und Erfindungen gerühmt.

Französische Buchdruckerwerkstätte aus dem Jahre 1520, nach einem Holzschnitt der Druckermarke von Josse Bade, Paris

Kant und der Sündenfall

In der Aufklärung ist, bei Immanuel Kant, der Sündenfall der „Übergang aus der Rohheit eines bloß thierischen Geschöpfs in die Menschheit, aus dem Gängelwagen des Instincts zur Leitung der Vernunft, mit einem Worte: aus der Vormundschaft der Natur in den Stand der Freiheit". Künftig werde dem Menschen die Mühseligkeit des Lebens zwar öfter den Wunsch nach einem Paradies, dem Werk seiner Einbildungskraft, wo er in ruhiger Untätigkeit und beständigem Frieden sein Dasein verträumen oder vertändeln könne, ablocken; „aber es lagert sich zwischen ihm und jenem eingebildeten Sitze der Wonne die rastlose und zur Entwickelung der in ihn gelegten Fähigkeiten unwiderstehlich treibende Vernunft, und erlaubt es nicht, in den Stand der Rohheit und Einfalt zurück zu kehren, aus dem sie ihn gezogen hatte. Sie treibt ihn an, die Mühe, die er hasst, dennoch geduldig über sich zu nehmen, dem Flitterwerk, das er verachtet, nachzulaufen, und den Tod selbst, vor dem ihm grauet, über alle jene Kleinigkeiten, deren Verlust er noch mehr scheut, zu vergessen."[5] Kant – so resümiert Odo Marquard dessen Gedankengang – wollte sagen, dass der Sündenfall der Schritt des Menschen zu sich selbst sei. Als Gewinn der Freiheit durch die erste Freiheitstat erweise sich der Sündenfall als eine glückliche Schuld, *felix culpa*, die kaum noch *culpa*, sondern nur noch *felix* sei.[6]

Sich seines eigenen Verstandes zu bedienen („Sapere aude!") bedeutete, die Wahrnehmung der Phänomene mit der prinzipiellen Reflexion über den Menschen, den Staat und die Gesellschaft zu verbinden. Vorstel-

[5] Immanuel Kant: Mutmaßlicher Anfang der Menschengeschichte (1786). In: Sämtliche Werke, hrsg. von Karl Rosenkranz und Friedrich Wilhelm Schubert. Teil 7. Leipzig 1838, S. 372f.

[6] Odo Marquard: Felix culpa? Bemerkungen zu einem Applikationsschicksal von Genesis 3. In: Text und Applikation. Theologie, Jurisprudenz und Literaturwissenschaft im hermeneutischen Gespräch, hrsg. von Manfred Fuhrmann u. a. München 1981, S. 58.

lungen ohne Anschauungen seien leer, Anschauungen ohne Vorstellungen aber blind, heißt es bei Kant. Das Unterfangen der „Encyclopédie" – eines „kritischen Wörterbuchs der Wissenschaften, Künste und Handwerke", herausgegeben von Denis Diderot, bis zum siebten Band zusammen mit Jean d'Alembert – war das wohl ambitionierteste Projekt der europäischen Aufklärung, da dadurch ein Wissensnetz geschaffen wurde, in dessen engen Maschen (alphabetische Ordnung) das verfügbare Wissen der Zeit eingefangen wurde; dies half auch, den Widerstand des Dritten Standes gegen die obskurantistische Repression des Absolutismus zu „munitionieren". Die Allegorie, die Diderot als Frontispiz für die 17 Textbände verwendete, war ganz nach seinem Sensualistengeschmack. „Pausbäckig, gut frisiert und, unter wehendem Schleier, wohlgerundet, tritt die Wahrheit zwischen ihre Schwestern und Brüder: die Wissenschaften, die Künste und, weiter unten, die nützlichen Handwerke; die Strahlen der Sonne begleiten sie. Ihr zu Füßen aber kniet die Theologie, den Blick nach oben, mit dem Rücken zum Licht, das von draußen kommt. Les lumières – das natürliche Licht bringt die Aufklärung. Der Kupferstich war eine Provokation, für die Theologen der Sorbonne, die immer noch auf den Wortlaut der biblischen Offenbarung pochten und neuerdings wieder den Glauben an Wunder schürten, für die Herrschenden in Versailles Sakrileg und Hochverrat, wie das ganze Werk."[7]

Fontispiz der Encyclopédie, 1772. Kupferstich von Prévost nach einer Zeichnung von C.-N. Cochin

[7] Mathias Greffrath: Welt, Geist, Glück. Das Lexikon als Handbuch der Befreiung: Vor 250 Jahren erschien in Paris der erste Band der Encyclopédie. In: Die Zeit, 28. Juni 2001.

Halbwertzeit des Wissens

Tempi passati? Sehen wir davon ab, dass die totalitären Staaten des 20. und 21. Jahrhunderts jedes Wissensnetz als Instrument der Emanzipation zu unterdrücken suchen, weshalb das Internet, wie auch Rundfunk und Fernsehen, große aufklärende und befreiende Wirkung haben (können) – das eigentliche Problem der modernen Informations- und Kommunikationsgesellschaft besteht nicht im Mangel, sondern im Überfluss an Information. Ein Wissensnetz, das keine Struktur mehr hat und somit auch nicht mehr Wesentliches von Unwesentlichem zu trennen vermag, ist angefüllt mit diffusen „Partikeln", mit viel Schrott darunter. Hinzu kommt, dass sich etwa alle fünf Jahre das Wissen der Menschheit verdoppelt; aber in drei bis vier Jahren ist die Hälfte davon bereits wieder unbrauchbar; das neue Gespenst heißt „Halbwertzeit des Wissens". Alle fünf Minuten entdecken Forscher eine medizinische Erkenntnis, alle drei Minuten einen physikalischen Zusammenhang und jede Minute eine chemische Formel; zwischen 40 000 und 50 000 Patente werden jährlich beim Deutschen Patentamt in München neu angemeldet; vier Kilometer Regale müssen im deutschen Zentralarchiv in Frankfurt jedes Jahr angebaut werden, um 225 000 „Einheiten" – Bücher, Zeitschriften, Dissertationen, Tonbänder, Filme – unterzubringen und der Nachwelt zu erhalten.

Notwendig wäre eine „Informationsökologie" – die Schaffung eines symbiotischen Verhältnisses des Menschen zu der ihn umgebenden Informations-Metawelt, vor allem die Fähigkeit, den „Rohstoff Information" für „Verständnis" aufzubereiten, also weiter zu verarbeiten und zu durchdringen. Dazu bedarf es des „öffentlichen Gebrauchs" einer Vernunft, die Synthesis anstrebt und zu ganzheitlichem, wirklich „vernetztem" Denken fähig ist. Dominant ist aber seit dem 19. Jahrhundert die analytische, das heißt zergliedernde beziehungsweise instrumentelle, auf Zweck

Hermann Hesses „Glasperlenspiel". Illustration für den Schutzumschlag der englischen Ausgabe von 1970

und nicht auf Sinn ausgerichtete Vernunft, die dem ganzheitlichen Verstehen entgegensteht. Man kennt zum Beispiel von allen „Dingen" den Preis, aber kaum noch deren Wert. Innerhalb der durch Funktionsteilung geschaffenen, immer kleiner werdenden Bereiche wird das Wissen maximiert; das hat den Prozess der Zivilisation ungemein beflügelt. Die W-Fragen jedoch: „Was tun wir warum? Mit welchem Sinn? Woher kommen wir? Wohin gehen wir?" werden zurückgedrängt beziehungsweise gering erachtet. Gefährlich wird die „Informationsverschmutzung" auch dadurch, dass man sich kaum noch Zeit für kritische Prüfung und Bewertungen nimmt, also „Bedächtigkeit" durch Tempo ersetzt. Beschleunigung bestimmt vor allem die Subsysteme, wobei diese in ihrer selbstreferentiellen Struktur durch keine „Querverbindungen" gestört werden. Bei einem Diskurs von 1971 zwischen Niklas Luhmann und Jürgen Habermas – heute wichtiger denn je – stellte Luhmann fest, dass die heutige Gesellschaft einen Komplex von gleich geordneten, nebeneinander bestehenden Subsystemen darstelle, wie Wirtschaftssystem, Gesundheitssystem, politisches System, Bildungssystem, Bewusstseinssystem. Diese funktionierten auf Grund eines Selbsterhaltungsmechanismus und beseitigten ihre Probleme durch Eigenregulierung. In der Tat kann man feststellen, dass solches Nebeneinander, zumindest im Augenblick noch, oberflächlich funktioniert, die Welt sich mit ihren voneinander isolierten Rädern und Rädchen weiterdreht. Nach Habermas kann jedoch eine Gesellschaft nur sinnvoll sich erfüllen, wenn sie das Ideal der Gerechtigkeit als normativen Maßstab vor Augen hat. Man müsse aufzeigen, welche Mechanismen in der unzulänglichen Gesellschaft die Weiterentwicklung verhindern, und man müsse das Entwicklungspotential, das für Humanisierung durchaus vorhanden ist, anspornen.

Allgemeinbildung verhilft dazu, die einzelnen Informations- und Wissensfragmente miteinander zu vernetzen. „Wer nur etwas von Chemie versteht, versteht auch diese nicht recht" – eine solche Feststellung von Georg Christoph Lichtenberg ist außerordentlich aktuell, übrigens auch, mittel- und langfristig kalkuliert, rentabel; denn es desavouiert Allgemeinbildung beziehungsweise kulturelle Bildung nicht, wenn sie nützlich ist; doch muss sie gegenüber rein ökonomischer Vereinnahmung als Befähigung zu selbstbestimmtem, vernünftigem Handeln verstanden werden.

Das Wissensnetz, das für die Zukunft zu knüpfen ist, wird vieler „Links" bedürfen, die nicht anzuklicken, sondern durchzudenken sind; sie müssen – nach Karl R. Popper – die drei Welten der physischen Gegenstände, psychischen Zustände und geistigen Erzeugnisse zu verbinden wissen. Den „Mythos" des Wissenwollens, nämlich den Glauben, dass man aus der zufälligen und wirren Welt eine symmetrische und harmonische zu lösen und in sich aufzunehmen vermag, nennt Hermann Hesse „Glasperlenspiel" (im gleichnamigen Roman). Die elektronischen Nomaden sehnen sich, so Horst W. Opaschowski, nach „Heimat" (Wurzeln); diese könnte ein Topos für das sein, was man als die Utopie eines zukünftigen Wissensnetzes begreifen mag: „Ort" eines leidenschaftlichen Verlangens nach einer Ausdrucksmöglichkeit für neue Denkinhalte; „man sehnte sich nach Philosophie, nach Synthese, man empfand das bisherige Glück der reinen Zurückgezogenheit auf seine Disziplin als unzulänglich, da und dort durchbrach ein Gelehrter die Schranken der Fachwissenschaft und versuchte ins Allgemeine vorzustoßen, man träumte von einem neuen Alphabet, einer neuen Zeichensprache, in welcher es möglich würde, die neuen geistigen Erlebnisse festzuhalten und auszutauschen".[8]

[8] Hermann Hesse: Das Glasperlenspiel. Berlin und Frankfurt am Main 1957, S. 39.

Hans Mohr

WISSENSNETZE HEUTE

Die Bedeutung des Wissens ist unbestritten. Wir leben in einer Wissensgesellschaft. Wissen gilt als wichtigster Produktionsfaktor. Wissen ist aber auch zum wichtigsten Statusfaktor geworden: Arbeit, Einkommen, Ansehen sind an den Wissenskörper des Einzelnen gekoppelt wie nie zuvor in der Kulturgeschichte. Wie aber entsteht ein solcher Wissenskörper? – Das Wort „Information" bezeichnet in der heutigen Umgangssprache eine Nachricht oder eine Nachrichtenserie, die potenziell das Wissen des Empfängers vermehrt. Den Gesamtvorgang nennt man „Lernen". Welche Anteile der Informationsflut tatsächlich in den Wissenskörper des Empfängers eingebaut beziehungsweise integriert werden, ist abhängig vom bereits existierenden Wissenskörper, der quantitativ und qualitativ die Assimilation neuer Information in zusätzliches, kohärentes Wissen bestimmt. Die prägende Bedeutung einer soliden Allgemeinbildung, die bereits in jungen Jahren einen stabilen Wissenskörper schafft, kann man deshalb nicht genug betonen. Der Wissenskörper des Einzelnen macht im Wesentlichen die Individualität des gebildeten Menschen aus. Für das Zusammenleben der Menschen ist es indessen unabdingbar, dass darüber hinaus ein kollektiver Wissenskörper existiert, an dem alle teilhaben und der Kommunikation und Verständigung ermöglicht. Über die kulturelle Verständigung hinaus hat der gemeinsame Wissenskörper für den Einzelnen eine wichtige *politische* Funktion. Er ist die Voraussetzung für die würdige Teilhabe eines Menschen an der Gesellschaft. Es gibt in einem freiheitlichen Gemeinwesen keine staatsbürgerliche Mitwirkung ohne Partizipation am kollektiven Wissen. Keiner darf ausgegrenzt werden. Die Gemeinwohlpflichtigkeit des Wissens ist ein wesentliches Moment der Demokratie.

Der Wissenskörper, sowohl der individuelle als auch der kollektive, enthält mehrere Komponenten. Drei Wissensformen – kognitives Wissen, Verfügungswissen und Orientierungswissen – müssen im Wissenskörper der modernen Menschen ihren Platz finden und sich gegenseitig stützen. Die Balance macht den gebildeten Menschen aus.

Kognitiv-theoretisches Wissen gibt uns die Antwort auf die Frage: Wie funktioniert und wie entstand die Welt? Was ist und woher kommt der Mensch? Das kognitiv-theoretische Wissen ist die Domäne der Wissenschaft. Dieses Wissen ist ungeheuer reich. Die Frage ist, wie viel von diesem Wissen in den kollektiven Wissenskörper und wie viel in den individuellen Wissenskörper eines gebildeten Menschen Eingang finden sollte.

Die zweite Kategorie von Wissen, auf die wir angewiesen sind, nennen wir *Verfügungswissen*. Damit meint man kognitives Wissen, das in unsere Lebenspraxis einfließt. Es gibt uns eine Antwort auf die Frage: Wie kann ich etwas, was ich tun will, tun? Verfügungswissen haben bedeutet Machenkönnen. Die Welt, in der wir leben, ist geprägt vom Verfügungswissen. Wir alle leben vom Verfügungswissen, und wir leben besser, weit besser, als jemals Menschen vor uns gelebt haben. Wer dies nicht anerkennt, weiß einfach nicht – oder will es nicht wissen – wie unsere Vorfahren gelebt und gelitten haben und wie die meisten von ihnen gestorben sind. Aber Verfügungswissen gibt uns keine Antwort auf die Frage nach der richtigen Führung unseres Lebens.

Der unverzichtbare Partner des Verfügungswissen ist deshalb das *Orientierungswissen*. Es gibt uns eine Antwort auf die Frage: Was soll ich tun? Wie soll ich handeln? Wie kann ich im ethischen Sinn ein „gutes Leben" führen? Die Partizipation am kollektiven Wissenskörper, die Einbettung in das kommunikative Netzwerk, soll den Menschen dazu befähigen, die Welt, in der wir leben, kognitiv zu verstehen und in ihr vernünftig zu handeln. „Vernünftig handeln" setzt *alle* Wissensformen voraus. Es geht nicht nur um die Bewertung von Technologien und um die richtige Ökonomie, sondern ebenso um die Tugenden der Industriekultur und um die Zukunft des Politischen in einer Zeit der ökonomischen Globalisierung.

Der effiziente Umgang mit Wissen, die Formung und Ausgestaltung des Wissenskörpers, ist eine Schlüsselqualifikation, die früh gefördert und trainiert werden muss; andererseits ist Bildung ein lebenslanger, aktiver Prozess, der die ständige Anstrengung des Gedankens voraussetzt. Bildung fällt uns nicht einfach zu. Aber die Anstrengung lohnt sich! Es geht ja nicht um Belangloses, sondern um die Frage, wie wir durch den richtigen Umgang mit Wissen unser Leben gestalten und die Zukunft meistern.

Amalia Knoll. Complex 11, Tuschezeichnung 2001

Hier kommt das *Wissensmanagement* ins Spiel. Wissensmanagement ist eine systematische Methode, vorhandenes Wissen zu nutzen. Den Hintergrund bildet die Frage, wie effizient eine Gesellschaft mit Wissen umgeht, das in Herstellung und Transfer ein teures und begrenztes Gut darstellt. Ich unterscheide im Folgenden zwischen dem Wissensmanagement in Institutionen und dem individuellen Wissensmanagement.

In der Wirtschaft gilt das Wissensmanagement als ein entscheidender Schritt hin zum intelligenten Unternehmen. In der Tat: Enorme Potentiale gehen verloren, wenn Wissen, das in den Köpfen qualifizierter Mitarbeiter oder in Archiven vorhanden ist, nicht identifiziert, verdichtet, kommuniziert und genutzt wird. Experten gehen davon aus, dass die Mehrzahl der Unternehmen nur einen Bruchteil ihres potentiell verfügbaren Wissens überhaupt kennt.

Im Zusammenspiel der verschiedenen Wissensmanagement-Instrumente bildet das *Intranet* der Firmen die wesentliche Plattform für Systematisierung, Austausch und Archivierung von Wissen. Der Informationsfluss im Unternehmen wird schneller, günstiger und kann gezielt auf die Empfänger zugeschnitten werden. Der Erfolg eines Intranets ist nicht allein eine Frage der technischen Umsetzung. Neben der zielgruppenadäquaten Auswahl und Aufbereitung der Inhalte und der Benutzerfreundlichkeit ist vor allem die Akzeptanz der Mitarbeiter der kritische Erfolgsfaktor. Wie können Mitarbeiter dazu motiviert werden, Wissen zu teilen und dazu ein modernes Medium wie das Intranet zu nutzen? Viele Unternehmen (und ihre Berater) haben schmerzlich lernen müssen, dass ihre Mitarbeiter nicht ohne weiteres dazu bereit waren. Es sind gerade die Erfolgreichen, die sich nur schwer in das Wissensmanagement des ganzen Unternehmens integrieren lassen. Eine gewachsene, quasi natürliche Kommunikationskultur dürfte die wichtigste Voraussetzung dafür sein, dass die Firmen ihre Wissensressourcen wirklich nutzen können.

Die Firmen können sich dabei auf informelle Netze stützen: Mitarbeiter, die auf der Grundlage korrespondierender Interessen (und Sympathien) ein kommunikatives Netzwerk bilden, diskutieren und verständigen sich über wissenschaftliche, technologische und persönliche Fragen mit hoher Effizienz. In großen wissenschaftlichen Instituten oder Industrielaboratorien bilden die informellen Netze mächtige Informationsstrukturen, die jeder erfahrene Manager respektiert und mitunter auch selber nutzt.

Die universelle Verfügbarkeit von Information im Internet – abrufbar an jeder beliebigen „Zapfstelle" in der ganzen Welt – gilt als das Charakteristikum des Informationszeitalters. Aber auch bei der Handhabung des Internets bleiben wesentliche Probleme ungelöst. Ein gravierendes Problem liegt zum Beispiel darin, dass die Seriosität des wissenschaftlichen Publikationswesens durch das Internet in Frage gestellt wird. Im Gegensatz zu einer Veröffentlichung in einer wissenschaftlichen Fachzeitschrift unterliegt die Internet-Publikation keinem *peer review*-Kontrollsystem. Die Wissenschaftlichkeit oder Richtigkeit einer sich als „wissenschaftlich" ausgebenden Website genügt daher nicht notwendigerweise den üblichen Ansprüchen. Als Forderung ausgedrückt: Im Internet sollten keine als wissenschaftlich deklarierten Einträge erscheinen, bei denen keine Links benannt werden, die auf *peer-reviewed articles* verweisen. Wir müssen sonst damit rechnen, dass *science on the web* zur Karikatur seriöser Wissenschaft degeneriert.

Amalia Knoll.
Detail aus Zeichnung

Die Südtirolerin Amalia J. Knoll macht in ihren großformatigen Zeichnungen den Prozess der Informationsaufnahme und Informationsverarbeitung sichtbar. Gedanken, Gefühle und Sinneseindrücke transformiert sie in Formen, Figuren und Strukturen. Die künstlerische Manifestation der Eindrücke erscheint als unendliches Geflecht sich überlagernder und durchdringender Linien, als Vernetzung, Wiederholung, Rückkoppelung und Interaktion auf den dynamischen, teilweise viele Meter langen Arbeiten.

Andere Wissensnetze, die klar definierten Zwecken dienen, sind weniger problematisch. Dazu einige Beispiele: Der neuerdings vorgestellte „Wissensserver" zum Beispiel kann für den kundigen Arzt zu einer wunderbaren Hilfe werden. Es handelt sich um ein nutzerfreundliches Computersystem, mit dem sich ein Teil des medizinischen Wissenskörpers rund um die Uhr in kompakter und direkt verwertbarer Form abrufen lässt. Auch die verschiedenen Formen der Telemedizin bedeuten einen Fortschritt im individuellen Wissensmanagement und in der Qualität der Patientenbehandlung. Wichtige Anwendungsbereiche für die Telemedizin sind die Telepathologie und die medizinische Radiologie. Hier gibt es seit Jahren Bestrebungen, das ständig wachsende Wissen anhand von digitalen Recherchesystemen verfügbar zu machen und gleichzeitig durch moderne Lehrsysteme an die Fachärzte zu vermitteln.

Besonders wichtig sind für den Fachmann vernetzte Datenbanken, die das Data-Mining effizienter machen. Diese neue wissenschaftliche Disziplin bemüht sich um praktikable Methoden, um aus unstrukturierten und isolierten Datenbergen Informationen und schließlich Wissen zu gewinnen. Data-Mining ist im Marketing bereits zu einem wichtigen Faktor geworden: Jede elektronische Transaktion hinterlässt eine Spur. Aus der Analyse dieser Spuren lässt sich ein Nutzerprofil entwickeln, aus dem die Handlungsweisen und Vorlieben der Kunden herausgefiltert werden.

Amalia Knoll.
Detail aus Zeichnung

Eine Netzwerkaktivität besonderer Art bildet das globale Human-Resource-Management. Die Suche nach Führungskräften wird im Zeitalter der Globalisierung zum wesentlichen Anliegen des Personalmarketings. Die weltweit operierende Talent Networks GmbH zum Beispiel bietet ihren Kunden neben der Vermittlung von geeigneten Führungskräften, dem so genannten Talent-Recruiting, auch unternehmensspezifische Beratung bei der Personaloptimierung.

Wissenskörper und Wissensnetze sind notorisch instabil. Zum Wissensmanagement zählen wir deshalb auch jene Verfahren und Strategien, die der Konservierung des Wissens dienen. Auch Organisationen sind ständig durch Wissensverluste bedroht und gezwungen, sich dagegen abzusichern. Das Problem ist natürlich nicht neu. Einmal erworbenes Wissen zu bewahren, ist von Anfang an ein wesentliches Anliegen des kultivierten Homo sapiens gewesen. Die mündliche Überlieferung war notorisch unzuverlässig und brüchig. Die Erfindung von Schriftzeichen und Zahlensymbolen, der Buchdruck und schließlich die modernen elektronischen Medien bedeuteten einen ungeheuren Fortschritt in dem Bemühen, die Zuverlässigkeit der Wissensüberlieferung zu steigern und dem kollektiven Vergessen entgegenzuwirken. Ein besonderes Problem bildet seit jeher die Instabilität der materiellen Träger von Daten, Information und Wissen. Die Sumerer wussten natürlich, dass die „Keilschrift auf dem Ziegelstein" dem Zerfall preisgegeben war. Uns ist bewusst, dass Bücher schließlich zerfallen und dass die Bits auf den modernen Speichersystemen der Alterung nicht entgehen werden. Die Langzeitarchivierung elektronischer Publikationen ist in der Tat ein Kardinalproblem, das noch nicht gelöst ist. Es gibt bereits die ersten großen Datensammlungen, die nicht mehr lesbar sind, weil eine rasante Fortentwicklung der Informationstechnologie die seinerzeit genutzte technische Plattform hinter sich gelassen hat.

Die Langzeitarchivierung ist nicht nur ein technisches und betriebswirtschaftliches Problem; es geht auch um kulturelle Entscheidungen, die irgendwer treffen muss. Die Wissensspeicher sollten so gestaltet werden, sagen uns die Archivare, dass die „wichtige" Information der Nachwelt erhalten bleibt. Aber welche Information ist wichtig? Was möchte eine Kultur bewusst tradieren und was gibt sie dem Vergessen preis? Beim *wissenschaftlichen* Wissen erscheint die Entscheidung unproblematisch – kein Physikstudent lernt heute noch die Physik des Aristoteles. Prinzipiell umstritten hingegen ist die Entscheidung beim philosophischen, geschichtlichen oder literarischen Wissen. Was ist hier wirklich wichtig? Wo sieht der Wissenstheoretiker das zentrale Problem? Der mit der Dominanz des Wissens verbundene Strukturwandel verleiht dem Kommunikations- und Partizipationsproblem eine neue Dimension. Hier sind neue Netzwerke und ihr Management gefragt. Der Strukturwandel verlangt aber auch neue Qualifikationen und eine bislang ungewohnte geistige Mobilität. Lernen, lebenslanges Lernen, bezieht sich nicht nur auf das kulturtechnische Können, sondern ebenso auf die Modifikation unseres Verhaltens aufgrund von neuem Wissen. Und hier stellt sich die Frage: In welchem Maße sind wir überhaupt dazu fähig, ständig zu lernen? Beherrschen wir als Individuen und als Kollektiv den Umgang mit immer neuem Wissen? Welche Netze können (und wollen) wir noch verkraften? Das Zusammenwachsen von Computer- und Biotechnologie lässt zum Beispiel derzeit eine neue Naturwissenschaft entstehen. Man rechnet unter Fachleuten damit, dass von weltweit vernetzten Laborcomputern, die Experimente automatisch auswerten und neue konzipieren, starke Impulse ausgehen werden, insbesondere für die Multicenter-Studien und Meta-Analysen in der Medizin. Aber sind wir derzeit in der Lage, solche Netze mit gleicher Qualität der Komponenten weltweit zu etablieren? Natürlich nicht! Diese neuen Wissenschaften werden die technologisch kompetenten Regionen der Welt immer enger vernetzen und die Distanz zu den Schwellen- und Entwicklungsländern vergrößern. Daran stoßen sich nicht nur die naiven Gegner der Globalisierung, sondern auch die post-modernen philosophischen Kritiker der technologischen Entwicklung.

Wissenschaftler und Ingenieure verspüren den Druck, den sie täglich selbst verstärken. Es ist der wissenschaftlich-technologische Fortschritt selbst, der die postmoderne Skepsis befördert, weil er sich nicht mehr zu vermitteln weiß. Wissensnetze sind unentbehrliche Hilfsmittel, wenn es darum geht, den Fortschritt zu meistern, aber sie erklären und begründen sich nicht selber. Vielen Menschen erscheinen die Projekte in erster Linie technologiegetrieben, nicht durch Bedürfnisse begründet. Wissenschaftler müssen ihre Produkte und ihre Wissenschaft selbst den Menschen ausdrücklich erklären. Das kann ihnen niemand abnehmen.

SOZIALE NETZE

Michael Andritzky

Heiner Keupp

Marion Möhle

Florian Straus

Kirchliche Trauung

Michael Andritzky

VON DER GROSSFAMILIE ZUM SINGLEHAUSHALT
Soziale Netzwerke im Wandel

„Du weißt, wer du bist, wo du herkommst, wo du hinwillst und was du brauchst, damit das Leben stimmt. Ich liebe dich für den festen Ort, den du in der Welt hast ...", das sagt in der Erzählung „Die Beschneidung" von Bernhard Schlink der deutsche Student, der in New York einer jungen Jüdin begegnet. Er liebt und bewundert die schöne junge Frau nicht nur, weil sie ihn erotisch anzieht, sondern auch, weil sie anders ist: Teil einer ihm verschlossenen Lebenswelt, einer Gemeinschaft des Glaubens, der gemeinsamen Herkunft, der geteilten Sitten und Bräuche, also der jüdischen Kultur, die das Leben in der modernen, großen Stadt für sie überschaubar und verträglich macht.

Zeitsprung: 60 Jahre vorher im Milieu eines italienischen Dorfes zwischen 1930 und 1950, zwischen Faschismus und aufbrechender Nachkriegsmoderne. Die Szene wird geschildert in Natalia Ginzburgs Roman „Die Stimmen des Abends". Tommasino, der Sohn des Fabrikbesitzers, und Elsa, die junge Frau aus einfachen Verhältnissen, leben im selben Dorf und verlieben sich ineinander, halten die zarte Romanze aber verborgen und treffen sich heimlich einmal in der Woche in der benachbarten Kleinstadt. Die Beziehung löst sich in dem Moment, als das Dorf davon erfährt. Geschildert wird der gescheiterte Versuch, in einem traditionellen Umfeld, wo alle mit allen durch direkten Kontakt und Beobachtung vernetzt sind, eine Liebe zu leben, die nur sich selbst will.

Früher, sagt Tommasino, „konnte ich wählen, ob ich an einem Nachmittag mit dir zusammen sein wollte oder nicht. Jetzt in diesen Monaten aber fühlte ich, dass ich nicht mehr wählen kann; es bleibt mir nichts anderes übrig als zu dir, in dein Haus, zu gehen, weil ich nun ein für alle Mal gewählt habe. Ich müsste das tun, was alle von mir erwarten ... Was werde ich machen?"
„Du wirst das machen, was du immer gemacht hast", sagte ich.
„Und du?", sagte er, „Was wirst du machen?"
„Auch ich", sagte ich, „werde das machen, was ich immer gemacht habe."

Die Autorin beschreibt die Probleme, die beim Übergang von einer traditionsbestimmten zu einer offenen Gesellschaft auftreten, in der jeder Einzelne aus einer Vielzahl angebotener Möglichkeiten sein eigenes Lebensmuster knüpfen kann, weitgehend frei von enger örtlicher Bindung, vor allem aber frei vom Erwartungsdruck anderer Menschen, die mit ihm eine geschlossene Societas bilden.

Das vorangestellte Zitat von Bernhard Schlink dagegen bezieht sich auf eine Mischform von traditioneller und moderner Orientierung, wie sie typisch für multikulturelle Gesellschaften ist. Die Einbindung in die jüdische Gemeinschaft mit ihren bekannten Werten und Sitten macht das Leben für die Protagonistin in der anonymen Metropole einfacher, hindert sie aber nicht, ein „modernes" Leben zu führen.

Emile Durkheim, der berühmte Pionier des soziologischen Denkens, hat die traditionelle Einbindung des Einzelnen in ein dichtes Beziehungsnetz als „mechanische Solidarität" bezeichnet: „Grundlage dieser mechanischen Solidarität ist eine innere Verbundenheit der Gemeinschaftsmitglieder, die wiederum auf einer weitgehenden Gleichheit von Lebensweisen, Perspektiven und Orientierungen beruht. Diese Gleichheit ist Voraussetzung einer affektuellen Verbundenheit, einer grundsätzlich vorhandenen Fähigkeit, sich in die Lage der anderen hineinzuversetzen ... Es besteht daher eine emotionale Bindung aller an die Gemeinschaftsregeln ... In solchen Gesellschaften gehört sich das Individuum nicht selbst." Solche traditionellen Gemeinschaften sind durch folgende Merkmale definiert:

- Nachvollzug vorgegebener, fraglos akzeptierter Ordnungen;
- Vorstellung der Welt als eines geordneten, weitgehend feststehenden Kosmos, der sich nur geringfügig ändert;
- geringe Zukunftsangst, weil Zukunft im Wesentlichen als Fortsetzung des Bestehenden begriffen wird.

Der Mensch in den westlichen Industriegesellschaften hat sich aus den gesellschaftlichen Vorbestimmungen durch Herkunft, Status, Milieu emanzipiert und einen Freiheitsstatus erreicht, der nun aber seinerseits Probleme aufwerfen kann. Jeder ist die Spinne im eigenen Netz. Der in die Welt „geworfene" Einzelne muss, um sozial überlebensfähig zu sein, zum Baumeister des eigenen Lebens werden. Nur dann wird er einerseits Freiheit, andererseits Sicherheit und Geborgenheit finden.

Der Kontrast zwischen traditionellen und modernen Netzwerken wird im Vergleich mit asiatischen Lebensweisen besonders deutlich: „Asiatisches Netzwerkdenken ist ein archaisches Erbe und Folge eines autochthonen, über den ganzen Kontinent verbreiteten Menschbildes. So sehr sich die einzelnen asiatischen Traditionen auch sonst voneinander unterscheiden mögen, so gleichen sie sich am Ende doch wieder darin, dass sie – ganz im Gegensatz zum Erbe Europas – dem autonomen Individuum keinen Raum lassen. Folglich erscheint das ‚Ich' entweder als ‚Maya', das heißt Leid verursachende Täuschung (Buddhismus, Hinduismus), als ‚Hybris' (im Angesicht eines Allmächtigen und als schicksalhaft empfundenen Gotteswillens, Islam) oder ganz einfach als anarchieverursachendes Übel, das bekämpft und, wie im Konfuzianismus, durch Gemeinschaftsgesinnung und ganzheitliches Denken ersetzt werden muss ... Die Neigung zur Herausbildung von informellen Beziehungsnetzwerken (‚Quanxiwang') ist sowohl in der Politik als auch im Alltag stilbildend. Netzwerke gehorchen dem Harmoniegebot" (Oskar Weggel).

Individualisierung

Das Zauberwort, mit dem die entscheidenden Prozesse des sozialen Wandels heute definiert werden, heißt „Individualisierung". Der Begriff der „Risikogesellschaft", den Ulrich Beck geprägt hat, meint, dass die Menschen zwar einen sehr viel größeren Freiheitsspielraum in der Gestaltung ihres individuellen Lebensweges haben, aber alte Sicherheiten verlieren: „Life is risky", wie es in der Werbung einer Versicherungsgesellschaft heißt. Wichtig für unser Thema ist, dass die Erhöhung der Wahlmöglichkeiten große Konsequenzen für die Konstruktion sozialer Netzwerkbeziehungen hat. Jeder Einzelne muss sich selbst – oft mehrfach im Leben – neu „positionieren", ohne immer zu wissen, ob das gelingt. Die enorme Bedeutung von Bildung und Ausbildung und die Forderung nach dem *lifelong learning* hat hier ihre gesellschaftlichen Wurzeln.

Stefan Hradil hat darauf hingewiesen, dass die Bereitschaft zu eigener sozialer Netzwerkarbeit zwar so groß sei wie schon lange nicht mehr, aber: „Gemeinsamkeit muß man nicht nur wollen. Der Wille zur Gemeinsamkeit ist so stark wie lange nicht mehr, besonders in der Jugend, die die

Nachteile von Selbstverwirklichung und Individualisierung (evtl. bei ihren eigenen Eltern) handfest erfahren hat. Gemeinsamkeit muß man auch können. Jetzt wächst eine Jugend heran, die das häufig schlecht gelernt hat." Oder anders ausgedrückt: „Das auf sich selbst zurückgeworfene Individuum ist vielleicht überfordert, wenn es die Rekonstruktion der Formen seiner sozialen Einbindung aus sich selbst heraus zu leisten hat" (Diewald).

Es ist auch nicht mehr die physische Not, welche die Menschen heute in ihren freiwillig gewählten Lebensformen zusammenhält, sondern eher die Angst vor Einsamkeit, Entwurzelung und Entfremdung, also die Angst vor Bindungs- oder Netzwerkverlust. So hat zum Beispiel die Erforschung der Lebensweise von Singles ergeben, dass diese keineswegs soziale Egomanen sind, sondern ganz im Gegenteil besonders engagierte und meist verlässliche soziale Partner. Denn gerade die Alleinlebenden wissen, dass der Aufbau funktionierender personaler Netzbeziehungen wichtig ist, weil die Gesellschaft nach dem do-ut-des-Prinzip funktioniert. Singles haben daher meist sehr ausgedehnte und gut gepflegte Beziehungsnetze. Sie müssen auch mehr dafür tun als die Angehörigen traditioneller Gemeinschaften (wie Verwandtschaftsnetze oder Dorf- und Kirchengemeinden). Die Individualisierung der Gesellschaft ist freilich nicht nur Ergebnis des sozialen Wandels, sondern vor allem auch ökonomischer Veränderungen. So vollzog sich die Ausdünnung sozialer Netze Hand in Hand mit allgemeinen ökonomischen Entwicklungen: dem zunehmenden materiellen Wohlstand

Isolation in der Großstadt. *Berlin, Märkisches Viertel, Aufnahme von Gerhard Ullmann*

und der damit einhergehenden Zunahme der konsum- und freizeitorientierten Optionen; der Bildungsexpansion seit den 60er-Jahren und der daraus folgenden Erhöhung der individuellen Kompetenz für die eigene Lebensgestaltung; dem zunehmenden Freizeitbudget des Einzelnen und der damit einhergehenden Erhöhung des Anteils der zur Selbstverwirklichung und Freizeitgestaltung verfügbaren zeitlichen Ressourcen; der Emanzipation der Frau, die sich immer stärker aus den zugeschriebenen Rollenmustern gelöst hat.

Die Familie

All dies hat weitreichende Konsequenzen für die Konstruktion des auch heute noch wichtigsten sozialen Netzes, der Familie. Die „große Entdeckung der Kulturanthropologie", so der berühmte französische Historiker Fernand Braudel, „ist die Familie. Von ihr geht alles aus – und durch sie lässt sich fast alles erklären." Wie oft wurde ihr Ende prophezeit, wie häufig ihr Verfall diagnostiziert und ihre erstaunliche Wiedergeburt gefeiert. Wollte man es auf einen kurzen Nenner bringen, müsste man mit Jürgen Habermas von einem ständigen „Formwandel sozialer Integration" sprechen oder anders ausgedrückt: Die alte Familie ist tot, die neue Familie lebt und steht gerade heute scheinbar runderneuert im Fokus des Interesses nicht nur von Politikern, Medien, Netzwerkforschern.

Gerade bei der jungen Generation erfreut die Familie sich wieder zunehmender Beliebtheit. 1997 befragte eine Berliner Forschergruppe über 6000 Jugendliche zwischen zwölf und 20 Jahren nach ihrem familiären Umfeld und ihrer Bindung an die damit verbundenen Werte. 90 Prozent der Jugendlichen, so das Ergebnis, schöpfen ihr ökonomisches, kulturelles, soziales Kapital aus einem funktionierenden Familienleben. Bilder über den Zerfall familiärer Bindungen erwiesen sich als falsch; die meisten Jugendlichen empfanden sich als „aufgehoben" in ihrem familiären Umfeld, bewerteten die emotionale Qualität als stimmig und für die eigene Entwicklung förderlich.

Liebe, Ehe, Familie sind nach allen Jugendstudien der letzten Jahre äußerst positiv besetzte Begriffe; man erwartet vor allem soziale Sicherheit, Geborgenheit und emotionales Verständnis. Negativfolie ist hier das Schreckbild des freien, aber sozial isolierten großstädtischen Singles, der alles hat außer Nähe und menschlicher Wärme. Wilde Ehen, folgenreiche Seitensprünge und uneheliche Kinder sind auch für die Boulevardpresse im Gegensatz zu Traumhochzeiten von Prinzenpaaren und Schlagerstars oder dem späten Mutterglück prominenter Schauspielerinnen kein Thema mehr. Als der norwegische Kronprinz Haakon im August 2001 eine allein erziehende Mutter mit bewegter Vergangenheit ehelichte, beurteilten acht von zehn befragten norwegischen Frauen die neu gekürte Prinzessin als „würdiges Mitglied der Königsfamilie". Manche priesen sie gar als Hoffnungsträgerin und Erneuerin der skandinavischen Monarchie. Die Familie ist also heute noch oder wieder als „Insel moderner Geborgenheit", als Fluchtpunkt emotionaler Schutzbedürfnisse gefragt.

Dabei setzte die Intimisierung familiärer Beziehungen erst im 17. Jahrhundert ein und blieb lange auf eine vergleichsweise schmale städtische Bürgerschicht begrenzt. „Erst zu Beginn dieses Jahrhunderts wurde die Auffassung von Familie als einer durch starke Gefühle zusammengehaltenen Intimgruppe zum allgemeinen Leitbild. Im Mittelalter gab es noch gar kein Wort, das unserem heutigen Familienbegriff entsprach, sondern nur eines für die Hausgemeinschaft, die auch Familienfremde mit einschloß und primär als Wirtschaftsgemeinschaft definiert war" (Diewald).

Erst seit dem Biedermeier ist die Familie zum bedeutendsten Knoten für die Konstruktion des personalen Beziehungsnetzes geworden. Dabei scheint zunehmend gleichgültig, welche Form dieses Netz annimmt. In der bürgerlichen Gesellschaft war die öffentlich anerkannte, durch Moral und Sitte legitimierte Ehe das Leitbild und Abweichungen wurden sozial diskriminiert. Von der „unehelichen Mutter" zur „Alleinerziehenden" war es ein weiter Weg gesellschaftlicher Emanzipation, „wobei der Begriff nun unterschiedliche Lebensformen umfaßt: zum einen eine Frau, die zunächst verheiratet war, dann aber eine Scheidung durchmachte und in der Folge das Kind oder die Kinder allein aufzieht; weiter die Frau, die nie verheiratet war und von Anfang an das Kind alleine aufzieht (vielleicht, weil sie es so wollte und plante, vielleicht auch, weil die Beziehung zum Vater vor der Geburt des Kindes zerbrach); und schließlich die Frau, die nach den Kategorien der offiziellen Statistik als „Alleinerziehende" gilt, aber de facto dieses nicht ist, weil sie mit dem Vater des Kindes Tisch und Bett, Alltag und Kindererziehung teilt, nur eben: auf Trauschein und standesamtliche Legitimierung verzichtet. Und die Aufzählung ist damit noch keineswegs vollständig, es fehlen die verwitweten Mütter, die alleinerziehenden Väter und die homosexuellen Partnerschaften mit Kind" (Elisabeth Beck-Gernsheim).

Große Gastarbeiterfamilie in Berlin-Kreuzberg

Interessant in diesem Zusammenhang ist auch der Begriff der Patchworkfamilie. Immer häufiger nämlich gehen Menschen im Laufe ihres Lebens neue Verbindungen ein und vernetzen dabei nicht selten die alten mit den neuen Familienbeziehungen, so dass am Ende ein sozialer Quilt entsteht, der immer neue Erscheinungsformen hervorbringt.

Der Vielfalt möglicher Beziehungsmuster entspricht die Vielfalt unterschiedlicher biographischer Lebensphasen: „Eine idealtypische Biographie könnte so aussehen: Während der Ausbildung wohnt man in der Wohngemeinschaft, nach heftigen Konflikten dann für eine Weile allein oder mit einem Partner; der berufliche Einstieg wird verknüpft mit der Heirat, deren Grund das erwartete Kind ist. Vielleicht wirken die praktischen Erfahrungen von der WG noch nach, man tut sich mit anderen Eltern zusammen zum Wohnkollektiv. Nach fast unvermeidlicher Scheidung, wenn die Kinder der Grundschule entwachsen sind, muß dies alles in einer Wohnung verarbeitet werden, die sonst niemand ungefragt betritt – bis man sich mit einer neuen Partnerin zusammentut und noch einmal ganz von vorn anfängt. Vielleicht gibt's noch einmal eine Hochzeit, aber dann doch mit zwei Wohnungen – und im Alter, wenn die Sinne und die Beine nicht mehr so recht wollen, besinnt man sich auf die Anfänge und tritt in die Alten-WG ein" (Hartmut Häußermann).

***Die Wohngemeinschaft** war in den 1970er-Jahren eine Hoffnung und schuf neue Vernetzungen*

Auf dem Weg zur Singlegesellschaft?

Die vielfältigen Individualisierungs- und Modernisierungsschübe haben dazu geführt, dass die sozialen Netze der Verwandtschaft sich ausdünnen. Dazu kommen fallende Geburtenraten. Für viele Familien ist das Einzelkind zum Maß der Familienplanung geworden. Bereits Ende der 60er-Jahre ging die Geburtenzahl dramatisch zurück, ebenso die Zahl der Eheschließungen, während die Scheidungsrate stieg. (Heute endet etwa jede dritte Ehe mit Trennung.) Soziologen sahen den Grund für den Rückgang der Eheschließungen ab Mitte der 80er-Jahre auch in der Zunahme der „biographischen Opportunitätskosten". Darunter sind alle entgangenen Möglichkeiten der Lebensgestaltung zusammengefasst, die mit einer Familiengründung verbunden sind: Kosten der Kindererziehung, Fortfall eines Teils des Familieneinkommens durch Wegfall der Doppelarbeit, Einschränkungen bei Mobilität und Freizeitgestaltung. Der schwindende deutsche Bevölkerungsanteil wird vor allem deshalb gesellschaftspolitisch brisant, weil mit gleichzeitig erhöhter Lebenserwartung die Renten in Zukunft nicht mehr bezahlbar sein werden. Das sozialstaatliche Netz ist in seinem Kern bedroht.

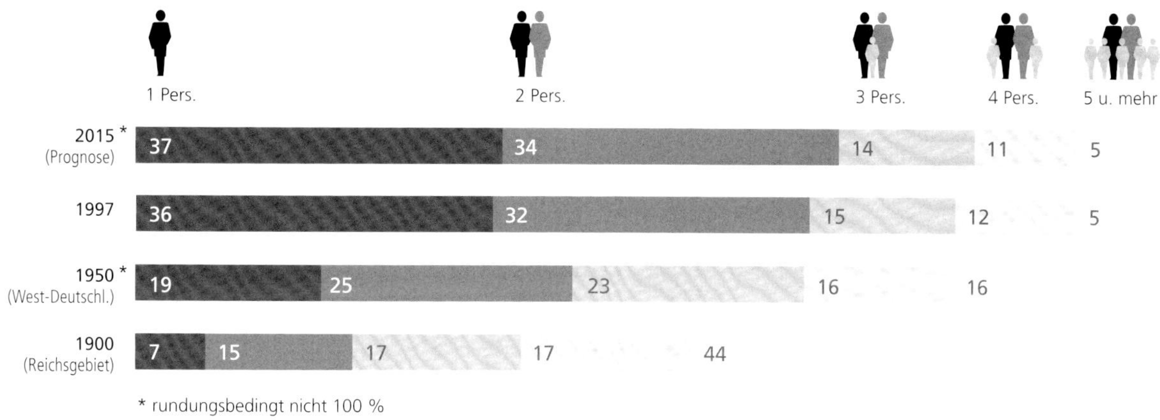

Abschied vom Familienleben?
Entwicklung und Zukunft der Haushalte in Deutschland, 1900–2015

Mitentscheidend für die demographischen Verwerfungen ist auch der anhaltende Trend zum Single-Haushalt. Bereits Mitte der 80er-Jahre wurde in den Sozialwissenschaften beobachtet, dass die soziale Einheit des Haushalts immer seltener eine Familie ist. „Zwar gab es die Wohnform des Alleinlebens, der Alleinerziehenden und der unverheiratet zusammenlebenden Paare schon immer. Doch war sie früher weit öfter Ergebnis versagter Möglichkeiten und gescheiterter Hoffnungen als gewünschte Lebensform" (Häußermann/Siebel). Unter den jüngeren Männern und Frauen von 15 bis 35 Jahren hat sich in Westdeutschland zwischen 1983 und 1993 die Anzahl der Personen nahezu verdoppelt, die unverheiratet mit einem Partner zusammenlebten. Das Leben in Single-Haushalten ist bei Ledigen besonders in Großstädten weit verbreitet. Heute besteht mehr als ein Drittel aller Haushalte in der Bundesrepublik aus Ein-Personen-Haushalten; allerdings leben in ihnen nur 16 Prozent der Bevölkerung und viele unterhalten Partnerschaften, ohne gemeinsam unter einem Dach zu wohnen.

Das Singledasein als selbstgewählte, dauerhafte Lebensform ist nach wie vor selten. Viel öfter handelt es sich um vorübergehende und/oder erzwungene Lebensphasen, in denen Menschen nach Trennung oder Verlust des Partners allein leben. Auch sind nicht alle Singles kinderlos, wie die wachsende Zahl allein erziehender Frauen oder Männer zeigt. (2,7 Millionen Kinder wachsen heute bei nur einem Elternteil auf.) Die demographisch relevanteste Gruppe Alleinlebender aber sind nach wie vor alte Menschen, überwiegend Frauen.

Für unser Thema der sozialen Beziehungsnetze sind Paare interessant, die – egal ob gemeinsam oder getrennt oder *living apart together* – nur ein Kind haben, das gemeinsam oder von einem Elternteil erzogen wird. Ein Einzelkind aber, so Hartmut Häußermann und Walter Siebel, „dessen Eltern auch Einzelkinder sind, hat außer seinen Eltern überhaupt keine Verwandten mehr: keine Onkel, keine Tanten, keine Vettern und Cousinen, keine Neffen und Nichten. Wenn man bedenkt, welch große Rolle noch heute die Verwandtschaft für Geselligkeit und Hilfe spielt, wird die Lücke deutlich." Selbstgewählte Nachbarschaften, ein über Jahre intensiv gepflegter Freundeskreis, generell ein aktives außenorientiertes Leben können dazu beitragen, diesen Mangel ein Stück weit auszugleichen.

Beziehungsnetze im Alter

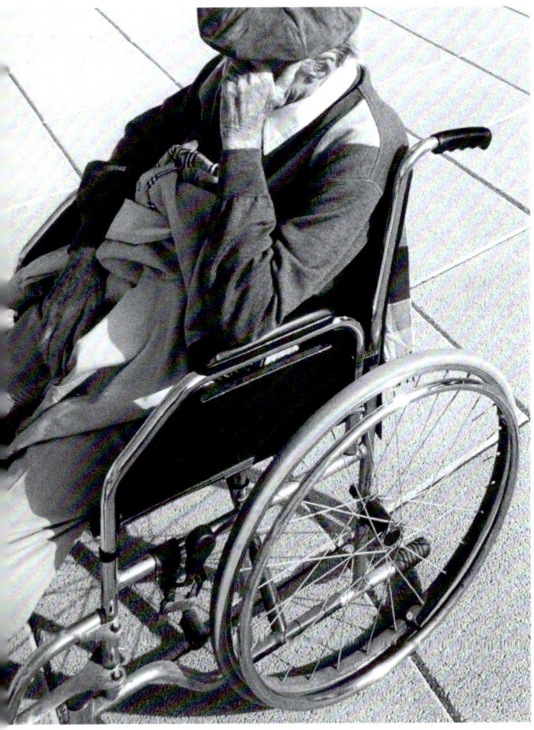

Pflegebedürftig – und vereinsamt

Die beschriebene Ausdünnung der sozialen Netze wirkt sich vor allem bei den Älteren aus. Der Grund, warum heute Menschen im Alter überhaupt allein leben können, hat seine Ursache in dem im letzten Drittel des 19. Jahrhunderts entwickelten Rentensystem. Auch die Anerkennung der „dritten Lebensphase" als eigenständiger Bereich und die ökonomische Macht der Alten spielen eine große Rolle. Von den 60- bis 80-Jährigen sind derzeit in Deutschland fünf Prozent pflegebedürftig, von den über 80-Jährigen 20 Prozent. Das bedeutet eineinhalb bis zwei Millionen Pflegefälle, von denen der überwiegende Teil zu Hause – meist von weiblichen Familienangehörigen – betreut wird. Dies wird aber nicht so bleiben, weil Frauen mit eigenen beruflichen Ambitionen und gewachsenen Selbstverwirklichungsplänen zunehmend weniger die kostenlosen „Pflegekräfte der Nation" sein wollen.

Eine besondere Rolle in diesem Szenario spielen die Singles, auch wenn sie in ihrem Leben ein reiches Freundschaftsnetzwerk geknüpft haben sollten: „Denn längerfristige Hilfe und Pflege für ältere Menschen leisten nur selten Bekannte. Diese Tätigkeit verrichten ganz überwiegend Familienangehörige (subsidiär). Da Singles nur selten verwandtschaftliche Beziehungen zu ihren Kindern unterhalten (sofern sie überhaupt welche haben) und die Geschwister von Singles (wenn vorhanden) oft zu alt zur Hilfestellung oder Pflege sein werden, steht kaum jemand zur Verfügung, der altgewordenen Singles helfen oder sie pflegen könnte ... Die wichtigste Lösung ist wohl im rechtzeitigen, gesellschaftlich gestützten Aufbau von teils informellen, teils formalen Netzwerken zu sehen ... Insgesamt muß die Förderung nichtfamiliärer Hilfestrukturen zu einem zentralen Aufgabenbereich der Sozial- und Alterspolitik werden" (Hradil).

Dieses Beispiel zeigt, welch überragende Bedeutung auch heute noch soziale Netzwerke in einer hoch industrialisierten Gesellschaft haben. Diese Gesellschaft eröffnet dem Einzelnen ungeahnte Möglichkeiten und Räume, legt ihm aber die Pflicht auf, selbst für ein Beziehungsnetz zu sorgen, das auch in Notlagen und im Alter noch tragfähig ist.

Marion Möhle

ENTSTEHUNG, ENTWICKLUNG UND ZUKUNFT STAATLICHER VERSORGUNGSNETZE

Vom „Fangnetz" zum Versorgungsnetz: die Entstehung der Sozialversicherungssysteme in Deutschland

Die ersten Bestrebungen, soziale Sicherheit in Deutschland zu schaffen, hatten noch nicht zum Ziel, ein umfangreiches staatliches Versorgungsnetz für möglichst alle Bürgerinnen und Bürger zu errichten. Im Mittelalter gab es die Armenpflege in den Städten, in den darauffolgenden Jahrhunderten wurden in einigen deutschen Ländern wie Preußen und Sachsen Ansätze von Hinterbliebenenversorgung eingeführt. Doch bis zur zweiten Hälfte des 19. Jahrhunderts war an den Aufbau eines Sozialversicherungssystems, wie wir es heute kennen, nicht zu denken.

Im Gegenteil, die ersten zaghaften Versuche im Jahre 1883, eine Krankenversicherung für Arbeiter einzuführen, sollten vor allem dem Zweck dienen, mögliche revolutionäre Aufstände bereits im Keim zu ersticken. Die

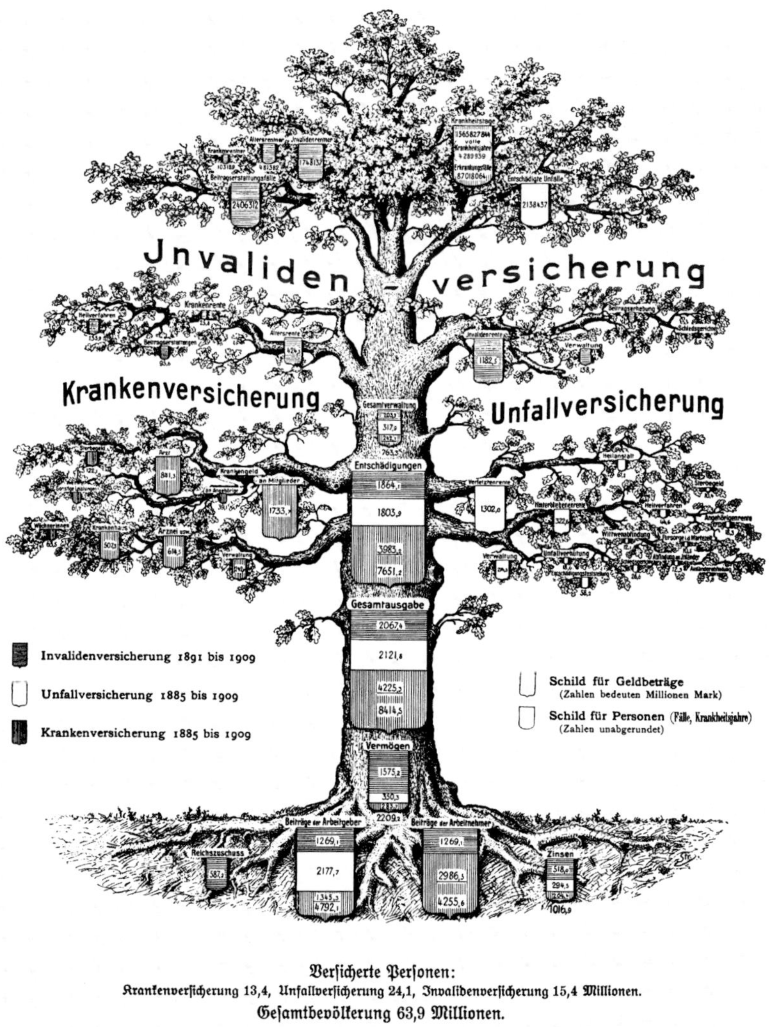

Seit 1883 gibt es die Krankenversicherung für Arbeiter, seit 1884 die Unfallversicherung und seit 1889 eine Invaliditäts- und Altersversicherung.

Industrialisierung in der zweiten Hälfte des 19. Jahrhunderts brachte es mit sich, dass die Arbeiter in den Fabriken in Massen den Sozialisten zuliefen – eine Begleiterscheinung, die dem damaligen Reichskanzler Bismarck ein Dorn im Auge war. Die politische Antwort auf diese neuartigen Bewegungen war eine Mischung aus Zuckerbrot und Peitsche. Zum einen sollte den Arbeitern und deren Familien im Falle von Arbeitsunfähigkeit durch Krankheit eine bis dahin ungekannte Absicherung geboten werden, die einen Schutz vor Verelendung bot; gleichzeitig aber erließ Bismarck die Sozialistengesetze, die zum Beispiel politische Versammlungen bei Strafe verboten. Das Ziel dieser Politik bestand darin, möglichst viele Arbeiter davon zu überzeugen, dass nur ein staatliches Vorsorgesystem sie vor den Wechselfällen des Lebens schützen würde und Sozialismus demgegenüber keine Alternative bieten konnte.

Allgemeine Ortskrankenkasse Backnang

Hebeliste Nr. 45

Empfangsbescheinigung.

Von Herrn Schlipf, Wilh. Landwirt in Oppenweiler
für die von ihm beschäftigten, unten aufgeführten Kassenmitglieder
a) Beitrag zur Krankenversicherung . . . . 1 M 80 ₰
b) „ „ Invaliden- und Hinterbliebenenversicherung . . . . . . — M 80 ₰
zus. 2 M 60 ₰
für den 13. Beitragsabschnitt (abgelaufen am 27 DEZ 1914 191...) erhalten zu haben, bescheinigt

Die Kassenverwaltung.

1 Name des Versicherten	2 Eintritt am	3 Austritt am	4 Krankheitswochen	5 Beitragswochen	6 Wochenbeitrag der a Krank.-Vers. ₰	6 b Inv.- u. Hinterbl.-Vers. ₰	7 Betrag der Beiträge zur a Krank.-Vers. M ₰	7 b. Inv.- und Hinterbl.-Vers. M ₰	8 Lohnveränderung und sonstige Bemerkungen.
Kronmüller, Karl		12./12.					1 80	– 80	

Bescheinigung der Krankenkassenverwaltung über die Versicherungsbeiträge eines Arbeitgebers, 1914

Damit hatte sich Bismarck selber bereits die Aufgabe für die folgenden Jahre vorgegeben: Es musste ein möglichst umfassendes Versicherungssystem geschaffen werden. So wurde bereits ein Jahr nach der Einführung der Krankenversicherung die Unfallversicherung (1884) und 1889 die Invaliditäts- und Altersversicherung eingeführt. Diese Sozialversicherungen waren allerdings nur eingeschränkt wirksam, denn der versicherte Personenkreis war noch sehr klein und die Versicherungsleistungen gering. Allerdings sollten diese ersten Sozialversicherungen in den folgenden Jahrzehnten ständig verändert werden, bis es im Jahre 1911 mit der Reichsversicherungsordnung zu einer umfassenden Reform kam. Sie war der Grundstein für den heutigen Sozialstaat – allerdings wäre dieser Ansatz nach dem Ende der Weimarer Republik durch den Nationalsozialismus fast zerstört worden. Die Sozialpolitik unter dem Nationalsozialismus diente in erster Linie ideologisch ausgerichteten Zielen, nicht aber der Absicherung von sozialen Risiken und dem Schutz der Schwächeren.

Das „Rückhaltenetz" des deutschen Sozialstaats: das Sozialstaatsgebot

Nach dem Ende des Zweiten Weltkrieges stand die Wiedererrichtung des deutschen Sozialstaats nach 1949 zunächst ganz im Zeichen der bewussten Abgrenzung von der nationalsozialistischen Diktatur und der Bewältigung der Kriegsfolgen. Ein zentrales Ziel bestand darin, den Sozialstaat unverrückbar fest im Grundgesetz zu verankern, um ihn nicht noch einmal zum Spielball ideologischer Auseinandersetzungen zu machen. Mit dem Sozialstaatsgebot, das neben dem Rechtsstaats- und Demokratieprinzip den Rang einer Verfassungsnorm hat, ist dies verwirklicht worden. Den Vätern und Müttern der Bundesrepublik war es besonders wichtig, dass der neue Staat „sozial" sein würde. Dies bedeutete, dass er für sozialen Ausgleich sorgen sollte, die Schwächeren zu schützen hatte und die sozialen Bedürfnisse seiner Bürgerinnen und Bürger sichern sollte. Insgesamt sollte er nicht hinter das Niveau der Tradition der deutschen Sozialversicherung zurückfallen. Allerdings ist das Sozialstaatsprinzip inhaltlich nicht sehr weit konkretisiert worden, so dass es sehr unterschiedlich ausgelegt werden kann. Im Grundgesetz ist lediglich die Rede davon, dass die Bundesrepublik Deutschland ein demokratischer und sozialer Rechtsstaat sei. Dennoch kann mit Fug und Recht vom Sozialstaatsprinzip als einem „Rückhaltenetz" gesprochen werden. Anders ausgedrückt: Der Sozialstaat kann nicht abgeschafft werden, ohne einen Verfassungsbruch zu begehen.

Das soziale Versicherungsnetz im deutschen Sozialstaat

Wenn vom deutschen Sozialstaat die Rede ist, dann sind in der Regel die Sozialversicherungen gemeint. Diese Sozialversicherungen haben sich in mehr als 100 Jahren entwickelt und ein spezifisches Gepräge ausgebildet, das für den deutschen Sozialstaat charakteristisch und unverwechselbar ist. Eine für den deutschen Sozialstaat typische Eigenheit ist das so genannte Subsidiaritätsprinzip, das sich in allen Sozialversicherungen und in der Sozialhilfe findet. Damit ist gemeint, dass jede soziale Leistung dem Prinzip des Nachrangs folgt, das heißt für jede soziale Leistung gibt es festgelegte Zuständigkeiten. Gleichzeitig drückt das Subsidiaritätsprinzip die Verantwortung jedes einzelnen Bürgers beziehungsweise jeder einzelnen Bürgerin aus, für ein eigenes Auskommen zu sorgen.

Dabei gibt es fünf Sozialversicherungen, welche die Versicherten in unterschiedlicher Weise gegen die Wechselfälle des Lebens absichern. Neben der Unfallversicherung, der Rentenversicherung und der Krankenversicherung sind die Arbeitslosenversicherung sowie die Pflegeversicherung zu nennen. Diese Sozialversicherungen unterscheiden sich von den Individualversicherungen, wie zum Beispiel einer Haftpflichtversicherung, in einem Punkt ganz wesentlich. Während bei der Individualversicherung vor allem die eigene Risikoabsicherung im Vordergrund steht, sollen mit der Sozialversicherung die schwächeren Gesellschaftsmitglieder sozial abgesichert werden. Damit wird deutlich, dass hinter der Sozialversicherung immer ein öffentliches Interesse steht. „Soziale Sicherheit" impliziert stets auch einen Gesetzgebungsakt. Die Rechtfertigung hierfür ist im bereits erwähnten Sozialstaatsgebot gegeben.

Im Folgenden werden drei der genannten Sozialversicherungen vorgestellt. Die Rentenversicherung als erste stellt ein Alterssicherungssystem dar, das bislang fast ausschließlich über durch abhängige Erwerbsarbeit erbrachte Leistungen finanziert wird. Das grundlegende Prinzip ist dabei das so genannte Umlageverfahren, das auch als eine große Umverteilungsmaschine von der jüngeren zur älteren Generation beschrieben werden kann. Das Prinzip des Umlageverfahrens ist denkbar einfach: Die erwerbstätige Generation führt einen Teil ihres Lohnes in die Rentenkasse ab, wobei sich Arbeitnehmer und Arbeitgeber diesen Betrag hälftig teilen. Mit diesen Rentenversicherungsbeiträgen werden die Renten der älteren Generation finanziert, die ihrerseits in ihrer erwerbstätigen Lebensphase Rentenversicherungsbeiträge gezahlt hat. Dieses Umlageprinzip orientiert sich am Konzept der Leistungsgerechtigkeit, wonach die Arbeitnehmer je nach Einkommen einen Betrag in die Rentenkasse einzahlen und dafür eine entsprechende Rente ausgezahlt bekommen.

Der enge Zusammenhang zwischen dem Arbeitsmarkt und der Rentenversicherung wurde schon mit der ersten großen Rentenreform 1957 deutlich, als mit der Einführung der „dynamischen Rentenformel" die Höhe der Renten an die wirtschaftliche Entwicklung gekoppelt wurde. In den folgenden Jahrzehnten erlebte die Rentenversicherung viele Reformen, die auf die veränderten wirtschaftlichen Rahmenbedingungen antworteten. Maßgeblich sind hier vor allem die gestiegenen Arbeitslosenzahlen. Dazu kam die offensichtliche Ungerechtigkeit der Rentenversicherung, die Frauen mit Kindern, die nicht oder nur mit Unterbrechungen erwerbstätig sein konnten, benachteiligte. Die Rentenversicherung orientierte sich lange an der „Normalerwerbsbiographie", die eine ununterbrochene Erwerbstätigkeit von rund 45 Jahren voraussetzte. Gleichzeitig wurde stillschweigend davon ausgegangen, dass Frauen sozusagen „umsonst" Kinder bekommen und großziehen. Dieser Tatsache wurde mit mehreren Rentenreformen Rechnung getragen, die letztlich die Erziehungsleistung von nicht erwerbstätigen Eltern anerkannte und als Rentenversicherungsbeiträge anrechnete. Seit Anfang der 90er-Jahre geriet das Umlageverfahren immer mehr in die Kritik, denn die Arbeitslosenzahlen blieben unverändert hoch. Dazu kamen die alarmierenden Botschaften der Bevölkerungsforscher. Es ist zu erwarten, dass die Zahl der Erwerbstätigen im Vergleich zur Zahl der Rentnerinnen und Rentner sehr stark sinken wird. Damit wird das derzeitige Rentenversicherungssystem nicht mehr finanzierbar sein. Schon jetzt herrscht bei der jüngeren Generation große Unsicherheit darüber vor, ob die eigene Rente noch gesichert sein wird. Das soziale Netz zwischen den Generationen ist durch die demographische Entwicklung gefährdet, der Gesetzgeber ist gezwungen zu handeln. Ein erster Schritt bestand darin, dass die Bürgerinnen und Bürger mit dem Altersvermögensgesetz dazu aufgefordert wurden, eine private Altersvorsorge aufzubauen. Mittlerweile scheint es unvermeidlich, dass das Niveau der gesetzlichen Rente sinken und eine private Zusatzvorsorge notwendig werden wird. Damit wird aber die Solidarität zwischen den Generationen geschwächt. Dies stellt die Politik und die Gesellschaft in Zukunft vor die große Aufgabe, den gesellschaftlichen Zusammenhalt als Grundlage eines Solidarnetzes zu bewahren.

Auch die Krankenversicherung gerät immer wieder in die öffentliche Diskussion. Anders als die Rentenversicherung beruht die Krankenversicherung auf der Bedarfsgerechtigkeit, wonach die Versicherten je nach Bedarf medizinische Leistungen bezahlt bekommen. Obwohl auch hier je nach Einkommen unterschiedlich hohe Beiträge in die Krankenkasse eingezahlt werden, erhält zum Beispiel ein chronisch kranker Versicherungsnehmer sehr viel höhere Leistungen aus der Krankenversicherung als ein gesunder Versicherter, selbst wenn er nur einen ganz niedrigen Versicherungsbeitrag zahlt. Der Netzcharakter des Versicherungssystems macht dies möglich. Auf der anderen Seite fallen für eine sehr gut verdienende junge Krankenversicherte nur geringe Leistungen an, selbst wenn diese monatlich den Höchstbetrag in die Krankenkasse einzahlt. Deshalb spricht man bei der Krankenversicherung von einer Solidargemeinschaft, die sich durch die kostenlose Mitversicherung von Familienangehörigen ausdrückt. Allerdings, und hier zeigen sich Ähnlichkeiten zur Rentenversicherung, ist auch diese Solidargemeinschaft gefährdet. Schon seit den 70er-Jahren macht der Krankenversicherung die Kostenexplosion im Gesundheitswesen zu schaffen.

Der jüngste Spross in der Familie der Sozialversicherungen ist die soziale Pflegeversicherung, die in einer Zeit geschaffen wurde, als überall nur vom Abbau des Sozialstaats die Rede war. Obwohl das Problem der unzureichenden Absicherung im Pflegefall schon lange bekannt war, hat es fast zwei Jahrzehnte gedauert, bis es endlich zur Pflegeversicherung kam. Ziel der sozialen Pflegeversicherung ist es, Pflegebedürftigen ein menschenwürdiges Leben zu ermöglichen. Im Prinzip ist die Pflegeversicherung ähnlich wie die Krankenversicherung aufgebaut, beide beruhen auf dem Solidarprinzip und auf dem Grundsatz der Bedarfsgerechtigkeit. Es gibt jedoch einige wesentliche Unterschiede zur Krankenversicherung; so leistet die Pflegeversicherung nur eine pflegerische Grundversorgung und keine umfassende Versorgung, wie es die Krankenversicherung (noch) tut. Mit der Einführung der Pflegeversicherung hat der Gesetzgeber bewusst darauf gesetzt, dass es vorhandene Pflegestrukturen in den Familien gibt. Diese sollten durch die Einführung der Pflegeversicherung nicht abgeschafft, sondern lediglich unterstützt werden. Hier wird wieder das oben genannte Subsidiaritätsprinzip wirksam.

In der sozialen Pflegeversicherung werden drei Pflegestufen unterschieden, die je nach Ausmaß und Dauer der täglich benötigten Hilfe unterschiedlich bestimmt sind. Ein Unterschied zur Krankenversicherung besteht darin, dass die pflegebedürftige Person selber entscheiden kann, ob sie Sach- oder Geldleistungen bekommen möchte. Entscheidet sie sich für Sachleistungen, so kann sie ambulante Pflegedienste in Anspruch nehmen, die von den Pflegekassen anerkannt sind. Im anderen Falle bekommt sie monatlich einen je nach Pflegestufe unterschiedlich hohen Geldbetrag, den sie der pflegenden Person aushändigen kann. Damit wird das vom Staat gewobene Netz der Sozialleistungen zum ersten Mal in der Geschichte etwas loser gesponnen: Die Versicherten haben die Wahl zwischen verschiedenen vom Gesetz vorgegebenen Möglichkeiten.

Das „letzte Netz" im Sozialstaat: die Sozialhilfe

Die Sozialversicherungen stellen den Kern des deutschen Sozialstaats dar, wobei ihre Inanspruchnahme immer voraussetzt, dass Versicherungsbeiträge entrichtet wurden. Es ist also, anders ausgedrückt, immer eine Vorleistung erforderlich. Anders verhält es sich mit der Sozialhilfe, die als „letztes Netz" nur dann greift, wenn eine Person in Not gerät und keine Möglichkeit hat, ihren Lebensunterhalt selbst zu bestreiten. Die grundsätzliche Absicht der Sozialhilfe ist es, die Führung eines Lebens zu ermöglichen, das der Würde des Menschen entspricht. Anders als die Sozialversicherungen wird die Sozialhilfe nicht durch Versicherungsbeiträge finanziert, sondern durch Steuermittel. Hier wird das Subsidiaritätsprinzip ganz besonders deutlich, denn sie wird nur dann gewährt, wenn eine bedürftige Person nicht durch andere Sozialleistungen, etwa Arbeitslosengeld oder Arbeitslosenhilfe, abgesichert ist. Gleichzeitig erfordert der Bezug von Sozialhilfe die tätige Mithilfe des Sozialhilfeempfängers, der sich um Arbeit bemühen und so dafür sorgen soll, möglichst bald wieder unabhängig von der Sozialhilfe leben zu können.

Jeder Bürger und jede Bürgerin ist anspruchsberechtigt, wobei mit der Sozialhilfe nicht nur Grundbedürfnisse befriedigt, sondern darüber hinaus die Teilhabe am gesellschaftlichen Leben gesichert werden sollen. Mittlerweile hat der Gesetzgeber überdies ein Grundsicherungsgesetz beschlossen, das im Jahre 2003 in Kraft treten wird. Damit ist ein Gesetz geschaffen, das älteren Menschen eine Grundrente ohne den Unterhaltsrückgriff auf Verwandte ermöglichen wird.

Zerreißt unser soziales Sicherungsnetz?

Es kann kein Zweifel daran bestehen, dass der Sozialstaat zunehmend gefährdet ist. Dafür gibt es viele Ursachen, wie die Finanzierbarkeit der Sozialversicherungssysteme, die demographischen Wandlungsprozesse, die schwierige Arbeitsmarktsituation, aber auch weltwirtschaftlichen Druck. Die jüngsten Gesetzesänderungen zeigen deutlich die Richtung an, in die sich der Sozialstaat der Zukunft entwickeln wird. Eigenleistungen der Versicherten in Form von Zuzahlungen oder privaten Zusatzversicherungen werden immer stärker zur Regel werden und die staatlichen Sozialversicherungen werden mehr und mehr nur noch eine Grundabsicherung leisten können. Dabei stellt sich natürlich die Frage, ob das soziale Sicherungsnetz dann noch stabil bleiben wird. Es gibt eine Vielzahl an Überlegungen, den Sozialstaat „bürgernäher" zu gestalten und freiwilliges Engagement zu fördern. Dies bedeutet, dass der Sozialstaat der Zukunft möglicherweise nicht mehr nur darin besteht, dass man monatlich Sozialversicherungsbeiträge bezahlt und dann entsprechende Sozialleistungen erhält. Neben der privat betriebenen Vorsorge muss die ehrenamtliche Tätigkeit wachsen, soll das soziale Netz erhalten bleiben. Mit der Schaffung einer eigenen Enquete-Kommission zum „bürgerschaftlichen Engagement" und der Ausrufung des Jahres 2001 zum Jahr des Ehrenamtes ist hier von politischer Seite ein Schritt in diese Richtung getan worden.

Heiner Keupp

SOZIALE NETZWERKE

Vermessung des Sozialen – alltägliche Ressourcen – die Zukunftsgesellschaft

Der Begriff des Netzwerkes hat seinen Siegeszug in den 80er-Jahren angetreten, und das in einer durchaus ambivalenten Gestalt. Der Hintergrund dafür war das allmählich entstehende Bewusstsein darüber, dass wir am Beginn einer gesellschaftlichen Entwicklung stehen, welche die Signatur der modernen Gesellschaft nachhaltig verändern würde.

Die Netzwerkmetapher steht in mehrfacher Beziehung für die Reflexion tiefgreifender gesellschaftlicher Veränderungen. Diese Veränderungen werden als Entstehung weltweit operierender Netzwerke des Wissens und der Geldströme beschrieben, die mit den herkömmlichen Kategorien der Sozialwissenschaften nicht mehr erfassbar seien. Diese Entstehung neuer Machtzentren einer globalisierten Welt haben Manuel Castells als „Netzwerkgesellschaft" und Robert Putnam als „network capitalism" bezeichnet.[1] Schon Anfang der 80er-Jahre hat der amerikanische Kommunikationswissenschaftler Herbert I. Schiller aufgezeigt, dass sich auf dem Markt der Informationstechnologie „eine atemberaubende und alles umfassende Synthese" abzeichne. Sie nehme „die Gestalt eines Netzwerkes an – nationale und internationale Systeme aus leistungsfähigen Computern, Informationsbanken und Telekommunikationsverbindungen". Die damals noch verschwörungstheoretisch klingenden Aussagen, es komme zu einer „Herrschaft über Netze" oder es entstehe ein „weltweites Steuerungs- und Regelungssystem",[2] werden heute als Realität angesehen.

Gleichzeitig hat der Netzwerkbegriff aber auch als positiver Hoffnungsträger Karriere gemacht. Die mikroelektronische Revolution wird als Chance zu einer Demokratisierung von Wissen und zum Abbau von Herrschaft durch Zugriff auf Wissen gefeiert. Auch im politischen Raum werden diese Veränderungen wahrgenommen, und man versucht, programmatisch darauf zu reagieren. So hat der Bundesgeschäftsführer der SPD, Matthias Machnig, innerhalb seiner Partei ein Papier mit dem Titel „Auf dem Weg zur Netzwerkpartei" zur Diskussion gestellt, in dem eine völlige Neustrukturierung der Partei entworfen wird.

Das Netzwerkkonzept hat schließlich einen dritten Bedeutungsschwerpunkt, und zwar als gut operationalisierbare Möglichkeit, die Rolle sozialer Ressourcen und Beziehungen für die alltägliche Lebensbewältigung und Identitätsarbeit zu formulieren. Es liegt eine beeindruckende empirische Forschungsliteratur zur Bedeutung von Netzwerkressourcen für alle denkbaren Formen von Alltagsbewältigung vor.

Auf dem Weg zur Netzwerkgesellschaft

Die aus der Façon der modernen Gesellschaft herauswachsende neue Gestalt eines globalisierten digitalen Kapitalismus wird immer häufiger als „Netzwerkgesellschaft" bezeichnet.[3] Dieser Begriff geht auf Manuel Castells zurück, der in einer groß angelegten Analyse über die gesellschaftlichen Transformationen der Weltgesellschaft die neuen, hoch flexiblen Netzwerkkonfigurationen des Wissens und des Kapitals herausgearbeitet hat. Castells rückt die elektronischen Kommunikationsmöglichkeiten ins Zentrum seiner Globalisierungstheorie. Sie hätten zum Entstehen einer

[1] Manuel Castells: Das Informationszeitalter. Bd. 1: Der Aufstieg der Netzwerkgesellschaft. Leverkusen 2001; Robert D. Putnam: Bowling alone. The collapse and revival of American community. New York 2000.

[2] S. Nora u. A. Minc: Die Informatisierung der Gesellschaft. Frankfurt am Main 1979.

[3] Bernhard Schäfers: Konturen der Netzwerkgesellschaft. Neue Dimensionen der Sozialstruktur. In: Gegenwartskunde. Bd. 49, S. 379–402.

„Network Society" (so der Titel des ersten Bandes der Castells'schen Trilogie) geführt, die nicht nur weltweit gespannte Kapitalverflechtungen und Produktionsprozesse ermögliche, sondern auch kulturelle Codes und Werte globalisiere. Für Castells bedeutet „die Netzwerkgesellschaft eine qualitative Veränderung in der menschlichen Erfahrung".[4] Diese Veränderung freilich wird von den Menschen nicht nur positiv erlebt.

Bezogen auf die beruflichen Anforderungen des globalisierten Wirtschaftssystems stellt Richard Sennett in seiner Analyse des „flexiblen Kapitalismus" den Abbau von Strukturen heraus, die auf Langfristigkeit und Dauer angelegt sind. An ihre Stelle würden „netzwerkartige Gliederungen" treten, die „weniger schwerfällig" seien als „starre Hierarchien". An Bedeutung würden jene Beziehungen gewinnen, die Granovetter treffend durch die „Stärke schwacher Bindungen" charakterisiert habe. Gemeint sei damit zum einen, „dass flüchtige Formen von Gemeinsamkeit den Menschen nützlicher seien als langfristige Verbindungen, zum anderen, dass starke soziale Bindungen wie Loyalität ihre Bedeutung verloren hätten". „Distanz und oberflächliche Kooperationsbereitschaft sind ein besserer Panzer im Kampf mit den gegenwärtig herrschenden Bedingungen als ein Verhalten, das auf Loyalität und Dienstbereitschaft beruht." Sennett knüpft an diese Analyse die besorgte Frage an: „Wie lassen sich langfristige Ziele in einer auf Kurzfristigkeit angelegten Gesellschaft anstreben? Wie sind dauerhafte soziale Beziehungen aufrechtzuerhalten? Wie kann ein Mensch in einer Gesellschaft, die aus Episoden und Fragmenten besteht, seine Identität und Lebensgeschichte bündeln?"[5]

Der Begriff der „Netzwerkgesellschaft" steht für eine ambivalente Entwicklung. Er umschreibt einerseits eine globalisierte Weltgesellschaft, die ungeheure Gestaltungsräume eröffnet, traditionelle Grenzziehungen überschreitet und ungeahnte ökonomische Potenziale schafft (Bill Gates kann als Prototyp hierfür angesehen werden). Andererseits handelt es sich um eine (noch?) unberechenbare Gesellschaft, die in ihrer „Raum-Zeit-Kompression" bislang vertraute Identitätsformationen, Wissensbestände, Berufsbilder und Kulturtechniken in Frage stellt. Damit müssen aber auch Begriffe und Konzepte von Bildung überdacht und verändert werden – ein schier unlösbares Problem.

Zur Geometrie sozialer Beziehungen: Die Netzwerkmethode

Die Netzwerkmetapher liefert ein Bild, in dem die Knoten jeweils die Untersuchungseinheiten (Personen, Gruppen oder Institutionen) darstellen, während die Linien die Beziehungen zwischen ihnen symbolisieren. In der Regel werden soziale Netzwerke von einer spezifischen Person ausgehend dargestellt (das sind die individuumszentrierten Netzwerke). Aufgenommen werden nicht nur durch das Individuum direkt realisierte Beziehungen und Kontakte, sondern auch solche, die potenziell über Personen herstellbar sind, zu denen man in Kontakt steht. Das kann zu einem nicht mehr darstellbaren Milchstraßensystem führen.

In der Regel beschränken sich die erhobenen Netzwerkmuster auf Beziehungen, die durch Primärgruppen und die wichtigsten Alltagssektoren (wie Nachbarschaft, Arbeitswelt, Schule oder Freizeit) gebildet werden. Häufig werden Netzwerke auch unter spezifischen Handlungszielvorgaben rekonstruiert. Das am häufigsten thematisierte ist das Unterstützungsnetzwerk, doch auch kommunale Machtstrukturen oder Kommunikationsmus-

[4] Castells (wie Anm. 1).

[5] Richard Sennett: Der flexible Mensch. Die Kultur des neuen Kapitalismus. Berlin 1998, S. 27ff. u. S. 31.

ter werden in Gestalt von Netzwerken abgebildet. Beim Vergleich der visuellen Gestalt unterschiedlicher Netzwerke sind typische Konfigurationen identifizierbar, die zur dimensionalen Charakterisierung sozialer Netzwerke verwendet werden. Werden gegebene Beziehungsmuster zur Bewältigung ganz unterschiedlicher Ziele und Angelegenheiten genutzt, wird ein soziales Netzwerk als multiplex bezeichnet. Haben die Personen, zu denen ein Individuum Beziehungen pflegt, auch untereinander Kontakt, so lässt sich diese Beziehungsgestalt auf der Dimension Dichte abbilden, das heißt ein Netzwerk wird um so dichter, je mehr Beziehungen zwischen den einzelnen „Knoten" bestehen. Ein Netzwerk wird als segmentiert bezeichnet, wenn sich Kontakte, die in spezifischen Lebensbereichen (zum Beispiel in der Berufswelt oder im Freizeitbereich) bestehen, kaum überschneiden. Diese formalen Struktureigenschaften sozialer Netzwerke haben besondere Aufmerksamkeit bei graphentheoretisch arbeitenden Sozialwissenschaftlern gefunden. Die spezielle Eignung der formalisierbaren Netzwerkmerkmale zur Weiterverarbeitung durch methodisch komplexe Verfahren hat dem Netzwerkkonzept in bestimmten sozialwissenschaftlichen Kreisen zweifellos das Interesse gesichert.

Nehmen wir beispielhaft die Dimension Dichte. Die Binnenkommunikation in einem dichten Netzwerk ist hoch: Jede(r) kennt jede(n). Für die Entstehung von Gemeinschaftsgefühlen liefert ein dichtes Netzwerk eine gute Voraussetzung. Andererseits erhält ein Netzwerk mit zunehmender Dichte immer weniger Anregungen, Informationen und Veränderungsimpulse von außen. In der oben zitierten Analyse von Richard Sennett taucht der paradoxe Begriff von der „Stärke schwacher Bindungen" auf. Er stammt von Mark Granovetter, der mit dieser Formulierung segmentierte, offene Netzwerke beschreibt, die nach vielen Seiten kommunikative Brücken enthalten. Die Binnenkommunikation im Netzwerk, also seine Dichte, ist relativ gering. Solche Netzwerke enthalten eine gute „Gelegenheitsstruktur" für neue Verbindungen, für potenzielle Informationen. Für intensive emotionale Unterstützung und Identifikation mit einer verschworenen Gemeinschaft liefern sie keine gute Voraussetzung, aber sie haben ein sehr viel höheres Innovationspotenzial als dichte Netzwerke, die man sich wünschen sollte, wenn man in seiner „Gefühlsarbeit" unterstützt werden möchte.

Unterstützungsnetzwerke für alltägliche Identitätsarbeit

Einen besonderen Stellenwert hat das Netzwerkkonzept in der Gemeindepsychologie und in der sozialen Arbeit erhalten. Dabei geht es um die aktive Förderung von sozialen Ressourcen, die Menschen benötigen, um die Handlungsaufgaben in ihrer Lebenswelt und im Beruf bewältigen zu können. In traditionellen Gesellschaften leben Menschen in engmaschigen sozialen Netzen. Der Prozess reflexiver Individualisierung, in dem sich unsere Gesellschaft befindet, löst traditionelle Ligaturen immer stärker auf. Infolgedessen muss jedes einzelne Subjekt selbst am sozialen Kitt der Beziehungsmuster arbeiten.[6]

Die Beziehungen der Individuen in hoch industrialisierten Gesellschaften werden nicht mehr durch starre und traditionsfixierte Rollenmuster reguliert, sondern sind einem tiefgreifenden Prozess der Individualisierung von Lebenslagen und Lebenswegen unterworfen. Diesen Prozess hat Georg Simmel bereits um die Jahrhundertwende vorausgesagt. Die fortschreitende funktionsspezifische Arbeitsteilung und wachsende Mobilität führen nach

[6] H. Keupp u. a.: Identitätskonstruktionen. Das Patchwork der Identitäten in der Spätmoderne. Reinbek 1999.

Simmel zur Erweiterung sozialer Verkehrskreise und zu einer spezifischen Individualisierungsdynamik, die einen allmählichen Funktionsverlust „vorgegebener, durch ursprüngliche Assoziationen wie Familie, Verwandtschaft, lokale Nachbarschaft determinierte Beziehungen" mit sich bringen.[7] Anstelle traditionsbestimmter Lebenswege entstehen „Möglichkeitsräume" selbstgewählter Kontakt-, Bekanntschafts-, Freundschafts- und Nachbarschaftsbeziehungen. Das Subjekt steht aber auch unter dem Zwang, diesen Gestaltungsraum zu füllen und zu strukturieren. Das moderne Subjekt ist zwar der „Baumeister seines Netzwerkes",[8] doch diese Rolle des aktiven Gestalters erfordert einen Rahmen von Anerkennung und Unterstützung. In Netzwerken können solche Ressourcen vorhanden sein, für eine erhebliche Zahl von Heranwachsenden und Erwachsenen sind sie jedoch nicht im erforderlichen Umfang vorhanden.

Soziales Kapital durch bürgerschaftliches Engagement

Im Münchener Norden gibt es an einem sonderpädagogischen Förderzentrum ein eindrucksvolles Projekt mit dem Namen „Lichttaler". Hier wurde ein „Hilfesystem auf Gegenseitigkeit" entwickelt. Die Schülerinnen und Schüler bekommen für Aktivitäten, mit denen sie andere unterstützen und ihnen etwas vermitteln, in der Währung der „Lichttaler" eine Belohnung, mit der sie sich ihrerseits Ressourcen holen können. Hier hat sich eine Art Tauschring von Ressourcen etabliert, in dem soziale Empfindsamkeit und soziale Kompetenzen gefördert werden. Die Schule liefert hierfür einen idealen Rahmen.

Im „Lichttaler"-Projekt werden nicht nur Unterstützungsressourcen für die beteiligten Schüler ermöglicht, es entsteht überdies ein neuartiges „soziales Kapital". Dieser Begriff ist von James S. Coleman in die Bildungsforschung eingeführt worden: „Soziales Kapital ist das gesamte Sortiment an gesellschaftlichen Mitteln, auf die ein Individuum zurückgreifen kann, um mit ihrer Hilfe ein Ziel zu erreichen. Diese gesellschaftlichen Hilfsquellen bestehen aus Vertrauen (und der Vertrauenswürdigkeit, auf der dieses gründet), dem Netz an Verpflichtungen, die man, wenn nötig, in Anspruch nehmen kann, dem allgemeinen Einvernehmen, das effiziente Zusammenarbeit ermöglicht, und anderen in sozialen Beziehungen verankerten Aktivposten."[9]

Robert D. Putnam, einer der renommiertesten Forscher zur Bedeutung sozialen Kapitals, bezieht sich auf Coleman, wenn er feststellt: „Im Bereich der Bildung … entdeckten Forscher, dass sich erfolgreiche Schulen weniger durch die Inhalte ihrer Lehrpläne oder die Qualität ihres Lehrpersonals auszeichnen, so wichtig diese Faktoren auch sein mögen, als vielmehr durch ihre Einbindung in ein breites Gewebe von Familien und Gemeinschaften, die die jeweilige Einrichtung fördern." Putnam verweist auf die Untersuchung James Colemans, in der die Bedeutung des „sozialen Kapitals" für schulische Bildungsprozesse aufgezeigt wurde. Ihr zufolge „ist der Erfolg der Privatschulen weniger den Vorgängen im Unterrichtsraum oder den individuellen Begabungen der Schüler zuzuschreiben, sondern eher dem Engagement der Eltern und aller übrigen Beteiligten für die Aktivitäten der Schule".[10] Putnam bezieht sich auch auf den amerikanischen Bildungspsychologen James Comer, der in seinem Buch „School Power" aufgezeigt hat, wie bedeutsam für die Revitalisierung des amerikanischen öffentlichen Schulwesens vor allem in sozial benachteiligten Gemeinden solche Strate-

[7] M. Schenk: Soziale Netzwerke und Kommunikation. Tübingen 1984, S. 217.

[8] Claude Fischer: To dwell among friends. Chicago 1982.

[9] J. S. Coleman: Der Verlust sozialen Kapitals und seine Auswirkungen auf die Schule. In: A. Leschinsky (Hrsg.): Die Institutionalisierung von Lehren und Lernen. 34. Beiheft der Zeitschrift für Pädagogik. Weinheim 1996, S. 99-106, hier S. 99.

[10] Robert D. Putnam: Demokratie in Amerika am Ende des 20. Jahrhunderts. In: F. W. Graf u. a. (Hrsg.): Soziales Kapital in der Bürgergesellschaft. Stuttgart 1999, S. 21-69, hier S. 23f.

gien sind, mit denen Eltern und andere Gemeindemitglieder in den Bildungsprozess einbezogen werden. Die Eltern-Lehrer-Vereinigungen stellen in den USA eine wichtige Form des bürgerschaftlichen Engagements dar. In diesen Vereinigungen vollzieht sich die engagierte Beteiligung von Eltern an der Gestaltung des Bildungswesens. Es handelt sich um eine besonders wichtige Form des sozialen Kapitals. Allerdings hat sich das schulbezogene Engagement seit 1960 bis heute mehr als halbiert. Deshalb formuliert Putnam eine eher pessimistische Prognose unter dem bekannten Titel „Bowling alone".

Verfalls- oder Zerfallsdiagnosen haben in Phasen gesellschaftlichen Umbruchs stets Hochkonjunktur. Das ist nicht erstaunlich, denn es ist ein Wesensmerkmal jeder dynamischen Entwicklung, dass etwas aufbricht und dass bislang selbstverständliche Muster nicht mehr tragen und neu gestaltet werden müssen, und dies bedeutet immer auch Zerstörung. Das Neue entsteht in den Ruinen des bisher Selbstverständlichen. Nicht alles Neue kann für sich beanspruchen, eine neue Normalität zu begründen, und nicht alles Vergangene verdient heftige Trauerbekundungen. Gleichwohl gilt, dass gesellschaftliche Umbrüche ambivalente Prozesse darstellen, in denen sich der Abschied von eingelebten und vertrauten Lösungen und die Hoffnung auf neue Potentiale und Chancen mischen. Aber es bleibt nicht bei solchen verständlichen Formen des Abschiednehmens, sondern es entstehen kulturelle Begleitchöre. Auch Sozialwissenschaftler beteiligen sich daran. Wenn in nüchterner Fachsprache von „Desintegration" der Gesellschaft gesprochen wird, geht es ebenfalls um eine Zerfallsdiagnose.

Die aktuelle sozialwissenschaftliche Debatte dreht sich um die Auflösung sozialer Beziehungsmuster im Zuge eines bedeutsamen neuen Schubes von Individualisierung, der uns jene Erfahrung zum Bewusstsein bringt, die schon vor 150 Jahren im „Kommunistischen Manifest" artikuliert wurde: „Alles Ständische und Stehende verdampft, alles Heilige wird entweiht, und die Menschen sind endlich gezwungen, ihre Lebensstellung, ihre gegenseitigen Beziehungen mit nüchternen Augen anzusehen." Die Ordnung der Dinge verliert die vertraute Gestalt. Die gegenseitigen Beziehungen sind nicht in starr fixierten Rollen kodifiziert, die – wie bei den klassischen Geschlechterrollen – gleich Zahnrädern ineinandergreifen. Dagegen sieht das empirisch unterstützte „nüchterne Auge", das nicht in rückwärts gewandter romantisierender Verklärung Zwangsgestalten sozialer Lebensformen zu ontologisch oder emotional unverzichtbaren individuellen Ankerpunkten erklären muss, in den enttraditionalisierten sozialen Beziehungen weder Zerfall noch Desintegration, jedenfalls nicht als allüberall sich durchsetzendes Muster. Dieser ausgenüchterte Blick sieht im gesellschaftlichen Durchschnitt Subjekte, die ihr eigenes Beziehungsfeld selber managen, mit großer Souveränität Zugehörigkeiten und Abgrenzungen nach eigenen Bedürfnissen regeln und sich durchaus nicht als isolierte „Einsiedlerkrebse" beziehungslos in sozialen Wüsten verlieren. Auch die in den meisten Verfallsdiagnosen enthaltene Vermutung, dass die individualisierten „Ichlinge" keine Bereitschaft und Fähigkeit zur Alltagssolidarität entwickeln würden, ist empirisch schwer zu halten.

Einzig die selbstverständliche Bereitschaft der Subjekte, das eigene Engagement in den Restformen der gesellschaftlichen Container (zum Beispiel der Kirchen, Wohlfahrtsverbände, Gewerkschaften) zu organisieren, hat nachweislich Einbrüche erlebt. Diese Entwicklung verweist jedoch nicht auf Desintegration, sondern auf einen „Formwandel sozialer Integration", wie ihn jüngst Jürgen Habermas beschrieben hat.[11] Ein gewachsenes Bedürfnis nach und eine mitgewachsene Fähigkeit zu selbstbestimmten und kommunikativ hergestellten Lebensmustern verweist auf eine gesellschaftliche Ungleichzeitigkeit, die mit einer klagend vorgetragenen Anomiediagnose in aller Regel verfehlt wird.

Spannend ist es vielmehr, den Formenwandel sozialer Beziehungen genauer zu untersuchen. Da wird man etwa anstelle zwangsförmig gelebter Nachbarschaften in aller Regel einen souveränen Umgang mit Nähe- und Distanzbedürfnissen finden. Nachbarschaftliche Unterstützung in praktischen Alltagsangelegenheiten wird nicht durch bezahlte Dienstleistungen, sondern durch effiziente Tauschringe ersetzt, in denen sich eine neue, geldwertunabhängige Haushaltsökonomie entfaltet. Wenn man das Verschwinden spezifischer sozialer Integrationsformen, etwa der engen Netzwerkverbindungen in homogenen Arbeiterbezirken, als Indikator für Desintegration nimmt, dann wird man in reichem Maße fündig. Betrachtet man dagegen die neuen Netzwerke spezifischer ethnischer Bevölkerungsgruppen, ergibt sich ein durchaus anderes Bild. Hinsichtlich der traditionellen Organisationsmuster ehrenamtlicher Tätigkeit wiederum schlägt der Desintegrationszeiger auf dem verfallstheoretisch geeichten soziologischen Geigerzähler kräftig aus. Angesichts der neu entstehenden Freiwilligenzentren kommt freilich wieder ein ganz anderer Befund heraus. Oder nehmen wir das Pilzgeflecht von Selbsthilfegruppen, das sich überall entfaltet, auch dieses wird man nicht als Beleg für gesellschaftliche Desintegration werten dürfen.

Netzwerke als Vision von Selbstorganisation

Der Zukunftsforscher John Naisbitt hat 1982 mit einem Buch Furore gemacht, in dem er die „Megatrends" des ausgehenden 20. Jahrhunderts beschreibt, Trends, „die unser Leben verändern". Einen dieser Trends überschreibt er „Von der Hierarchie zum Netzwerk" und erläutert: „Die gesellschaftliche Herrschaftsperiode bröckelt. Informelle Netzwerke kleiner Gruppen bestimmen das Leben und die Arbeit der Zukunft, deren Probleme in hierarchischen Strukturen gar nicht zu lösen sind."[12] Für Naisbitt ist das „alte hierarchische Pyramidensystem", in dem der „Fluss der Entscheidungen vertikal von oben nach unten" verlief, eingestürzt.[13] Es konnte in einer immer komplexer werdenden Informationsgesellschaft keine erfolgreichen Problemlösungen entwickeln. „Zwischen den Trümmern der eingestürzten hierarchischen Pyramide" sieht Naisbitt „die Geburtsstunde der Netzstruktur".[14] Was versteht er unter einem Netzwerk? Es besteht für ihn aus einem „Zusammenschluss von Leuten, die miteinander reden, ihre Ideen, Informationen austauschen oder sich gegenseitig Hilfsmittel zur Verfügung stellen". Wenn die traditionellen *top-down*-Modelle nicht mehr taugen und die Suche nach neuen Handlungsmöglichkeiten beginnt, dann entstehen Netzwerke. In ihnen erhöht sich durch Synergieeffekte die Chance, innovative Lösungen zu finden. Naisbitt bezieht sich auf die Netzwerkforscherin Virginia Hine, die bei der Untersuchung politischer, religiöser und sozialer Bewegungen gezeigt hat: „Wenn Leute sich zusammenfinden und organisieren, um irgendwelche Aspekte der Gesellschaft zu ändern, scheint da eine unbürokratische, aber höchst wirkungsvolle Form von Organisationsstruktur zu entstehen."[15]

[11] Jürgen Habermas: Die postnationale Konstellation. Frankfurt am Main 1998.

[12] John Naisbitt: Zehn Trends, die unser Leben verändern. In: Psychologie heute. Januar 1984, S. 31.

[13] Ders.: Megatrends. Zehn Perspektiven, die unser Leben verändern werden. Bayreuth 1984, S. 270.

[14] Ebd., S. 272.

[15] Ebd., S. 278.

Der Netzwerkbegriff hat also auch als positiver Hoffnungsträger Karriere gemacht. Die mikroelektronische Revolution wird als Chance zur Demokratisierung von Wissen und zum Abbau von Herrschaft durch Zugriff auf Wissen gefeiert. Das Ehepaar Johnson-Lenz sieht Anfang der 80er-Jahre ein „Netzwerk-Paradigma" auftauchen: „Hunderte von Gruppen benutzen inzwischen den Begriff ‚Netzwerk' und bezeichnen damit ihre organisatorische Alternative zu den traditionellen Hierarchien."[16] Diese Netzwerke sind im politischen und sozialen Bereich entstanden, aber auch im Erziehungsbereich. Ihr Anliegen ist die Suche nach einer „Alternative zu den verkrusteten Strukturen bestehender Verhältnisse": „Hierarchien aufzubrechen ist das Anliegen der Netzwerkkonzeption."[17]

Solche allgemeinen Aussagen zur Überwindung von *top-down*-Kommandostrukturen lassen sich an vielen Beispielen erläutern, etwa anhand der Erfahrungen des Agenda 21-Prozesses oder der Psychiatriereform, aber auch am Beispiel von Netzwerken im schulischen Bereich (wie dem „Netz ökologischer Schulen" oder dem Kooperations-Netz der Freinet-Pädagogen).

Die Virtualisierung sozialer Netzwerke

Das Konzept der Netzwerkgesellschaft zeigt, dass soziale Zusammenhänge nicht mehr von medialen und virtuellen Verknüpfungswegen zu trennen sind.[18] Im realen sozialen Beziehungsnetzwerk einer Person wächst im Durchschnitt der Anteil, der virtuell gestiftet beziehungsweise virtuell aufrechterhalten wird. Es ist kaum mehr strittig, dass auch Computernetze soziale Netzwerke sind. Hier ist es vor allem der Kanadier Barry Wellman, der den Begriff der Netzwerkgesellschaft und den Einfluss der Informationstechnologien auf die Gemeinschaft in zahlreichen Studien untersucht hat.[19] Relevant sind dabei insbesondere die in Quer- und Längsschnittstudien immer wieder bestätigten Befunde, dass weder die Urbanisierung in früheren Zeiten noch die informationstechnologischen Prozesse der Gegenwart die These des Gemeinschaftsverlusts rechtfertigen. Wie auch andere an der Debatte Beteiligte betrachtet Wellman weniger die quantitativen als vielmehr die qualitativen Veränderungen als primär relevant. So kann man am Beispiel des Internets eine Reduzierung des Einflusses klassischer Milieus und die Chance neuer Brückenbildungen zwischen unterschiedlichen Milieus erkennen. Historisch gesehen durchläuft der Gemeinschaftsbezug zwei markante Veränderungen. Mit dem Übergang von der *door-to-door*- zur *place-to-place-community* im 20. Jahrhundert reduzierte sich der Stellenwert der unmittelbaren Nachbarschaft. Umgekehrt gewann der einzelne Haushalt an Bedeutung. Wellman spricht von der „Verhäuslichung" der Gemeinschaft. Wichtig wurden vor allem die Transportmöglichkeiten, mit denen man schnell vom Ort A zum Ort B kommt. Mit dem gerade beginnenden Übergang von der *place-to-place*- zur *person-to-person*- (und *role-to-role*-) *community* reduziert sich die Ortsgebundenheit nochmals (A ist etwa mit der Person B verbunden, wo immer diese Person B oder umgekehrt die Person A sich auch befinden). Zwar wird die Gefahr der Unsicherheit gesehen, wenn jede/r mehr als bisher nur Ausschnitte des anderen sieht und niemand mehr die ganze Person genau kennt, doch zeigen erste Befunde, dass viele Menschen zugleich im *cyberspace* und im *physical space* agieren. Mit der Verstärkung des einen geht die Bedeutung des anderen Bereichs nur teilweise zurück. Deutlich ist jedoch, dass in diesen komplexen

[16] P. u. T. Johnson-Lenz: Soziale Vernetzung. In: R. Lutz (Hrsg.): Öko-log-Buch. Materialien zur Gestaltung wünschenswerter Zukünfte. Weinheim 1981, S. 172.

[17] R. Lutz: Netzwerke, In: Ders. (Hrsg.): Öko-log-Buch. Materialien zur Gestaltung wünschensewerter Zukünfte. Weinheim 1981, S. 170f.

[18] Vgl. M. Faßler: Netzwerke. Einführung in die Netzstrukturen, Netzkulturen und verteilte Gesellschaftlichkeit. München 2001.

[19] Barry Wellman: Computer networks as social networks. In: Science. Bd. 293 (2001), S. 2031-2034.

Konstellationen individuelle und Gruppen-Netzwerke noch wichtiger werden als früher. Weitgehend unbestritten ist auch, dass Fischers Formel vom Subjekt als „Baumeister seines Netzwerks" eine neue Qualität erhalten hat. Mit der Etablierung eines *personalized networking* werden heute neben ausgeprägten Aushandlungskompetenzen ebenso Fähigkeiten benötigt, wenig verknüpfte und teils fragmentierte Netzwerk aktiv aufrechtzuerhalten.

Exkurs: Netzwerkanalysen – Beziehungen und ihre Strukturen sichtbar machen

Florian Straus

Jeder Mensch hat Beziehungen zu Freunden, Bekannten, Verwandten, ArbeitskollegInnen und Familienangehörigen. Wenn wir andere im Alltag treffen, dann geht es meist nur um einen kleinen Ausschnitt dieser Beziehungen und unser Gegenüber kennt beziehungsweise erahnt jeweils auch nur einen Teil der Qualität unseres Beziehungsnetzes. Und auch uns selbst sind, ad hoc gefragt, meist nur Teile unseres Netzwerks präsent.

In einer sozialwissenschaftlichen Perspektive sind soziale Netzwerke unsichtbare, vom Grundsatz her nicht-hierarchische und grenzoffene Systeme. Netzwerkanalysen sind der systematische Versuch, diese Beziehungsnetze durch ein methodisches Vorgehen verstehbar zu machen. In der Geschichte der Netzwerkforschung war es vor allem Jacob Moreno,[1] der mit Hilfe einfacher grafischer Symbole und Skizzen soziale Strukturen von Gruppen sichtbar gemacht hat. Die Grundidee folgt dabei der Analogie zu einem Fischernetz. Die Knoten symbolisieren die Menschen und die Linien symbolisieren die Beziehungen zwischen den Menschen. Die Art, wie das Netzwerk geknüpft ist, sagt etwas darüber aus, welche Leistungen in ihm möglich sind.

In den meisten der folgenden Beispiele erfolgt die Visualisierung über so genannte Netzwerkkarten.[2] Ihre Erstellung, beispielsweise in einem Interview, begann meist mit folgender Aufforderung:

„Im Folgenden geht es um Ihr Netzwerk, d.h. all die Personen, mit denen Sie derzeit in Beziehung stehen. Wir haben dazu eine Karte, in der um das ICH mehrere Kreise gezogen sind (Karte vorlegen). Das ICH in der Mitte stellt Sie dar. Im Verlauf des Interviews werde ich Sie bitten, diese Personen auf der Karte zu platzieren (stecken). Wir werden mit der Familie beginnen, dann kommt der Freundesbereich, die ArbeitskollegInnen, Personen, die Sie aus Initiativen oder Vereinen kennen, mit denen Sie in einer Beziehung stehen usw. Stellen Sie sich vor, dieses Ihr Netzwerk sei wie eine Torte und soll nun in mehrere Tortenstücke aufgeteilt werden. Wie groß soll das Tortenstück ‚Familie', wie groß das Tortenstück ‚Freunde', wie ...? Wie viele Tortenstücke bzw. Netzwerkbereiche gibt es bei Ihnen überhaupt? Zeichnen Sie nun alle Personen ein, die Ihnen in dem jeweiligen Netzwerkbereich wichtig sind. Wenn jemand sehr wichtig für Sie ist, kommt er näher an das ICH, wenn er weniger wichtig ist, weiter nach außen."

[1] Jacob L. Moreno: Die Grundlagen der Soziometrie. Opladen 1974 (zuerst 1934).

[2] Vgl. H. Bullinger u. J. Nowak: Soziale Netzarbeit. Eine Einführung. Freiburg 1998 und F. Straus: Netzwerkanalysen. Gemeindepsychologische Perspektiven und Methoden für Forschung und Praxis. München 2001.

Auffallend an dem Netzwerk von Prince (er hat sich selbst dieses Pseudonym gegeben, weil er damals für den gleichnamigen US-Sänger schwärmte) ist der große Raum, den er dem Arbeitsbereich einräumt. Es kommen darin zwar nur wenige Personen vor. Diese haben aber eine wichtige Bedeutung für ihn. Prince versucht trotz einer Reihe von Rückschlägen (abgebrochene Lehre, Arbeitslosigkeit) nun in der Firma von Robert seine Gesellenprüfung zu schaffen. Neben Harald gibt es noch Manfred, einen zehn Jahre älteren Kollegen. Mit ihm teilt er sein Hobby des „Extremsurfens". Das zweite auffallende Merkmal ist seine Freizeitwelt, die er selbst unterteilt hat. In der Freizeit 1 geht es um seine Hobbys (Musik, Surfen). In der Freizeit 2 um Techno. Die Karte zeigt insgesamt jeweils vier eigene Subwelten. Bemerkenswert ist, dass es in dreien außer Prince nur jeweils eine weitere Person gibt: Mit Manfred geht er Surfen, mit Thomas spielt er in einer Zwei-Mann-Band und Jeril ist sein bester Freund, der – obwohl nicht mehr in seiner Nähe lebend – immer noch wie ein Bruder für ihn ist (und konsequenterweise fast in den innersten Ring von Prince eingezeichnet wird). Der zweite Teil seiner Freizeitwelt besteht für ihn aus seiner Techno-Clique, die viel Action und Fun bedeutet, aber ihm von den Personen her (mit Ausnahme der von Prince umschwärmten Niki) lange nicht so nahe stehen wie die anderen Freunde.

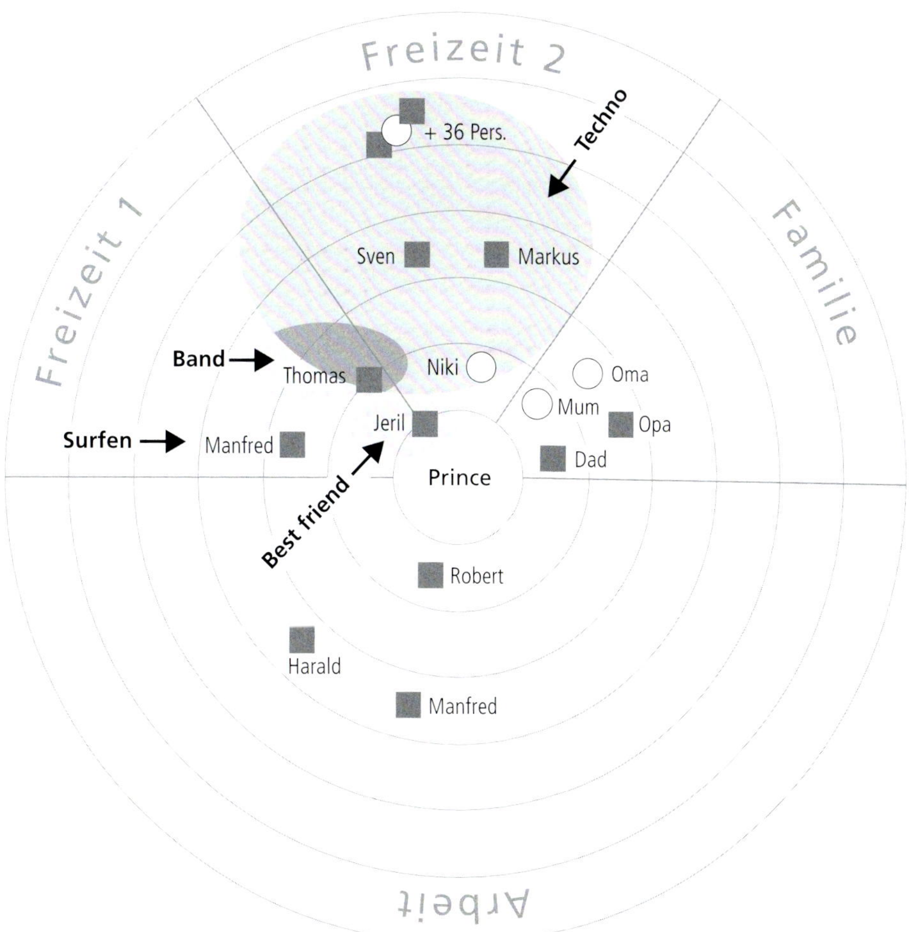

***Beispiel 1** – Die Freizeitwelten des Prince (männlich, 19 Jahre)*

Die zweite Netzwerkkarte zeigt das Netz einer Mutter, die trotz ihres noch jungen Alters bereits vier Kinder hat. Frau Frohwein und ihr Mann sind beide 24 Jahre alt. Sie haben zusammen zwei Kinder, Uwe (1,4 Jahre) und Niels (0,4 Jahre). Ein weiteres Kind, Ralf (2,1 Jahre), lebt ebenfalls bei ihnen. Das vierte Kind, Petra (4,5 Jahre), wurde von ihr vor fast drei Jahren zur Adoption freigegeben. Ralf und Petra haben jeweils andere Väter.

Kennen gelernt haben sich Herr und Frau Frohwein kurz nach der Geburt von Frau Frohweins Sohn Ralf. Damals lebte sie in einem Mutter-Kind-Heim. Frau Frohwein suchte diese Einrichtung auf eigenen Wunsch auf, nachdem sie während der Schwangerschaft mit Ralf beschlossen hatte, ihr Leben von Grund auf zu ändern – ein Leben, das bis dahin von vielen problematischen Erfahrungen beeinflusst war: Alkoholmissbrauch der Eltern, Abschiebung in eine Pflegefamilie, Heimaufenthalte, eigene Drogenerfahrung, ungewollte Schwangerschaften. Seit vielen Jahren begleiten deshalb professionelle HelferInnen Frau Frohwein. Und die Netzwerkkarte zeigt: Auch heute spielen diese noch eine wichtige Rolle (vor allem die sozialpädagogische Familienhelferin Frau D., die nach den Angaben von Frau Frohwein diese Karte erstellt hat). Zu ihren HelferInnen hat Frau Frohwein inzwischen ein weitgehend positives Verhältnis entwickelt. Insgesamt zeigt ihr Netzwerk jedoch viele aktuelle Konfliktfelder (der Blitz symbolisiert jeweils eine konfliktgeladene Beziehung) und ein – lässt man die Helfer außer Betracht – kleines familiales Netzwerk.

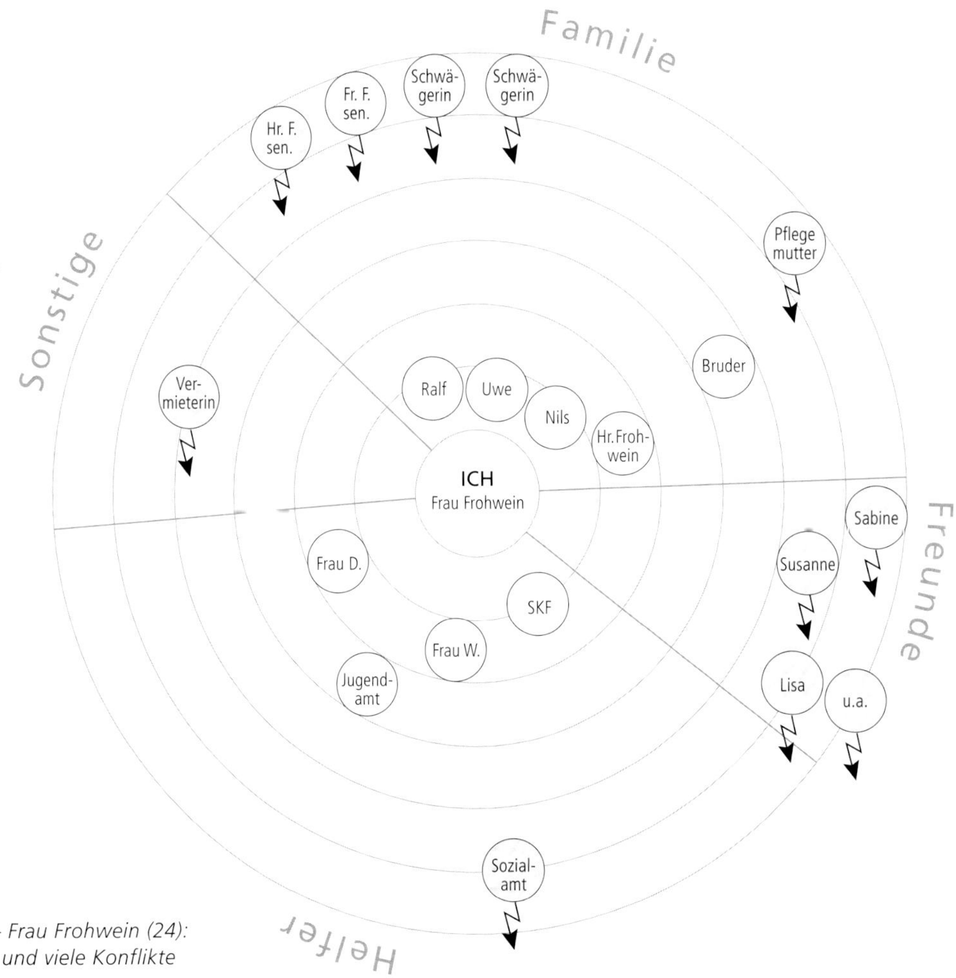

Beispiel 2 – Frau Frohwein (24): Viele Helfer und viele Konflikte

Das dritte Beispiel stammt aus einer Untersuchung zum Netzwerk schwuler Männer auf dem Land.[3] Im Unterschied zu den Netzwerkkarten handelt es sich hier um eine Art Netzwerkzeichnung, bei der Markus auch Institutionen und Themen in sein Netzwerk eingezeichnet hat. Markus lebt zusammen mit Manfred und seiner Mutter in einem eigenen Haus in einem Dorf in der Oberpfalz. Deutlich wird in seiner Netzwerkzeichnung, dass seine Mutter sich in einer Zwischenstellung zwischen der heterosexuellen und seiner homosexuellen Lebenswelt befindet. Die heterosexuelle Welt ist ansonsten deutlich weggerückt, wobei er diese nochmals unterteilt in heterosexuelle Freunde, die es nicht wissen, und solche, die wissen, dass er homosexuell ist. Markus ist HIV-positiv und zeichnet mit dem Arzt und der Aidshilfe die beiden professionellen Instanzen ein, die für ihn von zentraler Bedeutung sind. Bemerkenswert ist auch, dass seine Netzwerkdarstellung einige Feindbilder enthält: die Republikaner und die CSU. Dies wird hier aber nur aufgrund des Interviews erkennbar. In der Karte haben sie die gleiche Nähe wie beispielsweise die Tante Rosa.

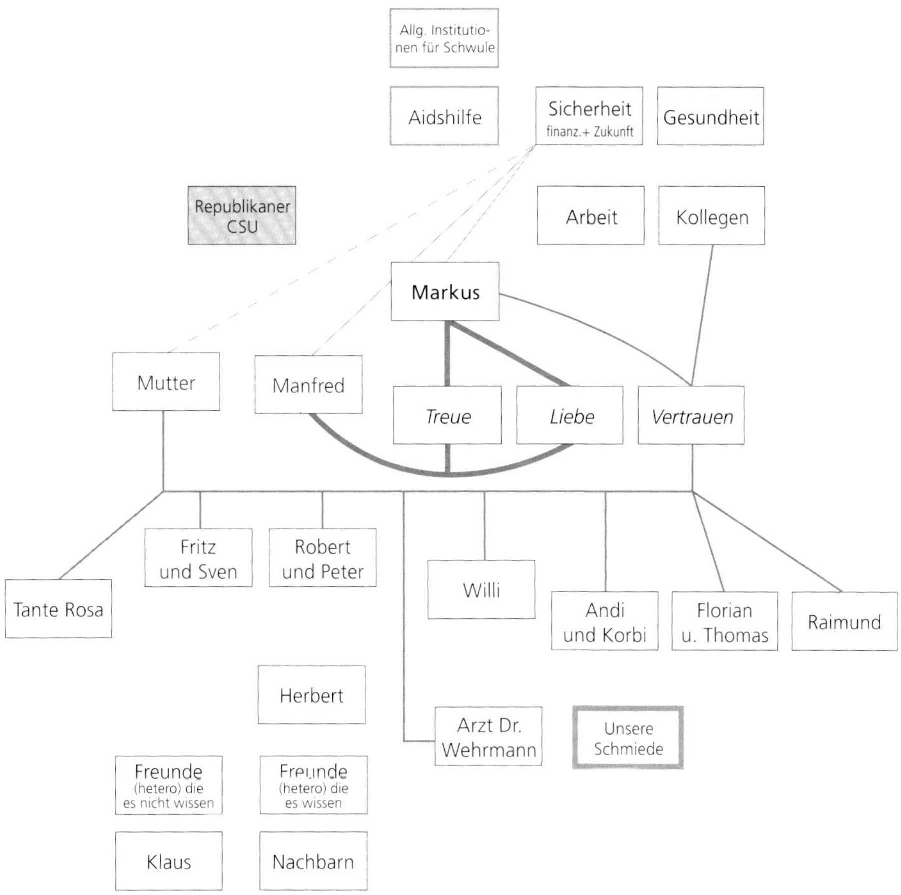

Beispiel 3 – Markus und eine homosexuelle Szene auf dem Land

Diese Beispiele sind ein kleiner Ausschnitt an möglichen Netzwerkanalysen. Neben Netzwerken von Personen kann man ebenso Gruppen- und Organisationsnetzwerke mit den gezeigten und auch anderen Methoden darstellen. Stimmt die These von Manuel Castells, dass unsere Welt immer netzförmiger wird, dann werden Netzwerkanalysen im Verständlichmachen globalisierter, netzförmiger Beziehungen einen immer wichtigeren Platz einnehmen.

[3] G. Reisbeck u. a.: Soziale Netzwerke schwuler Männer im Zeichen von Aids. In: C. Lange (Hrsg.): Aids – eine Forschungsbilanz. Berlin 1993.

VERSORGUNG UND INFRASTRUKTUR

Günther Uhlig

Dorothea Friedrich

Dagmar Steffen

Konrad Schliephake, Steffen Niemann

Karin Teister

Michael Andritzky

Die Karlsruher „Tangente“, städtische Umgehungsstraße und Verbindung Badens mit dem Elsass und der Pfalz

Günther Uhlig

NETZE UND NETZWERKE IN STADT- UND INFRASTRUKTURPLANUNG

Städte sind wie Sprachen, Tresore des Wissens und geronnene Potentiale der kulturellen Orientierung. Vielfältige Systemlogiken überlagern und verknüpfen sich schon im Grundriss einer Stadt. Die Doppelfigur des Rasters, wie sie amerikanische Städte aufweisen – Chicago ist nur ein Beispiel – ist so prägnant wie uralt. Schon auf den ersten Blick zeigt sich, dass großräumige Strukturen – etwa das Straßennetz – Versorgung und Zugänglichkeit sicherstellen, während im kleinteiligen Inneren des Grids der ökonomische wie soziale Schutz des individuellen Stadtbewohners von feinmaschigen Sozialnetzen geregelt wird. Dieses Schema war bereits dem römischen Städtebau nicht fremd.

Das Bild des Netzes findet sich ebenfalls im Grundriss der barocken europäischen Städte. Das barocke Netz symbolisierte noch die göttliche Geometrie und war doch zugleich schon Schauplatz nüchterner Rasterung, beflügelt von technischem Weitblick. Im Karlsruher Stadtgrundriss von 1725 ist das Netz zentriert auf den Stellvertreter Gottes, auf den alles zuläuft und der die Strahlen ins Unendliche zurückschickt. Im benachbarten Bruchsaler Landnahmemodell des Fürstbischofs Damian Hugo von Schönborn ist das Netz additiv rektangulär, prinzipiell endlos, mit gesetzter, später offener Außengrenze.[1] Solche städtischen Netze dienten Fürst und Militär, doch waren sie auch für die Handelswelt von Vorteil, die Straßen und Kanäle benötigte. Weniger religiös als pragmatisch ausgerichtet war das Netz, das Jefferson über die USA legen ließ. Man war nicht so vermessen, die Geographie komplett beherrschen zu wollen. Was sich technisch sperrte, ließ man aus und setzte rückseits wieder an.

Der konservative und biologistische Städtebau Mitte des 20. Jahrhunderts schließlich hat von der Barockstadt das Prinzip des zentrierten Netzes übernommen, und zwar in Form eines Baum- oder Herz-Ader-Modells, das die Grundlage für die *autogerechte Stadt* bildete. Die Autos waren darin die Blutkörperchen. Ein wichtiger Vertreter dieser Art „organischer" Stadt ist Ernst Reichow. Er entwarf die Bielefelder Sennestadt. Bereits Ende der 60er-Jahre geißelte Christopher Alexander die dort verwirklichte organische Netzart als autoritär. Der Stoffwechsel des Baumes funktioniert, indem die Nährstoffe von der Wurzel in den Stamm, von dort über den Ast zum Blatt und auf demselben Weg wieder zurückfließen. Eine Stadt kann so nicht funktionieren. Das Modell des Baumes lässt keine Querverbindungen zu, die vorgeschriebene Richtung ist strikt linear. Im Rahmen einer städtischen Gesellschaft ist dies ein undemokratisches Prinzip. Das Gitternetz als Kommunikationsfigur ist eher geeignet, komplexe offene Gesellschaften zu beheimaten. Allerdings ist das geometrisch konsequente Raster der Stadt des 19. Jahrhunderts mechanistisch erstarrt. Es wirkt kontrollierend bis in die Einzelparzelle des Mikrogeschehens und sperrt dabei das Unvorhergesehene von vornherein aus.

Zu Beginn der Moderne kamen weitere städtische Netzstrukturen auf. Technischer Konstruktivismus vereinte sich mit der Idee der Evolution und alles schien machbar. Welche Stadt wollen wir?, durfte gefragt werden. Eine Möglichkeit war es, das Netz in die Länge zu ziehen, bis es zum Lineal wurde. Dies geschah zum Beispiel dort, wo das Schienennetz für die Eisenbahn ausgebaut wurde. Was die fortschreitende Industrialisierung entlang

[1] Vgl. Ute Haßler: Die Baupolitik des Kardinals Hugo Damian von Schönborn in den Jahren 1719-1743. Mainz 1985.

ON EGGENSTEIN
17
N SEPTENTRIO
EUTSCH NEUREUTH
22
E
WELSCH NEUREUTH
32
H
LANGEN CANDEL
15
T
KNIELINGENS FELD
28
R
KNIELINGEN
18
A
KNIELINGER FELD
30
G
MUHL BVRG
14
R
L
MUHL BVRG
OCCIDENS
29
E
KRAH WINCKEL
19
I
H
BEYRTHEIMER FELD
31
T
LUST
8
M
N
6
M
4
2
N
N
N

27 NOCH GRABEN
11 NOCH FRIDERICH TA
12 NOCH STVTTEN SEE
13 ZWISCHEN BLAN KENLOCH VND BVCHET
25 HAGS FELDER FELD
21 HAGS FELDEN
24 ORIENS RINTH HEIMER FELD
16 NOCH RINTH HEIM
23 NOCH DVRLACH THEN
20 GOTS AV
26 RVPPVRG
9
5
3 MERIDIES

günstiger Transportwege im Verlaufe des 20. Jahrhunderts realisierte, hatten 100 Jahre zuvor die früh-technokratischen Utopisten bereits am Reißbrett entworfen. Von Soria y Mata stammt der wohl berühmteste Entwurf: die *Ciudad Lineal*, Bandstadt auf deutsch. Ihre zwanghafte und räumlich-kulturell dysfunktionale Linearbewegung war einer bestimmten Technologie der Massenproduktion und einer planwirtschaftlichen Gesellschaftsordnung zugeordnet. Erlösendes Denken, das aus dieser Fesselung in ein Streckbett befreite, wurde von der nächsten Großtechnologie, der Elektrizität, und der mit ihr ausgelösten intelligenteren Massenproduktion inspiriert. Henry Ford zeigte als einer der ersten, dass dezentrale Stromgewinnung (mittels verstreuter Staudämme) auch dezentrale Arbeitersiedlungen im Grünen ermöglichte. Außerhalb der ungesunden, übervölkerten und zu teuren City entstand auf dem Land die *dispersed city* der USA. Die Gartenstadtbewegung in Europa hatte dieses Thema schon um 1900 auf der Agenda, nämlich die Auflösung der überdichten Stadt, die Auslagerung der Arbeiterquartiere in die billigere Umgebung und ihre Rückbindung an ein quasi-urbanes Netz.

Doch es gab auch einen Gegenentwurf zur Gartenstadt, der auf maximale Dichte setzte: die Hochhausstadt Ludwig Hilberseimers von 1924. Ihm waren Dezentralisation und die damit erzwungene Mobilität ein Greuel und pure Verschwendung. Sein verinnerlichter Produktionsmythos stapelte Wohnen, Dienst und Produktion übereinander, gewissermaßen senkrecht vernetzt, zu maximaler Funktionstüchtigkeit verdammt. So sollte die Technokratie der großen Mensch-Maschinen-Stadt aus dem Film „Metropolis" realisiert werden. Doch ihr Schöpfer wurde ein paar Jahre später einsichtig und bot das gegenteilige Konzept an: das fein verästelte Netz einander ähnlicher Siedlungsstrukturen, das einer totalen Stadtauflösung gleichkam.

Die Geschichte der Stadtnetze springt in Antithesen voran. Schon früh kam die Ökologie ins Spiel. In den Krisenzeiten der 1920er-Jahre entstandene Planungsstrategien nahmen die ökologischen Kreisläufe heutiger Reformkonzepte vorweg. Im „Bodenproduktiven Trabanten" des Gartenarchitekten Leberecht Migge liefert die Stadt den Dung für den umliegenden Boden, auf dem in produktiv vernetzten Halbkreisen um die Städte herum frische Salate und Gemüse wachsen, mit denen die Stadt beliefert wird. Der Output der Stadt wird zum Input der Landwirtschaft, doch nicht irgendwie, sondern bei Migge gleich siedlungsformgebend, damit die gegenseitige Abhängigkeit visualisiert ist. Der Berliner Stadtbaurat Martin Wagner schließlich hat, um ein letztes Beispiel zu geben, zur Zeit der Weltwirtschaftskrise ein Kreis-Netz-Modell für Berlin beigesteuert, in dem die landwirtschaftlichen Erzeugnisse kreisförmig um Berlin herum angebaut werden, wobei der Abstand der jeweiligen Anbauflächen der Transportfähigkeit und Verderblichkeit der Erzeugnisse entspricht.

Aktuelle Beispiele vernetzter Stadtentwicklung aus der ökologischen Richtung entsprechen meist dem Paradigma der Effizienzsteigerung,[2] um Aufmerksamkeit zu erzielen. Die Vorschläge des gezielten Flow-Managements sind zwar interessant, doch technokratisch gefährdet.[3] Sie laufen darauf hinaus, dass Stadtentwicklungsareale dort ausgewiesen werden, wo Ver- und Entsorgungsnetze, auch die ÖPNV-Knoten, bereits vorhanden sind. Die öffentliche Subventionierung könnte solche netznahen Ansiedlungen durch Bodenpreisverbilligung attraktiv machen. So weit die aktuelle technische Seite der Netze. Sie spielt in den gegenwärtigen Zukunftslabors vieler Städte, die sich in den Agenda 21-Prozess eingeschaltet haben, eine zentrale Rolle.

Seiten 158/159:
*„**Prospect** der Furst Marggraf Baaden Durlach Neuerbauten Residenz Statt Carolsruhe", Kupferstich von Heinrich Schwarz, 1721*

Vielleicht verhelfen uns vernetzte Denkweisen auch zu nicht-autoritären, humanen Stadtformen, von denen hier und dort was aufzukeimen scheint. In intelligenter Weise hat man es in der von Milton Keynes konzipierten englischen New Town in den 70er- und 80er-Jahren probiert, wo man sich einander mehrschichtig überlagernde und interaktive Netze des Straßengrids, der Landschaft und der Versorgung sowie davon unabhängige Feinverteilungen der Stadtquartiercluster vorgenommen hat. Es ist die Frage, ob diese *richtige* Stadt, in der Formen und Funktionsweisen der Stadt aus längst vergangenen Phasen ihrer Entwicklung verwendet und neu angelegt wurden, ob diese synthetische Stadt mit der offensichtlichen Anlehnung an nichtlineare Systemstrukturen bessere Ergebnisse erzielte als die Entwürfe der älteren Stadtplaner. Aber man muss diesem Versuch noch etwas Zeit lassen.

Die kooperative Stadtplanung

Krisen beschleunigen Lernprozesse. Die planenden Verwaltungen mussten erfahren, dass die Steuerungspotenziale von Stadt und Kommunen schwach geworden sind und die Legitimität staatlicher Zielsetzungen zunehmend in Zweifel gezogen wird. Konflikte nach Planungsentscheidungen hierarchischer Art, typisch die Standortsuchen für Mülldeponien, erzeugten statt Lösungen Blockaden. So hat sich im letzten Jahrzehnt ein so genannter „Zweiter Politikmodus" durchgesetzt, der das in der „ersten Moderne" verfasste hierarchische Verwaltungshandeln abgelöst hat zugunsten eines kooperativen Politik- und Planungsmodells. Diese meist stadtteilbezogene, alle Gruppen einschließende Methode der Lösungssuche wurde schon deswegen nötig, weil sich die politischen Stadtgrenzen oft über mehrere Verdichtungsräume erstrecken und Interessen der Stadtteile stark auseinander driften. Netzwerkansätze spielen eine entscheidende Rolle bei der Modernisierung der modernen planenden Verwaltung. Die Städtebewohner werden vom Planungsobjekt zu Subjekten. Die vernetzte Kooperation der an einem Problemfall beteiligten „Akteure" kann von der Verwaltung initiiert werden, sie kann aber auch zunächst außerhalb der Verwaltung anlaufen, um diese später einzubeziehen. Bewährt haben sich überdies Verschränkungen zwischen Funktionsträgern der Verwaltung und informellen Bürgergruppen.

Eine Voraussetzung für das Funktionieren dieser Kooperationen ist es, dass die Gruppen von den Autoritäten ernst genommen und nicht nur fallweise oder präventiv eingesetzt werden und dass die Autoritäten sich verpflichten, ein erarbeitetes Ergebnis in einem transparenten Verfahren umzusetzen. Wenn diese Konsensmodelle funktionieren, dann tragen sie auf stadtregionaler Ebene zur sozialen Stabilität bei und erhöhen das Demokratiepotential der städtischen Zivilgesellschaft. Pessimisten mögen einwenden, dass Planungsgewinne heute, da kein Kuchen mehr zu verteilen ist, Nullsummenspiele seien, dass die Beteiligung am Diskurs schon das Planungsziel ist nach dem Motto: Uns fehlen die Kindergärten, doch wir haben ein Stadtteilforum! Die Klage vergisst, dass sich außerhalb des offiziellen Geschehens vielfältige Beziehungsmuster und Ebenen für solidarisches Handeln bilden, so dass Selbsthilfeprozesse auch zu anderen Themen erleichtert und kommunitäre Engagements befördert werden, deren Bedeutung in unserer postautoritativen Gesellschaft nicht hoch genug veranschlagt werden kann.

[2] Joseph Huber: Nachhaltige Entwicklung. Strategien für eine ökologische und soziale Erdpolitik. Berlin 1995.

[3] Timothy Moss (Hrsg.): Planungskultur und Nachhaltigkeit. Berlin 1998.

Die Ökonomie in der Stadt

Die kooperativ arbeitenden Bürgergruppen, die sich aufgrund akuter Problemfälle vernetzen, tragen auch dazu bei, die sich ausdifferenzierenden, nur über den Markt vermittelten sozialen und wirtschaftlichen Einheiten wieder einzubinden. Das scheint deshalb zunehmend geboten, so die Auffassung der Stadtsoziologin Erika Spiegel, weil die vertikalen Vernetzungen der tonangebenden Akteure in Parteien, Kirchen, Fachverbänden stets kräftiger sind als die horizontalen örtlichen Verbindungen innerhalb der Stadt und sich sogar weiter verstärken.[4] Das liegt zum einen daran, dass die horizontal-örtlichen Verbindungen persönlich hergestellt und wachgehalten werden müssen, während die vertikalen Vernetzungen innerhalb von Institutionen und Organisationen in bürokratisch-zweckrationalen Strukturen geknüpft werden. Diese Kooperation folgt eingespielten Mustern und ist den lokalen Bindekräften, die zudem noch kulturelle Grenzen überwinden müssen, mehr und mehr überlegen. So entsteht die Frage, was eine Gemeinde örtlich eigentlich noch zusammenhält: Die drei Bezugspunkte der mobilen Arbeitnehmer sind Wohnung, Auto und Arbeitsplatz und nicht mehr die Großfamilie, der Verein oder die Stadtverordnetenversammlung; die Institutionen bleiben zwar der örtlichen Klientel verpflichtet, mausern sich jedoch zunehmend zu übergeordneten Akteuren als Global Players. Was also hält die Stadtgesellschaft zusammen? Wer stiftet Verbindungen zwischen den verschiedenen städtischen Gruppen? Wer weckt die örtlichen Integrationspotenziale, vermittelt zwischen Kirchen, Schulen, Universitäten und Unternehmerverbänden und Gewerkschaften, um nur einige zu nennen? Eine Gemeinde ohne solche Vernetzung dürfte auf Dauer im wirtschaftlichen Konkurrenzkampf wenig Chancen haben, denn lokale Netze zwischen Personen und Gruppen werden als Schmiermittel gebraucht.

Da es jedoch den Local Players schwerer fällt, die kulturellen und psychologischen Abgrenzungen der örtlichen Mitakteure zu überwinden, als eben mal mit ihren Verbänden in der Haupt- oder Nachbarstadt zu telefonieren, läuft die vertikale Vernetzung städtischer Wirtschaftsakteure rascher und rationaler als die Quervernetzung in den Gemeinden. Um so schwieriger ist es, Arbeitsgruppen zu gründen und zusammenzuhalten, die sich mit Themen wie der problematisch gewordenen Innenstadtentwicklung nachhaltig auseinandersetzen. Jeder einzelne Gewerbetreibende und Dienstleister handelt als *homo oeconomicus* rational, doch die horizontal praktizierte Irrationalität schlägt sich in der fortschreitenden Verödung unserer Innenstädte nieder.

Daher werden in vielen Städten Moderatoren oder Stadtmanager aktiviert, um die wichtigen Akteure, Verantwortlichen und Betroffenen in einer kooperativen Arbeitsgruppe an den runden Tisch zu setzen. So sind von Zürich bis Stralsund Vitalisierungsinitiativen am Werke, in denen Vertreter aus Einzelhandel, Gewerbe, Banken, Gastronomie und Tourismus unter Mithilfe eines Moderators mit engagierten Bürgern zusammenarbeiten. Sie versuchen, das sozialkulturelle Milieu ihrer Innenstädte zu erhalten und deren Identität zu stärken. Diese Kooperation auf Stadtteilebene in und zwischen ökonomisch relativ autonomen, gleichwohl in ein Netz von informellen Beziehungen eingebundenen „Einheiten" ist auch Modell moderner Management- und Wirtschaftstheorien. Es ist empirisch nachweisbar, dass Wirtschaftsansiedlungen ihren neuen Standort nicht mehr nur nach den klassischen Gesichtspunkten der Kostenminderung mittels enger regionaler Zuordnung von Produktion, Angebot und Nachfrage auswählen. Neuer-

[4] Erika Spiegel: Die Stadt, der Städter und die städtische Gesellschaft – was hält sie zusammen? Zur Stadt der Zukunft als Funktions- und Interaktionszusammenhang. In: Dieter Sauberzweig u. a. (Hrsg.): Stadt der Zukunft. Baden-Baden 1998.

dings spielen diese Art Vorteilsnetze nicht mehr die Hauptrolle, zumindest führen auch noch andere Pfade in die regionalen Agglomerationen. Zu ihnen gehören zum einen die Chancen, die eine Zusammenarbeit zwischen einzelnen, regional vernetzten Unternehmen bietet, zum anderen die Einbindung in lokale Milieus. Neuere Wirtschaftstheorien setzen auf ein Wiederaufleben regional vernetzter Produktionsformen. Während die fortschrittlichen Großbetriebe jahrzehntelang vertikal-hierarchisch integriert waren und örtlich verschränkte Mittelstandsunternehmen als rückständig gebrandmarkt wurden, hat sich das Blatt offensichtlich gewendet. Die Großbetriebe suchen wieder die Eingliederung in die regionalen sozialen Milieus und setzen die Chancen wechselseitigen Lernens höher an als die blanke Unabhängigkeit, die ihnen die „entflechtenden Mechanismen"[5] einmal als Rationalisierungschance geboten haben. So ist es nicht verwunderlich, dass diejenigen Städte und Regionen bei der Einwerbung von Unternehmensneuansiedelung Vorteile genießen, die schon über Kooperationserfahrungen, über Moderationen und intermediäre, womöglich institutionalisierte Verknüpfungsagenturen verfügen.

Städtenetze

Die staatliche Planung, die das raumordnerische Leitbild prägte, griff seit den 30ern bis in die 70er-Jahre regulierend in den sich verschärfenden Konkurrenzkampf zwischen den Städten ein. Das System der „Zentralen Orte" nach Christaller bot eine Möglichkeit, die staatliche Mittelzuteilung für die gemeinwohlrelevanten Aktivitäten der Kommunen zu portionieren. Oberzentren versorgen überregional und bekommen mehr Mittel zugewiesen, während Mittelzentren weniger erhalten, da sie von den Oberzentren profitieren. Dieses heute idyllisch anmutende Modell der hübsch vernetzten großen und kleinen Orte hatte bis in die 80er-Jahre Konjunktur und wurde schließlich nach der Wiedervereinigung noch den neuen Ländern im Osten Deutschlands als zukunftsträchtiges und die Entwicklung der Kommunen auf Westniveau hebendes Instrumentarium empfohlen.

Inzwischen hat das Modell nicht nur seine ideologische, sondern ebenso seine wirtschaftliche Grundlage verloren. Weder die Verkehrsflüsse und Wirtschaftsbeziehungen noch die Standortsuche der Großbetriebe ließen sich von der flächendeckenden Gleichverteilung der Lebenschancen leiten, zudem der wohlfahrtsstaatlichen Steuerung des Orte-Netzes, bei der erhebliche Kapitalmittel und Arbeitskräfte mobilisiert und verschoben werden mussten, die Mittel ausgegangen waren.[6] Stattdessen beobachten wir eine quasi naturwüchsige Herausbildung von linearen Netzen entlang der uralten Verkehrsschneisen zwischen Rotterdam und Marseille, die schon die deutschen Kaiser als Route ihres wandernden Hofstaates bevorzugt haben. Diese Übereinstimmung der vormodernen Netze mit den heutigen ist noch wenig erforscht. Städten, die das Glück haben, in diesem Streifen, im Fachjargon Blaue Banane genannt, zu liegen, fallen alle Entwicklungschancen buchstäblich in den Schoß, während abseits gelegene Gebiete nicht auf zukunftsträchtige Arbeitsplätze hoffen können. In diesen Regionen haben sich einige Netzwerke von Städten gebildet, die sich gegenseitig ihre spezifischen Vorteile zur Nutzung anbieten. Da es nicht länger möglich ist, jedes Mittelzentrum mit weiterführenden Schulen und speziellen Krankenhäusern auszustatten und nicht jedes Oberzentrum eine Fachhochschule oder gar Universität erhalten kann, schließt man sich in Netzwerken zusammen.

[5] Anthony Giddens: Kritische Theorie der Spätmoderne. Wien 1992.

[6] Ricardo Cappellin: International networks of cities. In: Roberto Camagni (Hrsg.), Innovation networks. London u. New York 1991 (s. dort v. a.: Introduction. From the local „milieu" to innovation through cooperation networks).

Diese asymmetrische Ressourcenverteilung und Ausstattung wurde in den Mittelstädten der Banlieues um Paris angesichts versiegender Mittel bereits in den 70er-Jahren entwickelt, als in Deutschland während der Großen Koalition noch der Glaube an die planerische Umverteilung prägend war. Der Rückfall ganzer Regionen in die wirtschaftliche Bedeutungslosigkeit und die gleichzeitige Aufbruchsstimmung in Berlin, nachdem es wieder zur deutschen Hauptstadt wurde, haben allerdings ein bemerkenswertes Städtenetzwerk rund um Berlin geschaffen. Die fünf oder sechs Mittelstädte im Abstand von 50 Kilometern rund um die Metropole schlossen sich in einem kreisförmigen Kooperationsverband zusammen, um von ihren jeweiligen Stärken wechselseitig zu profitieren. Jede Stadt sollte ihre besonderen Eigenressourcen angeben, die dann durch Zusammenarbeit aller gestärkt und für die anderen von Nutzen sein sollten. Die Metropole Berlin konnte man mit ins Boot nehmen, da die Hauptstadt kein Interesse hatte, die berüchtigten Speckgürtel anzusetzen, die sich rund um die Weststädte gebildet hatten. So sollten die Radialbahnen von und nach Berlin verengt und verlangsamt, die Kreisverbindungen des Netzes dagegen beschleunigt werden. Die Ringstädte boten Berlin an, die Interessen und Einflussbereiche des Zentrums in die weiteren Peripherien hinein zu vertreten. Zudem fangen die vorgelagerten Ringbastiden einen Teil des Zustroms auf das magnetische Zentrum auf. Ein famoses Modell, netzwerkmäßig bestens ausgeklügelt unter Mithilfe erfahrener Moderatoren. Leider scheiterte es mehr oder minder daran, dass jeder Bürgermeister aus wahlpolitischen Gründen seine eigene Stadt als die zukünftige waldreiche Erholungs-, Medien- und Forschungsstadt ins Rennen schicken wollte. Mülldeponien wollte keiner im Vor- oder Hintergarten. Hinzu kam, dass das vom Hauptstadtbonus erhoffte Wirtschaftswunder ausgeblieben ist.

Natürlich sind auch andere Beispiele zu nennen, die eine optimistischere Prognose der zukünftigen Ergebnisse von Netzallianzen ansonsten konkurrierender Städte erlauben. Das Konstrukt „Technologieregion Karlsruhe" scheint in der Tat mehr zu sein als die Summe seiner Teile und auch die zahlreichen „grenzüberschreitenden" Städtekooperationen werfen Profite für die Teilnehmer ab, wenn Elan mit gegenseitigem Verständnis verkoppelt ist. Die Euregio um Aachen – Maastricht und die Koordinierung des Städteschwarms um Basel zu selbstbewussten Netz-Akteuren in der Dreiländerregion zeigen nach einer Langzeituntersuchung positive Perspektiven.

In Phasen ökonomischer Expansion kam die Dynamik städtischer Entwicklungen ganz ohne Netze aus, jetzt jedoch werden Netzwerke zur Kompensation staatlicher Deregulierung, zur Erklärung und Beeinflussung neuer ökonomischer Konstellationen und zum Aushandeln von Konflikten durchaus gebraucht. Es ist allerdings nicht zu übersehen, dass Netze im Metier von Stadt- und Sozialplanung eher metaphorischen – wenngleich durchaus nützlichen – Charakter haben.

Dorothea Friedrich

ENERGIENETZE

Der Strom kommt aus der Steckdose. Jeder, der mit den Fingern schon einmal in eine hineingefasst hat, weiß das. Wie der Strom dort hineingekommen war, spielte in jenem Moment der Pein nicht wirklich eine Rolle. Techniker und Ingenieure wiegen die Menschen in süßer, falscher Sicherheit, doch in solchen Augenblicken geht die Unschuld auf einen Schlag verloren. Der Mensch hängt am Netz, und diesmal mit einer solchen Intensität, dass sie ihn das Leben kosten könnte. Er weiß nicht, wie ihm geschieht. Denn der Ingenieur hat noch nie gern viele Worte darüber verloren. So ist es eben. Zuerst kommt die Technik, dann die Theorie. Diese Generalisierungsabstinenz der Ingenieurwissenschaften gefällt Philosoph Günter Ropohl gar nicht, und so liefert er höflich fürs Netz den Überbau: „Nun gibt es wohl auch Nutzersysteme, die an ein Netzwerk angeschlossen werden und das vom Netz herangeführte Transportgut verbrauchen. Solche Anschlusssysteme sollen jedoch nicht zum Netzwerk gerechnet werden, und zwar aus dem naheliegenden Grund, dass sie, was das Netzwerk liefert, im Prinzip auch aus einer anderen Quelle beziehen könnten." Ein Freibrief für die Netzmacher, Verachtung für die Tröpfe, die am Ende der Leitung hängen und den Hund arglos zum Trocknen in die Mikrowelle geben. Den Hund hätte man ja auch persönlich trockenblasen können. Wofür es am Ende des Energienetzes Alternativen gibt, dafür ist der Verbraucher selbst verantwortlich.

Dafür, wie Strom, Gas und Fernwärme zu ihm gelangen, glücklicherweise nicht. Er sieht die Kabel in der Luft, ahnt die Rohre im Boden, sieht sie sogar öfter, als ihm lieb ist, wenn sein Bürgersteig zum dritten Mal im halben Jahr aufgebuddelt wird, und erschrickt, wenn die Wuppertaler Schwebebahn auf das Rohr der Fernwärme stürzt. Dann geht der Verbraucher nach Hause und seiner eigentlichen Bestimmung nach: Er schaltet Licht, Fernseher und Heizung ein und träumt von einem Candlelight-Dinner auf rein freiwilliger Basis, während er im Internet dem günstigsten Stromanbieter hinterhersurft. Richtig! Die Energienetze sind nicht mehr nur in öffentlicher Hand. Seit dem 29. April 1998 herrscht in der Stromwirtschaft Wettbewerb, und die guten alten Stadtwerke mussten ein bisschen beleidigt feststellen, dass in jedem Wettbewerb ein kundenfreundliches Erpressungspotential steckt. Folgerichtig reagierten die großen Konzerne als erste. Sie drückten die Strompreise mit artigen Hinweisen auf anderer Mütter schöne Töchter, und so bezog nicht nur die Frankfurter Flughafen AG ihren Strom schnell erheblich billiger, sondern auch Bündelkunden wie große Banken oder Einzelhandelsketten – viele Niederlassungen, noch mehr Kapital – profitierten von der neuen Freiheit. Für Industriekunden sank der Preis innerhalb von zwei Jahren um 27 Prozent.

Gewaltig! Das fanden auch die Privatkunden und borsten vor Energie, fragten hunderttausendfach bei neuen Anbietern nach, um sich dann doch nur zu zwei Prozent von ihren gewohnten Lieferanten zu verabschieden. Das alte Netz hielt, lockte mit unvermutet günstigen Angeboten und einem Ableser für alles auf einmal – gemeint waren natürlich Strom, Wasser und Gas – unter dem Zauberwort „Multi-Utility". So modern ist das alles geworden, dass sich sogar Werbekampagnen lohnen und Stadtwerkemitarbeiter über Corporate Identity nachzudenken beginnen, jedenfalls solange

Erste elektrische Straßenbeleuchtung
am Potsdamer Platz in Berlin,
Gemälde von C. Saltzmann, 1884

sie ihren Arbeitsplatz noch haben. Denn der unbequeme Zwang zur Wirtschaftlichkeit hat den Kommunen diese Quelle der Freude vergiftet: die Energiepreise im Bedarfsfall als Zubrot zum Haushalt zu missbrauchen. So war seit dem Tag X ein Personalabbau um 15 Prozent nicht ungewöhnlich. Das schmerzt.

Tiefer noch sitzt der Schmerz, nun nicht mehr allein Hüter des heiligsten Sinns und Zwecks der Energienetze sein zu dürfen, der Daseinsvorsorge. Denn bevor der Mensch im Luxus seine Energien nur noch dafür zu verwenden brauchte, es einfach kuschlig warm und hell und gemütlich zu haben, kämpfte er ums nackte Überleben. Vielleicht konnte der Ingenieur damals in jenen düsteren Zeiten bei dem von existenziellen Nöten gebeutelten und von ihm herrlich abhängigen Laien noch Interesse dafür wachkitzeln, woher die Elektrizität denn so kommt und dass es ein unablässig rotierender Magnet in einer Spule ist, der das Wunder in Gang setzt. Ein Magnet dreht sich in einer Spule! Ach so. *Das ist ja einfach* im Sinne eines *Ich bin ja schon drin* könnte der Laie damals gerufen haben. Und wieder einmal ärgerte sich der Ingenieur über diesen ungebildeten Klotz, der seine Erkenntnisse nicht zu würdigen verstand. Und bevor der Laie auch nur ansatzweise kapierte, warum es so schlau war, Kohle zu verbrennen, um Strom zu gewinnen, da hatte der Ingenieur längst die Kohle pulverisiert und auf bewegten Rosten durch den Ofen gestaubt, dass es nur so krachte, um die Hitze und den Druck zu erhöhen. Wenn am Ende der Laie zwar ahnt, dass heißer Dampf die Turbinen, auch den berühmten Magneten rotieren lässt, und er das Weiße aus den Kühltürmen steigen sieht und er scheinbar kenntnisreich, tatsächlich aber nur höflich die Frage stellt: „Dampf?" – dann wendet sich der Techniker mit Grausen. Nein, Laie, Dampf ist unsichtbar, so wenig zu greifen und zu sehen wie Gas. Der „Dampf", der da aus den Kühlbehältern wuchtig in den Himmel türmt, ist nur Kondensat des wirklichen Dampfes, der hier oben gänzlich verschwendet wäre.

So beherrschen Angst und Misstrauen das Verhältnis zwischen Ingenieur und Laien. Den Laien würgt die Angst vor dem großen Gewaltigen, dem hemmungslos Entfesselten, nichts anderem als dem Leben mit all seiner Energie zu Wasser, zu Lande und in der Luft. Den Ingenieur die Angst, der Laie werde niemals begreifen, wie fein, überaus mutig und angstfrei, wenn auch intelligent und vorsichtig er all das mit seinen subtilen Netzen in den Griff gekriegt hat. Misstrauen allenthalben. Der Laie glaubt, der Ingenieur werde ihm niemals die Wahrheit sagen. Der Ingenieur weiß, dass der Laie sie eh nie verstehen wird, wenn er sie nicht so klein macht, dass sie lächerlich und banal wirkt.

Dabei fing es so großartig an. Um die Energien für den Antrieb seines Generators zu besorgen, waren dem Ingenieur kein Bergwerk zu tief, kein Fluss zu schnell, keine Wassermassen zu tosend, keine Windkraftanlage zu hässlich und die Sonne nicht zu heiß. Er machte sich alle zunutze. Er legte sich an mit den gefährlichsten Elementen und machte sie scheinheilig zu seinen Verbündeten. Er schickte Bergleute unter Tage, ließ Kohle abbauen und feuerte mit dem Ertrag die Kohlekraftwerke an. Er entwarf beeindruckende Turbo-Wasserräder für die Wasserkraftwerke – heute sind 661 Wasserkraftwerke in Deutschland im Betrieb –, montierte die Schaufeln mal oberhalb des Laufrads, mal in der Mitte, mal im Innern des Leitwerks und ließ sich gerne mit Schutzhelm demütig daneben kauernd fotografieren, bevor er die Räder frisch poliert zu Wasser ließ. Zur Größenordnung: So ein Laufrad kann leicht seine 150 Tonnen wiegen, wie etwa das 1849 von James B. Francis ersonnene und noch heute üblichste. Und der Ingenieur lächelte nachsichtig, wenn man seine Solarzellen mit Sonnenkollektoren verwechselte, nahm es hin, wenn man seine Ideen für absonderlich hielt.

Er stritt sich mit dickköpfigen Bürgermeistern und Landschaftsschützern, die ihm die Aufstellung seiner Windkraftanlagen verbieten wollten, um anschließend umso stolzer elektrische Energie auch dort oben zu ernten. Die Windräder! So sehr es das Ordnungsempfinden des Laien stört, wenn in einer Reihe der beeindruckenden Masten auch nur ein Rotor sich nicht dreht, so begierig verschlingt er Unfallberichte: Kiloschwere Eisbrocken werden im Winter auf die Straße geschleudert, verfehlen Kommunalpolitiker nur um wenige Meter, zerschlagen die Faltdächer von Suzuki-Kabrios, arglosen Ostfriesen fliegen zerfetzte Rotorblätter um die Ohren, komplette Maschinenhäuser fallen von den Masten 40 Meter in die Tiefe, was selbst Fachleute als Windkraft-GAU bezeichneten – einfach herrlich, so viele Desaster auf einmal. Wer Wind sät! Der Ingenieur kichert sich ins Fäustchen. Welches Grausen würde den Laien erst packen, wüsste er, dass im Netz der Windkraftanlagen im Grunde nichts als Sonnenenergie gemolken wird – und welche Kräfte erst dahinter stecken! Unsere Sonne strahlt pro Stunde 100 000 000 000 000 Kilowattstunden (100 Billionen, was sonst) an Energie auf die Erde ab, von denen ein bis zwei Prozent in Windenergie umgesetzt werden, und das auch nur, weil die Erde rotiert. Das ist bis zu hundertmal mehr Energie als von sämtlichen Pflanzen dieser Erde in Biomasse umgewandelt wird. Apropos regenerative Energien: Ewig geht das ja auch nicht, selbst die Sonne wird eines Tages erlöschen. In nur fünf Milliarden Jahren ist es schon soweit. Darüber sollten die Psychologen einmal nachdenken, bevor sie Theorien gelernter Hilflosigkeit – Erde geht kaputt, aber ich kann eh nix machen – erarbeiten und über depressive Endverbraucher regenerativer Energieträger nachsinnen!

Katastrophen vereinigen Nichtwisser und Wissende. Und sobald sich die Naturgewalten Bahn brechen und des Ingenieurs ganzen Stolz, seine gesamte ausgefeilte Produktpalette zermalmen, seine „parapluies windeuter bienenväter ozonspindeln" (Hans Arp), dann gesellt sich still der Mensch zu ihm und – räumt auf.

Der einfache Mensch und törichte Laie hat schon immer gewusst, dass mit den elementaren Mächten nicht zu spaßen ist – und „menschliches Ermessen" ein Widerspruch in sich. Aus nachvollziehbaren Gründen nennt der Ingenieur unglückliche Unfälle an elektrischen Leitungen und brisant gefüllten Rohren am liebsten: „Zwischenfälle". Das klingt irgendwie freundlicher, zwischenmenschlich quasi, mit der Maschine auf Du und Du. Als am 7. Januar 1997 im eiskalten Essen ein Fernwärmerohr platzte, meinte Energieversorger Steag sogar lakonisch: „Zufall!" Dummer Zufall, wenn man selbst derjenige ist, dessen Beine von Fontänen 95 Grad heißen Wassers verbrüht werden. Sickerwasser war auf die Schweißnähte getropft und hatte das 30 Jahre junge Rohr korrodieren lassen.

Und während dann der Fachmann und der Mensch einträchtig die Trümmer beiseite räumen und die Fäden entwirren, erklärt der schuldbewusste Ingenieur dem nachsichtig gestimmten Laien – irgendwie ist der ganze Aufwand ja doch für ihn gewesen – die schöne große Welt der Hochspannungsleitungen und Masten. Denn so ein Stromtransport ist ein Wunder. Die Spannung der in den Kraftwerken erzeugten Energie beträgt zwischen sechs und 21 Kilovolt. Viel zu niedrig! Über größere Strecken so wenig Spannung? Vergiss es, sagt der Ingenieur, und der Laie stimmt ihm eilends zu. Also wird die Spannung erhöht und beträgt im Hochspannungsnetz satte 220 beziehungsweise 380 Kilovolt. Zu hoch wiederum für die

Steckdose, deshalb dazwischen einige sinnvolle Umspannwerke, Mittelspannungsnetze und Ortsnetztrafostationen, bis das ganze in kundenverträglichen Niederspannungsleitungen endet. Das findet der Laie wenig spektakulär, faszinierender eigentlich die Welt der Masten und Hochspannungsleitungen selbst. Na gut. Die Leiterseile bestehen im Kern aus Stahl, der Mantel leitet gut, denn er besteht aus Aluminium oder einer Legierung, und zwischen zwei Masten (350 Meter) wiegt das Seil eine runde Tonne. Die Erdseile – solche Überlandleitungen haben eine Menge Kabel, erinnert sich seufzend der Laie – sind über die Mastspitzen verlegt und schützen so die Strom führenden Leiterseile vor Blitzeinschlägen. Aber so schlicht ist es natürlich nicht geblieben, trumpft der Ingenieur auf, denn in die Erdseile wurden inzwischen Glasfaserkabel integriert, Lichtwellenleiter, die digitalisierte Informationen übermitteln und damit eine moderne Mess- und Steuerungstechnik ermöglichen. Das finden wir pflichtschuldigst ganz doll, doch den gewohnt katastrophengeilen Laien beschäftigt längst etwas anderes: Was passiert, wenn ich da hoch klettere? Sieht er doch die Zugvögel, nicht nur die Kraniche, die er brav für seine örtlichen Vogelstationen zu zählen gewohnt ist, auch kleinere Vögel, die total relaxed auf den Seilen hängen, Erdseilen, Leiterseilen, wo auch immer, sieht die kleinen Schikanen, die ihn dran hindern sollen, den Mast hinaufzuklettern. Schwieriger als mit schlanken Kinderfingern in Dosen hineinzufahren ist es, alle Vorsicht fahren zu lassen und den Mast zu besteigen. Deshalb kommt es dort viel seltener zu persönlichen Erfahrungen.

Aufklärung erhalten wir wie immer von den Dichtern. Diesmal von Barbara Vine. Clodagh Brown ist die Heldin des Romans „Heuschrecken", weibliche Elektrikerin und daher autorisiert, gewisse Dinge zu erklären. Hochspannungsmasten haben natürlich Klettersperren, die Jugendfreund Daniel als Strumpfbänder aus Stacheldraht interpretiert, was ihn vielleicht umso mehr dazu inspiriert, sie mit Clodagh zu demolieren. Clodagh hat ihn mit ihrer Liebe zu Hochspannungsmasten infiziert, deren Schönheit sie zärtlich beschreibt und die sie mehr liebt als Bäume oder Kirchtürme oder anderes, was hoch in den Himmel ragt: „Ich liebte ihre Macht und Stärke und ihre Gefährlichkeit." Die Sperren macht das Liebespaar unschädlich, und die beiden lesen zwar das Lebensgefahr-Schild, doch Daniel liest es zum letzten Mal: Im Höhenrausch langt er zum Leiterseil hoch. Was sich in einem von vielen Amperes durchflossenen Körper abspielt, erfährt Freundin Clodagh erst später: „Er wird gründlich gekocht, von innen nach außen, mit tiefen, ausgedehnten Verbrennungen, häufig bis auf die Knochen ... Ein ruppiger Arzt ... verglich im Krankenhaus den Vorgang mit dem, was die Mikrowelle mit Fleisch macht." So schließt sich der Kreis. Ulrich Plenzdorf hat das vermutlich auch nicht gewusst, sonst wären die letzten Worte seines vom Stromschlag dahingerafften neuen Werther Edgar Wiebau nicht so lakonisch gewesen: „Ich war vielleicht ein Idiot, Leute. Das letzte, was ich merkte, war, dass es hell wurde und dass ich mit der Hand nicht mehr von dem Knopf loskam. Mehr merkte ich nicht ... Das war's. Macht's gut, Leute!" Ja, sie waren hart im Nehmen, die jungen Leute im Kommunismus, wenn es ihnen auch letzten Endes nicht wirklich genützt hat. Allerdings waren es in Edgars Leitung auch nur um 240 Volt, während Daniel in einem Feuerball von 400 000 Volt explodierte. Wieviel Volt Mel Gibson abbekam, als er mit dem Fön in die Badewanne stolperte, ist nicht bekannt, aber er hatte gar nichts davon, außer dass er plötzlich die Frauen verstand.

Daniel jedenfalls glühte und starb. Wird das Netz durch einen solchen Zwischenfall aus dem Gleis geworfen? Nicht wirklich. Die Ingenieure haben dagegen Vorkehrungen getroffen. Die Spannung muss ja ständig gleich bleiben. Sie darf sich weder tages- noch jahreszeitlich die Verbrauchskurven anmerken lassen und tut es auch nicht. Mit der Liberalisierung wurde das nicht einfacher. Absprachen mussten her, wer wann wie viel ins Netz einspeisen darf (und zu welchem Preis). Für Ordnung sorgt der Fahrplan. Änderungen und Engpässe sind dem betroffenen ÜNB (Übertragungsnetzbetreiber) rechtzeitig zu melden. Engpass? Der Laie kriegt Angst. Kein Strom mehr? Ruhig, nur ruhig. Engpass bedeutet: zuviel Strom! Und das muss rechtzeitig angemeldet werden. Folgende sechs ÜNB sind für den reibungslosen Ablauf verantwortlich: Bewag, EnBW, E.ON, Hamburgische Electricitäts-Werke, RWE und VEAG. Im GridCode (Übereinkunft im Verbundnetz) haben sie unter der Regie der Deutschen Verbundgesellschaft (DVG) die neuen Bedingungen festgelegt. Und siehe da: energische Angstanfälle sogar hier. Die Furcht schrieb Protokoll. Die DVG und ihr Partner auf der kommunalen Ebene, der VKU (Verband der kommunalen Unternehmen), trauen sich nicht so recht über den Weg. Als der neue GridCode 2000 am 13. Juni 2000 veröffentlicht wurde, riet der VKU seinen Mitgliedern unerbittlich, die Zustimmung zu verweigern. Anderthalb Jahre später weiß allerdings keiner der Beteiligten mehr, warum. Nicht mal, wie die Sache ausgegangen ist. Viel Rauch ohne Feuer, verdampfte Energie. DVG und VKU mutmaßen unisono, da sei jetzt wohl alles in Ordnung. Änderungen? Schulterzucken. Alles okay. Beweis: Der GridCode stehe ja jetzt im Netz! Das Netz heiligt und beglaubigt und segnet die Mittel. Was man Schwarz auf Weiß besitzt ... Der GridCode 2000 – das unbekannte Wesen. Kostenloser Download erlaubt. Jedem Stadtwerk zu empfehlen. Die berühmten Engpässe erfährt man stets aktuell unter den Links der DVG. „Strommarkt" anklicken. Zur Zeit ein besonders schöner Engpass von RWE nach Tennet. Dauer: 1. Januar 2001 bis 31. Dezember 2001. Na ja, dann kann es ja nicht so schlimm sein.

Und dabei! Beim Erdgas ist ja alles noch viel schlimmer. Strom ist domestiziert, subtil gewonnen durch unablässige Wissenssteigerung des Ingenieurs, der Wind, Wasser, Sonne, Kernkraft das Äußerste abtrotzt. Gas ist wie Öl fossile Energie. Anderes, früheres Leben musste dafür zugrunde gehen, bevor wir es in unsere Energienetze einspeisen konnten. Verwesung und Fäulnis von tierischem und pflanzlichem Plankton sowie „zu Boden sinkende Überreste von anderen Kleinstlebewesen" waren die Voraussetzung. Vielleicht deswegen neigt der konservative Ingenieur dazu, das Gute in der Tiefe zu suchen und sich ständig bücken zu wollen, obwohl die Idee des begehbaren Leitungsgangs vor allem dem Laien absolut bestechend erscheint. Dietrich Stein ist sein nimmermüder Prophet, und in der jüngsten Zeit haben die Städte Taipeh und Prag auf ihn gehört. Kein Zufall, dass man in Deutschland Erdgas zum ersten Mal 1910 erbohrte. Man hatte eigentlich nach Wasser gesucht. Kaum 90 Jahre später wurde auch der Gasmarkt liberalisiert und wir kaufen Unmengen des hochexplosiven Rohstoffs – 30 Prozent des Gases in den alten, 50 Prozent in den neuen Bundesländern – bei der Gazprom ein, was zu DDR-Zeiten aus Angst vor Abhängigkeit von den Sowjets in Westdeutschland eher unterkühlt gehandelt wurde. 20 Prozent unseres Bedarfs deckt Norwegen, etwas weniger – und bald gar nichts mehr wegen erschöpfter Vorräte – kommt aus den Niederlanden, 16 Prozent aus Großbritannien.

Montagearbeiten am Umspann-masten

Und wie kommt es in unsere Hausgasleitungen? 360 000 Kilometer unterirdische Pipelines – alle 100 bis 200 Kilometer unterbrochen durch Verdichterstationen, die den Druckabfall regeln – führen kreuz und quer durch Deutschland, verlegt etwa einen Meter unter der Erde, markiert von gelben Pfählen und angeblich von Streckengehern überwacht. Rauer Trappertyp, Schaufel geschultert, den treuen Wolfshund an der Seite, zieht er einsam seine Pfade durch die Wälder, buddelt hie und da eine Stichprobe Erde aus und schaut, ob die Pipeline einen Riss hat. Da lacht der Fachmann und verlässt sich lieber auf Hubschrauber, die abgelegenere Streckenabschnitte regelmäßig überfliegen, um verdächtige Veränderungen zu finden. Der Laie, der in seinem Privatwagen schleunigst Gas gibt, wenn er auch nur von ferne einen mit Gasflaschen beladenen Laster sieht, lässt sich vom Ingenieur, der endlich wieder einmal bewundert werden will, am Grimsel-Pass in einen Tunnel locken, durch den eine Gaspipeline führt. Der Laie legt treuherzig sein Ohr aufs Rohr: „Ich hör gar nix." Der Ingenieur verdreht die Augen, doch der Laie legt nach: „Was passiert, wenn das Rohr einen Haarriss bekommt?" „Dann", sagt der Ingenieur wahrheitsgemäß, „überlebt hier im Tunnel keine Maus." Nach einer kurzen Ohnmacht sucht der Laie schleunigst das Weite. Des Ingenieurs *fishing for compliments:* gescheitert. Der Laie hält ihn nicht länger für genial, sondern nur noch für wahnsinnig.

Doch es gibt Ingenieure, die die Klaviatur der verängstigten Laienseele meisterhaft beherrschen. Sie tüfteln ständig an neuen Inspektionsanlagen für Rohre, an kleinen Robotern, die sie dann liebevoll „Molch" taufen, „Magnetstreuflussmolch" oder „Ultraschallmolch", am liebsten aber „intelligenten Molch". Worauf sie über das Höhlenwesenmäßige ihres eigenen Tuns so erschrecken, dass sie zur Imagepflege schleunigst betonen, die Anforderungen unter der Erde seien weit höher als entsprechende Anforderungen in der Raumfahrt.

Wirklich beeindruckend findet jeder Laie die Gasspeicher, deren Gesamtvolumen in Deutschland 28 Milliarden Kubikmeter beträgt. Typisch, findet der Ingenieur, dass Strom nicht mal gespeichert werden kann, sondern im Augenblick der Erzeugung schon so gut wie verbraucht sein muss und wir es trotzdem geschafft haben, dass immer genug davon da ist, das interessiert diesen Schwachkopf einen Dreck, aber so ein Riesenloch unter der Erde, schon hat man ihn am Haken. Ist ja auch was, 28 Milliarden Kubikmeter Stauraum! 12 Milliarden davon dienen darin als „Kissengas", das zur Einhaltung eines Mindestdrucks ständig in den Speichern bleiben muss. Die Speicher liegen sämtlich unter der Erde. Kavernenspeicher sind Hohlräume, die nach dem Abbau von Salz übrig geblieben sind. Ihr Inhalt wird zur Abdeckung von Spitzenverbrauchszeiten verwendet, während die Porenspeicher für saisonale Bedarfsschwankungen eingerichtet wurden. Eingerichtet ist relativ: Wasser wurde für die Aquiferspeicher verdrängt, Feldspeicher sind ausgeförderte Erdgaslagerstätten. Das klingt einfach, doch für die Entnahme von Erdgas aus Porenspeichern sind kostspielige Bohrungen nötig und eine raffinierte Anlage on top. Zum Beispiel die BEB-Station in Dötlingen. Nur knapp 40 Mann haben dort den Zwei-Milliarden-Kubikmeter-Speicher voll im Griff. Macht pro Mann 50 000 Millionen Kubikmeter Erdgas. Tollkühn findet das der Laie. Und es rührt ihn ungemein, dass die BEB Erdgas und Erdöl GmbH am 12. September 2001 ihren zehntausendsten unfallfreien Tag feiern konnte, womit sie selbst am wenigsten gerechnet hatte: Der Zähler ging nur bis 9999. Und der Betriebsleiter Technik hob eigens zu diesem Anlass hervor, das Ziel absoluter Unfallfreiheit habe eine große soziale Komponente. Absolut korrekt.

Natürlich ist der Druck der Ferngasleitungen viel höher als der Druck des Gases, das ins Haus des Kunden kommt. Wenn es doch zur einen oder anderen Gasexplosion kommt, ist meist menschliches Versagen schuld (siehe zum Beispiel auch Heimito von Doderer, „Ein Mord den jeder begeht"). Auf etlichen Zwischenstationen wird der Druck in den Gasleitungen vermindert und das Rohr immer zierlicher; außerdem wird erst am Ende ein Geruchsstoff beigegeben, der das geruchlose Gas riechbar macht. Manchmal denkt der Verbraucher, wenn er selbst auch noch die Geruchsnuance wählen könnte, dann und erst dann wäre der Gasmarkt wirklich liberal.

Dagmar Steffen

DAS GLOBALE EINKAUFSNETZ

Schon in der Obstschale versammelt sich die halbe Welt: Äpfel aus Südtirol tummeln sich neben Orangen aus Spanien und Bananen aus Ecuador. Die Kiwis kommen aus Neuseeland angereist, Avocados aus Israel, Feigen aus der Türkei, nicht zu vergessen die kalifornischen Walnüsse. Dass diese Früchte einen weiten Weg hinter sich haben, ahnt fast jedes Kind. Doch als vor einigen Jahren ein kleines Gläschen Erdbeerjoghurt aus einer schwäbischen Molkerei in die Schlagzeilen geriet, rieben sich viele die Augen. Die Verkehrswissenschaftlerin Stefanie Böge vom Wuppertal-Institut für Klima, Umwelt, Energie hatte eine Studie[1] vorgelegt, die über die Herkunft und Transportwege aller Zutaten einschließlich Verpackung Aufschluss gab. Die Milch, fand die Forscherin heraus, stammt tatsächlich aus der Umgebung von Stuttgart; auch der Zucker kommt aus dem nahen Offenau. Doch die Bakterienkulturen reisen aus dem über 700 Kilometer entfernten Niebüll in Schleswig-Holstein an und die Erdbeeren gar werden auf polnischen Plantagen gepflückt und in Aachen weiterverarbeitet, bevor sie die Molkerei in Stuttgart erreichen. Für die Verpackung des Fruchtjoghurts kommen ebenfalls lange, verschlungene Transportwege von verschiedenen Zulieferfirmen sowie deren Zulieferern zusammen: Das Becherglas, der Aluminiumdeckel und das Etikett werden in verschiedenen bayrischen Betrieben produziert, die ihre Rohstoffe wiederum aus Nordrhein-Westfalen beziehen. Untersucht man letztlich noch die Pappsteige, in der die Joghurtgläschen in den Supermarkt transportiert werden, so treffen hier verschiedene Pappen, Leim und Kunststoff-Folie aus Bad Rappenau, Aalen, Köln, Lüneburg, Hamburg, Varel und Ludwigsburg sowie Komponenten aus Österreich und Frankreich zusammen. Summa summarum fahren Lastwagen mehr als 7000 Kilometer durch halb Europa, bis der Fruchtjoghurt schließlich im Supermarktregal steht.

Das Verkehrsnetz der Waren ist heute – zumindest in den Industrieländern – eng geknüpft, zugleich umschließt es den ganzen Globus. Wie kam es dazu? Was waren die Auslöser? Und wodurch unterscheidet sich das „Netz des Marktes" unserer Tage von dem vor 200 oder 2000 Jahren? Bekanntlich verfügte schon Athen im 4. Jahrhundert vor Christus mit Piräus über einen internationalen Hafen und importierte regelmäßig etwa zwei Drittel des Weizens, alles Eisen, Zinn, Kupfer und Schiffsbauholz, das benötigt wurde, weiterhin Elfenbein, Halbedelsteine und anderes mehr. Im Gegenzug wurden beachtliche Mengen an Silber exportiert. Dem Altertumsforscher Moses Finley zufolge kann man bei der antiken Wirtschaft trotzdem nicht von einem Weltmarkt im heutigen Sinne sprechen, denn dieser Begriff beinhalte mehr als nur den Austausch einiger Handelswaren über weite Entfernungen. Er setze auch „ineinander greifende Verhaltensweisen und Reaktionen" beziehungsweise eine wirtschaftliche Interdependenz zwischen den Produktions- und Verbrauchszentren voraus.[2]

Gemessen an diesem Maßstab begannen die wirtschaftliche Vernetzung zwischen weit auseinander liegenden Orten und der Prozess der Internationalisierung erst im 16. Jahrhundert. Zum einen existieren aus dieser Zeit Belege für wirtschaftliche Wechselwirkungen innerhalb Europas; so stand beispielsweise der Getreidepreis in Amsterdam, damals Hauptumschlagplatz für polnisches Getreide in Westeuropa, in Beziehung zum Ge-

[1] Die Studie „Die Auswirkungen des Straßengüterverkehrs auf den Raum – Die Erfassung und Bewertung von Transportvorgängen in einem Produktlebenszyklus" wurde von Stefanie Böge als Diplomarbeit am Fachbereich Raumplanung der Universität Dortmund im Juni 1992 vorgelegt. Zur Rezeption der Studie vgl.: „Ein Joghurt kommt in Fahrt". In: Zeit-Magazin Nr. 5 vom 29.1.1993, S. 14ff. sowie Friedrich Schmidt-Bleek: Wieviel Umwelt braucht der Mensch? MIPS – das Maß für ökologisches Wirtschaften. Berlin u. a. 1993, S. 93ff.

[2] Vgl. Moses I. Finley: Die antike Wirtschaft. München 1993, S. 156f. u. S. 208ff.

treidepreis in Danzig.[3] Zum anderen entwickelte sich damals das wechselseitige Abhängigkeitsverhältnis zwischen den europäischen Staaten und ihren Kolonien, das hier wie dort eine bis heute fortwirkende, weitreichende Spezialisierung forcierte. Gleichwohl war der Transport der Waren noch bis ins 19. Jahrhundert durch Langsamkeit, geringe Leistungsfähigkeit, Unregelmäßigkeit und hohe Kosten gekennzeichnet. Der Überlandtransport mit Pferdekarren auf schlecht befestigten Wegen verbesserte sich über die Jahrhunderte kaum. Der Transport auf den Fluss- und Seewegen war zwar bequemer und billiger, doch die Tonnagen und Geschwindigkeit der Schiffe gering. Diese Rahmenbedingungen begrenzten das „Netz des Marktes" unweigerlich.[4]

Zulieferer an Hersteller

Zulieferer an Zulieferer

Einzugsgebiete von Zuckerrüben und Rohmilch

Hersteller an Groß- u. Einzelhandel

Erst die bahnbrechenden Neuerungen der Verkehrs-, Transport- und Nachrichtenverbindungen im 19. Jahrhundert ermöglichten eine zunehmende Vernetzung und Verdichtung des Welthandels und die Internationalisierung der Wirtschaft. Weltweit wurde das Eisenbahnnetz ausgebaut, Dampfschiffe eroberten die Weltmeere und der Telegraf übermittelte Nachrichten rund um den Globus quasi in Echtzeit. Diese Innovationen senkten nicht nur die Transport- und Kommunikationskosten, sondern beschleunigten auch die Warenbestellungen und -transporte ganz erheblich. Die Dauer der Überfahrt von Europa nach Nordamerika ging beispielsweise von etwa fünf Wochen auf knapp eine Woche zurück. Vor allem der Überseehandel erlebte einen qualitativen und quantitativen Wandel. Der Ausbau der Seewege – 1869 wurde der Suezkanal und 1914 der Panamakanal fertig gestellt – machte Schiffstransporte erheblich kürzer und sicherer. Und durch die weltweiten Kabelnetze konnten Reedereien ihre Handelsschiffe kurzfristig und von Europa aus dirigieren.

Zentrale Antriebskraft dieses sich rasch entwickelnden Welthandelsnetzes war die industrielle Revolution, die zum einen einen wachsenden Bedarf an Rohstoffen hervorrief, aber auch ausgedehnte Absatzmärkte für die in Massen produzierten Waren bedingte. Statt Gewürzen, Zucker, Tabak, Pelzen und Menschen (Sklaven), die zuvor die Haupthandelsgüter darstellten, wurden seit Mitte des 19. Jahrhunderts zunehmend textile Rohstoffe, Erze und Holz nach Europa gebracht. Europa wiederum exportierte seine Industrieerzeugnisse – Textilien, Textilmaschinen, mechanische Webstühle, Dampf- und Schwermaschinen, Eisenbahnen und Schiffe – in alle Welt.[5]

Dieser enge Zusammenhang zwischen dem technisch-industriellen Fortschritt und dem sich immer stärker ausbreitenden Welthandel wurde schon damals erkannt und präzise beschrieben. „Die uralten nationalen Industrien", heißt es in einem historischen Text, „werden verdrängt durch neue Industrien, deren Einführung eine Überlebensfrage für alle zivilisierten Nationen wird, durch Industrien, die nicht mehr einheimische Rohstoffe, sondern den entlegensten Zonen angehörige Rohstoffe verarbeiten und deren Fabrikate nicht nur im Lande selbst, sondern in allen Weltteilen zugleich verbraucht werden. An die Stelle der alten, durch Landeserzeugnisse befriedigten Bedürfnisse treten neue, welche die Produkte der entferntesten Länder und Klimate zu ihrer Befriedigung erheischen. An die Stelle der alten lokalen und nationalen Selbstgenügsamkeit und Abgeschlossenheit tritt ein allseitiger Verkehr, eine allseitige Abhängigkeit der Nationen voneinander."[6]

Soweit Karl Marx und Friedrich Engels in ihrem 1848 in London erstmals publizierten Kommunistischen Manifest. In keinem anderen Land konnten die Autoren diese Entwicklungen besser beobachten als in Großbritannien, das damals durch seine Kolonien, durch den Stand seiner Industrialisierung, seine Flotte und die Freihandelspolitik die Führung im Welthandel innehatte. Angetrieben von industriellem Wachstum und der Suche nach neuen Absatzmärkten fand dann auch in London erstmals jenes Großereignis statt, das die zunehmende weltwirtschaftliche Vernetzung eindrucksvoll veranschaulichte: 1851 öffnete die Great Exhibition of Works of Industry of All Nations, die erste Weltausstellung, ihre Tore. 25 Länder und 15 Kolonien zeigten in dem eigens für diesen Anlass im Hyde Park errichteten Kristallpalast ihre industriellen und gewerblichen Produktionen. Für viele Besucher bot sich hier erstmals Gelegenheit, die neuen technischen Erfindungen kennen zu lernen. Große Faszination übten aber auch die Prä-

[3] Ebenda.

[4] Vgl. hierzu Fernand Braudel: Sozialgeschichte des 15.-18. Jahrhunderts. Bd. 1: Der Alltag. München 1985, S. 452-468. Die jahrhundertelange Stagnation des Transportwesens veranschaulicht Braudel mit einem Zitat Paul Valérys: „Napoleon kommt ebenso langsam voran wie Julius Cäsar" (466). Zur Verteuerung von Waren durch den Transport gibt der Historiker Jacques LeGoff an, dass die so genannten „Königswaren", das heisst teure Produkte mit geringem Volumen wie etwa „Gewürze" und Luxustuche, sich durch den Überlandtransport um 20-25 Prozent verteuerten, während die Transportkosten für schwere und voluminöse „arme Waren" wie Weizen, Wein und Salz sich gar auf 100-150 Prozent des Warenwertes beliefen (Jacques LeGoff: Kaufleute und Bankiers im Mittelalter. Frankfurt am Main 1989, S. 15.)

[5] Rainer Postel: Welthandel und Weltverkehr. In: Volker Plagemann (Hrsg.): Übersee. Seefahrt und Seemacht im deutschen Kaiserreich. München 1988, S. 18-21.

[6] Karl Marx / Friedrich Engels: Manifest der Kommunistischen Partei (51. Auflage). Berlin 1985, S. 49ff.

sentationen der überseeischen Kolonien aus, die mit exotischem Flair den Zauber ferner Länder heraufbeschworen. Wie ein deutscher Beobachter in seinem Bericht schrieb, ermöglichte der Besuch der Great Exhibition eine „industrielle Weltreise ... man kann in einem Nachmittage die ganze Welt umsegeln".[7] So war die Weltausstellung einerseits Symbol des technisch-industriellen Fortschritts und einer weltweit vernetzten Produktion und Konsumtion; andererseits gab sie selbst „einen der kräftigsten Impulse zur Entstehung der Weltwirtschaft unserer Tage", wie die „Deutsche Rundschau" damals urteilte. Dafür waren nicht etwa nur sprachliche Hürden zu überwinden und noch bestehende Zollschranken abzubauen, auch die Vielfalt der Maße und Gewichte sowie disparate Patent- und Urheberrechte erforderten eine internationale Harmonisierung.[8]

In den folgenden Dekaden führte das sich verdichtende Welthandelsnetz zu einem zunehmend breiteren internationalen Warenangebot. Die Preise sanken und die Nachfrage stieg. Kolonialwaren wie Kakao, Schokolade, Kaffee, Tee und Tabak waren nicht mehr allein einer kleinen privilegierten Oberschicht vorbehalten. Getreide, Fleisch und Milchprodukte aus Nord- und Südamerika sowie Australien gelangten in großen Mengen nach Europa, um die rasch wachsende Bevölkerung in den Industriezentren zu ernähren.[9]

Was für die Lebensmittel galt, traf auch auf die Gegenstände des alltäglichen Bedarfs, das so genannte Kunstgewerbe, zu. So schwärmte etwa Georg Lehnert, Geschäftsführer des Vereins für deutsches Kunstgewerbe in Berlin, über die Perspektiven eines „kosmopolitischen Kunstgewerbes": „Man ist in der Erzeugung kunstgewerblicher Waren nicht mehr wie ehedem an den Ort gebunden, an dem sich das Material unmittelbar vorfindet ... Am Ende des 19. Jahrhunderts verarbeitet man afrikanische und südamerikanische Hölzer, nordamerikanisches Kupfer, japanisches Papier, indische Baumwolle und australische Schafwolle überall auf der Erde – unbeeinflusst von den Kosten der oft recht weiten Reise, die diese Rohstoffe zurücklegen müssen ... Die Haut der afrikanischen Krokodile, der amerikanischen Alligatoren, der asiatischen Schlangen und Eidechsen, der südamerikanischen Lamas, der nordamerikanischen Hirsche, der afrikanischen Gazellen und Antilopen, der nordischen Rentiere, Elche, Seehunde und Walrosse verarbeitet die Lederwarenindustrie."[10] Dass diese Begeisterung über die globale Verfügbarkeit von Werkstoffen zu Raubbau und Ausrottung vieler Arten führen würde, erkannte man erst später. Doch wurden nicht nur Rohstoffe importiert und zu Endprodukten verarbeitet. Das von dem Ökonomen David Ricardo begründete „Prinzip der komparativen Kostenvorteile", das einer internationalen Arbeitsteilung und Spezialisierung wirtschaftlichen Nutzen unterstellte, griff damals ebenfalls. So berichtete Lehnert weiterhin: „In Deutschland gewebte Baumwollzeuge und -samte gehen zum Färben und Drucken nach England, und noch viel mehr davon samt englischen Erzeugnissen zum Bedrucken nach dem Elsass."[11]

Diese Art der Arbeitsteilung unterscheidet sich nur graduell von der auch heute in der Wirtschaft gängigen Arbeitsteilung, die darauf basiert, dass jeder einzelne Fertigungsschritt jeweils dort ausgeführt wird, wo er am billigsten erbracht werden kann. Die Textilindustrie etwa schickt die Vor- und Teilprodukte von Kleidungsstücken für die verschiedenen Bearbeitungsvorgänge kreuz und quer um den Globus: Beispielsweise wird die Baumwolle für ein T-Shirt in Nordamerika angebaut und in Ägypten gesponnen und zu Stoff verwebt. Das Färben und Veredeln erfolgt zumeist in Deutschland, für die Konfektionierung, das heißt das Zuschneiden und

[7] Zit. n. Winfried Kretschmer: Geschichte der Weltausstellungen. Frankfurt am Main u. New York 1999, S. 20.

[8] Ebenda, S. 52.

[9] Rainer Postel (wie Anm. 5).

[10] Georg Lehnert: Mechanisierung und Vernetzung. Grundlagen des Kunstgewerbes im 19. Jahrhundert. Zit. n. Angelika Thiekötter / Eckhard Siepmann (Hrsg.): Packeis und Pressglas. Von der Kunstgewerbebewegung zum Deutschen Werkbund. Giessen 1987, S. 28ff. (zuerst um 1909).

[11] Ebenda, S. 34.

[12] Vgl. hierzu Ines Weller: Textile Stoffströme. Globalisierung und Chemisierung am Beispiel von Baumwolle und GoreTex. In: Irmgard Schultz (Hrsg.): Globalhaushalt. Globalisierung von Stoffströmen – Feminisierung von Verantwortung. Frankfurt am Main 1993; Stiftung Verbraucherinstitut (Hrsg.): Kleidung. Ökologie und Gesundheit. Berlin 1995; Stiftung Verbraucherinstitut (Hrsg.): Fadenlauf. Ökologische, gesundheitliche und soziale Aspekte des Textilkonsums. Berlin 1997.

[13] Vgl. Herbert A. Henzler u. Lothar Späth: Countdown für Deutschland. Start in eine neue Zeit? Berlin 1995, S. 46.

Nähen, wird der Stoff wiederum in ein fernöstliches Land mit niedrigen Lohnkosten, etwa Sri Lanka oder Thailand, transportiert. Die fertigen T-Shirts werden dann nach Deutschland (oder in andere Industrieländer) zurückgeschickt und – nachdem sie dort einige Jahre in Gebrauch waren – als Second-Hand-Ware in Afrika „entsorgt".[12] 30 000 Kilometer Transportwege im „Netz des Marktes" sind für Textilien keine Ausnahme. Und im High-Tech-Bereich, bei komplexeren Produkten und Maschinen, hat sich die „globale Werkbank" (Willy Bierter) erst recht durchgesetzt. Ein in Wolfsburg gefertigter Volkswagen besteht aus Bauteilen, die aus 20 Ländern angeliefert werden.[13] Die betriebswirtschaftliche Logik erzwingt, dass alle Prozesse, Vor- und Zwischenprodukte, die ein anderes Unternehmen kostengünstiger

***Die Großmarkthalle** in Frankfurt am Main*

erbringen kann, von außen zugekauft werden – gleichgültig, in welchem Land oder auf welchem Kontinent der Zulieferer ansässig ist. Auf diese Weise entstehen schließlich Weltprodukte, in denen nicht nur Rohstoffe, sondern auch das Know-How der ganzen Welt gebündelt sind. Und da die Entwicklungskosten insbesondere für High-Tech-Produkte hoch sind, werden sie nicht nur auf dem nationalen Markt, sondern auf dem gesamten Weltmarkt angeboten, um möglichst viele potentielle Nutzer zu erreichen und die Stückkosten zu senken. Weltweite Wirtschaftsnetze, in denen quasi jeder Anbieter und jedes Produkt sich der internationalen Konkurrenz stellen müssen, führen somit letztlich zu besseren und billigeren Produkten und Dienstleistungen für alle Konsumenten sowie zu mehr Effizienz bei Entwicklung, Produktion, Vertrieb und Vermarktung – so das Credo der Fürsprecher der Globalisierung. Einen erneuten Schub erhielt dieser Vernetzungsprozess erst in der letzten Dekade durch das Internet, das nicht nur die mit dem Warenverkehr verbundene Information und Kommunikation beschleunigt, sondern globalen Unternehmen auch die Zusammenarbeit von Abteilungen über Zeitzonen hinweg ermöglicht. Nach acht Stunden Entwicklungsarbeit in Japan können die Unterlagen per E-Mail in die westeuropäische Zentrale geschickt, dort weiterbearbeitet und weitere acht Stunden später der Niederlassung in Kalifornien übermittelt werden.[14]

Nicht thematisiert wird in dieser Diskussion, dass das System der „globalen Werkbänke" oftmals nicht immateriell ist, sondern nach wie vor auf dem Transport von Materie basiert. Dabei werden die Transportkosten des Warenverkehrs, die bis zur Industrialisierung eine ganz entscheidende Größe darstellten, heute weitestgehend vernachlässigt. Ökonomisch mag diese Rechnung (momentan noch) aufgehen, ökologisch sicherlich nicht. Zu groß sind bereits die global in Bewegung gesetzten Stoffströme und die damit verbundenen Umweltbelastungen.[15] Gibt es also Alternativen zur Globalisierung und Integration in die Unternehmensnetze des Weltmarktes? Immerhin sind auch gegenläufige Tendenzen zu beobachten. Einzelne Regionen gewinnen an Bedeutung und die Stärkung lokaler und regionaler Ökonomien wird in jüngster Zeit wieder vermehrt propagiert – wobei Globalisierungs- und Regionalisierungsprozesse sich keineswegs gegenseitig ausschließen müssen, sondern gleichzeitig stattfinden können.[16]

Eine Perspektive für die Entwicklung regionaler Ökonomien, die mit einer Reduzierung globaler Stoffströme und einem verstärkten Austausch innerhalb der Regionen einhergeht, bietet das Konzept der so genannten „Industrial Districts", das für die italienische Wirtschaftsstruktur typisch, aber auch in anderen Ländern anzutreffen ist. Es beruht darauf, dass zahlreiche kleine und mittlere Unternehmen innerhalb enger räumlicher Grenzen sehr arbeitsteilig ein Produkt oder eine Produktgruppe, etwa Textilien, Schuhe, Keramikartikel oder Stühle, produzieren. Im *triangolo della sedia*, dem „Dreieck des Stuhls", im Nordosten Italiens, sind beispielsweise 1200 Firmen ansässig, die Materialien und Komponenten für Stühle herstellen, 150 von ihnen fertigen Endprodukte. Die Unternehmen, die teils miteinander konkurrieren, teils kooperieren, sind flexibel spezialisiert und gehören in ihrem jeweiligen Bereich zur Weltspitze. Da von den Synergien alle profitieren, siedeln sich weitere Produktions- und Dienstleistungszweige, die das regionale Netzwerk sinnvoll ergänzen können, gezielt in der Region an. Gleichwohl gibt es überregionale Wirtschaftsbeziehungen; die 44 Millionen Stühle, die 1999 im Triangolo gebaut wurden, sind für den Weltmarkt bestimmt[17] – der Weg zum Kunden ist bei diesem Produktionsmodell folglich nach wie vor lang.

[14] Ebenda, S. 47.

[15] Vgl. Friedrich Schmidt-Bleek (wie Anm. 1).

[16] Willy Bierter: Nachhaltige Regionalentwicklung und die Chancen des Tischlerhandwerks. In: Art Customization, New Arts and Crafts mit computergesteuerten Werkzeugen. Machbarkeitsstudie der Hochschule für Gestaltung Offenbach am Main, i. A. des Bundesministeriums für Bildung und Forschung, mit Beiträgen von Jochen Gros, Dagmar Steffen, Willy Bierter, Christine Ax. Offenbach am Main 2001, S. 10ff.

[17] Marcello Berni: Aufgestuhlt und abgeräumt. In: Handelsblatt, 27. 6. 2000.

In der letzten Dekade deutete sich jedoch eine weitere Perspektive an, die mittelfristig zu einer erneuten Re-Regionalisierung der Produktion und somit auch zu größerer Nähe zwischen den Orten der Herstellung und denen des Gebrauchs führen dürfte. Angetrieben wird diese Entwicklung durch die digitale Informations- und computergesteuerte Fertigungstechnologie, die nach Ansicht verschiedener Ökonomen ebenso tief greifende Veränderungen bringen wird wie die industrielle Revolution vor 150 Jahren – jedoch unter umgekehrten Vorzeichen. Anstatt der zentralisierten Massenfertigung und globalen Distribution des Industriezeitalters begünstigt die neue Technologie nämlich in vielen Produktbereichen einen neohandwerklichen Produktionsstil. Da die digitalen Werkzeuge, etwa CNC-Fräsen oder computergesteuerte Laser- und Wasserstrahlschneider – im Gegensatz zu den spezialisierten Fertigungsstraßen der Industrie – universell einsetzbar sind, können sie Einzelstücke fast ebenso rationell und kostengünstig herstellen wie eine Serie. Sie benötigen dafür lediglich das entsprechende Herstellungsprogramm für das jeweilige Produkt. Perspektivisch spricht dies auf der immateriellen Ebene der Daten für einen globalen Handel per Internet, bei gleichzeitiger Dezentralisierung der Produktionsstandorte. Nach dem Muster des traditionellen Handwerks würden die Daten beziehungsweise die so genannten „virtuellen Produkte"[18] dann im Auftrag und nach Maßgabe des Kunden individualisiert und in einem Betrieb in Wohnortnähe gefertigt. Erste Beispiele für diese neue, auch unter dem Begriff der Mass Customization diskutierte Produktionsstrategie finden sich heute unter anderem im Bereich der maßgeschneiderten Jeans, Hemden, Anzüge und Schuhe; kundenindividuell gefertigte Möbel sind ein weiteres großes Experimentierfeld.[19]

Auch im Bereich Lebensmittel und Ernährung wird der Ruf nach „Veränderungsmöglichkeiten in Richtung einer weniger transportaufwendigen Lebensmittelversorgung" (Böge) durch Regionalisierung, regionale Bauernmärkte und regionale Labels wieder laut. Zu Recht, denn obwohl sich der Transportaufwand für Lebensmittel in den letzten 20 Jahren in Deutschland fast verdoppelt hat, führte dies nur bedingt zu einer größeren Vielfalt und besseren Qualität des Angebots. Vielmehr entpuppe sich, so Böge, die „Vielfalt" der in den Supermärkten angebotenen Lebensmittel bei genauerem Hinsehen als eine Scheinvielfalt, die nur durch das Hinzufügen diverser Zusatzstoffe zu identischen Grundbestandteilen sowie durch unterschiedliche Verpackungen erzeugt würde. In der Grundtendenz begünstigten die zentralisierte Massenproduktion von Lebensmitteln und die Bestimmungen der EU oder des GATT (General Agreement on Tarifs and Trade) hingegen die zunehmende Standardisierung – bis hin zur einheitlichen Größe und Farbe von Obst- und Gemüsesorten.[20] Während beispielsweise außerhalb der Apfelsaison Standardsorten wie Delicious und Braeburn aus Argentinien, Südafrika und Neuseeland nach Europa eingeflogen werden, geht hier die Anzahl der heimischen Apfelsorten zurück, weil sie nicht mehr kultiviert und vermarktet werden. Dem kulinarischen Genuss dient die zentralisierte Agrarpolitik folglich wenig. Der Begründer der Slow Food-Bewegung Carlo Petrini tritt daher auch dafür ein, die Lebensmittelherstellung wieder an eine Region, ihre Identität und Traditionen anzubinden und neue, regionale Formen der Direktvermarktung zwischen Stadt und Land aufzubauen. „Ich bin für regionale Autarkie bei den frischen Sachen: Zucchini muss man nicht in Irland kaufen, die gibt es in Italien ... Aber ab und zu mal was für die Neugierde aus anderen Regionen ist natürlich völlig in Ordnung; mal einen würzigen Schinken oder piemontischen

[18] Vgl. hierzu William H. Davidow u. Michael S. Malone: Das virtuelle Unternehmen. Der Kunde als Co-Produzent. Frankfurt am Main 1993.

[19] Vgl. hierzu Frank Thomas Piller: Kundenindividuelle Massenproduktion. Die Wettbewerbsstrategie der Zukunft. München u. Wien 1998. Mit den Chancen eines dezentralisierten, kundenindividuellen Möbelbaus auf der Basis der digitalen Technologie befasst sich vor allem die Machbarkeitsstudie Art Customization, New Arts and Crafts mit computergesteuerten Werkzeugen (Anm. 16).

[20] Stefanie Böge: Güterverkehr und Konsum. Verbundprojekt im BMBF-Förderschwerpunkt „Ökologische Forschung in Stadtregionen und Industrielandschaften", Forschungsbericht 14, hrsg. vom Wuppertal Institut für Klima, Umwelt, Energie. Wuppertal 1998.

[21] Christiane Grefe: Die Revolution frisst sich durch. Ein Gespräch mit Carlo Petrini. In: Die Zeit, Nr. 4, 18. 1. 2001.

[22] Vgl. den Beitrag „Global". In: Die Zeit, Nr. 13, 5. 4. 2001.

Wein", erläutert Petrini seine Philosophie.[21] Doch erfordert die Rückbesinnung auf regionale Esskultur freilich Transparenz über die Herkunft der Waren sowie Bewusstseinsbildung bei den Konsumenten. Das ist leichter gesagt als getan. Denn als das Umweltbundesamt (UBA) die Empfehlung aussprach: „Kaufen Sie Getränke aus der Region, denn: Jeder Kilometer zählt", intervenierten die Wettbewerbshüter der Europäischen Kommission bei der Berliner Regierung. Da der deutlich formulierte Verbrauchertipp womöglich ausländische Produkte diskriminiere, solle sich die Bundesbehörde in Zukunft mit dem Appell begnügen: „Denken Sie beim Kauf auch an die Entfernung."[22]

Fazit: Die Überwindung des Raums und der Aufbau weiträumiger Warennetze stellten jahrhundertelang eine große Leistung dar, die die Produkte verteuerte. Erst durch die technischen Errungenschaften der Moderne wurde der Transport von Waren und Personen über weite Strecken zu etwas Alltäglichem – doch wie lange das noch so sein wird, ist angesichts der versteckten ökologischen und sozialen Kosten und Risiken ungewiss. Zwei Überlegungen verdienen daher Beachtung: Zum einen sind das globale Netz des Marktes und ein weiträumiger Warenverkehr lediglich ein Mittel zum Zweck, aber kein Wert an sich. Zum anderen schließen sich globale Vernetzung und kleinräumige Vernetzungen in den Regionen keineswegs aus – es gilt, die Vorteile der Globalität mit denen der Dezentralität sinnvoll zu verbinden.

Konrad Schliephake, Steffen Niemann

WASSER – DAS UNSICHTBARE NETZ
Libyen und sein „Großer Künstlicher Fluss"

Wie viele Netze gehören Wasserleitungsnetze zu den meist unsichtbaren Gebilden. Doch sind urbanes Leben und Ökonomie ohne sie nicht vorzustellen. In der arbeitsteiligen Wirtschaft möchte der Mensch bei der Wahl seines Wohnorts nicht mehr auf die Nähe zu Quellen und Flüssen angewiesen sein und das Gleiche gilt für die Standorte von Warenproduzenten und Dienstleistern. Wenn also der Nachfrager, der Verbraucher, nicht zum Wasser kommt, muss das Wasser zu ihm kommen. In Deutschland hat seit Beginn des 19. Jahrhunderts die Wasserwirtschaft – überwiegend in öffentlicher Hand – ein Netz von Wasserleitungen mit einer Länge von 410 000 Kilometern errichtet. In einem weiteren Röhrennetz verschwindet unterirdisch das Abwasser, dessen Länge von der amtlichen Statistik mit 446 000 Kilometern angegeben wird. Beide Netze zusammen sind um ein Drittel länger als das gesamte deutsche Straßennetz von 645 000 Kilometern. Die öffentliche Wasserversorgung entnimmt hierzulande jährlich 5,5 Milliarden Kubikmeter Wasser und produziert daraus ein sorgfältig überwachtes Lebensmittel, von dem wir 60 Kubikmeter pro Kopf und Jahr oder 165 Liter am Tag verbrauchen. Jährlich werden über 2,6 Milliarden Euro in ihren Betrieb investiert, davon 60 Prozent in Erhalt und Ausbau des Rohrnetzes. Zum körperlichen Transport des Wassers gibt es keine Alternative – die „Old Economy" ist stärker als der Zeitgeist.

Wasser als knappe Ressource weltweit

Etwa 1,4 Milliarden Kubikkilometer des Rohstoffes Wasser gibt es auf unserem Planeten. Wäre diese Menge gleichmäßig verteilt, so bliebe die Erdoberfläche rundum von einer 2,7 Kilometer hohen Wasserschicht bedeckt. Tatsächlich jedoch ist Wasser sehr ungleich über die Erde verteilt, und es ist zudem auch der einzige Stoff, der unter den gegebenen klimatischen Verhältnissen in allen drei chemischen Zustandsformen – fest, flüssig und gasförmig – auftritt.

Der weitaus überwiegende Teil des Wassers, 97,2 Prozent, bildet als Salzwasser die Weltmeere. Weitere 2,15 Prozent sind in Gletschern gebunden. Weniger als ein Prozent also liegt als Grundwasser (0,62 Prozent), in Seen und Binnenmeeren (0,017 Prozent) oder in Flüssen (0,0001 Prozent) vor beziehungsweise ist als Wasserdampf in der Atmosphäre (0,001 Prozent) enthalten. Die gesamte Wassermenge befindet sich in einem fortwährenden Kreislauf zwischen unterschiedlichen Formen und Orten: Wasser verdunstet aus den Weltmeeren und anderen Wasserflächen, sammelt sich als Wasserdampf in den Wolken, fällt als Regen oder Schnee wieder auf die Wasseroberflächen oder auf die Erdoberfläche, um von dort als Abfluss- oder Grundwasser den Flüssen und Weltmeeren zuzufließen. Etwa 1000 Jahre vergehen, bis die gesamte Wassermenge einmal zirkuliert ist. Luft- und Meeresströmungen zwischen unterschiedlich kalten oder warmen Regionen bilden die Hauptantriebskraft des vielfältig vernetzten Wasserkreislaufs. Zwar ändern sich in diesem Kreislauf fortwährend die Zustandsform und der Ort des einzelnen Wassermoleküls im System, die Gesamtmenge des Wassers hingegen bleibt konstant.

Deutlich verändert hat sich jedoch mit dem anhaltenden Bevölkerungswachstum in vielen Teilen der Welt eine andere, für die Wasserversorgung wichtige Größe: die Zahl der zu versorgenden Personen. Sie nimmt bei einer Wachstumsrate von 1,5 Prozent weltweit alle 10 Sekunden um 27 Menschen zu. Zusätzlich verbraucht mit etwa 800 Kubikmetern Wasser je Jahr auch jeder der mittlerweile 6,1 Milliarden Menschen etwa doppelt so viel Wasser wie noch 1940, so dass wir heute bereits mehr als die Hälfte der erneuerbaren Süßwasservorkommen nutzen – bis zum Jahr 2025 wird ein weiterer Anstieg dieses Anteiles auf 70 Prozent erwartet. Das Problem einer steigenden Nachfrage zeigt sich insbesondere bei dem bedeutendsten Wassernutzer, der Bewässerungslandwirtschaft: Bereits heute werden 40 Prozent der Welternte auf künstlich bewässerten Flächen produziert – mit 70 Prozent allen genutzten Wassers.

111 000 Kubikkilometer Wasser regnen oder schneien in dem oben aufgezeigten Kreislauf jedes Jahr auf die Landoberfläche. Von dieser Menge verdunsten knapp zwei Drittel, so dass etwa 40 000 Kubikkilometer tatsächlich für die Nutzung zur Verfügung stehen. Das Problem der steigenden Bevölkerungszahlen stellt sich nicht nur rein rechnerisch, sondern mindestens ebenso bedeutend ist die Frage der Verteilung des Angebotes, der Verteilung der Nachfrage und schließlich der Deckung dieser oftmals unterschiedlichen Größen. Von den Landflächen der Erde gehören natürlicherweise etwa 60 Prozent zu den so genannten humiden Zonen, weisen also einen Wasserüberschuss auf. In den verbleibenden 40 Prozent der Landfläche, den so genannten ariden Gebieten, herrscht Wassermangel.

Dass eine ausreichende Menge von Süßwasser zur Verfügung steht, ist für den Alltag der Menschen von grundlegender Bedeutung. Lange Zeit war die Entstehung und das Wachstum von Siedlungen in starker Weise abhängig von der Frage: „Wo sind die Rohstoffe vorhanden, um sich versorgen zu können?" Spätestens mit der Industrialisierung haben veränderte Kräfte zur Entstehung neuer und größerer Siedlungen geführt. Die anhaltende Zuwanderung zu diesen neuen Ballungsräumen führte dazu, dass mittlerweile viele dicht besiedelte Regionen und Metropolen der Welt an Orten zu finden sind, die nicht über die nötigen Süßwasserressourcen verfügen. Andere, beispielsweise verkehrstechnische Gründe, sind heute für die Verteilung der Weltbevölkerung weitaus bedeutender als die Frage der Wasserverfügbarkeit: Jeder fünfte Erdbewohner lebt heute innerhalb eines schmalen Saumes von maximal 25 Kilometern von der Küste entfernt; erweitert man den Blickwinkel auf einen Küstenabstand von maximal 100 Kilometern, so verdoppelt sich dieser Anteil nochmals.

Als Ergebnis dieser Bevölkerungsverlagerung in „süßwasserfernere" Regionen sind weltweit bereits heute zwei von fünf Menschen von Wassermangel bedroht, für 2025 rechnen die Vereinten Nationen mit einem Anstieg dieses Anteiles auf zwei Drittel. Wenn die Menschen nicht dort sind, wo das Wasser ist, so wird es nötig sein, das Wasser zu den Menschen zu bringen. Dieser zunächst sehr einfache Gedanke hat für die zukünftige Versorgung der weiter wachsenden Ballungsräume der Erde weitreichende Konsequenzen. Größerer Wassertransfer wird, so lässt sich absehen, zukünftig eines der wichtigsten Mittel sein, Versorgungsengpässe zu beseitigen. Wir sind dabei, in den natürlichen Wasserkreislauf ein menschengemachtes Netz der Wasserumverteilung einzufügen. Zwar erstreckten sich schon früher Fernwasserleitungen in einzelnen Fällen über große Entfernungen, doch heute werden ganze Teile Deutschlands bereits über mehrere hundert Kilometer mit Fernwasser versorgt.

Wasser in Nordafrika

Unsere europäischen Wassernetze spiegeln uns eine permanente Verfügbarkeit der natürlichen Ressource „Wasser" vor. Das ist auch richtig, denn unser Wasser kommt im wahrsten Sinne des Wortes von Himmel – und zwar überall und zu jeder Tageszeit. Oft beschweren wir uns über zu viel Regen, und der durchschnittliche Niederschlag in Deutschland von 780 Millimetern pro Jahr bringt uns tatsächlich mehr Süßwasser als wir brauchen. Von den natürlichen Quellen, aus dem Grundwasser und zum Teil aus von Menschen gebauten Reservoiren (Talsperren) muss es dann nur noch an den Verbrauchsstandort gebracht werden. Wir leben in den „humiden Zonen" der Erde.

Ganz anders die „ariden Zonen", die etwa 40 Prozent der Erdoberfläche ausmachen. Hier sind die Niederschläge viel geringer, sie fallen oft in kurzer Zeitspanne und verdunsten rasch. Gerade die arabischen Länder hat die Natur zwar teilweise mit Erdöl gesegnet, aber Wasser ist dort besonders knapp. In den fünf Staaten des arabischen Maghreb gibt es nach Tabelle 1 durchschnittlich nur 85 Millimeter Niederschlag im Jahr. Gerade einmal drei Prozent der Landesfläche können daher umstandslos landwirtschaftlich genutzt werden, weitere sechs Prozent, sofern Bewässerungswasser zugeführt wird.

Aber woher soll das Wasser kommen? In Libyen fallen jährlich durchschnittlich nur 26 Millimeter Regen, im Vergleich dazu ist der Weltdurchschnitt 820 Millimeter. Nach Tabelle 2 steht den knapp sechs Millionen Libyern ein erneuerbares Wasserangebot (aus Niederschlägen) von 0,6 Milliarden Kubikmeter pro Jahr zur Verfügung – sie verbrauchen aber aktuell fast das Neunfache. Der Rest wird durch die Förderung von Grundwasser gedeckt.

Maghrebstaaten: Niederschläge, Fläche und Anteil landwirtschaftlich nutzbarer Fläche

Land	ø Niederschlag (mm/Jahr)	Fläche (Mio. km²)	Anteil potentiell landw. nutzbarer Fläche (in %)	Anteil tatsächlich genutzter landw. Fläche (in %)
Algerien	68	2,38	4	1
Libyen	26	1,76	2	1
Marokko	336	0,45	18	16
Mauretanien	99	1,03	19	0,2
Tunesien	207	0,16	53	26
Maghreb gesamt	85	6,1	9	3
Welt gesamt	820	133,6	...	11

Tabelle 1. Quelle: Berechnungen K. Schliephake nach FAO Aquastat. Daten für 1995.

Das Erdöl – mit seinen geschätzten Vorräten von vier bis sechs Milliarden Tonnen und einer aktuellen Förderung von 69 Millionen Tonnen (wovon 59 Prozent in die Europäische Union gehen) – hat zu einem schnellen Anwachsen der libyschen Bevölkerung auf sechs Millionen Menschen geführt. Sie leben zu 95 Prozent in den beiden Küstenregionen und den Mittelgebirgen Tripolitaniens und der Cyrenaika. Nur dort gibt es überhaupt nennenswerte Niederschläge bis maximal 400 Millimeter, dort und im Sirtebogen liegen die für die Zukunft des Landes wichtigen Industriebetriebe (Petrochemie, Eisenverhüttung, Baustoffe, Lebensmittel). Dort hat auch die intensive Nutzung der geringen und nur durch den eigenen („hydrostatischen") Druck vom Meer getrennten Grundwasservorräte zu schnellem Absinken des Grundwasserspiegels und zur Versalzung geführt.

Damit kontrastieren die Weiten der libyschen Wüste: Zwischen Schotterebenen und Salzdünen fanden die Erdölsucher in den 1960er-Jahren nicht nur Öl, sondern vor allem fossile, das heißt etwa 20 000 Jahre alte Grundwasservorräte in den Becken von Kufra und Sarîr. Versuche, in der Oasenlandschaft Kufra landwirtschaftliche Projekte mit Getreideproduktion und Viehzucht aufzubauen, scheiterten an der Urkraft des Wüstenklimas und den großen Entfernungen von über 1000 Kilometern zu den Bevölkerungszentren des Landes.

Als Ausweg konzipierten amerikanische und europäische Beratungsunternehmen auf Wunsch der libyschen Führung in der zweiten Hälfte der 1970er-Jahre den *nahr as-sanayi al-athim* oder „Großen Künstlichen Fluss".

Maghrebstaaten: Bevölkerung, erneuerbares Wasserangebot und Wasserentnahme 2000 und 2010

Staat	Bevölk. 2000 (in Mio.)	Bevölk. 2010 (in Mio., geschätzt)	Erneuerb. Wasser-angebot 2000 (in Mrd. m^3)	Jährliche Wasser-entnahme 2000 (in Mrd. m^3)	Anteil Wasser-entnahme an Angeb. 2000 (%)	Jährliche Wasser-entnahme 2010* (in Mrd. m^3)	Anteil Wasser-entnahme an Angeb. 2010 (%)
Algerien	31,5	39,0	13,6	5,6	41	6,9	51
Libyen	5,9	7,7	0,6	5,1	850	6,7	900
Marokko	28,9	35,0	29,7	13,0	44	15,8	53
Mauretanien	2,7	3,4	7,0	2,4	34	2,9	41
Tunesien	9,8	11,8	4,1	3,1	76	3,7	90
Maghreb gesamt	78,7	97,4	55,0	29,2	53	36,0	65

* Hochgerechnet von diversen Ausgangsjahren entsprechend Bevölkerungswachstum

Tabelle 2. *Quelle: Berechnungen K. Schliephake nach World Resources 1999-2000 und 2000-2001; Weltentwicklungsberichte (jährlich).*

Das Projekt des „Großen Künstlichen Flusses"

1983 begann der Bau des Oststranges Tazirbû-Sarir-Binghâzi/Sirt. Aus Galerien mit je über 100 Brunnen bringen erdgasbetriebene Pumpen das Wasser aus 20 bis 100 Meter Tiefe zu Aufbereitungsanlagen, wo es von Gasen, Eisen und Sedimenten befreit wird. Von dort geht es – vorerst per Schwerkraft – zu den großen Zwischenreservoirs an der Küste mit Kapazitäten von jeweils vier bis 6,5 Millionen Kubikmeter. Diese Reservoirs geben das Wasser – übrigens von ausgezeichneter Qualität und ohne störende Mineralien – an die Landwirtschaft und die städtischen Leitungsnetze weiter. An den seit 1991/93 fertigen Oststrang („Bauphase I") sollen künftig noch die Grundwasserbecken von Kufra als Lieferant und der südliche Jabal Akhdhar („Grünes Gebirge", in der Cyrenaika/Barqa) mit der Stadt Tubruq als Verbraucher angeschlossen werden („Bauphase III"). Derzeit ist die Verbindung zwischen dem Ost- und dem Weststrang in Bau.

Für die nationale Wirtschaft noch bedeutsamer ist der Weststrang („Bauphase II"), der die Hauptstadt Tripolis (Trâblus) mit ihrem Umland sowie das fruchtbare Tripolitanische Gebirge (Jabal Nafusa) versorgt. Hier entnimmt die Wasserbehörde fossiles Grundwasser aus dem Jabal Hasawana nördlich von Sabha. Künftig denkt man auch an eine Ableitung der Grundwasservorräte westlich von Sabha (Mandara-Seen, Wadi al-Haya). Das würde jedoch einen der reizvollsten Wüstenräume mit seinen touristischen Attraktionen zerstören und die Seen zum Austrocknen bringen.

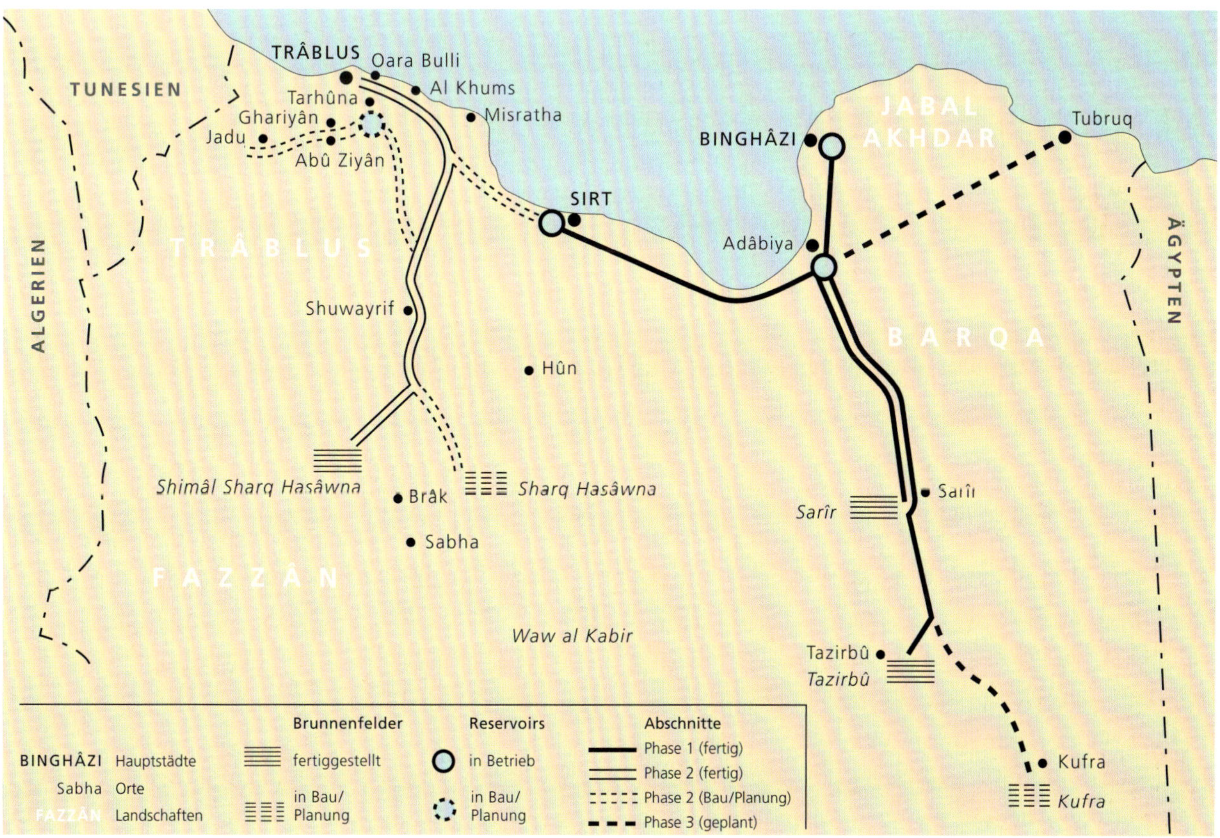

Wenn wie geplant im Jahr 2010 das Projekt fertig sein wird, sind fast 30 Milliarden Dollar verbaut worden, und es können täglich 5,7 Millionen Kubikmeter Wasser aus der Wüste an die Küste gebracht werden. Das fast 4600 Kilometer lange System von unterirdisch verlegten Stahl- beziehungsweise Betonrohren mit vier Metern Durchmesser halten die Libyer für das größte Ingenieurbauwerk der Welt, sozusagen das achte Weltwunder. Die libysche Regierung hat berechnet, dass das Wüstenwasser nicht nur die städtischen Haushalte und Industriebetriebe versorgen kann, sondern auch die Bewässerung von 200 000 Hektar zusätzlichem Ackerland zum Anbau von Getreide, Viehfutter und Gemüse erlaubt.

Rationalität und Perspektiven des Projektes „Großer Künstlicher Fluss"

Westliche Beobachter haben immer wieder bezweifelt, ob das Bauvorhaben überhaupt realisierbar ist und ob es Sinn macht. Die erste Frage kann positiv beantwortet werden: Seit 1991 fließt das Wasser nach Binghâzi und Sirt, seit 1996 nach Tripolis. In der Hauptstadt brachen erst einmal einige Wasserleitungen, weil sie noch nie derart dauerhaftem Druck ausgesetzt waren! Nun gibt es rund um die Uhr Wasser von hoher Qualität ohne schädliche Salze für Haushalte und die stadtnahe Landwirtschaft.

Anders ist es mit der ökonomischen Sinnhaftigkeit. Allein aus den (hypothetischen) Zinsen und Abschreibungen für die Investitionen müsste jeder Libyer und jede Libyerin täglich 1,5 Euro Wassergeld bezahlen, die Bereitstellung in den städtischen Netzen und ihre Erhaltung kämen noch dazu. Tatsächlich ist das Wasser für den Verbraucher vorerst fast gratis, und die Kosten übernimmt der Staat aus seinen Erdöleinnahmen von etwa 12 Milliarden Euro im Jahr. Negativer schätzen Experten die ökologischen Folgen ein: Die Wasservorräte in den saharischen Becken könnten bei der vorgesehenen Abpumprate in 150 bis 200 Jahren erschöpft sein. Schon jetzt sinkt der Grundwasserspiegel in den Brunnen rasch und einige natürliche Seen und Brunnen der Sahara trocknen aus.

Das stellt aus libyscher Sicht den „Großen Künstlichen Fluss" nicht in Frage. Libyen hat sich eine gigantische Infrastruktur zur Wasserverteilung geschaffen, die vergleichbar ist mit Elektrizitäts- und Telekommunikationsnetzen – und nicht zuletzt mit unseren Fernwasserleitungen. Wo in 150 Jahren das Wasser zur Speisung des Systems herkommt, kann jetzt noch nicht beantwortet werden. Es könnte aus der Meerwasserentsalzung oder aus Nachbarflüssen (etwa dem Nil) kommen. Das Nachdenken darüber ist genauso nützlich oder müßig wie das Nachdenken über den Ausbau unseres Straßennetzes. Sind denn nicht die weltweiten Erdölvorräte, auf denen unsere individuelle Mobilität aufbaut, beim derzeitigen Förderrhythmus in 42 Jahren erschöpft? Das libysche Erdöl reicht dagegen noch für 80 Jahre, sein Wasser doppelt so lange.

Karin Teister

AUF DEN PUNKT GEBRACHT

Verkehrsknotenpunkte als Schnittstellen verschiedenster Verkehrsarten

Alexander der Große fackelte nicht lange und durchschlug – vermutlich im Winter 333/334 vor Christus – den berühmten gordischen Knoten mit seinem Schwert. Bis heute ist der gordische Knoten Sinnbild für schwierige, komplexe Problemfälle, wie sie beispielsweise moderne Verkehrsknotenpunkte darstellen. Was Alexander der Große einst mit Gewalt erreichte und was mit der Zerstörung des Knotens endete, wird bei der Planung und Organisation von modernen Verkehrsknoten durch den Interessenausgleich zwischen unterschiedlichen Ansprüchen an den Raum sowie durch den Einsatz von Spitzentechnologie gelöst.

Betrachten wir zunächst den Kreuzungspunkt zweier Wanderwege. Ein Wanderer benötigt allenfalls einen Kompass oder eine Karte, um sich an diesem wenig komplexen Netzknoten zu orientieren. Auch bei großen Menschenaufläufen an diesen Wegekreuzungen kann – aufgrund der geringen Bewegungsgeschwindigkeit der Wanderer – auf komplizierte „Steuerungstechnik" verzichtet werden. Der Begriff „Punkt" im geometrischen Sinne trifft hier noch zu und die Verabredung an einem solchen Kreuzungspunkt ist eindeutig, da es sich um ein überschaubares räumliches Gebilde handelt.

Ganz anders sieht dies bei größeren Verkehrsknotenpunkten aus – etwa an einem großen Bahnhof. Jeder, der sich schon einmal „am Bahnhof" verabredet und versäumt hat, den Treffpunkt genauer zu definieren, irrte daraufhin wahrscheinlich mit suchendem Blick durch Bahnhofshallen und Warteräume. Moderne Bahnhöfe sind weitläufiger und unübersichtlicher als die Kreuzung von zwei Wanderwegen. Aus diesem Grund gibt es mittlerweile an größeren Bahnhöfen meist einen „Service-Point", der einen eindeutigen Treffpunkt markiert und rund um die Uhr den Reisenden mit Informationen zu Fahrplänen sowie weiteren Serviceangeboten versorgt. Optisch hervorgehoben durch große Kugel, Uhr und Beschriftung, ist dieser Treffpunkt auch von Gelegenheitsbahnfahrern leicht identifizierbar.

***Bahnhof** Frankfurt am Main-Rödelheim*

Folgende Doppelseite:
Hauptbahnhof München

Betrachten wir die Vernetzung unterschiedlicher Verkehrssysteme. An den großen Personenbahnhöfen treffen sich neben verschiedenen Bahnlinien häufig auch die Linien von Bussen, Straßen- und U-Bahnen. Genau genommen handelt es sich dabei um die Überlagerung von Knotenpunkten unterschiedlicher Netze. Diese räumliche Einheit von Netzknoten unterschiedlicher Verkehrssysteme gab es jedoch nicht immer. Häufig befanden sich beispielsweise die Busbahnhöfe weit entfernt von den Hauptbahnhöfen und wurden erst in den letzten Jahrzehnten ins Umfeld der Personenbahnhöfe verlagert. Dies verkürzt die Umsteigewege zwischen Bus und Bahn und die Vernetzung wird verbessert. Darüber hinaus wurde durch die Einführung von Taktfahrplänen, also durch die Abstimmung von Ankunfts- und Abfahrzeiten der verschiedenen Verkehrsmittel, der Wechsel zwischen Nah- und Fernverkehr wesentlich vereinfacht. Verkehrsplaner sprechen von der Verknüpfung der verschiedenen öffentlichen Verkehrssysteme.

Frachtverladung am Flughafen. *Das Hauptdeck dieser Frachtflugzeuge kann gleichzeitig durch die hochklappbare Frontladetür und durch eine seitliche Frachttür beladen werden.*

Auch der Wechsel zwischen verschiedenen Netzbestandteilen der Bahn erfolgt nicht immer an einem einzigen Punkt. Städte, die schon zu Beginn des Eisenbahnzeitalters eine beachtliche Größe aufwiesen, wie beispielsweise Paris oder London, errichteten mehrere Bahnhöfe in damaliger Randlage. Diese Netzlücke zwischen den unterschiedlichen Bahnhöfen ist für den Reisenden heute noch spürbar, vor allem dann, wenn die einzelnen Bahnhöfe nicht durch Ringlinien miteinander verbunden sind. Jeder dieser Bahnhöfe wickelt den Eisenbahnverkehr aus einer bestimmten Himmelsrichtung ab (Gare du Nord, Gare de l'Est). Eine Unterscheidung zwischen Hauptbahnhöfen und „nachrangigen" Bahnhöfen gibt es bei diesem Netzmodell nicht.

In Deutschland hat das Bahnnetz eine andere Struktur. Der Reisende erhält über die Hauptbahnhöfe Zugang zum gesamten Bahnnetz. Steigende Mobilitätsanforderungen führen jedoch zu Kapazitätsengpässen, die auf unterschiedliche Weise gelöst werden. In den Nachkriegsjahren wurden in einigen Städten Bahnhofsneubauten errichtet, deren Lage einen verbesserten Betriebsablauf ermöglichte. Dass diese Praxis noch nicht veraltet ist, zeigt sich zum Beispiel beim Neubau eines Hauptbahnhofes für Gesamtberlin im Bereich des früheren Lehrter Bahnhofs. Bemerkenswert hierbei ist die zentrale Lage des zukünftigen Berliner Hauptbahnhofs, die erst durch das mit der Wende verbundene Freiwerden riesiger Flächen und deren Neustrukturierung möglich wurde. Für die Hauptbahnhöfe in Stuttgart und Frankfurt am Main, beides Sackbahnhöfe, werden derzeit unter den Stichworten „Frankfurt 21" beziehungsweise „Stuttgart 21" neue Lösungsstrategien erwogen: Um den Zugverkehr zu beschleunigen, sollen die Gleise zukünftig unterirdisch und in zwei Richtungen verlaufen. Nach Aussagen der Planer wären damit eine Kapazitätssteigerung und das Freiwerden von wertvollen innenstadtnahen Flächen im Bereich der Gleisanlagen verbunden.

Der größte Verkehrsknotenpunkt Deutschlands ist mittlerweile der Frankfurter Flughafen. Hier treffen sich Verkehrs- und Transportnetze unterschiedlichster Art. Seine herausragende Bedeutung als Netzknoten hat der Flughafen Frankfurt nicht zuletzt seiner zentralen Lage in Deutschland und in Mitteleuropa zu verdanken. Er ist von einem dichten Netz aus Autobahnen und Bundesstraßen umgeben, so dass alle Bereiche des Flughafens direkt erreichbar sind. Ferner gibt es am Frankfurter Flughafen gleich zwei Übergangsmöglichkeiten zur Schiene: den Regionalbahnhof sowie den Fernbahnhof. Ersterer hat die Aufgabe, den langsameren, regionalen Verkehr abzuwickeln. Am Fernbahnhof dagegen halten ausschließlich Fernverkehrszüge. Die beiden Bahnhöfe sind räumlich voneinander durch einen etwa fünfminütigen Fußweg getrennt.

Wollte ein Reisender aber den Flughafen zu Fuß erreichen, müsste er verschiedenste Straßen und Schienenanlagen queren. Das Straßen- und Schienennetz, das für motorisierte Teilnehmer sowie den öffentlichen Personennahverkehr ideal ist, ist für den Fußgänger ein schwierig zu überwindendes Hindernis. Anders sieht dies innerhalb des öffentlich zugänglichen Flughafenareals aus. Hier sind alle Wegenetze auf die Erfordernisse der Fußgänger ausgerichtet. Zahllose Gänge, Rolltreppen und Aufzüge verbinden die verschiedenen Bereiche miteinander. Die Orientierung erfolgt mittels eines Wegweisungssystems und „Meeting-Points" gibt es im Unterschied zu den großen Bahnhöfen gleich mehrere.

Nach London-Heathrow ist der Flughafen Frankfurt der zweitgrößte europäische Flughafen. Im Jahre 1999 waren es in Frankfurt 45,8 Millionen Fluggäste. Der Umsteigeranteil, also der Anteil an Passagieren, die von einem zum nächsten Flugzeug umsteigen, betrug 49 Prozent. Im Spitzenmonat August (1999) wurden 4,4 Millionen Menschen „abgefertigt".

All diese Menschen führen Gepäck mit sich, das vom Check-In-Schalter zum Flugzeug transportiert werden muss. Insbesondere dann, wenn das mal nicht so klappt, was statistisch gesehen nur in 0,1 Prozent der Fälle auftritt, rückt die Frage ins Bewusstsein, welchen Weg ein Koffer zurücklegt. Der Gepäcktransport erfordert vom Betreiber eines Flughafens eine logistische Meisterleistung, die durch den Einsatz von automatischen Gepäckförderanlagen und Großrechnern möglich wird. Am Flughafen Frankfurt steht ein Transportnetz aus drei untereinander verbundenen Gepäckförderanlagen mit einer Gesamtlänge von 56 Kilometern zur Verfügung.

Der Koffer kann an 408 verschiedenen Gepäckaufgabestellen im gesamten Flughafengelände aufgegeben werden. Normalerweise sind das die Check-In-Schalter der Fluggesellschaften, in den letzten Jahren aber kamen weitere Schalter hinzu, zum Beispiel am Flughafen-Fernbahnhof oder außerhalb, am Stuttgarter Hauptbahnhof. Die einzelnen Gepäckstücke werden am Check-In-Schalter gewogen und mit einem so genannten *tag* versehen. Dieses enthält alle wichtigen Daten zu Flugnummer, Flugziel und eventuellen Anschlussflügen sowie die individuelle Nummer des Gepäckstücks. Über Förderbänder wird der Koffer in „Gepäckwannen auf Rädern" platziert. Zeitgleich verknüpft der Rechner die im *tag* enthaltenen Informationen mit einem Strichcode, der an der jeweiligen Gepäckwanne angebracht ist. Über Rollenbahnen gelangt die Gepäckwanne als erstes in den Verteiler, der im Prinzip wie ein Kreisverkehr funktioniert. Vor jeder Abzweigung wird an optischen Lesestellen der Wannencode abgelesen, so dass der Großrechner in Bruchteilen von Sekunden die nachfolgenden Weichen stellen kann. Das System sorgt dafür, dass jede Gepäckwanne den optimalen Weg in Abhängigkeit von der Auslastung der gesamten Anlage und den Flugdaten geht. Koffer und Taschen, die schon mehrere Stunden vor dem Abflug aufgegeben wurden, werden vom Verteiler aus in den Frühgepäckspeicher dirigiert. Davon gibt es in Frankfurt gleich zwei, beide unterirdisch und mit einem Fassungsvermögen von 7200 Gepäckstücken. Dort ziehen die Gepäckstücke ihre Warteschleifen bis etwa drei Stunden vor Abflug.

Ab diesem Zeitpunkt wird an einer Entnahmestation der Gepäckförderanlage, die sich in der Nähe der Parkposition des abzufertigenden Flugzeugs befindet, mit der Kommissionierung des gesamten Gepäcks für einen bestimmten Flug begonnen. Nun geht wieder alles rückwärts – vom Frühgepäckspeicher in den Verteiler, danach durch Tunnels zur jeweiligen Entladestation, wo die Koffer von Menschenhand auf Gepäckwagen oder in Container verladen und anschließend zur Parkposition des Flugzeugs transportiert werden. Die Beladung der Flugzeuge erfolgt entweder von Hand oder mit speziellen Maschinen. Sperriges Gepäck, beispielsweise Kinderwagen oder Fahrräder, kann nicht mit der Gepäckförderanlage transportiert werden. Dieses Sperrgepäck wird von Flughafenmitarbeitern an den Check-In-Schaltern abgeholt, an zwölf Sammelstellen zwischengelagert und kurz vor Abflug zum Flugzeug transportiert.

Das ankommende Gepäck der Flugzeuge nimmt einen wesentlich kürzeren Weg. Nachdem das Flugzeug seine Parkposition erreicht hat, wird das Gepäck innerhalb von 30 Minuten entladen und auf Förderbänder gestellt, die direkt an die Gepäckrundläufe in den Ankunftterminals angegliedert sind. Bei einer Boeing 747 mit 400 Sitzen ist das Knochenarbeit, denn es werden etwa 800 Koffer und Taschen aus den Containern von Hand auf die Förderbänder entladen. Umsteigergepäck wird beim Entladevorgang aussortiert und in die Gepäckförderanlage eingespeist. In Frankfurt ist eine maximale Umsteigezeit von 45 Minuten garantiert. Diese kurze Zeitspanne stellt das Nadelöhr dar, denn die Hälfte des Gepäcks ist Umsteigergepäck.

Aber auch Reisemuffel und Leute mit Flugangst profitieren in ihrem Alltag vom Flugverkehr, da ein Großteil des innerdeutschen Fernpostverkehrs mit dem Flugzeug transportiert wird. Der Nachtluftpoststern am Flughafen Frankfurt ermöglicht es, dass innerdeutsche Postsendungen, die bis 16.00 Uhr im Briefkasten eingeworfen wurden, am nächsten Tag beim Empfänger vorliegen („E plus 1"). Ein solcher Transport per Flugzeug ist bei Entfernungen über 450 Kilometer erforderlich. Die Abwicklung des Nachtluftpoststerns obliegt heute dem Airmail Center Frankfurt, einem Joint Venture der Deutschen Post AG, der Fraport AG sowie der Lufthansa Cargo AG.

Wie funktioniert der seit 1961 bestehende Nachtluftpoststern? Ab 16.00 Uhr wird bundesweit die Post eingesammelt und zum nächstgelegenen der 84 Briefzentren der Deutschen Post AG transportiert. Je nach Einzugsgebiet des Briefzentrums werden dort in den frühen Abendstunden bis zu 4,5 Millionen Sendungen nach ihrer Größe sortiert, abgestempelt und nach den ersten beiden Ziffern der Postleitzahl vorsortiert und sodann in standardisierte Behälter umgesetzt oder in Postbeutel verpackt. Der Transport zu den Startflughäfen des Nachtluftpoststerns findet per Lkw statt. Nacht für Nacht – allerdings nur an den Werktagen – starten von Köln, Münster, Bremen, Hamburg, Hannover, Rostock, Berlin, Leipzig, Dresden, Nürnberg, München und Stuttgart Flugzeuge mit Ziel Frankfurt. Neben diesen Verbindungen gibt es weitere Direktflüge zwischen Köln und München, Hamburg und Stuttgart, Hannover und Stuttgart sowie Köln und Dresden über Leipzig. In Frankfurt treffen die Flugzeuge ab 23.50 Uhr nacheinander ein. An Bord der Passagiermaschinen befinden sich die zuvor in den Briefzentren kommissionierten Postbeutel, Behälter und Container. In Frankfurt angekommen, werden die Beutel und Behälter entladen und wieder auf die entsprechenden Flugzeuge verteilt. Die Be- und Entladung erfolgt nach dem Wasserträgerprinzip, wobei die Mitarbeiter des Airmail Centers Frankfurt eine Kette bilden und die Beutel von Hand zu Hand weiterreichen. Nacht für Nacht werden so innerhalb von 115 Minuten rund 300 Tonnen Post umgeschlagen. Am Zielflughafen läuft das Verfahren nun rückwärts ab: Zuerst erfolgt die Entladung der Postsendungen und anschließend der Transport zu den jeweiligen Briefzentren, wo die Briefe nach den letzten drei Ziffern der Postleitzahl sortiert werden, die den Zustellbezirk definieren.

Seit Januar 2002 spart die Deutsche Post in ihrem innerdeutschen Nachtluftpostnetz Flüge ein. So entfallen die Flüge von Dresden nach Frankfurt und zurück sowie ein Flug von Leipzig nach Dresden. In Frankfurt am Main sind jetzt pro Nacht nur noch elf Flugzeuge zur Beförderung der innerdeutschen Post im Einsatz. Die Verringerung der Flüge ist durch eine optimierte logistische Vernetzung der Briefzentren möglich. So nutzt die Deutsche Post einige der Briefzentren nachts als Umschlagzentren für den Straßentransport.

An nahezu jedem modernen Verkehrsknotenpunkt trifft sich eine Vielzahl verschiedenster Verkehrs- und Logistiknetze, deren Organisation auf der Standardisierung der Transportprozesse sowie auf dem Einsatz von Großrechnern beruht. Diese Großrechner sind miteinander über Schnittstellen vernetzt, um wichtige Daten auszutauschen, wie beispielsweise die Rechner der Gepäckförderanlage mit dem Flugleitrechner. Die Rechnernetze stellen das virtuelle Abbild realer Netzwerke dar. Sie sind jedoch nicht auf die einzelnen Verkehrsknotenpunkte beschränkt. Auch zwischen den modernen Großflughäfen findet ein Austausch von Daten und Know-how statt. Für den Reisenden ist diese Vernetzung zum Beispiel daran ersichtlich, dass der Transport des Reisegepäcks am Flughafen überall auf der Welt auf ähnliche Weise funktioniert – ob Frankfurt, New York oder Tokio. Die Lösung des gordischen Knotens erfolgt bei den modernen Verkehrsknotenpunkten mit der Einführung weltweit anerkannter Standards und mit Unterstützung von modernster Steuerungstechnik.

Anzeigetafel am Frankfurter Flughafen

DEUTSCHE POST WORLD NET

Wir wissen nicht, was der antike Sisyphos getragen hat. Vielleicht einen Lendenschurz? Der moderne Sisyphos jedenfalls trägt Gelb und Blau und die Anforderungen, die an ihn gestellt werden, mit unerschütterlicher Gelassenheit. Der Postbeamte von heute: ein Held des Alltags. Tagaus, tagein stemmt er den schweren Felsblock, bewältigt Millionen von Sendungen, tritt mit stets gleichbleibender Freundlichkeit den immer wiederkehrenden Scharen von Kunden entgegen, die ihm stets dieselben törichten Fragen stellen, und geht des Abends erschöpft, aber zufrieden zu Bett, um am nächsten Tag dieselbe Plackerei wieder auf sich zu nehmen. Der Postkunde staunt und wundert und freut sich: Wie machen die das bloß?

Ja, wie machen die das. Das Netz funktioniert perfekt. Es rollt sich auf und rollt sich zu, erst ist es leer, dann verfängt sich allerlei in seinen Maschen und gleitet daran entlang, wird abgefangen und verteilt, die Sonne geht auf, die Sonne geht unter, das Netz rollt sich auf und wieder zu und wird unsichtbar. Doch es sammeln sich neue Dinge an, das Netz will sie erbeuten, wird unruhig und webt sich wieder. Tausende weben mit. Hunderttausende. 324 203, um genau zu sein, waren es am Stichtag 31. Dezember 2000. Sie alle sorgen bei der Deutschen Post World Net dafür, dass sich die Geschichte unermüdlich wiederholt, rollen unbeirrt Stein auf Stein den Berg hinauf. Botschaften werden befördert, wichtige und unwichtige, dringende und solche, die besser nie geschrieben worden wären, real und virtuell kommen sie voran, via E-Mail, mit dem Fahrrad, mit dem Auto, der Bahn, dem Flugzeug und per Schiff.

Zigtausende Briefkästen leeren die unermüdlichen Helfer (beinahe) täglich, allein in Deutschland gibt es davon 140 000, in ganz Europa hat nur Frankreich mehr, nämlich 150 000. Früher, so erzählen sich die Alten, wurden die Kästen mehrere Male am Tag geleert. Kein Grund, diesen Zeiten nachzutrauern, denn die Sortierzeiten sind so viel kürzer und die Verteilung ist so viel effizienter geworden, dass sich häufigere Leerungszeiten erübrigt haben. Misstrauisch beobachtet der Laie dennoch die ganz und gar nicht gelben Autos, deren Fahrer oder sogar nur Beifahrer sich am heiligen gelben Schrein zu schaffen machen, so dass sich der klassische alte Postbeamte doch klammheimlich ein wenig freut: *Ihm* hat man blind vertraut. Den Mitarbeitern der Privatfirmen – Outsourcing! – muss die „richtige", die Gelbe Post, dagegen häufig noch zur Seite springen, wenn ihnen der argwöhnische Verbraucher tagelange Leerungsversäumnisse vorwirft.

Beeindruckend die modernen Sortieranlagen; deutsche Firmen verkaufen sie auch in die Vereinigten Staaten, denn was Sortieren und Auslesen betrifft, da macht den Deutschen so schnell keiner etwas vor. In 83 Briefzentren werden in Deutschland die Briefe auf Bänder geschüttet, die großen Umschläge noch schnell von Hand aussortiert – eine so simple Aufgabe, dass die Maschine sie zu übernehmen sich weigert –, und die kleinen Umschläge werden nun mit solchem Tempo an den automatischen Lesemaschinen vorbeigeschleudert, dass die Post schon aus diesem Grund ganz dringend davon abrät, Geld oder andere kleine Liebesgaben mit in den Umschlag zu stecken: Das würde nur herausgewirbelt. Die Kamera, an der die

„Andere Orte"

Folgende Doppelseite:
***Briefzentrum (Größe XL)** mit ePost-Station und Depot des Express-Logistik-Netzes sowie Paketzentrum in Leipzig*

Briefe vorbeirasen, liest in Sekundenbruchteilen die Postleitzahlen, inzwischen sogar handgeschriebene, und wandelt sie in einen diskreten Strichcode um, der mit fluoreszierender Tinte aufgedruckt wird. Magie? Nein, die Tinte soll nur von dem Rest der möglicherweise auch farbigen Werbeaufdrucke unterscheidbar sein. Vor allzu glatter Oberfläche der Umschläge warnt die Post seitdem, denn darauf verwischen die Striche. Was die Lesemaschine nicht versteht, fotografiert sie und schickt es auf die Bildschirme der Postmitarbeiter*innen*. Richtig! Männeraugen sind nicht schnell genug. Frauenaugen aber gewinnen dem Gekrakel rücksichtsloser Kunden blitzschnell einen Sinn ab und lassen Postleitzahlen daraus erstehen.

Das Zauberwort in diesem Dechiffrierungsprozess heißt Leserate. Und so freuen sich die Mitarbeiter der Postsortierstellen über alle Maßen, wenn es ihnen gelingt, die Leserate der Geräte von sagen wir 77 Prozent auf 81 Prozent zu steigern, denn je weniger von Menschen gelesen werden muss, desto schneller und preiswerter wird es. Neuester technischer Trick: Zwischen Anschriftenlesemaschine und Videocodiermaschine – sie filmt die „unlesbare" Anschrift und macht daraus ein „Image" – wird das Image-Management-Modul geschaltet, das den Brief nicht gleich an die begnadeten Augen der Damen an den Lesegeräten weitergibt, sondern zunächst an einen leistungsfähigeren Sekundärleser. Einige wenige Mitarbeiter der Post machen sich das Vergnügen, die Strichcodes mit eigenem Auge entziffern zu lernen: Nicht wirklich überraschend sind fünf Striche für die Postleitzahl, je drei für den Straßencode und die Hausnummer.

Streng ahndet die neue Deutsche Post World Net am Schalter jede Unfreundlichkeit gegenüber Kunden. Im Bedarfsfall führen Schulungsfilme typische Kunde-meets-Postler-Fallbeispiele vor, anhand derer der Postbeamte lernt, seinen Eigensinn zu zügeln. Nicht nur deswegen ist der Kunde, der die neuen Posthallen betritt, zunächst verwirrt. Er erwartet den altvertrauten mürrischen Kerl in seiner ollen Strickjacke, der hinter einer Glasscheibe auf einem zwar unsichtbaren, aber ganz eindeutig vorhandenen Podest hockte, um es nur ja bequem zu haben, dem Kunden aber dennoch nicht in die Augen schauen zu müssen, und der das Rollo just in dem Augenblick heruntersausen ließ, in dem der Kunde den Mund öffnete, um „Zehn Zehner und zwanzig für eine Mark!" zu sagen. Weg! Alles weg. Schlechte Laune, Rollo, Podest, Glasscheibe, alte Joppe, Amtssessel – alles weg. Adrett gekleidet steht der Postangestellte hinter dem Tresen und hungert nach dem ersten – ja, was ist man eigentlich heute bei der Post und ihren hochmotivierten, kompetenten Mitarbeitern? Gast? Kunde? Klient? Oder einfach ein Freund, dem gerne weitergeholfen wird? Flotte Halstücher bei den Damen, schicke gelbe Krawatten über blauem Hemd bei den Herren. Sehr fesch auch die Sommergarderobe mit gelbem Polohemd und gemusterter Weste. Dagegen sehen die Männer in den braunen Uniformen von UPS, die dem Begriff der Corporate Identity im KEP-Business (Kurier, Express, Paket) vor Jahren erstmals eine visuelle Entsprechung gaben, heute ganz schön verstaubt aus. Seit Jahresbeginn bietet der Bestellkatalog der Gelben Post auch Schönheits- und Pflegetipps, und damit die Arbeit durch die Suche nach einem Maßband nicht zu lange unterbrochen werden muss, liegt es gleich bei – zur Messung von Bauch- und Halsumfang.

Und so fühlt man sich auf dem Postamt von heute umringt von Stewards und Stewardessen, die bereitwillig zu Diensten sind. Global Players, die man kaum noch nach etwas so Banalem wie Briefmarken zu fragen wagt. Und das ist auch gut so. Denn wofür gibt es Stampit? Ein Angebot an kleine Büros, Selbständige und Vereine, die ihre Post mit dem PC schreiben.

Das Software-Paket kostet gut 80 Euro, das Benutzerhandbuch etwa acht, und nach dem verflixten siebten Monat darf dem Kunden das Abo gut zwei Euro wert sein, denn schließlich beinhaltet es auch das Update der Software.

Stampit erspart den Weg zur Post, doch die Post erspart auch schon den Weg zum Drucker: schon wieder Outsourcing, diesmal aber in die andere Richtung. Einige Dutzend Großfirmen lassen ihre Postbearbeitung von der Post selbst erledigen: „Deutsche Post In Haus Service" heißt der leicht technomäßig angehauchte Begriff, PrintCom der Arbeitsbereich bei der Deutschen Post World Net. Die Post nimmt – natürlich per E-Mail – die Daten entgegen, druckt, falzt, tütet ein und macht frei – in jeder Hinsicht. Über 50 Kommunen wickeln bereits ihre Wahlbenachrichtigungen und ihren Lohnsteuerkartenversand über die Deutsche Post World Net ab. In der Hansestadt Lübeck etwa brauchte die Stadtverwaltung bisher sechs Wochen für Druck und Versand der Steuerkarten, die PrintCom schafft es in zehn Tagen. Fassungslosen Datenschützern zum Trost: Die Dienstleister werden auf Datenschutzgesetz und Steuergeheimnis verpflichtet und die fertigen Briefe zudem in einem „absolut sicheren und abgeschlossenen Trakt" in Umschläge gesteckt. Das Netz geht in den Untergrund. Durch einen Tunnel gelangen die Briefe in das benachbarte Briefzentrum. Das Postgeheimnis behalten beide Seiten für sich. Ein beeindruckend aufgeklärtes Verhältnis. Kleine Bosheiten wie die aus Kurt Tucholskys Floh-Geschichte gehören der Vergangenheit an: Graf Koks schickte einem Freund einen Brief, der nur angeblich einen Floh enthielt, um die notorisch das Briefge-

*Umschlag von **Paket-Wechselbehältern** auf dem Rangierbahnhof Kassel*

heimnis verletzende Dame des Postbüros im Dorf zu düpieren. Denn als der Brief ankam, war wirklich ein Floh darin ... Aber selbst Tucholsky konnte sich eine solche Affäre selbstverständlich nur in Frankreich vorstellen.

Der Bäcker nebenan hat seinen Stammkunden schon immer an Weihnachten einen schönen Kalender geschickt, doch dank moderner Datenerfassung werden „individualisierte Werbebriefe" immer interessanter. Auch die Deutsche Post World Net hat sich des Themas angenommen; Direktmarketing ist ein lukratives Geschäft. Die Post bietet das Service-Paket „Addressfactory", in dessen Netz Postnutzer werbend eingefangen werden. Mit Hilfe des Adressmanagements werden Adressbestände gereinigt und aktualisiert, Vornamen und Titel werden ergänzt, Schreibweisen korrigiert, Umzugsadressen aktualisiert. Im Beleglese-Center werden Bestellungen, Karten aus Gewinnspielen, Fragebögen und Terminbestätigungen an Scannern eingelesen und Direktmarketingkunden zur Verfügung gestellt. Trotzdem können auch an diesem Punkt Datenschützer Ruhe bewahren: Die Post hat sich dem Ehrenkodex des Deutschen Direktmarketing Verbands (DDV) angeschlossen und geschworen, Datenschutzbestimmungen einzuhalten und Adressen auf Wunsch Betroffener schleunigst zu sperren, zu löschen oder zu berichtigen und wann immer technisch oder wirtschaftlich machbar gegen die Robinsonliste abzugleichen. Bei der Fortbildung ihrer geduldigen Mitarbeiter setzt die Deutsche Post auf ihren Direktmarketing-Guru Siegfried Vögele, der seinen Schülern einschärft, vor allem bei der Gestaltung von Webseiten den Augen Haltepunkte zu geben. Der Leser, „dessen Gehirn brutal ‚Abschalten' sagt", muss gefesselt werden. Und mehr noch der potenzielle Kunde, dessen Gehirn vermutlich „Zerreißen!" sagt, wenn er einen Brief bekommt, der nicht personalisiert ist. Professor Vögele streng: Der personalisierte Brief muss unter allen Umständen Antworten auf drei unausgesprochene Leserfragen geben: Warum bekomme ausgerechnet ich diesen Brief? Was bringt mir die Sache? Was soll ich jetzt konkret tun?

Vögeles Dialogmethode beruht auf vielen kleinen „Jas" des Kunden, die in einem glücklichen „Ja, ich kaufe!" enden. Eine persönliche Einladung übergebe man ja auch nicht wortlos, mahnt Vögele seine Seminarteilnehmer. Das Responseverhalten der Kunden müssen die Postler dabei konsequent im Auge behalten, und die gängige Rücklaufquote von zehn Prozent der beigelegten Antwortkarten sei traumhaft hoch, versichern Direktmarketingexperten.

Doch die Deutsche Post World Net lebt nicht nur von der Güte fremder Federn. BVW heißt der Schlüssel zur Einsparung von Millionen. „Betriebliches Vorschlagswesen" also. Gezählt werden die ersparten Millionen seit 1997; da waren es erst 2,2 Millionen Mark, im Jahr 2000 schon über 16 Millionen. Die 360 kreativsten Einreicher von Verbesserungsideen dürfen für ein Jahr Mitglied im „Club der Denker" werden. Das ist reine Ehrensache, denn gewiss ist es noch schöner, die Prämie zu kassieren. Elke Sawitzky und Rüdiger Seger kamen so in den Genuss einer Gratifikation von 38 000 Mark, weil sie anregten, die Post vor der Sendung ins Ausland in große und kleine Briefe zu trennen, da die Deutsche Post World Net dann dem nach anderen Kriterien sortierenden Ausland weniger Portokosten bezahlen muss – eine jährliche Einsparung von 366 598 Mark!

Es steht und fällt die Post mit ihrer eigenen Zuverlässigkeit. Das Netz muss halten. Im Bereich Logistik nennt sie das „Fulfilment" und beschreibt vier Aufgabenkreise: Auftragsmanagement, Warehousing-Management, Transport und Distribution und das Retourenmanagement. Eine Vision der Omnipräsenz verspricht den Kunden den Himmel auf Erden oder

***Verladung von Danzas-Containern** im Hafen Köln-Niehl von der Straße auf die Schiene*

wie es der das ganze Füllhorn des Thesaurus ausschüttende Poet des Webdesigns auf der Homepage der Deutschen Post formuliert: „Immer – ständig – stets – fortlaufend – dauernd – beständig – von früh bis spät – unaufhörlich – permanent – fortwährend – nonstop – unablässig – andauernd – pausenlos – laufend – tagtäglich – immer! Rundherum – kreuz und quer – allerorten – weit und breit – nah und fern – weltweit – wo man hinguckt – Fulfilment heißt Erfüllung!"

Beladen eines Airbus 300
am Flughafen East Midlands,
Großbritannien

Die Deutsche Post World Net hat es geschafft, sich trotz starker Konkurrenz auf dem KEP-Markt zu behaupten. In Deutschland ist sie Nummer Eins geblieben, weltweit wurde sie – nach dem Einkauf von 40 Unternehmen für sechs Milliarden Euro – hinter UPS, FedEx und TPG (TNT Post Group) in einer Umfrage des amerikanischen Wirtschaftsmagazins „Fortune" im Jahr 2000 immerhin schon auf den vierten Platz gewählt.

Diese Rangfolge möchte die Deutsche Post World Net jedoch zu ihren Gunsten noch verbessern, nicht zuletzt mit Hilfe der DHL, an der sie seit 1998 überhaupt und seit Jahresanfang 2001 zu inzwischen 51 Prozent beteiligt ist. Neu sind also eine Flotte von 262 Flugzeugen, fast 16 000 Fahrzeuge und weltweit mehr als 66 000 Mitarbeiter. Gegründet wurde die DHL 1969 von den Amerikanern Adrian Dalsey, Larry Hillblom und Robert Lynn, deren Initialen DHL den Namen gaben. Sie begannen damit, die Zollpapiere den Schiffen vorauszufliegen, so dass der Verwaltungskram schon erledigt war, wenn die Schiffe in den Häfen einliefen. Das Netz war schneller als sein Inhalt. Vor der Erfindung dieses Tricks hatten die Reedereien jedes Mal viel Geld verloren, weil sie mit dem Löschen der Ladung warten mussten, bis die Hafenbehörden die Unterlagen bearbeitet hatten. Als die Datenübertragung per Telefax das Marktpotenzial dieses Dokumententransports einzuschränken begann, startete DHL seinen eigenen Warenversand und war eines der ersten westlichen Logistikunternehmen, die in Osteuropa und der Sowjetunion vor der Wende Fuß fassen konnten.

Ebenfalls seit 1998 bei der Deutschen Post World Net dabei: Danzas. Danzas wurde 1815 gegründet, als Louis Danzas nach Waterloo aus Napoleons Diensten entlassen wurde. Dennoch kein schlechtes Omen, denn Danzas ging zur Transportfirma von Michel l'Evêque in St. Louis im Oberelsass und wurde dort 1840 zum Miteigentümer. Nach seinem Tod 1862 folgte ihm Sohn Jules in die Firmenleitung nach, zog aber als stürmischer französischer Patriot nach dem deutschen Sieg 1871 sofort über die Grenze nach Basel. Mit Pferdefuhrwerken ging es los, doch Danzas war immer bei den ersten, die auf neue Transportmöglichkeiten aufmerksam wurden. So ist Danzas heute nicht nur an der Entwicklung des Cargolifters, des Riesenluftschiffes für Frachttransporte, beteiligt, sondern auch an der Entwicklung von Fast-Ships, die die Nordatlantik-Strecke zwischen Europa und Amerika in drei Tagen schaffen sollen. Am 10. Dezember 1998 machte die Deutsche Post ein freundliches Übernahmeangebot, am 18. Februar 1999 stimmte Danzas zu. Das neue Danzas-Gebäude in Basel wurde erst vor kurzem eingeweiht; die türkisfarbene Glasfassade des architektonischen Eyecatchers erinnere an Ozeanriesen, sagen Besucher, und damit an das erfolgreiche Engagement von Danzas im Containerfrachtbereich.

Ja, die Deutsche Post World Net ist überall. Pfiffig einer der letzten Werbespots mit den Gottschalk-Brüdern, der dem Kannitverstan-Prinzip abgelauscht ist: In der Kurzgeschichte von Johann Peter Hebel glaubt der Reisende in einer fremden Stadt, alle prächtigen Häuser, nach denen er die Einheimischen fragt, gehörten der immer gleichen Antwort zufolge einem gewissen Herrn „Kannitverstan" ... Thomas Gottschalk entdeckt an der Küstenstraße in Italien viele hübsche Anhalterinnen, doch Bruder Christoph hat nur Augen für die Verkehrsmittel der Deutschen Post World Net. Als erstes kommt ihnen auf der Gegenfahrbahn ein knallgelber Sprinter entgegen. „Mit Euro Express ist die Deutsche Post World Net die Nr. 1 im europäischen Paketservice!" Ein Flugzeug am Himmel? „Bestimmt 'ne DHL-Maschine! Der größte Luftexpress der Welt! In über 220 Ländern." Ein Danzas-Containerschiff am Horizont? Der flatterhafte Bruder hat begriffen.

„Ja, ja, ich weiß! Mit denen bewegt Deutsche Post World Net jedes Gut auf jedem Kontinent."

Doch das Leitmotiv der Post, die mühselige, tagtägliche Plackerei zur Beförderung von Dingen – oder wie es der Sisyphos von Lubomir Tomek 1987 ausdrückte: „Erst wenn Sie glauben, daß Sie die Dinge dort haben, wo Sie sie haben wollen, werden Sie angeschmiert." – demonstriert am listigsten der Werbespot mit HA Schults „Trash People" auf der Chinesischen Mauer. Schon im Hamburger Hafen zeigten die mit leuchtend gelben Folien beklebten Container von Danzas Wirkung. Den Hafenarbeitern blieb der Mund offen stehen. Dann schafften sie die 16 Container aufs Schiff nach Xingang, von wo es per LKW über Peking weiter nach Mutianyu ging. Auf speziell angefertigten Tragen wurden die schweren Kerle aus Blech und anderem Müll nach anderthalbstündigem Fußmarsch endlich auf die Mauer gehievt. Die seltsamen Müllmenschen auf einem der faszinierendsten Bauwerke der Welt – und wozu?! Um von Thomas Gottschalk gezählt zu werden ... Doch schon Wilhelm Raabe wusste, wie sehr Postler und Briefboten Zahlenspiele lieben. In seinem „Stopfkuchen" hat sich Briefträger Störzer nach 31 Dienstjahren ganz genau ausgerechnet, wie weit er in dieser Zeit gelaufen ist: „Fünfmal. Rund um den Erdball. Siebenundzwanzigtausend und zweiundachtzig Meilen in vierundfünfzigtausendeinhundertvierundsechzig Berufsgehstunden."

Michael Andritzky

VISIONEN UND UTOPIEN

Die elektronische Vernetzung und digitale Aufrüstung der Welt in den entwickelten Industriestaaten scheint unaufhaltsam. Schon rufen lang anhaltende Stromausfälle und Computerviren Schreckensvisionen vom Kollaps der Schaltzentralen der modernen Gesellschaft hervor, die nur noch vom realen Terror überboten werden. Volkswirtschaften, Politik, Medien, die Mobilitätszentralen (man denke nur an einen solch gigantischen Netzknoten wie den Frankfurter Flughafen) – nichts liefe mehr, wenn die vernetzten Betriebssysteme einmal ausfallen sollten. Auch hat man sich an die Daten- und Informationsbeschaffung, die blitzschnellen, weltweiten Transfers durch das Internet schon so gewöhnt, dass es vielen schwer fiele, sozusagen wieder auf „Handbetrieb" umzustellen. Die Informationsbranche ist mittlerweile zum weltweit größten Industriezweig aufgestiegen und hat die Automobilindustrie schon lange hinter sich gelassen.

Dennoch: Es gibt einige Bereiche, die sich bisher der elektronischen Durchwirkung entzogen oder zumindest nicht vollständig erschlossen haben. Dazu gehören Haus und Wohnen sowie Kleidung, Wellness – alles was dem Menschen direkt nahe ist, unmittelbar sein Wohlbefinden und Lebensgefühl berührt. So ist das eigene Haus, die eigene Wohnung ein Ort hoher emotionaler Dichte geblieben. Zuhause werden die wichtigsten primären Bedürfnisse nach Wärme, Behaglichkeit, Sicherheit und Kommunikation, Ernährung und Sexualität erfüllt – und dies in „eigensinniger" Weise meist mit „herkömmlichen" Mitteln. Die technische Moderne hat es schwer, in dieses Widerstandsnest einzudringen.

Dabei ist das moderne Haus durchaus offen für Neuerungen. Es besitzt schon länger ein eigenes künstliches Klima- und Wärmeprofil, das in naher Zukunft sogar elektronisch auf die speziellen Komfortbedürfnisse jedes einzelnen Bewohners eingestellt werden kann. Es ist ein Gebilde, das sich schon lange von den direkten Einflüssen der Nahumwelt abgenabelt hat, dafür an künstlichen Nabelschnüren hängt – der Gaspipeline, die aus Sibirien kommt, der Wasserleitung, die in Stuttgart vom Bodensee gespeist wird, und so weiter. Schauen wir uns also dieses Haus einmal näher an, wenn wir etwas wissen wollen über die Visionen und Utopien einer vernetzten Welt der Zukunft. Nicht umsonst hat Bill Gates mit dem Bau seines mit dem allerneuesten Stand der elektronischen Vernetzung ausgerüsteten Hauses gerade hier ein Zukunftszeichen setzen wollen.

Das Bild von der Oma auf dem Sideboard besitzt einen elektronisch gesteuerten Rahmen mit Schmetterlingsmotiven. Die Größe der Schmetterlinge zeigt, wie aktiv die alte Dame heute war. Denn die mittels einer Webkamera ermittelten Bewegungsmuster werden je nach täglicher Fitness in Schmetterlingsgrößen umgerechnet und per Internet auf den Rahmen des Bildes übertragen. „Und wenn ich dann sehe, dass meine Großmutter an einem Tag nicht besonders aktiv war, greife ich vielleicht zum Telefon und frage nach, wie es ihr geht", schwärmt Cory Kidd vom Georgia Institute of Technology. Das „Georgia Tech" entwickelt und testet Computerinstallationen für Wohnbauten in der Zukunft.

Neben dem „Oma-Watching" und dem mobilen Babysitter sowie vielen anderen Dingen hat man hier auch einen Brotkasten entwickelt, in dem die Luftfeuchtigkeit mittels Solarenergie konstant gehalten wird. Noch weiter geht Frank Belien, der Planer des belgischen Hauses „Living tomorrow“. Hier werden zum Beispiel die Schläfer mit einem sanften Schubs aufgeweckt, wenn sie zu laut schnarchen, Badewannen füllen sich per Handyanruf von selbst, an der Wand erscheinen auf Befehl Bilder zum Beispiel von Michael Schumacher und die Lieblingsmusik folgt einem beim Gang durch das Haus von Zimmer zu Zimmer. Der Esstisch variiert automatisch seine Länge, je nach dem wie viel Gäste erwartet werden. Natürlich muss man das vorher in den Computer eingeben. In der Küche „denken“ die Kochgeräte mit. Die „smart pan“ steuert den Kochvorgang und misst die Temperatur. Der „schlaue Topf“ lädt sich die Kochanleitungen vom Internet herunter. In Japan soll es sogar ein „Online-Klo“ mit Ferndiagnosesystem geben. Setzt sich jemand auf die Toilette, prüft ein Biosensor die Ausscheidungen und stellt fest, ob alles im Normbereich liegt und so weiter. Das alles ist vom gewöhnlichen Alltag der Menschen zwar noch weit entfernt, aber die Versuchsstationen gibt es schon und die Elektrogerätekonzerne scharren mit den Hufen. Die Träume (oder Alpträume?) vom Haus als Maschine sind alt. Seit über hundert Jahren beflügeln sie Science Fiction, Literatur und Filme. Unübertroffen noch immer Buster Keatons „Electric House“ von 1922 und Tatis „Mon Oncle“.

***Die moderne Frau** am Steuer des offenen Sportwagens vor einem Haus von Le Corbusier in der Stuttgarter Weißenhofsiedlung – reale Utopie der Moderne 1927*

Seltener denken wir, wenn wir von diesen ins Elektronische gewendeten Grimmschen Märchen lesen, dass auch die Architekten des Neuen Bauens und die Wohnreformer der 20er-Jahre von den technischen Möglichkeiten fasziniert waren – noch ohne zu ahnen, was die moderne elektronische Vernetzung einmal bieten würde. Die Debatte um die Rationalisierung der Hausarbeit sowie die Rolle der „Neuen Frau" nahm im Denken fortschrittlich gesinnter Architekten breiten Raum ein.

Aus heutiger Sicht, wo auch mögliche negative Folgen technischer Entwicklungen bekannt sind, Technik und Fortschritt nicht automatisch gleichgesetzt werden, ist es wichtig, sich zu erinnern, welche Hoffnungen und Erwartungen damit im ersten Viertel des 20. Jahrhunderts verbunden wurden. Die Technik wurde hier als große Chance gesehen, alle Lebensbereiche weiterzuentwickeln: Ernährung, Gesundheit, Verkehr, Gebrauchsgüter, Architektur und Wohnen. Bis in den privatesten Lebensbereich hinein sollte die Technik wirken; ja, die Architektur selbst sollte, wie Walter Gropius meinte, Abbild der technischen Welt sein. Das erklärt die heute nur schwer nachvollziehbare Begeisterung moderner Architekten für Schiffe und Flugzeuge, Eisenbahnen und Automobile.

Dazu kam die Faszination durch die neuen industriellen Arbeitsprozesse, verkörpert durch das Fließband und die Erkenntnisse von Frederick Taylor sowie die phänomenalen Erfolge von Henry Ford. Für die nach dem Neuen Suchenden lag es daher zum Beispiel nahe, auch das Haus wie eine Maschine zu betrachten und den Haushalt als einen Betrieb aufzufassen, der nach ähnlichen Prinzipien organisiert werden müsse wie eine Fabrik. Von daher stammt auch der Gedanke, die Hausfrau als „Haushaltsingenieurin" aufzuwerten. In den radikalsten Entwürfen des Neuen Bauens wie etwa in Frankfurt am Main-Westhausen oder Karlsruhe-Dammerstock wiederholt sich in den strengen Hauszeilen das Bild vom Fließband, das allgemein als fortschrittliche und zeitgemäße Form der Organisation betrachtet wurde. „Die Reihe mit der immer gleichen Abfolge von Wohnung – Haus – Garten, Wohnung – Haus – Garten nimmt keine Beziehung zueinander auf ... Die Reihe kennt nur den Nachbarn rechts und links, sie ist prinzipiell unendlich und wird nur abgeschnitten, wo das Grundstück zu Ende ist – wie die Reihe der tanzenden Tiller-Girls dort aufhört, wo die Bühne begrenzt ist. Es ist der Städtebau des Fließbandes" (Gerd Kähler).

Das Prinzip der industriellen Produktion wurde auch auf die Nahrungszubereitung und das Essen, ehedem unbestrittener Mittelpunkt aller häuslichen Kultur und Schlüsselqualifikation der Frau, übertragen. Dafür steht ein Wort: McDonalds, Inkarnation einer amerikanischen Erfolgsgeschichte mit globalen Folgen. *French fries* sind heute das meistverkaufte Nahrungsmittel in den USA. Der durchschnittliche Amerikaner verzehrt über 30 Pfund gefrorene Pommes im Jahr, 90 Prozent davon in Fast Food-Restaurants. Das Basisprinzip ist das Prinzip der Industrie: Dieselbe Sorte Kartoffel wird maschinell in immer gleiche Formen geschnitten, eingefroren, im flächendeckenden Netz der McDonalds-Filialen verteilt und am Verzehrort auf die Sekunde genau in heißem Fett gebraten. Ähnlich der Hamburger. Dazu noch ein Softdrink und schon haben wir den Amerikaner als Mitglied des „gewichtigsten Volkes der Erde".

Auch die Emanzipation der Frau, die aber noch immer vor allem als Hausfrau gedacht wurde, erhoffte man sich von der neuen Technik. Heute weiß man, dass das Wesen haushälterischer Tätigkeit technologisch gar nicht fassbar ist: „Wohnen ist vermischtes Tun. Arbeit und Konsum sind nicht systematisch voneinander und vom Gespräch mit anderen geschieden,

Häuser wie am Fließband.
Architektonische Maschinenanalogie aus den 20er-Jahren, Siemensstadt Berlin

alles mögliche wird gleichzeitig, manches nebenher erledigt, und die Poren der Ruhe sind noch nicht aus den Arbeitsvorgängen herausgepresst und zur Freizeit am Abend zusammengefasst. Mit diesem Durcheinander suchte der Funktionalismus aufzuräumen, indem er die Funktionen trennte und ihnen besondere Orte und damit auch besondere Zeiten und zuständige Personen zuweist" (Häußermann/Siebel).

Dass Hausarbeit durch arbeitssparende Maschinen sehr erleichtert werden kann, war lange ein unbestrittener Glaubenssatz. Die Erfolgsgeschichte zum Beispiel des Staubsaugers spricht dafür: Hervorgegangen um 1900 aus der Not des gegen Hausstaub allergischen Amerikaners Murray Spangler, der mittels eines umgekehrt funktionierenden Blasebalgs und eines Kopfkissens die Basistechnik des Staubsaugers erfand, ist der funktionale Nutzen dieses Gerätes bis heute durchaus zweifelhaft. Als Fazit einer zermürbenden, staubtrockenen Dissertation kommt der einzig bisher bekannte Staubsaugerforscher, der Schweizer Christoph Glauser, zu dem Schluss: „Das Gerät hat die Arbeit der Hausfrau eigentlich um ein Vielfaches verlängert. Früher wurde vielleicht zweimal im Jahr groß geputzt. Das war ein gesellschaftliches Ereignis, die Nachbarn halfen sich und die Hausfrauen kamen aus ihrer Isolation heraus." Staubsaugen ist eine symbolische Handlung, die vor allem akustisch der Mitwelt bedeuten soll: Seht her, hört her: Hier wohnt eine saubere Familie. Im einem Heft der Zeitschrift GEO wird noch einmal auf dem neuesten wissenschaftlichen Stand festgehalten, dass Putzorgien im Haushalt und Büro nichts daran ändern, dass der Kampf gegen den Schmutz aussichtslos, ja ungesund ist. Das Ideal vom keimfreien Leben bleibt Illusion.

Die Kreativität der Industrie scheint immer da am größten, wo es um die Erfindung (oder Behauptung) immer neuer Brauchbarkeiten (oder Scheinbrauchbarkeiten) geht. Gegenwärtig sind es Internet, Elektronik und Telematik, welche die Phantasie antreiben und die Frage, was man selbst wirklich will und braucht, zu einem kniffligen Problem werden lassen. Die Medien sind voll von Nachrichten aus den Labors der Industrie, die den Bereich des Möglichen immer stärker erweitern, jedoch meist blind sind für die Frage, ob das Mögliche auch das Erwünschte ist, also zu einem guten Leben beiträgt. Da haben zum Beispiel Wissenschaftler der Universität Karlsruhe kürzlich die „intelligente Tasse" erfunden: In ihrem Boden misst ein Drucksensor, wie voll sie ist, außerdem zeigt ein Temperaturfühler an, ob sich in ihr nur eine lauwarme Brühe befindet, und ein Bewegungssensor meldet, ob gerade getrunken wird. Die registrierten Daten werden an einen Empfänger in der Zimmerdecke gesendet. Sobald alle Kaffeetassen im Besprechungszimmer auf dem Tisch stehen, läutet an der Tür die Meldung „Sitzung – bitte nicht stören", und die Telefone der Konferenzteilnehmer stellen sich automatisch um. Wenn die Tassen mehrheitlich leer sind, wird automatisch neuer Kaffee gekocht. Hat man beispielsweise seine Tasse irgendwo vergessen, reicht ein Blick ins Internet, um sie wieder zu finden, bringt jemand eine neue Tasse mit, meldet sich die Tasse als Gast an. Die Karlsruher Wissenschaftler haben aber offenbar selbst Zweifel an ihrem Tun, denn sie wollen, so eine Zeitungsmeldung, die Nutzer damit auch zum Nachdenken anregen, ob man die intelligente Tasse überhaupt braucht. Zweifellos eine intelligente Frage!

An den Rändern des Fortschrittglaubens beginnt es langsam zu bröckeln. Das pure, unreflektierte Begehren nach dem Größeren, Stärkeren, Schnelleren hat in den satten Gesellschaften des Westens Konkurrenz bekommen durch Sinnfragen. So sieht zum Beispiel der Geschäftsführer des

Hauptverbandes der Deutschen Holz und Kunststoffe verarbeitenden Industrie eine Besserung der Flaute beim Möbelverkauf darin, mit den Möbeln mehr „Sinn und Sensation" zu verkaufen, wie immer das auch aussehen mag.

Nicht jeder findet das bis zum Dachfirst elektronisch aufgepumpte Haus à la Bill Gates erstrebenswert, nicht jeder will in seiner autonomen Privatsphäre wiederholen, was er im Arbeits- und im öffentlichen Leben täglich erlebt. Zu Hause darf es ruhig etwas anders sein, etwas altmodisch, umständlich zu handhaben, auch etwas sperrig im Gebrauch, dafür aber wärmer. „Ich wollte eine kleine Welt zum Abtauchen mitten in dieser großen Stadt, eine Vegetation des Hauses mit sinnlichen Formen und Farben für die Seele, die mich einhüllen. Weil man anders nicht überleben kann ...", so eine New Yorkerin.

Die Mitte der 80er-, Anfang der 90er-Jahre einsetzende zweite Stufe der Modernisierung und Mechanisierung ist eng an die Möglichkeit der Elektronik und die in ihr schlummernden technischen und ökonomischen Potentiale geknüpft. Von der elektronischen Aufrüstung zum Beispiel der Küche, ja, des ganzen Hauses unter dem Stichwort „vernetzter Haushalt" verspricht sich die Industrie eine nachhaltige Runderneuerung des, wie es heißt, „seit Jahren eher trägen Haushaltegerätemarktes" in kürzerer Zeit.

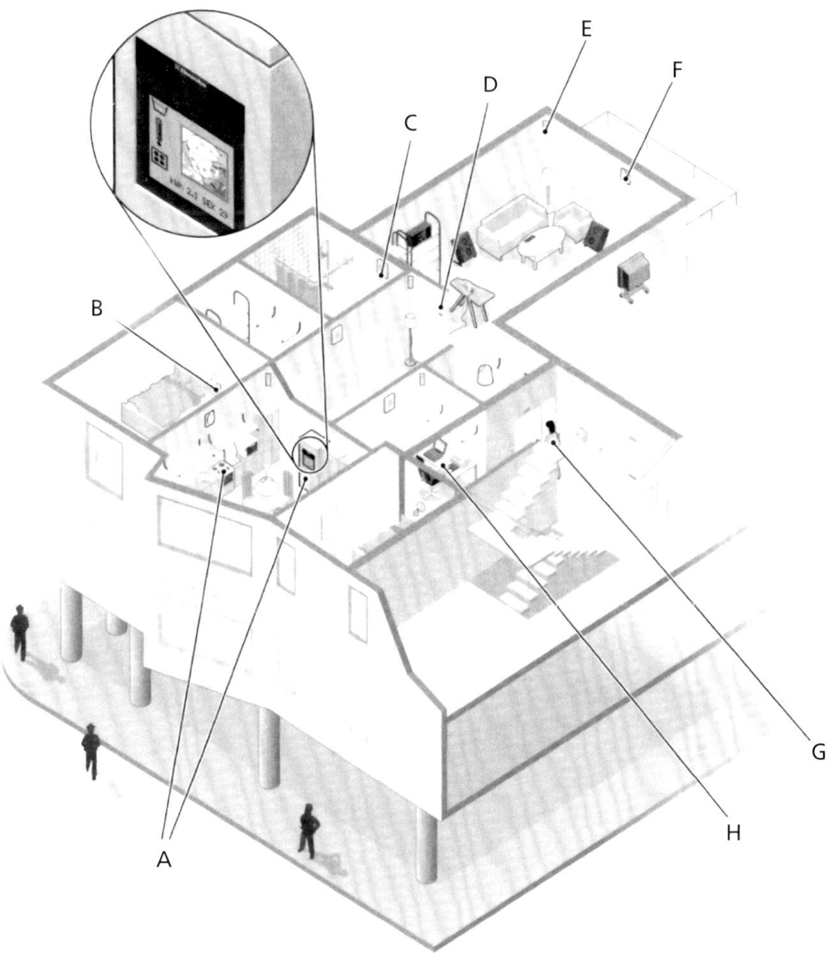

Der vernetzte Haushalt.
Der intelligente Kühlschrank „Screenfridge" ist ans Internet angeschlossen. Er dient als Informationszentrale für den Haushalt und als Kommunikationsinstrument für seine Bewohner.

A Funktionskontrolle der Haushaltsgeräte

B „Gute-Nacht-Schalter", löscht sämtliche Lichter in der Wohnung

C Elektronische Feuchtigkeitskontrolle

D Vernetzter Thermostat

E Alarmanlage

F Klimaanlage

G Türöffner erkennt Fingerabdruck

H Breitbandzugang

„Der Sprung ins Internet verheißt neue Impulse", so der mit 27 Milliarden US-Dollar Jahresumsatz in 150 Ländern marktführende Konzern Electrolux. Die allgemeine Computer- und Interneteuphorie (wenn nicht -hysterie), so hofft man, macht lange Warteschleifen bei der Akzeptanz und Marktdurchsetzung überflüssig. Insgesamt soll, so Berechnungen, der Umsatz mit „Electronic Commerce" in Westeuropa von 18,9 Milliarden US-Dollar im Jahr 1999 binnen drei Jahren auf 223 Milliarden US-Dollar geradezu explodieren. Bis zum Jahr 2005 sollen 20 Millionen Haushalte weltweit über Internet-Technologie in der Küche verfügen. Das entscheidende Kriterium: Künftig sollen Hausgeräte nicht nur untereinander kommunizieren, neue High-Tech-Systeme sollen den Haushalt auch mit Lieferanten, Banken oder Krankenhäusern verbinden.

Im Mittelpunkt des Systems steht bei Electrolux der „intelligente, voll multimediafähige" Kühlschrank, dem ein Touch-Screen in die Fronttür implantiert wurde. Übers Internet kann man von ihm aus E-Mails verschicken, nach Rezepten suchen, außerdem „kommuniziert" er selbständig mit den übrigen Geräten im Haus. Konkret soll das zum Beispiel so funktionieren: Ein kurzer Check aus dem Büro per Notebook zeigt, dass der Kühlschrank gut gefüllt ist – er hat die zur Neige gegangenen Lebensmittel automatisch selbst nachbestellt. Während der Fahrzeit für den Heimweg heizt sich der Backofen schon einmal computergesteuert vor, und schon kurz nach dem Heimkommen dampft das fertige Essen auf dem Tisch. Aber damit nicht genug: Wenn die Bewohner das Haus verlassen, können sie auf einem Terminal an der Haustür nachsehen, ob etwa alle Herdplatten ausgestellt sind oder die Kühlschranktür offen steht. Die Bedienoberfläche lässt sich auch von außerhalb des Hauses per WAP-Telefon ansteuern. Mit dieser Technik kann man auch die vom Kühlschrank erstellten Einkaufslisten auf das Handy herunterladen, damit beim Einkauf im Supermarkt nichts vergessen wird.

An den Außenmauern hört, so der Hersteller, die Vernetzung nicht auf. Der Garten vor dem Haus wird automatisch bewässert, und die Rasenpflege übernimmt der akkubetriebene Rasenmäher-Roboter. Frische Lebensmittel, die per Internet bestellt wurden, deponiert der Lieferservice in einer Anlieferungsbox mit Kühl- und Gefrierabteil. Folgt man Bill Gates, so ist sein Haus also nur der luxuriöse Vorläufer einer neuen Welle der Heimautomatisierung auf breiter Front für Jedermann. An vielen Orten der Welt werden Versuchshäuser gebaut und nach dem Big-Brother-Prinzip getestet: Man stopft ein Haus voll mit Technik und beobachtet die Menschen beim Wohnen. Sinnvoll ist sicher die elektronische Regelung des Heizenergie- und Wärmeverbrauchs eines Hauses mit Einzelraumtemperierung, mit speziellen Programmen für Urlaub, Schichtarbeit und so weiter, auch für Wasser sowie die Integration von Solarkraft, Regenwasser- und Mehrfachnutzung von Brauchwasser und so weiter. Schon heute sind Geschirrspüler auf dem Markt, die bei Defekten eine Selbstdiagnose vornehmen und das Ergebnis per Internet an ein Servicecenter schicken, wo kleinere Defekte über die Datenleitung behoben werden können. Hier liegen sinnvolle, das Leben tatsächlich erleichternde Funktionen der Elektronik.

Die Dialektik des Fortschrittes ist ein Topos, der bei der Entwicklung der Haushaltstechnik besonders eindrücklich zum Vorschein kommt. Denn generell ist das Wissen um die Haushaltsführung mit der Zunahme haustechnischer Geräte und Dienstleistungen nicht gewachsen, sondern geschrumpft. Man kann diesen Prozess auch als Deprofessionalisierung beschreiben. Dies hängt einerseits mit der Emanzipation der Frau zusammen, andererseits mit dem Wegfall von Eigenproduktion, Vorratshaltung und Abkopplung von regionalen Erzeugermärkten. Mit ursächlich dafür ist auch die heute nahezu unüberschaubare Warenvielfalt, die den Verbraucher quasi entmündigt hat. König Kunde ist ein Analphabet geworden. Wie soll er auch verstehen, dass Bananen, die von weit her kommen, ein Euro das Kilo, heimische Äpfel aber das Doppelte kosten. Auch die neuen Zubereitungstechniken – vom Tiefkühler in die Mikrowelle – tragen dazu bei, dass wir Kompetenz verlieren, je leichter, schneller, bequemer wir uns versorgen können. Die Dialektik von Entlastung und Entmündigung ist hier mit Händen zu greifen. Bei einer Reflexion über die Zukunft des elektronisch vernetzten Hauses wird also daran zu denken sein, ob und wie man nicht nur die Intelligenz der Maschinen, sondern auch die Intelligenz und Handlungskompetenz der Menschen verbessern kann. Zu beobachten wird dabei sein,

„Les bons génies de la vie domestique".
Centre Pompidou, Paris 2000

was mit unseren Sinnen geschieht, wenn elektronische Sensoren ihnen die Arbeit abnehmen. Schon kann der zukünftige Herd nicht nur Garpunkt und Gewicht bestimmen sowie die Zutaten zusammenstellen, er schmeckt auch selbst ab. Enteignung und Entmündigung durch die Elektronik kann eine Gefahr sein, vor der selbst ernsthafte Ingenieure warnen: „So könnte sich", meint Roland Burns von der Universität Plymouth, „der intelligente Kühlschrank auch zum Tyrannen entwickeln und Personen auf Diät den Weg zu Süßigkeiten verstellen, oder die Menschen gar ganz aussperren, wenn er mitbekommt, wie ineffizient, unlogisch und unberechenbar sie in ihren Häusern agieren."

Auch wenn man die Veröffentlichungen zum elektronisch vernetzten Haus, zu Domotic, Smart oder Future House mit der Lupe durchforscht – man wird hier nicht die leiseste Spur eines in die Zukunft weisenden gesellschaftlichen Leitbildes entdecken. Die neue elektronische Technik hat kein Bild vom Menschen. Das einzige, was offenbar als Bedürfnis hypostasiert wird, ist das Begehren nach immer mehr Komfort und Bequemlichkeit. Aber auch das wird nicht wirklich reflektiert. Es gibt kein diskutierbares Argument, warum die Menschen – außerhalb von Arbeitsstress und Zeitnot – die lustvolle Tätigkeit der Essenszubereitung, die vom kenntnisreichen Einkauf bis zum kreativen Kochen und kommunikativen Speisen reicht, durch computergeleitete Warenbestellung, Rezepterstellung und Zubereitung mittels „Turbo-Ofen" ersetzen sollten. (Diesen Ofen, der ein komplettes Huhn in vier Minuten servierbereit herstellen kann, gibt es bereits – in den USA.)

Man könnte auch darüber nachdenken, warum die Stadtmarathons überall so beliebt sind, warum Hobbybaumärkte florieren, die Kochbuchliteratur boomt und Ferien auf dem Bauernhof Konjunktur haben. Fordert hier nicht der vor den Bildschirmen stillgestellte Mensch, der die vernetzte Welt durch Knopfdruck, Mausklick und Fernbedienung bewegt, aber selbst als körperliches, mit fünf Sinnen begabtes Wesen zu kurz kommt, sein Recht? In einer Situation, wo die Lebensarbeitszeit abnimmt, die Fernsehverblödung zunimmt und unter Anleitung selbsternannter oder amtlicher Animateure – von der Seniorenkaffeefahrt über Stadtteil-Aerobic bis zum Abenteuerurlaub – mehr oder weniger krampfhaft nach sinnvollen Freizeitbeschäftigungen gesucht wird, erscheint es geradezu absurd, weitere arbeitssparende Maschinen zu erfinden. Gerade im Haushalt hat sich nämlich ein Feld für selbstbestimmte Tätigkeiten erhalten, wo die Grenze zwischen notwendiger Arbeit und sinn(en)voller Tätigkeit fließend ist, Zeit lustvoll verwendet wird. Warum sollten wir sie also einsparen?

Natürlich gibt es immer ein paar widerborstige Querdenker oder auch nur lebenserfahrene Skeptiker, denen bewusst ist, dass das Dasein eine eigenartige Gemengelage aus alt und neu, beschränkt und intelligent, emotional und rational darstellt und sich selten bruchlos in die streamlinigen Vorstellungen einer computerbeherrschten Alltagswelt der Zukunft einfügt. Warum soll man nicht statt auf dem Terminal an der Haustür, an Herd und Kühlschrank selbst nachschauen, ob die Platten ausgestellt und die Türen geschlossen sind? Warum genügt nicht der handgeschriebene Einkaufszettel im Supermarkt und warum soll ich mir von einem Roboter die schöne Arbeit des Rasenmähens klauen lassen? Und gibt es nicht auch ein Menschenrecht auf Ruhe und Ungestörtsein durch allgegenwärtige Daten- und Informationsflüsse, Sensoren und Messfühler, vor denen wir im elektronischen Haus nicht mal auf dem Klo sicher sind, und die gerade dabei sind, sogar in die Kleidung, unsere zweite Haut einzudringen? Die so genannte l-ware droht. Schon haben Designer die „vollvernetzte Wäsche" im Visier, das Hemd, das Blutdruck und Puls misst, die Schuhe, die sich Daten vom Teppichboden runterladen, die Windbluse mit integrierter Klimaanlage oder den Mantel, der „Guten Morgen" sagt, die Krawatte, die Gewitter ankündigt, oder die Jacke, die nachts vor Angreifern warnt. Schon soll es Stoffe geben, die Temperaturschwankungen ausgleichen, über ein Deodorant und variable Lichtschutzfaktoren verfügen.

Uli Marchsteiner hat sein Unbehagen in einer intelligenten Frage zusammengefasst: „Wie wird aber unser ‚fehlerhaftes' menschliches Leben in Zukunft aussehen inmitten einer Unzahl von digitalen Besserwissern? Werden wir in unseren ‚intelligenten Häusern' als ‚dumme Bewohner' verkümmern oder erleben wir das digitale Schlaraffenland, in dem der virtuelle Agent im Datennetz uns die gebratenen Hühner in den Mund steckt? Aber um dort hin zu gelangen, müssen wir uns ja laut Märchenbuch erst durch eine dicke Wand aus Technologiebrei essen, das bleibt uns nicht erspart – alles wird einfacher und komplizierter zugleich!"

405

TELEKOMMUNIKATION

Jochen Hörisch — Deutsche Telekom AG

Edgar Lersch — Michael Friedewald, Simone Kimpeler

***Die „Elektrizität"**, Allegorie aus dem späten 19. Jahrhundert (Ausschnitt)*

Jochen Hörisch

DIE ENTFERNTE ENTFERNUNG
Annäherungen an Probleme der Telekommunikation

Schnelle Botschaften, langsame Körper

„Ich folge dem englischen Reisewagen mit den Augen nach, die ganze Rivolistraße hinauf, bis an das Garde-Meuble, wo er umbiegt. Auf diesem Palast spielt der Telegraph. *Spielen?* Ach ja, er spielt wie eine Schlange in der Sonne. Fürchterlich, fürchterlich! Die langarmige Tyrannei! Neulich reiste ein englischer Schriftsteller von Paris nach London. Er war schon drei Tage fort, stand in Calais am Bord des Schiffes; die Segel wurden geruckt – da schoss ihm von Paris der Telegraph wie ein Blitz nach. Er wurde festgehalten und musste, wegen Verdachts aufrührerischen Briefwechsels, vier Wochen im Kerker schmachten. Er ward unschuldig befunden. Ich habe mir vorgenommen, den Moniteur durchzulesen, von 1789 bis jetzt, und ein Beispiel aufzusuchen, dass je durch den Telegraphen eilende Wohltat zugesendet, dass je Tränen durch diesen Sturmwind getrocknet, dass er je dem Verurteilten rasche Begnadigung zugesprochen. Und finde ich nur ein einziges Beispiel solcher Art, dann will ich mich mit dem Telegraphen aussöhnen. Doch ich vergesse – werden nicht neunmal jeden Monat die gezogenen Lottonummern von dem Telegraphen durch ganz Frankreich gesendet, welche Trost bringen: der weinenden Mutter unter hungrigen Kindern den Trost – sie werde glücklicher sein in der nächsten Ziehung!"[1] So heißt es in den „Schilderungen aus Paris", die der politisch linksorientierte Emigrant Ludwig Börne zwischen 1822 und 1824 in Cottas „Morgenblatt für gebildete Stände" veröffentlichte.

Aufmerksamkeit verdient seine Schilderung aus mindestens drei Gründen. Erstens ist sie ein frühes Dokument für die häufig anzutreffende Verbindung von politisch progressiver und technisch retrograder Orientierung. Hier kommt sie grundsympathisch daher. Hält sich Börne doch ausdrücklich die Möglichkeit offen, sich eines Besseren belehren zu lassen, wenn er denn bei seinen Recherchen auf Hinweise trifft, die es ihm ermöglichen, sich „mit dem Telegraphen auszusöhnen", weil dieser nachweislich „Wohltaten" bewirkt hat. Zweitens stellt Börne schneidend scharf dar, warum er Kritiker moderner Medientechnik ist: Weil sie den Menschen buchstäblich ein- und überholt, also abhängt und abhängig macht. So schnell wie eine telegrafische Meldung kann ein menschlicher Körper nicht transportiert werden. Vier Wochen muss der englische Schriftsteller im Kerker schmachten, also zur traurigsten Form von Immobilität verdammt sein, weil ihm ein hypermobiler Telegraf wie ein Blitz nachgeschossen wurde. Und drittens hat Börne ein helles Bewusstsein davon, dass er, der in Paris lebende und im fernen Deutschland veröffentlichende Emigrant, ein früher Zeitgenosse des heißen Projekts ist, dem sich das europäische 19. Jahrhundert mit zunehmender Verve und mit wahrem Furor verschrieben hat: die Ferne zu entfernen.

Fern ist eines der epochentypischen Grundwörter von Neuzeit und Moderne. Es lässt sich wundersam mit vielen anderen Wörtern kombinieren. Die prototypischen Innovationen der Neuzeit und der Moderne sind denn auch Geräte, die das Ferne nahebringen: Fernglas und Fernrohr werden schon vor dem 17. Jahrhundert erfunden und im 17. Jahrhundert schnell populär. Die Effekte, die ihr intensiver Gebrauch mit sich bringt, sind ins kollektive Gedächtnis eingewandert: Köpfe wie Galilei und Giordano

[1] Ludwig Börne: Schilderungen aus Paris. In: Sämtliche Schriften, hrsg. v. I. u. P. Rippmann. Bd. 2. Dreieich 1977, S. 59.

Bruno beobachten mit ihrer Hilfe die Himmelskonstellationen und sorgen so dafür, dass tradierte Ansichten vom Himmel in eine tiefe Krise geraten. Im 18. Jahrhundert entwickelt sich ein regelmäßiger Schiffs-Fernverkehr zwischen der Alten und der Neuen Welt, die sich 1776 schließlich für unabhängig erklärt. Das 19. Jahrhundert steht vollends im Bann des Projekts, alles Ferne in Nahes zu verwandeln. Erfunden werden gleich zu seinem Beginn der Fernschreiber, in seiner Mitte der Fernsprecher und an seinem Ende der (Fern-) Funk.[2] Im 20. Jahrhundert wird schließlich das Bedürfnis, Fernes systematisch in Nahes zu verwandeln, auf allen Sinnesebenen massenhaft gestillt. Alle Menschen (wohlgemerkt: alle Menschen im medientechnologisch hochgerüsteten Teil der Welt) werden zwar nicht Brüder und Schwestern, wohl aber Rund-Funk-Hörer und Fern-Seher, die sich nahe rücken.

Für diese schönen deutschen Komposita mit dem Präfix *Fern-* stehen mit stupender Regelmäßigkeit auch griechische Äquivalente mit dem Präfix *Tele-* bereit: Teleskopie, Telegrafie, Telegramm, Teleobjektiv, Telefonie, Teleprompter, Television. Neuzeit und Moderne wollen alles neu machen und knüpfen doch ersichtlich und unüberhörbar an alte und genauer: an antike Projekte, Träume und Leitbegriffe an. Die Neuzeit hat sich mit der Renaissance eine aussagekräftige Programmatik verschrieben: Unter technischen Auspizien soll wiedergeboren werden, was sich in vortechnischer Zeit nicht eigentlich entfalten konnte, sondern bloßer Traum blieb. Die Neuzeit will alles neu machen, indem sie die Versprechen der Alten (inklusive des Versprechens, es könne eine Telekommunikation mit den Olympischen, gar eine Tischgemeinschaft mit den Göttern geben!) einlöst. Was in der Antike nur Götter wie Hermes, Hephaistos oder Apoll vermochten, soll in der neuzeitlich-prometheischen Welt von Menschen real ausgetragen werden. Es soll tatsächlich das Licht der aufgeklärten Welt erblicken.

Im Helena-Akt des „Faust II" hat Goethe diese Programmatik dramatisch in Szene gesetzt. Neuzeit und Antike sind in dem zwischen Mythen-Phantasmagorie und Techniktraum oszillierenden Akt telekommunikativ kurzgeschlossen. Faust überwindet leichthin alle Zeit- und Raumgrenzen. Ihm gelingt es sogar, Telekommunikation in Tele-Kommunion (neudeutsch würde man formulieren: in *face-to-face communication*) und sodann in erotisch-intime Nähe zu überführen. Er vereint sich mit der schönsten Frau der Antike und zeugt mit ihr euphorisch ein Kind, das dann auch keinen anderen als diesen Namen trägt: Euphorion. Euphorien aber sind bekanntlich von begrenzter Dauer. Das gilt noch dann, wenn die euphorisch Beseelten Faust und Helena heißen. Ihr gemeinsames Kind wird nicht alt. Es übernimmt sich, begehrt Unmögliches und erleidet einen tödlichen Absturz. Helenas vielzitierte, an Faust adressierte Worte stellen dem telekommunikativen Projekt der Neuzeit eine schlagende Diagnose:

> Ein altes Wort bewährt sich leider auch an mir:
> Dass Glück und Schönheit dauerhaft sich nicht vereint.
> Zerrissen ist des Lebens wie der Liebe Band;
> Bejammernd beide, sag' ich schmerzlich Lebewohl
> Und werfe mich noch einmal in die Arme dir.
> Persephoneia, nimm den Knaben auf und mich! [3]

[2] Siehe dazu Ausstellungskatalog Vom Verschwinden der Ferne, hrsg. v. Edith Decker und Peter Weibel. Deutsches Postmuseum (Museum für Kommunikation) 1990; Jochen Hörisch: Der Sinn und die Sinne. Eine Geschichte der Medien. Frankfurt am Main 2001, Kap. „Diesseits der Zeichen" (S. 221ff.).

[3] Faust II, vv. 9939-44.

Telekommunikation gibt es nur, wenn es das Problem gibt, auf das sie eine technische Antwort bereithält: dass des Lebens wie der Liebe Band zerrissen ist. Die Regieanweisung, die diesen Abschiedsworten folgt, hat es in sich: „Sie umarmt Faust, das Körperliche verschwindet, Kleid und Schleier bleiben ihm in den Armen." Wenn die, die miteinander kommunizieren wollen, einander so nah sind, dass sie in einem Akt der Kommunion aufgehen können, bedürfen sie nicht länger technisch hochgerüsteter Kommunikationsmedien. In dem Maße aber, in dem „das Körperliche verschwindet", sind telekommunikative Medien gefordert.

In Netze verstrickt

Ohne Ferne keine Medientechnologie. Nur wenn „das Körperliche verschwindet", hat und macht Telekommunikation Sinn. Nähe ist der freundliche Feind der Medien, die Nahverhältnisse herstellen, von denen sich sodann feststellen lässt, dass sie keine „eigentlichen" Nahverhältnisse sind, weshalb das telekommunikative Projekt nicht ans Ziel und zur Ruhe kommen kann. Mit bemerkenswerter Hartnäckigkeit haben die letzten zwei Jahrhunderte an diesem paradoxen Projekt der Telekommunikation gearbeitet, das die Probleme herstellt, die es löst (so wie das Auto die Distanzen erfindet, die es überbrückt). Dem Projekt der Beschleunigung aller Kommunikationstechnologien war durchschlagender Erfolg beschieden. Das Parallelprojekt, den Transport menschlicher Körper halbwegs auf das Geschwindigkeitsniveau der Nachrichten zu bringen, die Menschen versenden, musste hingegen so tragisch scheitern wie Euphorion. Die Faszination, die von Schnellschiffen, von Eisenbahnen, von Automobilen, von Flugzeugen und von Raketen ausgeht, ist unübersehbar – so unübersehbar wie die trostlosen Dimensionen des Versuchs, antiquierte Menschenleiber auf das Geschwindigkeitsniveau ihrer Sendungen zu heben.

Die „Titanic" war um Potenzen langsamer als die Funksprüche, die ihre Offiziere versandten. Aber sie glitt dennoch zu schnell dahin und auf den Eisberg zu. So wurde das am simpelsten Element scheiternde Luxusschiff mit dem allzu langen Bremsweg zum epochentypischen Menetekel, das ins kollektive Gedächtnis und in die Hollywood-Studios einwanderte. Selbst Unübersehbares aber kann man ausblenden. Ein Hinweis auf die Millionen Opfer der Automobilisierung genügt. Die Zahl der Verkehrstoten seit der Erfindung des Autos steht der Zahl der Weltkriegstoten kaum nach. Millionenfach sind Hirne zertrümmert, Leiber zerstückelt, Gliedmaßen zerquetscht und Menschen verbrannt worden, weil sie automobil unterwegs waren und mit ihresgleichen zusammenstießen. Wach und verdrängungsfrei wahrgenommen wird dieses so grauenhafte wie unbestreitbare Faktum nicht. Wer es in der gebotenen Sachlichkeit erwähnt, muss sich häufig den Vorwurf gefallen lassen, ideologischer Autogegner und Dämonisierer zu sein. Alles Unglück der neuzeitlichen Welt, so formulierte Blaise Pascal gleich zu ihrem Beginn, sei darauf zurückzuführen, dass die Menschen nicht in ihren Häusern bleiben wollen.

Neuzeit und Moderne haben universal mobil gemacht. Und das mit einem Effekt, der sich eindeutig beschreiben lässt: Das Projekt der Telekommunikation ist ein Mega-Erfolg, das Projekt der Massenmobilisierung von Menschenkörpern aber endet bestenfalls in schleichender Fortbewegung oder in Immobilität, also im Stau, ansonsten aber in der Materialschlacht oder in der Massenkarambolage. Beide Mobilisierungsprogramme sind *einem* Infrastrukturprojekt und einer leitenden Idee verpflichtet. Es ist keine andere als die alte Idee des Netzes. Das Straßennetz oder das Kanalnetz, das Telefon- oder das Kabelnetz, das Radio- oder das TV-Netz, das Handy-Netz oder das World Wide Web: Neuzeit und Moderne machen paradox mobil, weil sie zugleich versuchen, das Mobilgemachte in Netzen einzufangen. Dass die aus alten Mythen (zum Beispiel der Arachne-Mythe) und aus religiösen Kontexten (man denke nur an die christliche Vorstellung vom apostolischen Menschenfischer) wohlvertraute Netz-Metapher bemerkenswert unversehrt in moderne und postmoderne Zeiten hinübermoduliert werden konnte, ist zuerst einmal irritierend und dann so unplausibel nicht. Irritierend ist die epochenüberschreitende Dauerhaftigkeit und Belastbarkeit der Netzmetaphorik, weil sie quer zum Mobilisierungsimpuls steht, der die Neuzeit umtreibt. Wer im Netz zappelt, ist gefangen und eben nicht mobil. Wer sich im Spinnennetz verfangen hat, ist sicherlich nicht dort angekommen, wohin er eigentlich wollte. Plausibel ist der medientechnologische Siegeszug der Netzmetaphorik dennoch. Zwar entfaltet er im Internet-Kontext seine aporetische Kraft besonders deutlich: Die massenhaft gängige Rede, man surfe im Internet, ist von schlagender Unsinnigkeit. Keiner, der nur halbwegs bei Sinnen ist, würde ausgerechnet dort surfen, wo Fischer ihre Netze ausgeworfen haben. Jeder Lotse hat die Aufgabe, Schiffe an Klippen, Sandbänken und Netzen vorbeizuleiten. Der Internet-Navigator

***Darstellung eines Sternmaschennetzes**, der sichersten und aufwändigsten Vernetzungsart: Das Telefonnetz des Ruhrgebiets 1930*

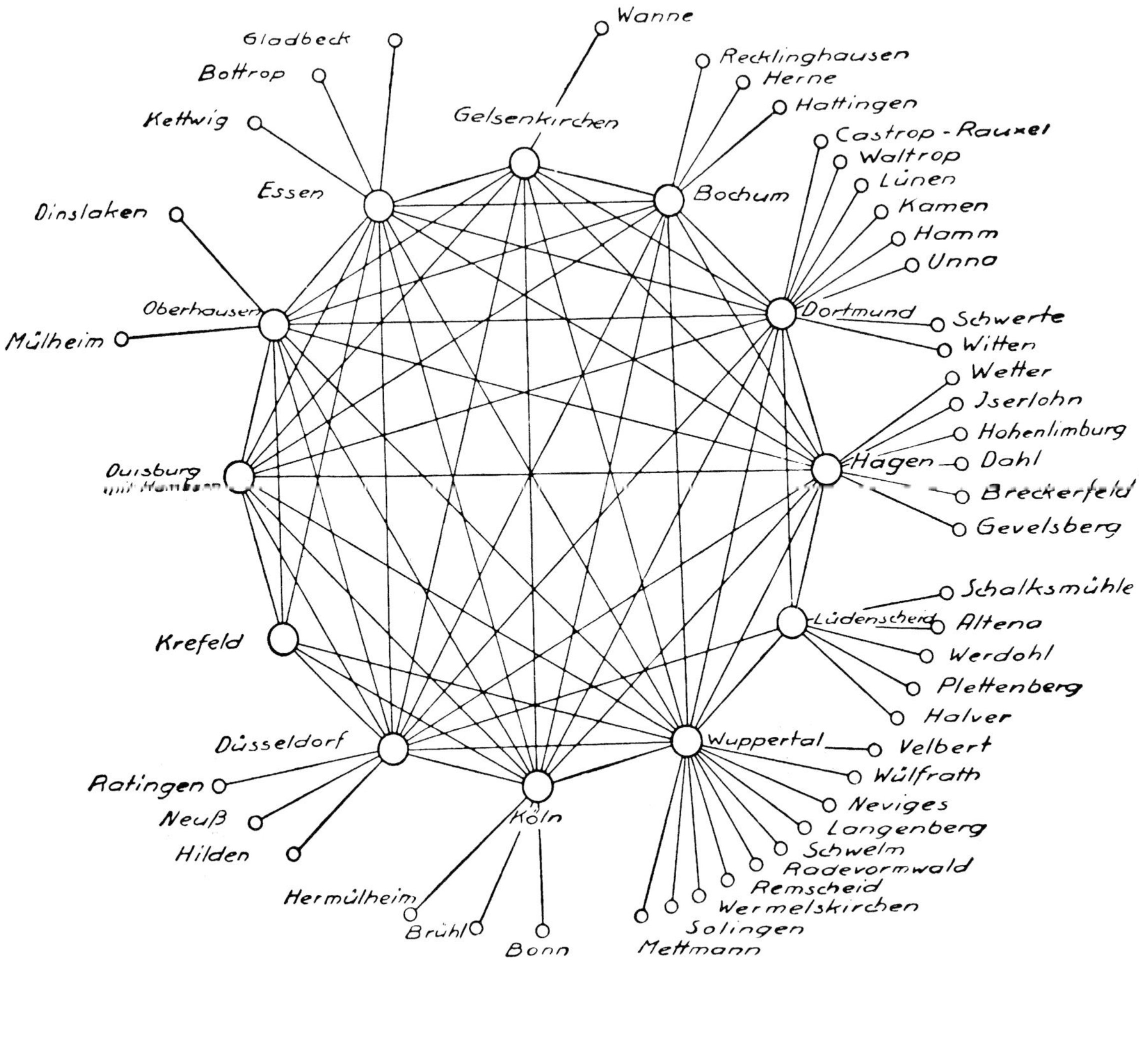

aber lotst uns durchs Netz. Rhetoriker haben für solche unstimmigen Bilder einen schönen Begriff: Katachrese. Und dennoch hat die kurrente Formel einen stimmigen Hintersinn: Wer das Meer an unübersehbaren Wissensmengen mit einem Surfbrett überquert (auch dies ist ersichtlich ein unsinniges Unterfangen), will an einer bestimmten Stelle hängenbleiben, will sich verstricken, will sich verweben und vertexten (das lateinische Wort „texere" heißt nichts anderes als „weben"), will aus dem *information overload* die ganz bestimmte, die nur für ihn bestimmte Mitteilung herausfischen.

Man kann im Netz gefangen sein, man kann aber auch auf Netz und doppelten Boden hoffen, wenn man allzu abgehoben verfährt und dabei die Bodenhaftung verliert – wenn man zum Luftikus wird. Gerade weil es zu den psychodynamischen Neuerungen der europäischen Neuzeit gehört, das Fernweh zu nobilitieren, braucht die Neuzeit Netze zuhauf. Odysseus hat Heimweh, Columbus hat Fernweh. Für antike und fromme mittelalterliche Köpfe war es noch ein Akt der Hybris, ferne Gipfel zu erklimmen, auf denen die vielen Götter oder das eine Göttliche zu Hause war. Für den frühen Renaissancemenschen Petrarca brachte es hingegen wohlige Frevelschauer, den so fern scheinenden Gipfel des Mont Ventoux dennoch zu besteigen. Natürlich kennen auch Kreuzfahrer und mittelalterliche Charaktere wie Parzival die Lust an der Aventiure, am Verlassen der mütterlichen Lichtung und am Umherirren in der Ferne. Aber diese Lust darf sich nicht aus dem suspekten, ja sündigen Trieb der Neugierde speisen. Wer um 1200 in ferne Weltecken aufbricht, tut dies in aller Regel, um in der Ferne und der Fremde das Eigene wiederzuerkennen beziehungsweise das Eigene wiedereinzurichten (zum Beispiel um Jerusalem für die Christenheit zurückzugewinnen). Wer im 18. Jahrhundert in die Neue Welt aufbricht, nimmt hingegen das Recht in Anspruch, ein anderer zu werden und unabhängig von dem ihm durch den Zufall der Geburt angewiesenen Platz etwas aus sich zu machen. Er entfernt sich von seiner angestammten Heimat, seiner Herkunft und noch von sich selbst, um bei seiner Neukonstruktion anzukommen. Sich selbst nah sein kann seitdem nur, wer sich weit von sich entfernt hat. „Nah ist / und schwer zu fassen der Gott" lauten die großartigen, lakonisch knappen, dichten und dichterischen Eingangszeilen von Hölderlins „Rhein"-Hymne. Der mäandernde weitere Verlauf dieser Hymne lässt das „Rätsel des Reinentsprungenen" im Paradox aufblitzen, dass nur das Ferne und das Entfernte leicht zu fassen sind.

Paradoxe Wörter aus der Ferne

„Entfernung" und „entfernen" sind eigentümliche Wörter. Etwas an diesen Wörtern ist seltsam widerspenstig, es stimmt gewissermaßen nicht. Nach der schönen umgangssprachlichen Bezeichnung sind die fraglichen Wörter „doppelt gemoppelt". Was fern ist, ist auch entfernt. *Ent-* aber ist ein Präfix, das in aller Regel eine Verneinungsfunktion übernimmt. Im Präfix *ver-* findet das Präfix *ent-* deshalb sein Widerlager. Wir entriegeln, was zuvor verriegelt war, entkorken, was verschlossen war, entschlüsseln, was verschlüsselt war, entziffern, was verziffert war, enträtseln, was verrätselt war. Daneben aber gibt es auch Wortbildungen mit der Vorsilbe ent-, die in eine andere Bedeutungsrichtung zu verweisen scheinen: Worte wie entsprechen, entwerfen, entlohnen oder entscheiden. Sie bezeichnen nicht Verneinungs-, sondern eben Entsprechungsvorgänge. Es kommt zusammen, was zusammengehört.

Der Etymologie-Band des Duden vermerkt unter *ent..., Ent...*: „Die Vorsilbe mittelhochdeutsch ‚ent-', althochdeutsch ‚int-', bezeichnet Gegensatz oder Trennung und steht vor Verben und Ableitungen aus Verben (zum Beispiel führen – entführen – Entführung); sie ist das Gegenstück zu dem betonten ‚ant-' der nominalen Zusammensetzung, von dem sie sich als stets unbetonte Partikel lautlich geschieden hat. Voraus liegt germanisch And(a)- ‚entgegen'; von etwas ‚weg'. Der Begriff des Trennens hat sich aus dem des Dagegenwirkens entwickelt."[4] Damit knüpft der Etymologie-Duden an eine Beobachtung an, die schon das Grimmsche Wörterbuch lakonisch vermerkt hatte: „‚Ent' bleibt entweder positiv oder wird negativ. 1) es drückt gelindes gegen und wider aus, ohne den im verbum liegenden begrif aufzuheben. so heiszt entgelten beinahe was gelten."[5] Das ist schön formuliert – im Präfix *ent-* liegt ein „gelindes gegen und wider". Wenn es sich mit dem Adverb „fern" paart, können deshalb paradoxe Effekte entstehen. Zum Wort fern heißt es im Duden: „Das gemeingermanische Adverb mittelhochdeutsch ver(re) ahd. ferro, gotisch fairra, englisch far, altisländisch fjarri gehört zu der unter ver... dargestellten indogermanischen Wurzel per- ‚über etwas hinausführen' ... Außergermanisch lassen sich altindisch pára ‚fort, weg', griechisch péra ‚darüber hinaus, jenseits' vergleichen."[6] Das Präfix *ent-* als Widerlager des Präfix *ver-* geht also eine seltsame Verbindung ein, wenn es sich ausgerechnet zu der Wortbildung „entfernen/Entfernung" fügt.

Die Neuzeit geht über sich selbst hinaus. Sie sucht das Ferne. Und sie setzt dabei auf Paradoxien, die der sprachlichen Paradoxie einer Verknüpfung der gegenläufigen Präfixe *ent-* und *ver-* beziehungsweise *fern* verwandt sind. Die berühmteste unter den neuzeitlich positiv besetzten Paradoxien ist wohl die in Mandevilles Bienenfabel und im nationalökonomischen Denken von Adam Smith entwickelte: dass private Laster wie Egoismus und Gewinnstreben zu öffentlichen Tugenden werden können. Die Paradoxie des neuzeitlichen Fernwehs ist einer ähnlichen Dialektik verpflichtet. Neuzeitliche Medientechnologie will die Ferne entfernen. Sie will alles in den Nah- und Kontrollbereich bringen: ferne Stimmen, ferne Schreibakte, ferne Ansichten, ferne Daten, ferne Ökonomien, ferne Kolonien. Wenn die Entfernung entfernt wird, stellen sich Nahverhältnisse ein, die irritieren, weil sie mit Bezügen zum Nächsten verwechselt werden können. Was medientechnologisch einander nahegerückt wird, ist deshalb noch lange nicht miteinander intim. Hugo von Hofmannsthal hat in seinem 1917 geschriebenen Drama „Der Schwierige" am sprechenden Beispiel des Telefons für diese Erfahrung eine pointierte Wendung gefunden. Medien-Apparate, die Entfernung entfernen, sind „indiskrete Maschinen".

Hans Karl, dahinter Stani, begleiten ihn (Baron Neuhoff, der dem Grafen Hans Karl Bühl einen Besuch abstattet, J.H.). *Wie sie an der Tür sind, klingelt das Telephon.*
NEUHOFF. Bitte, bleiben Sie, der Apparat begehrt nach Ihnen.
STANI. Darf ich Sie bis an die Stiege begleiten?
HANS KARL *an der Tür*. Ich danke Ihnen sehr für Ihren guten Besuch, Baron Neuhoff.
Neuhoff und Stani ab.
HANS KARL *allein mit dem heftig klingelnden Apparat, geht an die Wand und drückt an den Zimmertelegraph, rufend.* Lukas, abstellen! Ich mag diese indiskrete Maschine nicht! Lukas!
Das Klingeln hört auf.[7]

[4] Duden in 12 Bänden. Bd. 7: Etymologie. Mannheim u. a. 1997, S. 157 (die Abkürzungen wurden aufgelöst).

[5] Deutsches Wörterbuch von Jacob und Wilhelm Grimm. Bd. 3. Leipzig 1862, Sp. 488.

[6] Duden in 12 Bänden. Bd. 7 (wie Anm. 4), S. 183.

[7] Hugo von Hofmannsthal: Der Schwierige. In: Gesammelte Werke in 10 Einzelbänden. Dramen IV, hrsg. v. Bernd Schoeller. Frankfurt am Main 1979, S. 362f.

Der untere Broadway *in New York im Jahr 1887.*
Die bis zu 20 Meter hohen Stangen trugen 150 Drähte. 50 Jahre später verliefen an der gleichen Stelle 17 Telefonkabel mit rund 30 000 Drähten.

Um das indiskrete Telefon ruhig zu stellen, muss der Graf zum „Zimmertelegrafen" greifen und seinen Diener anweisen – also Medientechnik einsetzen, um unerwünschte Folgen von Medientechnik auszuschalten. Ein Zeitgenosse Hofmannsthals hat zu Beginn des 20. Jahrhunderts aus Paradoxien wie dieser ganz andere Konsequenzen gezogen als sein kulturkonservativer österreichischer Schriftstellerkollege. Emilio Marinettis „Technisches Manifest des Futurismus von 1912" feiert geradezu die „indiskreten Maschinen", die intime Kommunikation zerstören. Denn Medientechnik befreit vom Terror der Intimität und setzt die neue kühle Sensibilität frei, die dem Stand der Moderne allein angemessen ist. „Wer heute den Fernschreiber, das Telefon, das Grammophon, den Zug, das Fahrrad, das Motorrad, das Auto, den Überseedampfer, den Zeppelin, das Flugzeug, das Kino, die große Tageszeitung (Synthese eines Tages auf der Welt) benutzt, denkt nicht daran, dass diese verschiedenen Arten der Kommunikation, des Transports und der Information auf seine Psyche einen entscheidenden Einfluss ausüben" und damit zwangsläufig auch zu einer „vollkommenen Erneuerung der Sensibilität" führen.

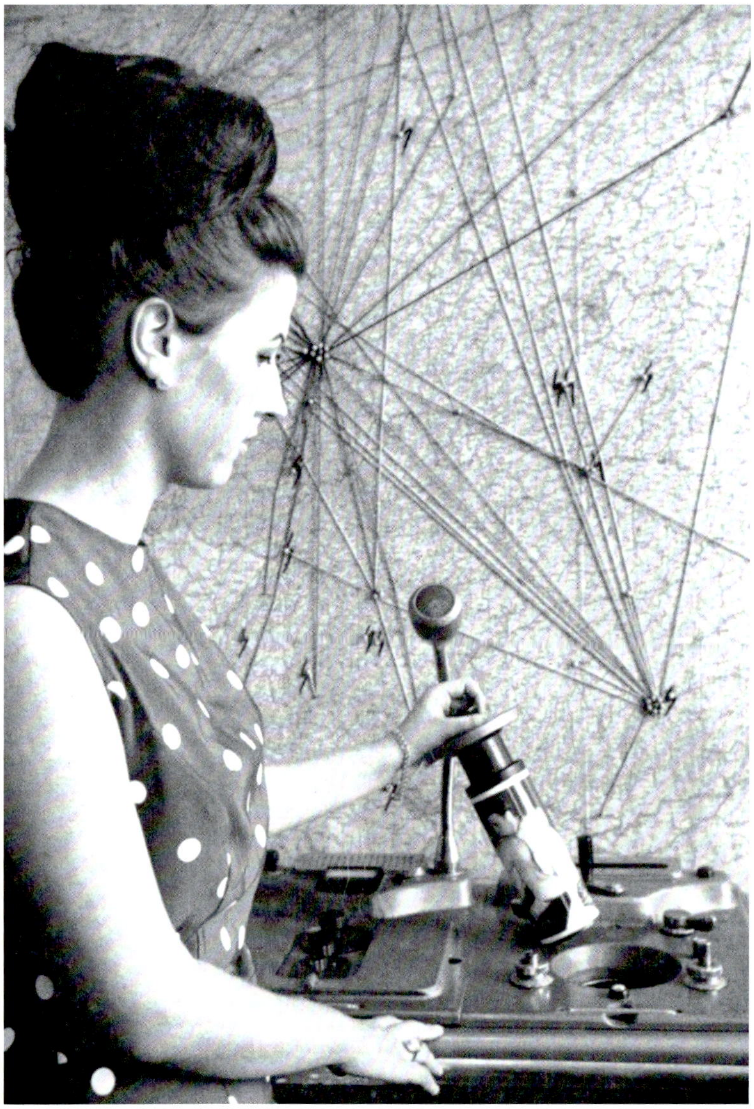

In der Bildtelegrafenstelle Frankfurt am Main, *1965.*
Ein auf die Sendewalze aufgespanntes Bild wird in den Sender eingesetzt. Auf der Karte an der Wand ist ein Teil des Bildtelegrafennetzes der Deutschen Bundespost dargestellt.

Schalten statt walten lassen

Kulturkonservative Kritik und futuristische Feier telekommunikativer Technik haben nun aber mehr gemeinsam als dem ersten Blick schwant. Fokussieren doch beide (bei unterschiedlicher Wertung) dieselbe Leistung: Telekommunikation entfernt die Entfernung und bringt dadurch „taktlos" und „indiskret" (so Hofmannsthal) oder befreiend (so Marinetti) Subjekte zu einem exzentrischen Verhältnis zu sich selbst, zu anderen und zur nah-fernen Welt. Indem Telekommunikationstechnik für die Entfernung von Entfernungsproblemen sorgt, dient sie einer „wesenhaften Tendenz" des Daseins, die Heidegger in „Sein und Zeit" (1927) in einer Sprache analysiert hat, der offensichtlich daran liegt, uns allzu gewohntes Hören und Sehen vergehen zu machen und von tradierten Denkzwängen zu entfernen. „Dasein ist wesenhaft ent-fernend, es lässt als das Seiende, das es ist, je Seiendes in die Nähe begegnen. Ent-fernung entdeckt Entferntheit. Diese ist ebenso wie Abstand eine kategoriale Bestimmung des nicht daseinsmäßigen Seienden. Entfernung dagegen muß als Existenzial festgehalten werden. Nur sofern überhaupt Seiendes in seiner Entferntheit für das Dasein entdeckt ist, werden am innerweltlichen Seienden selbst in bezug auf anderes ‚Entfernungen' und Abstände zugänglich ... Das Ent-fernen ist zunächst und zumeist umsichtige Näherung, in die Nähe bringen als beschaffen, bereitstellen, zur Hand haben. Aber auch bestimmte Arten des rein erkennenden Entdecken von Seiendem haben den Charakter der Näherung. *Im Dasein liegt eine wesenhafte Tendenz auf Nähe.* Alle Arten der Steigerung der Geschwindigkeit, die wir heute mehr oder minder gezwungen mitmachen, drängen auf Überwindung der Entferntheit. Mit dem ‚Rundfunk' zum Beispiel vollzieht das Dasein heute eine in ihrem Daseinssinn noch nicht übersehbare Ent-fernung der ‚Welt' auf dem Wege einer Erweiterung der alltäglichen Umwelt."[8]

Die von Heidegger 1927 aufgeworfene Frage nach dem damals noch nicht übersehbaren „Daseinssinn" der medientechnischen „Ent-fernung der Welt" und der ihr korrespondierenden „Erweiterung der alltäglichen Umwelt" lässt sich auch Jahrzehnte später im Rückblick auf rasante Fortschritte der Entwicklung von Telekommunikationstechniken philosophisch kaum beantworten. Wohl aber medienanalytisch. In seinem „Amerika"-Roman hat Kafka eine eindringliche Antwort auf die Frage gegeben, welchen „Daseinssinn" die neueren Telekommunikationstechniken mit sich bringen. Sie erinnern, wie der wegen einer skandalösen Intimbeziehung aus der vertrauten Alten in die entfernte Neue Welt emigrierte Jugendliche Karl erfahren muss, Subjekte an den Sinn ihres Begriffs: eben Subjekte = Unterliegende und Unterworfene zu sein. Karl findet nach vielen Irrwegen Aufnahme bei einem entfernen Onkel, der in der Neuen Welt ein erfolgreicher Geschäftsmann ist, weil er sich auf Probleme der Entfernung von Entfernung spezialisiert hat. „Verhältnismäßig lange dauerte es, ehe sich der Onkel entschloß, Karl auch nur einen kleinen Einblick in sein Geschäft zu erlauben, obwohl Karl öfters darum ersucht hatte. Es war eine Art Kommissions- und Speditionsgeschäftes, wie sie, soweit sich Karl erinnern konnte, in Europa vielleicht gar nicht zu finden war. Das Geschäft bestand nämlich in einem Zwischenhandel, der aber die Waren nicht etwa von den Produzenten zu den Konsumenten oder vielleicht zu den Händlern vermittelte, sondern welcher die Vermittlung aller Waren und Urprodukte für die großen Fabrikskartelle und zwischen ihnen besorgte. Es war daher ein Geschäft, welches in einem Käufe, Lagerungen, Transporte und Verkäufe riesenhaften Umfangs umfasste und ganz genaue, unaufhörliche telephoni-

[8] Martin Heidegger: Sein und Zeit. Tübingen 1967 (11. Auflage), S. 105 (§ 23).

sche und telegraphische Verbindungen mit den Klienten unterhalten mußte. Der Saal der Telegraphen war nicht kleiner, sondern größer als das Telegraphenamt der Vaterstadt, durch das Karl einmal an der Hand eines dort bekannten Mitschülers gegangen war. Im Saal der Telephone gingen, wohin man schaute, die Türen der Telephonzellen auf und zu, und das Läuten war sinnverwirrend. Der Onkel öffnete die nächste dieser Türen, und man sah dort im sprühenden elektrischen Licht einen Angestellten, gleichgültig gegen jedes Geräusch der Türe, den Kopf eingespannt in ein Stahlband, das ihm die Hörmuscheln an die Ohren drückte. Der rechte Arm lag auf einem Tischchen, als wäre er besonders schwer, und nur die Finger, welche den Bleistift hielten, zuckten unmenschlich gleichmäßig und rasch. In den Worten, die er in den Sprechtrichter sagte, war er sehr sparsam, und oft sah man sogar, daß er vielleicht gegen den Sprecher etwas einzuwenden hatte, ihn etwas genauer fragen wollte, aber gewisse Worte, die er hörte, zwangen ihn, ehe er seine Absicht ausführen konnte, die Augen zu senken und zu schreiben."[9]

Kafkas Prosa ist Telekommunikations-Prosa durch und durch. Sie beobachtet die Anfänge eines Prozesses, der in diesen Jahren erkennbare Gestalt annimmt und der vielleicht zu elegant auf den Begriff zu bringen ist (während Literatur ihren Reiz auch daraus bezieht, daß sie Begriffe verweigert). Begriffe machen Karriere, wenn sie versprechen, überkomplexe Verhältnisse zur Kenntlichkeit zu entstellen. Globalisierung ist heute ein solcher Begriff. Er lässt (nicht nur, wenn man ihn vor dem Horizont von Kafkas Prosa zu verstehen sucht) offen, ob wir heute dank der Telekommunikationstechniken leicht die grundromantische Erfahrung machen können, überall zu Hause zu sein (Novalis), oder aber der abgrundtiefen Erfahrung ausgeliefert sind, keine Nähe mehr zu kennen.

[9] Franz Kafka: Amerika. In: Gesammelte Werke, hrsg. v. Max Brod. Bd. 6. Frankfurt am Main 1950, S. 58.

Edgar Lersch

RADIO-NETZE

Ein Beitrag über den Rundfunk, das Radio, im Rahmen eines Ausstellungskatalogs, in dem sich alles um „Netze" dreht, passt dies überhaupt zusammen? Es ist durchaus nicht selbstverständlich, den Rundfunk in diesem Kontext thematisieren, denn über die gängigen Begriffe ergeben sich zunächst keine Assoziationen zur Vorstellung vom Netz. Hörfunk und Fernsehen werden zusammen als „Rundfunk" bezeichnet, so jedenfalls die offizielle deutsche Terminologie. Die Schweizer nannten lange Zeit ihr Radio „Rundspruch", nichts anderes meint *Omroep* (Rundruf) in den Niederlanden. Das englische *Broadcasting* und das französische *Radiodiffusion* beziehungsweise die analogen Bildungen in den anderen romanischen Sprachen meinen einfach Verteilung und verweisen damit auf die Vorstellung vom Netz nur in einem indirekten Sinne.[1] „Rundfunk" knüpft an die Vorstellung an, dass etwas von einem (Kreis-)Mittelpunkt aus an die Peripherie verteilt wird. So wird der Vorgang seit der Zeit der ersten, hinsichtlich der Reichweite anfangs noch schwachen, später wesentlich leistungsfähigeren Großsender in Deutschland dargestellt. Innerhalb eines Kreises, der die größte Reichweite markiert, werden die Verbindungen vom Sender zu einzelnen Empfängern als unterschiedlich lange Radien einer Vielzahl darin eingeschlossener Kreise abgebildet. Dabei sind die Rundfunkempfänger weder direkt mit dem Sender noch untereinander verbunden.

Das Radio beziehungsweise der Rundfunk gehört zu den Versorgungsnetzen, in denen von einer zentralen Stelle aus bis in letzte Verästelungen hinein etwas verteilt wird: Dies gilt für Elektrizität, Wasser, Gas oder Fernwärme. Eisenbahnnetze, Straßennetze, das Netz der natürlichen wie künstlichen Wasserwege oder das Telefonnetz ermöglichen den Verkehr von vielen Punkten aus in beliebige Richtungen, so dass das Hin und Her in der Tat ein Netz im ursprünglichen Sinne des Wortes bildet. Es liegt in der Natur dieser Netze, dass Ziel *und* Inhalt sowie Menge – je nach technischer Konfiguration – beim „Transport" den Nutzern frei gestellt sind. Dies gilt in besonderem Maße für das Internet, das häufig als Gegenmodell zum lange Zeit stark regulierten und nicht interaktiv konstruierten Verteilsystem der elektronischen Massenmedien, zu denen der Rundfunk gehört, begriffen wird. Der Rundfunk hat mit den „Versorgungsnetzen" den Nachteil gemeinsam, dass die jeweilige Zweckbestimmung und damit technische Ausgestaltung des zu verteilenden Guts andere Verwendungsmöglichkeiten weitgehend ausschließt. Vom zentralen Punkt der „Einspeisung" aus sind diese Netze überdies leicht zu beeinflussen, zu kontrollieren, schlimmstenfalls zu manipulieren, ohne dass die Empfänger daran etwas ändern könnten. Dies gilt insbesondere für den Transport immaterieller Güter wie zum Beispiel Rundfunksendungen. Nicht umsonst ist die Geschichte des Rundfunks angefüllt von heftigen Auseinandersetzungen über die Möglichkeiten, diesen Einfluss entweder zu pluralisieren, zu reduzieren oder wenigstens transparent zu machen.

Der Rundfunk entstand aus der Funktelegrafie und -telefonie, die Guglielmo Marconi Ende des 19. Jahrhunderts auf Basis des Wissens um die von Heinrich Hertz beschriebenen und nach ihm benannten elektromagnetischen Wellen entwickelt hatte. Rundfunk wurde möglich, nachdem die Funktechnik so ausgereift war, dass nicht nur Morsezeichen, sondern auch

[1] In den Vereinigten Staaten ist schon in den zwanziger Jahren von „Network" die Rede, wie noch im Nachkriegsdeutschland von AFN (American Forces Network). Gemeint ist hier der Zusammenschluss großer und kleiner – meist kommerzieller – Anbieter zum Zweck der Kooperation bei der Programmproduktion und -distribution.

Sprache und Musik übertragen werden konnten. In den beiden ersten Jahrzehnten des 20. Jahrhunderts wurde die Funktechnik, wie die leitungsgebundene Telefonie und Telegrafie, vor allem in der Handelsschifffahrt und in der Marine benutzt. Funktelefonie ist ansonsten dank der Mikroelektronik erst im vergangenen Jahrzehnt zu einem für jedermann handhabbaren und erschwinglichen Alltagsgegenstand geworden, womit ein neues Netz in der engeren Bedeutung des Wortes entstand.

Im Ersten Weltkrieg wurde der Funkverkehr erheblich ausgeweitet. Nach dessen Ende standen so viel Know-how und Produktionskapazität vor allem für den Bau von Empfangsgeräten zur Verfügung, dass sich die Frage nach weiterer ziviler Anwendung stellte. Betrachtet man die Entstehung des Rundfunks nicht vom vertrauten Ergebnis her, dann fallen gerade in Deutschland die anfänglichen Unsicherheiten hinsichtlich der Frage auf, wie denn eine massenhafte Nutzung der Funktechnik aussehen könnte. Es blieb einige Zeit offen, was unter welchen Voraussetzungen drahtlos übermittelt werden könnte. Eine Idee war, nur exklusive Abnehmer zuzulassen; die Übermittlung von Wirtschaftsnachrichten war 1922 sogar einen kurzzeitigen Versuch wert. Mit einem „Angebot für alle" wurde gezögert, weil befürchtet wurde, dass die Empfangsapparate missbräuchlich zu Sendern umfunktioniert würden. Doch die Erwartungen des Publikums waren andere, die Vorbilder in den USA und Großbritannien waren stärker und wiesen den Weg zum „Angebot für alle" mit Musik und Wort.

Das Schaubild der ***Reichsrundfunkgesellschaft*** *aus den Pioniertagen des Radios illustriert den sachgemäßen Rundfunkempfang auf dem Lande.*

Die Verhältnisse in den USA wurden jedoch nicht bruchlos kopiert. Dort waren viele kleine Stationen mit geringer Reichweite entstanden, anscheinend herrschten technisches Chaos und kommunikative Anarchie. Letztere war auf dem alten Kontinent bei den vorhandenen Denkmustern einer restriktiven Kontrolle der Kommunikation unerwünscht. Daher beabsichtigten die mit der Regulierung des Funkverkehrs beauftragten Postbürokratien, ein technisches Durcheinander wie in den USA nicht zuzulassen. Entsprechend vorsichtig packten sie dieses Projekt an. Einerseits wollten sie sich mit Hilfe des neuen Funkdienstes neue Einnahmen verschaffen, andererseits waren sie mit der neuen Aufgabenstellung überfordert. Füllten sie den neuen Funkdienst mit Inhalten, dann hatten sie dafür auch die Verantwortung zu übernehmen. Das war etwas anderes als das Betreiben von Transportnetzen, auf deren „Inhalte" kein Einfluss genommen wurde, wie bei der Brief- und Paketpost oder beim noch im Aufbau befindlichen Telefonnetz. Bis man in Deutschland – aber nicht nur hier – diese Frage gelöst hatte, mussten zahlreiche Konfliktfelder entschärft beziehungsweise umgangen werden, sonst wäre der neue Funkdienst im Strudel der Interessenkonflikte gar nicht erst zustande gekommen. Wie weit durfte man gehen, ohne den Widerstand der „alten" Medien zu provozieren? Die publizistischen Aktivitäten des Rundfunks konkurrierten mit den Geschäften der Zeitungsverleger. Politische Inhalte und erst recht politische Meinungsäußerungen hätten den Protest aller Parteien hervorgerufen beziehungsweise einen kompromisslosen Kampf um den entscheidenden Einfluss heraufbeschworen. Schließlich war auf (Kultur-)Kritiker jedweder Couleur Rücksicht zu nehmen, die verhindern wollten, dass das neue Verteilsystem den Weg aller „Massenmedien" ging: den der „Volksverdummung" oder der Verbreitung von Schmutz und Schund, wie dies dem Kino unterstellt wurde. Einer Kulturvermittlung als Programm dagegen würde möglicherweise von allen Seiten zugestimmt werden.

In Deutschland benötigte die Post über drei Jahre, bis alle potentiellen Hindernisse umschifft waren und die Protagonisten des neuen Mediums in vielen politischen Winkelzügen den Weg zur ersten Rundfunksendung am 29. Oktober 1923[2] freigemacht hatten. Die kommunikativen Leistungen des Radios waren freilich noch sehr begrenzt; dementsprechend war sein Beitrag zur „Vernetzung" der Gesellschaft vergleichsweise gering.

Der „Vater des deutschen Rundfunks", der in der Tat maßgeblich die Weichen stellende Staatssekretär im Reichspostministerium Hans Bredow, hatte sich einen „theaterähnlichen" Betrieb vorgestellt und kündigte in seinem am 14. Oktober 1923 veröffentlichten Geleitwort zur Programmeröffnung einen „Unterhaltungsrundfunk" an, der „Erholung, Unterhaltung und Abwechslung" verspreche und den „Geist von den schweren Sorgen des Alltags" ablenke. Diese Ankündigung war allerdings nicht ganz ernst gemeint und vor allem als Gegenposition zu einem politische Themen behandelnden Rundfunk formuliert. Ein reiner „Vergnügungsdampfer" sollte aus dem neuen Medium keinesfalls werden, wie spätere Präzisierungen offenbarten: „Der Rundfunk führte anfangs die Bezeichnung ‚Unterhaltungsrundfunk', er sollte also der Unterhaltung dienen, natürlich in einem höheren Sinn des Wortes. Dieser Zweckbestimmung sind aber bald neue Aufgaben aller Art hinzugefügt worden. Seine künstlerischen, wissenschaftlichen und belehrenden Darbietungen sind nicht für einzelne Kreise, sondern für die Gesamtheit bestimmt ... Der Rundfunk bietet für einen großen Teil unseres Volkes die einzige Möglichkeit, mit Kunst und Wissenschaft, mit Musik und Dichtung in engere Berührung zu kommen und die

[2] Den in diesem Abriss auf die wichtigsten Problemstellungen verknappten Prozess der Entstehung des Rundfunks in Deutschland hat ausführlich dargestellt: Winfried B. Lerg: Die Entstehung des Rundfunks in Deutschland. Frankfurt am Main 1965.

Brücke zum Außenleben zu schlagen."[3] Der Rundfunk wurde für die Volkserziehung in Dienst genommen, darin wusste sich Bredow einig mit vielen Zeitgenossen. „Gemeinschaftssinn" und „Volksgemeinschaft" waren weitere Ziele, die in diesem Zusammenhang genannt wurden. Das waren andere Vorstellungen als die, die der Soziologe Leopold von Wiese in derselben Zeit äußerte: Er erkannte als einer der wenigen die soziale und mentale Schranken überwindende Funktion des Radios. Bei richtig gewählter „Neutralität" – erinnert sei an Pluralismus und Transparenz – sei es möglich, „dass der Rundfunk die Hörer in den Stand setzt, auch andere Ansichten, andere Parteirichtungen zu hören. Der Katholik kann den Freidenker hören, der Nationalsozialist den Kommunisten und Marxisten, der Wagnerianer den Neutöner". Mit Blick auf die realen Verhältnisse schränkte er dann ein: „Allen Engherzigen ist diese Möglichkeit unwillkommen."[4] In der Tat, für diese Art von Vernetzung traf die Weimarer Rundfunkordnung kaum Vorkehrungen.

In den Jahren des Nationalsozialismus wurde dann der manipulative Charakter des Rundfunks verstärkt, „Volksgemeinschaft" durch den Rundfunk in ihrem Sinne hergestellt. Erst nach dem Zweiten Weltkrieg konnte sich die Position von Wieses in der Weise durchsetzen, dass jetzt Voraussetzungen für einen „neutralen" Rundfunk geschaffen wurden. Unter dem Stichwort „Integration" wurde gesellschaftliche „Vernetzung" dem öffentlich-rechtlichen Rundfunk als Programmauftrag gesetzlich vorgeschrieben, wozu er bis in die Gegenwart – wenn auch unter veränderten Bedingungen – verpflichtet ist.[5]

Die integrativen Auswirkungen des Radios dürften unter den Bedingungen der Weimarer Rundfunkordnung und auch angesichts der technischen Möglichkeiten der Zeit verhältnismäßig gering geblieben sein. Die zehn zwischen 1923 und 1924 gegründeten regionalen Programmgesellschaften in Deutschland hatten nach sechs bis acht Jahren in den von Bredow beschriebenen Grenzen die Umrisse ihres Angebots, ihres Programms voll entwickelt und eine spezifische Zeitanordnung der einzelnen Sendungen gefunden. Anfangs übermittelte das Radio drahtlos Ausschnitte aus außerhäusigen Veranstaltungen, die jedoch für die Übertragung aus technischen Gründen häufig ins Funkhaus gebeten wurden. Dem Veranstaltungswesen entsprach das Radio anfangs auch in seiner Zeitstruktur: Das Programm begann erst am späten Nachmittag, in den ersten Jahren durchaus mit den von Bredow verkündeten Schwerpunkten. Grob gerechnet hatten fast alle Gesellschaften 1925/26 zwischen 55 bis 65 Prozent Musik (darunter auch unterhaltende), etwa 15 Prozent literarische Darbietungen (Lesungen, Übertragungen aus Theatern) und zwischen 25 und 30 Prozent belehrende Vorträge im Angebot.[6] Nach und nach dehnte sich die Sendezeit aus, auch weil die Zuhörer es wünschten. Abgesehen von Pausen in der Mitte des Vor- beziehungsweise Nachmittags lag Anfang der 30er-Jahre der Beginn um 6 Uhr, Sendeschluss war gegen 24 Uhr. Schwerpunkte blieben Musik, Bildung und Kultur, innerhalb deren das Angebot sich nach speziellen Zielgruppen auffächerte und sich spezifische radiophone Formen entsprechend den medialen Bedingungen ausprägten: Übermittelt werden konnte ja nur Akustisches. Politische Informationssendungen fehlten fast völlig. Lediglich dreimal am Tag gab es zentral verbreitete Nachrichten mit angestrengtem Bemühen um (Pseudo-)Neutralität; Beiträge mit politischen Meinungsäußerungen fehlten gänzlich.

[3] Abgedruckt in Hans Bredow (Hrsg.): Aus meinem Archiv. Probleme des Rundfunks. Heidelberg 1950, S. 15 u. S. 34ff, Zitat auf S. 35.

[4] Leopold von Wiese: Die Auswirkungen des Rundfunks auf die soziologische Struktur unserer Zeit. Nachdruck in Bredow (wie Anm. 3), S. 109.

[5] Siehe zusammenfassend mit Hinweisen auf weitere Literatur bei Ulrich Saxer: Integrationsrundfunk und multikulturelle Gesellschaft. In: Media Perspektiven (1990) 11, S. 717-729 sowie Otfried Jarren: Gesellschaftliche Integration durch Medien. Zur Begründung normativer Anforderungen an die Medien. In: Medien- und Kommunikationswissenschaft 48 (2000), S. 22-41.

[6] Zusammengefasst nach einer Übersicht bei Heide Riedel: Lieber Rundfunk ... 75 Jahre Hörfunkgeschichte. Berlin 1999, S. 27. Zur Programmgeschichte des Rundfunks in seinen Anfängen ausführlich Joachim-Felix Leonhard (Hrsg.): Programmgeschichte des Hörfunks in der Weimarer Republik. 2 Bde. München 1997.

Eine Schulklasse nebst Lehrerin *hat sich vor einem Trichterlautsprecher versammelt. In seinen Anfängen galt der Hörfunk als Sensation.*

Zum anderen blieb das Programm einem hohen kulturellen Anspruch verpflichtet. So umfasste das musikalische Angebot zu einem guten Drittel klassische Musik, die auch die Hauptsendezeit am Abend bestimmte, und zu je einem weiteren Drittel anspruchsvolle sowie leichte Unterhaltungsmusik, so genannte Salon- und Operettenmusik. Tanzkapellen mit aktuellen Schlagermelodien spielten erst kurz vor Mitternacht auf. Die Vorträge vermittelten zuvorderst Bildungswissen, ebenso die literarischen Sendungen mit engem Bezug zur deutschen Klassik;[7] kurzum, das Radio präsentierte sich in den Jahren der Weimarer Republik als Ausfluss und Vermittler des bürgerlichen Kulturbetriebs. Zumindest vordergründig entsprach es damit der sozialen Zusammensetzung der Mehrheit seiner Hörer. Nach den zeitgenössischen Erhebungen waren Beamte, Angestellte und der selbständige Mittelstand, was den Besitz von Radioapparaten anging, über-, die unteren Schichten, vor allem Arbeiter und die Landbevölkerung, ihrem Bevölkerungsanteil entsprechend unterrepräsentiert: 1927 machten selbständige Erwerbstätige 28 Prozent, Beamte 18 Prozent, Angestellte 22,2 Prozent und Arbeiter 22 Prozent der Rundfunkteilnehmer aus, 9 Prozent waren ohne Beruf. Dabei stellten Beamte nur 5,6 Prozent, Arbeiter dagegen 43 Prozent

[7] Konrad Dussel: Deutsche Rundfunkgeschichte. Konstanz 1999, S. 58ff.

der Gesamtbevölkerung. Bei drei Millionen angemeldeten Empfängern im Jahr 1930 und vier Millionen 1932 spiegelte auch der Rückstand der Rundfunkdichte auf dem Land das Missverhältnis wider. Noch 1930 besaßen in Gemeinden unter 2500 Einwohnern nur 2,2 Prozent der Haushalte ein Radio, in der nächstgrößeren Gemeindeklasse (2500 bis 5000 Einwohner) waren es lediglich 7,4 Prozent.[8] Das lag auch daran, dass erst Anfang der 30er-Jahre die Leistung der Sender so weit ausgebaut war, dass sie ihr jeweiliges Versorgungsgebiet flächendeckend als so genannte Ortssender bedienen konnten. Vorher waren sie häufig so schwach, dass ein guter Empfang nur in den urbanen Ballungsräumen möglich war. Auch deshalb blieben die Teilnehmerzahlen auf dem Land zurück. Für viele einkommensschwache Schichten hier wie dort waren die Preise für Radiogeräte und die Rundfunkgebühr zu hoch. Erst der so genannte „Volksempfänger" trug dazu bei, die vorhandenen Unterschiede zu nivellieren, auch wenn dadurch Deutschland noch immer nicht das Land mit der größten Radiodichte wurde.[9] Die Vollversorgung aller Haushalte mit Radios wurde erst in den 50er-Jahren erreicht.

Für die frühen Jahre des Rundfunks bleibt die Fragen offen, ob das Programm für das mehrheitlich „bürgerliche" Publikum lediglich affirmativen Charakter hatte und inwieweit es alle die erreichte, die bisher überhaupt nicht oder nur unzureichend an der bürgerlichen Kultur partizipieren konnten. Wandten sie sich nun mit Verve diesen Rundfunksendungen zu, um das bisher Unerreichbare zu erleben? Es fällt schwer, darauf plausible Antworten zu geben. Abgesehen von den wenigen individuellen zeitgenössischen Zeugnissen verfügen wir kaum über repräsentative Informationen darüber, warum die Hörer das Radio einschalteten und was sie dann mit den Sendungen „anfingen". Für die 20er- und 30er-Jahre kommen einige

[8] Riedel (wie Anm. 6), S. 58; Lenk: Die Erscheinung des Rundfunks. Einführung und Nutzung eines neuen Mediums 1923-1932. Wiesbaden 1997, S.81f., S. 124f.; Teilnehmerentwicklung bei Heinz Pohle: Der Rundfunk als Instrument der Politik. Hamburg 1955, S. 333.

[9] Ansgar Diller: Der Volksempfänger. Propaganda- und Wirtschaftsfaktor. In: Mitteilungen des Studienkreises Rundfunk und Geschichte 9 (1983), S. 140-157.

Gartenidylle mit Radiounterhaltung,
späte 1920er-Jahre

Befragungsergebnisse hinzu, aus denen die bevorzugten Sendegattungen zu ersehen sind. Nicht nur, dass die „Motivation", sich einer Sendung zuzuwenden, und deren „Wirkung" schwer beschreibbare Vorgänge sind. Es war und ist auch die Besonderheit des Rundfunks, dass er in der Abgeschlossenheit der eigenen vier Wände genutzt wird: Direkte Beobachtung und intimere Einblicke sind nicht möglich. Daher können nur einige vorsichtige Annäherungen Aufschluss geben.

Wir können mit einiger Sicherheit unterstellen, dass in den ersten Jahren die Inhalte des Radioprogramms nicht so wichtig waren. Ein „Radiofieber" ergriff allenthalben das Publikum in den ersten Jahren und ließ den Wunsch keimen, das Wunder des „Fernhörens" mit Hilfe selbstgebauter Empfänger zu erleben; auf „Wellenfang" zu gehen und entferntere Sendestationen aufzuspüren, das machte den Reiz des Radiohörens aus.[10] Kann man Bertolt Brechts Bemerkung, dass der Rundfunk eine Erfindung sei, die niemand bestellt habe, in der Weise interpretieren, dass die spezifische kommunikative Funktion des Radios anfangs noch gar nicht feststand und erst über den mehrfach vermittelten Dialog zwischen Sendern und Hörern gefunden werden musste?

Es gibt ein weiteres Indiz: Der Faszination der drahtlosen Verbindung in die Ferne entsprachen die Sendeformen, die die sonst nicht erreichbare Welt akustisch ins Haus brachten: 1925/26 wurden erstmals Sportereignisse übertragen, Ruderregatten und Fußball-Länderspiele; 1927 kam die Direktübertragung eines Boxkampfs aus den USA per Kurzwelle ins Programm. Funkkontakte mit fernab fliegenden Zeppelinen und deren Übertragung waren Sensationen, Reportagen vom Begräbnis Gustav Stresemanns und die Nobelpreisverleihung an Thomas Mann mögen gleichfalls die Empfindung gestärkt haben, dabei zu sein. Doch auch Reportagen aus der näheren Umgebung der Hörer, Wanderungen mit dem Mikrofon, eröffneten den damals längst nicht so mobilen Menschen Perspektiven über den engen Horizont der unmittelbaren Lebenswelt hinaus. Quantitativ gesehen machten diese Reportagen nur fünf Prozent des Programms aus, sie bestimmten nicht den Programmalltag.[11] Sie leisteten allerdings einen Beitrag dazu, die Kluft zwischen den sozialen Schichten und die Separierung der städtischen Ballungsräume von den ländlichen Gebieten zu überwinden, die zum Beispiel in den 20er-Jahren verkehrsmäßig immer noch unzureichend angebunden waren. Ein wichtiges Indiz dafür ist der Umstand, dass bis in die 50er-Jahre und darüber hinaus drei Viertel der Hörer den meist am besten empfangbaren „Ortssender" einschalteten[12] und sich – wenigstens theoretisch – dessen gerade laufendem Programm aussetzten, was auch immer dort geboten wurde. Das Gros der Hörer erwartete vom Rundfunk noch anderes als die viel gepriesene Öffnung zur Welt.

Die Schwierigkeiten bei der Programmgestaltung sind schon in der zeitgenössischen Diskussion der Programmverantwortlichen ablesbar. Als ein Rundfunkintendant feststellte, dass es oberstes Ziel sei, im Radio das „gesamte Gebiet der Kunst, der Geisteswissenschaft und der festlichen Geselligkeit" zu präsentieren und auch die „werktätige Bevölkerung ... ihren kärglichen Feierabend mit etwas Anregsamem, Schönem und Neuem verbringen" lassen, konfrontierte ihn ein Kollege mit der Erfahrung, dass mit einem „beträchtlichen ... Prozentsatz vorübergehend bildungsunlustiger Hörer gerechnet werden" müsse.[13] Untermauert wurde dieser Befund bereits in den 20er-Jahren durch zahlreiche Befragungen der Hörerschaft. Die Mehrzahl der Einschaltenden erwartete unterhaltende Programme, in erster Linie leichte Musik: Lediglich für eine Minderheit waren aktuelle Sendungen

Im Hörfunkstudio der Nachkriegszeit werden die Maßstäbe gesetzt für eine neue Ära der Information wie der Unterhaltung.

[10] Lenk (wie Anm. 8), S. 231ff.

[11] Dussel (wie Anm. 7), S. 58f.

[12] Lenk (wie Anm. 8), S.118; ähnlich noch in den 50er-Jahren Fritz Eberhard: Der Rundfunkhörer und sein Programm. Berlin 1962, S. 82ff.

[13] Die Zitate bei Dussel (wie Anm. 7), S. 51.

und das hochkulturelle Angebot in Musik und Wort die Attraktion.[14] Damit war eine Konfliktlinie aufgezeichnet, die den Weg des Radios bis in die Gegenwart begleiten sollte: Es musste ein Ausgleich zwischen den divergierenden Erwartungen und ein Weg gefunden werden, das übermächtige Unterhaltungsbedürfnis zu befriedigen.[15] Die Programmleiter des Weimarer Rundfunks blieben im Wesentlichen bei der einmal eingeschlagenen Linie, wogegen vielfach Widerspruch angemeldet wurde, auch indem andere Akzentsetzungen gefordert wurden. Hier liegt übrigens der Anknüpfungspunkt für Brechts bewusst als Utopie formulierte Forderung, das „Radio von einem Distributions- in einen Kommunikationsapparat umzuwandeln",[16] um solchen einseitigen Festlegungen gegenzusteuern. Ein anderes Angebot sollte her, wobei Brecht damit auch politische Forderungen stellte. Die wurden zwar nicht erfüllt, aber ohne einige bezeichnende Kompromisse kamen die Programmleiter der Weimarer Republik nicht aus. Am markantesten ist der Rückgang des Anteils der Vorträge am Gesamtprogramm von 25,5 Prozent im Jahr 1925 auf 14,4 Prozent 1932.[17] Der konstante Anteil von fast 60 Prozent Musik deutet darauf hin, dass das Radio von der Mehrzahl der Hörer als unterhaltende Geräuschkulisse wahrgenommen wurde.

Dass die Mehrzahl der Hörer durch das Radio Ablenkung und Entspannung erfahren wollte, hatten auch die Nationalsozialisten rasch begriffen. Daran kamen sie nicht vorbei und darauf stellten sie sich ein. Nach einer chaotischen Phase 1933, in der zuviel Marschmusik gesendet und Parteikundgebungen übertragen worden waren, die offensichtlich den Hörern die Freude am Radio vergällt hatten, änderten sie ihre Rundfunkpolitik. Ihnen war rasch klar geworden, dass der Beitrag des Radios zur „Vernetzung", das heißt zur Herstellung der „Volksgemeinschaft", nur dann möglich war, wenn sie ihre Propagandabotschaften so verpackten, dass dem Bedürfnis nach Unterhaltung Genüge getan wurde.

Werfen wir noch einen kurzen Blick auf die 50er-Jahre. Als in der Bundesrepublik Vernetzung beziehungsweise Integration nicht mehr an technischen Voraussetzungen und daran scheitern musste, dass etliche Bürger keine Empfänger besaßen, hatten die Programmdirektoren ihre liebe Not mit dem Integrationsauftrag. Sofern sie sich nicht über die Wünsche ihrer Hörer hinwegsetzten, versuchten sie trickreich, ihnen die anspruchsvolleren Sendungen schmackhaft zu machen, die von Wiese als das „Wahrnehmen des Unvertrauten" beschrieben hatte. Mehr denn je horchte der Hörfunk in die Welt hinaus, das Fernsehen machte für sich als „Fenster zur Welt" Reklame. Als es sich durchsetzen begann, waren die Voraussetzungen für gesellschaftliche Integration durch Medien ideal; die Fernsehnation verteilte sich auf nur zwei Programme. Die beiden Fernsehsysteme ARD und ZDF vereinbarten Koordinationsabkommen, um den Zuschauern Kontraste zu ermöglichen. Gleichzeitig wurden so genannte Schutzzonen für anspruchsvolle, häufig politisch-aktuelle Programme vorgesehen, in denen man nicht auf Unterhaltendes ausweichen konnte.[18] So verharrte der Rundfunk in einer heiklen Balance zwischen Versorgung mit dem Vertrauten und Vernetzung divergierender Meinungen und Ansichten. Mancher Zeitgenosse befürchtete, das duale Rundfunksystem könne diese Balance zum Schaden des gesellschaftlichen Konsenses aushebeln, doch stellen sich heute angesichts der Vielzahl unterschiedlicher Sendeanstalten ganz andere Fragen.

[14] Detaillierter bei Hansjörg Bessler: Hörer- und Zuschauerforschung. In: Rundfunk in Deutschland, hrsg. von Hans Bausch. Bd. 5. München 1980, S. 17ff.

[15] Konrad Dussel: Der Streit um das große U. Die Programmgestaltung des öffentlich rechtlichen Rundfunks und der Einfluss der Publikumsinteressen. In: Archiv für Sozialgeschichte 35 (1995), S. 255-289.

[16] Zuletzt dazu mit umfangreichen Literaturangaben Christian Filk: Die nicht mehr „aristotelische" Medienkunst. Anmerkungen zu Bertolt Brechts Rundfunktheorie und -praxis (1927-1932). In: Rundfunk und Geschichte 24 (1998), S. 233-246, insbes. 239f.

[17] Pohle (wie Anm. 8), S. 327.

[18] Hans Bausch: Rundfunkpolitik nach 1945. Zweiter Teil. München 1980, S.508f. (= Rundfunk in Deutschland. Bd. 4).

Deutsche Telekom AG

NEXT GENERATION NETWORKING

Die Netze der Zukunft wachsen zusammen

Der Austausch von Informationen gehört seit jeher zu den bedeutendsten Grundlagen aller Gesellschaftsformen. Doch die Zeiten, in denen man einem Brief noch ein paar Tage gönnte, einem Telegramm noch ein paar Stunden, sind längst vorbei. Heute ist es vor allem die schnelle und bedarfsgerechte Übermittlung von Informationen, die unsere Gesellschaft prägt. Bedarfsgerecht heißt oft mit höchstem Tempo. Immer lauter wird der Ruf nach Echtzeit-Übertragung. In diesem Zusammenhang kommt der Telekommunikation eine entscheidende Rolle zu, denn sie bietet umfassende Möglichkeiten, den Austausch von Informationen als Bild, Sprache oder Daten an jedem Ort auf dieser Welt und zu jeder Zeit schnell, flexibel und sicher aufzubauen.

Dieses Ziel bestimmt die Strategie der Deutschen Telekom. Auch die ihrer Netze. Der Bedarf an schneller Information explodiert förmlich. Wie rasant die Entwicklung voranschreitet und wie hoch das Telekommunikationsbedürfnis ist, zeigt sich allenthalben. Vor allem beim Transport von Daten. So hat sich allein das Datenvolumen, das die Deutsche Telekom über ihr IP-Netz transportiert, von 800 Megabit pro Sekunde Mitte des Jahres 2000 auf fünf Gigabit pro Sekunde Mitte des Jahres 2001 erhöht. Ein Ende dieser Entwicklung ist nicht in Sicht. Der Ruf nach mehr Breitbandigkeit erklingt überall, in jeder Wirtschaftsbranche, doch natürlich auch aus dem Heer der privaten Internet-User, deren Zahl allein bei T-Online als einem der weltweit führenden Provider in einem halben Jahr auf zehn Millionen Kunden (Dezember 2001) zugenommen hat. Weltweit surfen bereits mehr als 400 Millionen Menschen durch die Weiten des Internets.

Sky DSL

Die meisten „Wachstumstreiber" sind zwar bekannt, aber in ihrer Dynamik nur schwer abzuschätzen. Neben der Internetnutzung und dem Mobilfunk tragen vor allem die zunehmende Verbreitung von E-Business-Anwendungen im B2B- und B2C-Segment und das immer attraktiver werdende Angebot datenintensiver Videostreaming-Produkte zu einer gewaltigen Forcierung der Entwicklung bei. Experten gehen davon aus, dass der weltweite Umsatz im E-Commerce von derzeit rund 400 Milliarden Dollar auf über 7000 Milliarden Dollar bis zum Jahr 2004 ansteigen wird. Endgeräte, über die der Kunde verschiedenste Anwendungen wie etwa Video-on-demand, den persönlichen Organizer und Sprachanwendungen nutzen kann, sowie das Angebot lokationsabhängiger Services werden den gesamten TK-Markt nachhaltig stimulieren.

Charakteristisch für die Wachstumstreiber im 21. Jahrhundert ist jedoch die Bündelung von Telekommunikationsdienstleistungen. Die Kunden werden sich nicht mehr mit Telefon-, Mobilfunk- und Internet-Diensten, Telematiksystemen für ihre Autos oder interaktiven TV-Diensten zufrieden geben, die sie einzeln erwerben und betreiben müssen. Bald schon werden die Kunden all diese Anwendungen nur noch in kombinierter Form, als maßgeschneidertes, persönliches Dienstleistungspaket kaufen wollen. Die Telekommunikationsunternehmen stehen weltweit vor einer Bewährungsprobe. Eine solche Bündelung von Dienstleistungen stellt ein Höchstmaß von Anforderungen an die Leistungsfähigkeit sowohl der Informations- als auch der Telekommunikationstechnologie.

Diese Anforderungen stellen eine harte Bewährungsprobe an die Netze, sind sie doch das Fundament für den unternehmerischen Erfolg. Alle strategischen Überlegungen müssen vor allem hinsichtlich der Netzinfrastruktur ein Höchstmaß an Flexibilität und Innovationsfähigkeit beinhalten. Mit der Planung von Reserven allein ist es nicht getan. Die Wissenschaftler, die weltweit an Übertragungstechniken arbeiten, melden in kurzer Folge neue Weltrekorde bei der Übertragung von immer größeren Datenmengen in immer kürzerer Zeit. 2560 Gigabit pro Sekunde, die auf Teststrecken schon erreicht werden, sind möglicherweise schon bald „Netz-Normalität".

Mit Kosmetik am bestehenden Leitungsgeschehen ist es deshalb nicht getan. Dementsprechend arbeitet die Deutsche Telekom mit Hochdruck am „Next Generation Networking". Gemeint sind die IP- und Netzarchitekturen der Zukunft. Eine klare Erkenntnis bestimmt dabei die Zielrichtung. Aus Kosten/Nutzen- und Effizienzgründen wird es zu einer Integration von Sprach- und Datenanwendungen in einem Netz kommen. Für Gerd Tenzer, Vorstand Produktion und Technik der Deutschen Telekom, steht fest: „Die Trennung von Telefon- und IP-Netz wird auf mittlere Sicht keinen Bestand mehr haben, das Nebeneinander von Sprach- und Datennetzen wird zur Vergangenheit." Die Zukunft gehört, so Tenzer, „einem Netz, das die Universalplattform für Voice, Data und Multimedia-Daten sein wird". Das Credo lautet für den Telekom-Vorstand, dass „dieses Netz mit seinen garantierten Servicequalitäten die Qualität des Telefonnetzes mit den Stärken des Internets verbinden wird". Auch für dieses „Netz der nächsten Generation" gilt ein charakteristisches Prinzip: Flexibiliät.

Für den Nutzer haben die Netzarchitekturen der Zukunft ganz entscheidende Vorteile. So wird er von Kostenvorteilen profitieren. Viel wesentlicher aber ist eben jene Möglichkeit, maßgeschneiderte Lösungspakete anzubieten. Bisher als Einzellösungen angebotene Dienste werden mehr und mehr von Komplettangeboten abgelöst. Breitbandige Inhalte sowie Daten und Sprache können schnell, sicher und flexibel über eine Plattform übertragen werden, wobei die einzelnen Anwendungen logistisch miteinander verknüpft werden können. Für Gerd Tenzer ist das so genannte Click-to-Phone-Angebot ein treffendes Beispiel dafür: „Sie surfen im Internet auf der Homepage eines Versandanbieters und werden mit einem Klick auf einen Sprachbutton sofort via Sprechverbindung mit dem entsprechenden Call Center verbunden." Tenzer ist überzeugt davon, dass die Zahl der Kunden bei mehr Komfort und Flexibilität durch das Angebot neuer beziehungsweise intelligent verknüpfter Dienste noch zunehmen wird. „Das Netz der Zukunft wird die Funktionalität der Dienste konsequent verbessern", sagt er.

Und es wird „paketvermittelt" arbeiten. Zum Hintergrund: In der Vermittlungstechnik nutzt man zwei Verfahren, die Leitungsvermittlung und die Paketvermittlung. Bei letzterem unterscheidet man zunächst zwischen verbindungsorientiert und verbindungslos. Beim verbindungsorientierten Verfahren nehmen Datenpakete ihren Weg über eine hergestellte Verbindung. Verbindungslos arbeitet beispielsweise das IP-Netz. Hier gibt es keine reservierten Verbindungen. Die Daten werden getrennt verschickt und erst am Ziel wieder zusammengesetzt. Dabei können die einzelnen Pakete je nach Auslastung einzelner Netzelemente völlig verschiedene Wege zum Ziel nehmen. Großer Vorteil der Paketvermittlung ist, dass sie anwendungsunabhängig und damit als Basis für verschiedenste Anwendungen geeignet ist.

Aufgrund seiner Historie verwendet das klassische Telefonnetz die Leitungsvermittlung und kann wegen der dezidierten Leitungen bei der Sprachübermittlung noch eine höhere Qualität als Voice over IP bieten. Ein Nachteil jedoch ist, dass für die Dauer des Gesprächs beziehungsweise der Datenübertragung eine feste Verbindung zwischen den Teilnehmern geschaltet bleibt. Diese Leitung ist während dieser Zeit nicht für andere zugänglich. Auch wenn keiner der Teilnehmer spricht, bleibt ja die Verbindung bestehen.

Doch zurück zur Zukunft beziehungsweise zum Weg dorthin. Die Deutsche Telekom hat die Frage, wie die Next Generation Networks realisiert werden, für sich beantwortet: Evolution statt Revolution, heißt diese Antwort. Über die nächsten Jahre hinweg werden sich das IP-Netz und das klassische Telefonnetz ergänzen. Langfristig soll es dann zu einer zunehmenden Migration hin zu den künftigen Netzen, die auf IP-Technologie basieren, kommen. Vor allem in Deutschland. Denn hier verfügt die Telekom über ein leistungsfähiges, gut ausgebautes Telefonnetz. „Hier werden wir die Lebenszyklen der bereits aufgebauten Infrastruktur berücksichtigen und gleichzeitig die aktuellen Entwicklungen im IP-Bereich aufnehmen und umsetzen", erklärt Tenzer. Anders sieht er die Situation außerhalb des Heimatmarktes. Dort könne die Telekom vielfach neu in den Markt einsteigen und direkt das Next Generation Network planen und realisieren.

Evolution bedeutet in diesem Falle keinen Zeitverzug. Die Deutsche Telekom hat seit 1997 ihr Telefonnetz in Deutschland vollständig digitalisiert und das gesamte Backbone-Netz mit Glasfaserkabeln ausgelegt. 5200 Ortsnetze mit rund 8000 Vermittlungsstellen wurden auf digitale Technik umgerüstet. Die Voraussetzungen, dass alle ihre Netze auf ein gemeinsames hochleistungsfähiges Backbone-Netz zugreifen können, sind längst geschaffen. Auf physikalischer Ebene ist damit der wichtigste Schritt zur technischen Migration der Einzelnetze hin zu einem Gesamtnetz bereits vollzogen. Jetzt gilt es, so Tenzer, auch die Migration der Dienste zu forcieren.

Folgende Doppelseite:
Net Management Center
Frankfurt am Main

9:10
Saturday, May 13

Deutsche Telekom

Die technischen Möglichkeiten, um hier zu einer strategisch sinnvollen Lösung zu kommen, gibt es bereits. Mit Hilfe der so genannten Soft-Switch-Technologie ist es schon heute möglich, die klassischen Telefondienste und IP-Protokolle intelligent miteinander zu verknüpfen. Tenzer: „Dieser Softswitch bildet also schon den Übergang vom Telefonnetz in die IP-Welt. Eine Vielzahl von Dienstefunktionen wird so nicht mehr in Form neuer Hardware, sondern als flexible Softwarebausteine implementiert."

Bei allen strategischen Überlegungen hat die Deutsche Telekom natürlich ihren Anspruch als Global Player mit weltweiter Präsenz im Blick. Die Innovationsgeschwindigkeit und -kosten, die der Markt erzwingt, erfordern zunehmend eine Ausdehnung der Massenmärkte über nationale Grenzen hinaus. Große Investitionen in neue technische Entwicklungen und die Schaffung neuer Märkte lassen sich auf nationalen Märkten kaum refinanzieren. Jedes Unternehmen, das eine marktorientierte Innovationsstrategie verfolgt, muss deshalb über die nationalen Grenzen hinwegschauen, um sich zielgerichtet dem internationalen Markt zu widmen. Die Zukunft gehört zweifellos den wenigen Unternehmen, die in der Lage sein werden, ihren Kunden die modernsten und umfassendsten Telekommunikationsdienste rund um die Welt zu bieten. Nach Überzeugung der Telekom wird es einige starke internationale Telekommunikationsunternehmen geben, die bei der Bereitstellung von Telekommunikationsdiensten eng mit den nationalen Betreibern zusammenarbeiten werden.

Aus strategischer Sicht von enormer Bedeutung ist für den Konzern deshalb der Ausbau des Telekom Global Net, eines weltweiten eigenen Netzes, welches das Unternehmen unabhängig von Dritten macht. Das gewaltige Netz soll 90 Standorte, so genannte Points of Presence, in 40 Ländern auf dem Globus verbinden. Bis zum Jahre 2006 will die Deutsche Telekom fast 14 Milliarden Euro in den Aufbau und die Vermarktung investieren. Das globale Netzwerk wird die großen Wirtschaftszentren der Welt über eine Länge von mehr als 150 000 Kilometern mit eigenen Kapazitäten untereinander verbinden. Der Aufbau von wichtigen Teilnetzen ist bereits in vollem Gange beziehungsweise schon abgeschlossen, beispielsweise in den Niederlanden, Belgien, Frankreich, England, Schweiz, Italien, Österreich, Japan und in der Tschechischen Republik. In den USA und in Kanada, den jüngsten Anschluss-Mitgliedern, können Kunden seit Oktober 2001 über das TGN versorgt werden. Der Aufbau beginnt in Wirtschaftszentren und Metropolen, um kostensenkende Bündelungseffekte zu erreichen.

Bedient werden zunächst vor allem Großunternehmen mit Sitz in Deutschland und deren internationale Standorte. Global Player, weiß die Telekom, erwarten von ihrem Telekommunikationsunternehmen ebenfalls weltweite Präsenz und die Betreuung aus einer Hand. Der Konzern stellt sich entsprechend auf, kann anderen Konzernen rund um den Globus beispielsweise ein eigenes Intranet zur Verfügung stellen. Weitere Kunden des TGN sind internationale Carrier. Schon heute unterhält die Deutsche Telekom zu mehr als 300 Carriern in rund 220 Ländern Verkehrsbeziehungen. Wichtige Metropolen wie London, Paris, Amsterdam, Brüssel, Genf, Zürich und Mailand sind breitbandig mit eigenen Netzressourcen miteinander verknüpft und direkt an das nationale Netz der Deutschen Telekom angebunden – sicher und zu jeder Sekunde betreut. Denn das Geschehen wird in Frankfurt am Main rund um die Uhr beobachtet. Dort betreibt die Telekom ihr modernes internationales Net Management Center. 250 Mitarbeiter überwachen, steuern und dokumentieren alle weltweit aufgebauten Daten-, Internet- und Sprachverbindungen an 365 Tagen im Jahr. Ihre Aufgaben sind breit gefächert: So werden aus Frankfurt die Leitungen in andere Länder und Erdteile geschaltet, zum Beispiel zur Einrichtung von Festverbindungen für Telekom-Kunden. Die Frankfurter Netzmanager greifen online auf die einzelnen Netzelemente entlang der Strecke zu und konfigurieren sie.

Das Netzmanagement kontrolliert von hier aus alle Leitungen, die die Telekom im Ausland betreibt oder angemietet hat. Bei Störungen wird der Telefon- oder Datenverkehr per Fernsteuerung sofort über andere Strecken und Netzknoten zum Ziel geleitet. Das Qualitätsmanagement im International Net Management Center prüft permanent die erfolgreichen Verbindungen und die Übertragungsqualität des Daten- und Sprachverkehrs. In Frankfurt erfolgt ferner die exakte Erfassung der Belegungen der Telekom-Leitungen in das Ausland, damit die Deutsche Telekom mit ihren ausländischen Vertragspartnern korrekt abrechnen kann. Auch das Sicherheitsmanagement wird von hier aus gewährleistet: Durch gedoppelte Netzabschnitte sowie durch Ringnetzstrukturen kann eine unterbrechungsfreie Verfügbarkeit der Netzkapazitäten sichergestellt werden.

Die Komplexität der weltweiten Verbindungen machte ein solches Zentrum notwendig. Kontinuierlich hat das Unternehmen in der Vergangenheit leistungsfähige Kabelsysteme ausgebaut beziehungsweise sich daran beteiligt. Derzeit ist die Deutsche Telekom weltweit Betreiber oder Partner bei 80 digitalen Land- und Seekabelsystemen mit einer Gesamtlänge von rund 390 000 Kilometern. Kabel wie das TAT-14 (Trans Atlantic Telephonecable) dokumentieren eindrucksvoll auch hier den Fortschritt in Sachen Leistung. Mit weiteren 49 internationalen Telekommunikations-Unternehmen hat die Telekom dieses jüngste Hochgeschwindigkeits-Seekabel zwischen den USA und Europa im Frühjahr 2001 in Betrieb genommen und viel investiert. Das TAT-14-Kabelnetz kostete über 1,3 Milliarden US-Dollar. Rund 250 Millionen Mark hat die Deutsche Telekom als viertgrößter

Kabellegerschiff

Investor in den wichtigen Baustein ihrer künftigen internationalen Netzinfrastruktur gesteckt. „Mit der Inbetriebnahme von TAT-14 weiten wir unsere Kapazitäten auf der für den Internet-Verkehr so wichtigen Verbindung nach Nordamerika nochmals erheblich aus. Insgesamt werden wir unsere IP-Transportkapazität in die USA um den Faktor fünf hochschrauben", sagte Tenzer bei der Inbetriebnahme von TAT-14. „Damit stehen uns Kapazitäten zur Verfügung, die schon heute auf die Bedürfnisse von morgen zugeschnitten sind", so Tenzer weiter.

In der Tat: Das TAT-14 ist mit einer Transportkapazität von deutlich über einem Terrabit pro Sekunde das derzeit leistungsfähigste Seekabelsystem, das Europa mit den USA verbindet. Zahlen belegen nahezu Unglaubliches: So könnten über das TAT-14 gleichzeitig mehr als sieben beziehungsweise 15 Millionen Gespräche geführt werden. Ein Vergleich zum ersten transatlantischen Glasfaserkabel von 1988, das über eine Kapazität von rund 7500 Sprachkanälen verfügt, weist eine unglaubliche Steigerung auf: Um knapp 200 000 Prozent konnte die Leistungsfähigkeit erhöht werden.

Rasante Fortschritte bei der Übertragungstechnik stecken dahinter. Das TAT-14 basiert auf modernster Wellenlängenmultiplex- und SDH(Synchrone Digitale Hierarchie)-Technologie und besteht aus vier Glasfaserpaaren. Jedes Faserpaar erlaubt eine Übertragungsrate von 160 Gigabit pro Sekunde, so dass insgesamt eine Übertragungsgeschwindigkeit von 640 Gigabit pro Sekunde im Ring erreicht wird oder mehr als ein Terrabit pro Sekunde bei Verwendung als zwei Einzelkabel. Mit dieser Kapazität kann der Inhalt von über 200 DVD-CDs pro Sekunde übertragen werden. Auch das TAT-14 ist ein Kabelring, das heißt, der Verkehr ist bei einer Kabelunterbrechung automatisch geschützt. Gleichzeitig ist aber auch die getrennte Nutzung der beiden Trassen möglich. Der Ring verläuft mit einer Trasse von Deutschland über Dänemark und die Shetland-Inseln durch den Atlantik in die USA. Die andere Trasse führt durch den Kanal nach Großbritannien und dann weiter durch den Atlantik in die USA. So erreicht TAT-14 eine Gesamtlänge von über 15 000 Kilometern.

Das Hochgeschwindigkeits-Seekabel realisiert Verbindungen zwischen den USA, Großbritannien, Frankreich, den Niederlanden, Deutschland und Dänemark und bietet eine größere Flexibilität im Hinblick auf die Einrichtung von Verkehrswegen zwischen den Endpunkten. Neben der Seekabelendstelle der Deutschen Telekom in Norden sind die weiteren Landepunkte in Manasquan und Tuckerton (US-Bundesstaat New Jersey), Bude (Großbritannien), Saint-Valéry-en-Caux (Frankreich), Katwijk (Niederlande) und Nörre Nebel (Dänemark).

Die Leistungsfähigkeit des so genannten Backbone-Netzes, zu dem auch die Seekabel gehören, zeigt sich aus der Sicht des Kunden immer dann eindrucksvoll, wenn auch sein Anschlussbereich, also die vielzitierte letzte Meile, über ausreichend Bandbreite verfügt. Zur Strategie der Telekom gehört deshalb der Ausbau mit T-DSL für die Bereitstellung von breitbandigen Internetanschlüssen. Durch den Einsatz der ADSL-Technik (Asymetric Digital Subscriber Line) wird das schmalbandige Kupferkabel des herkömmlichen Telefonanschlusses zur breitbandigen Hochleistungsstrecke. T-DSL bedeutet höchstes Surferglück: Um eine Anwendung von rund 20 Megabytes auf den Bildschirm zu laden, benötigt der User mit dem bereits schnellen ISDN 42 Minuten. Mit T-DSL dagegen nur 3,5 Minuten. Den 64 Kilobit pro Sekunde des ISDN-Anschlusses stehen bei T-DSL „turbomäßige" 768 Kilobit pro Sekunde gegenüber.

Michael Friedewald, Simone Kimpeler

DAS NETZ DER NETZE

Das Internet gilt als das Kommunikationsmedium der Zukunft, obwohl es bereits eine eindrucksvolle Geschichte vorweisen kann. Seit dem Aufbau des ersten überregionalen Computernetzwerks vor über 30 Jahren ist in der Computerwelt bereits eine Ewigkeit vergangen. Und das Internet wächst immer noch extrem schnell in allen möglichen Kategorien – Anzahl der angeschlossenen Computer, Anzahl der Nutzer, Anzahl der im Internet zusammengeschlossenen Netze. Ebenso schnell verändert sich sein Charakter, wie man an der wachsenden Zahl unterschiedlicher Internetdienste, Nutzungswerkzeuge und an der Struktur der „Internetindustrie" erkennen kann, in der die Unternehmen so rasch verschwinden wie sie entstehen. Eigentlich waren zu jedem Zeitpunkt in den vergangenen Jahren die meisten Internetnutzer Neulinge. Aber auch Benutzer, die schon länger online sind, müssen sich immer wieder innerhalb weniger Monate an neue Software, neue Zugangsarten und neue Informationsangebote gewöhnen. Selbst die Informationsanbieter haben sich auf ständig neue Programmiersprachen und -werkzeuge, Protokolle und Standards einzustellen.

Vom ARPANET zum Internet

Die Elemente, aus denen das heutige Internet besteht, sind während der 20 Jahre dauernden Frühphase von Akteuren aus sehr unterschiedlichen Umfeldern und verschiedenen Ländern zusammengetragen worden. Nach diversen Vorarbeiten erarbeitete Leonard Kleinrock von der University of California in Los Angeles bereits um 1960 mit der Warteschlangentheorie die theoretische Grundlage der modernen Datenfernübertragung.[1] Die grundlegende Übertragungstechnik der Paket-Vermittlung wurde parallel ebenfalls Anfang der 60er-Jahre von Paul Baran bei der RAND Corporation im kalifornischen Santa Monica und von Donald W. Davies am britischen National Physical Laboratory entwickelt.[2] Die erste Idee eines Computernetzes stammte von Joseph C. R. Licklider, der innerhalb einer militärischen Institution, der Advanced Research Projects Agency (ARPA), ab 1962 das einflussreiche Information Processing Techniques Office leitete und 1963 die Entwicklung eines Intergalactic Computer Network vorschlug.[3] Das Projekt zum Aufbau eines nationalen paketvermittelten Computernetzes wurde 1967 unter der Leitung von Lawrence G. Roberts gestartet und hatte zunächst die ökonomische Nutzung der von der ARPA finanzierten Computer zum Ziel. Im September 1969 ging an der University of California in Los Angeles der erste ARPANET-Knoten in Betrieb. Im Oktober 1972 wurde das ARPANET mit damals 40 angeschlossenen Rechnern schließlich erstmals der Fachöffentlichkeit vorgeführt.[4]

1973 wurde von Robert Kahn und Vinton Cerf das zunächst noch inoffizielle Internet-Programm der ARPA initiiert, in dem zur Jahreswende 1974/75 eine erste Spezifikation des Transmission Control Protocol (TCP) entstand, mit dem Rechner in unterschiedlichen Netzen miteinander kommunizieren konnten. Anfang der 80er-Jahre erklärte die ARPA das Transmission Control Protocol zusammen mit dem seit 1978 eigenständigen Internet Protocol (IP) zum Standard im ARPANET.[5] Die in der Frühphase entstande-

[1] L. Kleinrock: Communication nets. Stochastic message flow and delay. New York 1964.

[2] P. Baran: On distributed networks. In: IEEE Transactions on Communication Systems. COM-12 (1964), Nr. 1, S. 1-9. M. Campbell-Kelly: Data communications at the National Physical Laboratory (1965-1975). In: Annals of the History of Computing 9 (1988), Nr. 3/4, S. 221-247.

[3] H. D. Hellige: Leitbilder im Time-Sharing-Lebenszyklus: Vom „Multi-Access" zur „Interactive Online-Community". In: Derselbe (Hrsg.): Technikleitbilder auf dem Prüfstand. Leitbild-Assessment aus der Sicht der Informatik- und Computergeschichte. Berlin 1996, S. 205-234. M. Friedewald: Der Computer als Werkzeug und Medium. Die geistigen und technischen Wurzeln des Personal Computers (Aachener Beiträge zur Wissenschafts- und Technikgeschichte des 20. Jahrhunderts, 3). Berlin 1999.

[4] L. G. Roberts: The ARPANET and computer networks. In: A. Goldberg (Hrsg.): A history of personal workstations. Reading, Mass. 1988, S. 143-167; A. L. Norberg, J. E. O'Neill, K. Freedman: Transforming computer technology. Information processing in the Pentagon 1962-1986. Baltimore 1996, S. 154; K. Hafner u. M. Lyon: Arpa Kadabra. Die Geschichte des Internet. Heidelberg 1997, S. 61ff.

nen Formen der Datenübertragung und Merkmale der Netzarchitektur sind bis heute für das Internet typisch geblieben:

- volldigitale, softwaregesteuerte Vernetzung von so genannten Hostrechnern, bei der der Kommunikationsvorgang nach einem Schichtenmodell hierarchisch in „tiefere" transportorientierte, und „höhere" stärker anwendungsorientierte Protokolle aufgegliedert ist (Schichtenmodell);
- dezentrale Netzwerkarchitektur, deren konkrete Ausgestaltung mittels Paketvermittlung ein sehr robustes, auch unter extremen Bedingungen überlebensfähiges Netzwerk ergibt;
- Datentransport in einer heterogenen Netzlandschaft via unterschiedlicher Übertragungsmedien und zwischen Netzen verschiedener Hersteller (Interkonnektivität).

Die Internet-Gemeinde war anfangs noch klein, der Nutzerkreis und die Nutzungsformen eingeschränkt. Bis zum Herbst 1983 wuchs die Zahl der angeschlossenen Rechner auf etwas mehr als 500 an. Zugang zum Netz hatten nur wenige (militärische) Forschungslabors sowie Universitäten und Unternehmen, die an Projekten der ARPA beteiligt waren. Die Nutzung des Netzes hatte noch einen stark experimentellen Charakter. Es ging vor allem darum, die Technik so weit zu entwickeln, dass das noch kleine Netz stabil arbeiten konnte. Typische Anwendungen waren die Dateiübertragung und der Terminalbetrieb an entfernten Rechnern (Remote Login). Darüber hinaus gab es ab 1970 mit der elektronischen Post einen – von der ARPA ursprünglich gar nicht vorgesehenen – Kommunikationsdienst: E-Mail.[6]

Drei Ereignisse markierten 1983 das Ende der Internet-Frühphase: Die Durchsetzung der TCP/IP-Protokolle als alleinigem Standard, die Abspaltung des militärischen Teils des ARPANET in ein eigenes Netzwerk (MILNET) und die Bildung des Internet Architecture Board, das künftig für die Pflege und Weiterentwicklung der Internet-Protokolle sorgte. In der nun folgenden Reifungsphase konnte sich das Netz weiter ausbreiten. Eine nicht unwesentliche Rolle spielte dabei die Tatsache, dass die TCP/IP-Protokolle ab Anfang der 80er-Jahre vor allem Unix-Anwendern im Bildungsbereich praktisch kostenlos zur Verfügung standen. Damit wurde der Keim für die Anschlussfähigkeit und -bereitschaft der Universitäten gelegt. Umgekehrt ergab sich daraus unter anderem die große Bedeutung der Unix-Welt für die technische und soziale Ausgestaltung des Internets.[7]

Als die National Science Foundation (NSF) Mitte der 80er-Jahre begann, ihr eigenes NSFNET einzurichten und zum neuen nationalen Rückgrad des Internets auszubauen, betrat ein neuer, bedeutender technischer und sozialer Akteur die Bühne. Über ihre Nutzungsrichtlinien bestimmte die National Science Foundation für die folgenden Jahre auch den Charakter des Internets als „akademisches" Netz. Ausgeschlossen wurde darin nämlich die Nutzung des Netzes zu kommerziellen Zwecken. Dies verhinderte jedoch nicht, dass über eine wachsende Zahl von regionalen Netzwerken und den ersten privaten Internetanbieter (Provider) eine zunehmende Zahl von Unternehmen Zugang zum Netz fand.[8]

In Europa richteten 1988 zunächst Frankreich und die nordischen Länder permanente Verbindungen zum US-amerikanischen Forschungsnetz ein. Das deutsche Wissenschaftsnetz wurde ein Jahr später ans Internet angeschlossen. Bis 1992 kamen Mittelamerika, Australien, Südamerika, Südafrika, einige asiatische Länder sowie Süd- und Osteuropa „ans Netz". In dieser Phase kam es zu einer starken Zunahme der angeschlossenen Rechner. Im Herbst 1985 zählte das Internet erst 2000 Hosts. Nur sieben Jahre

[5] V. Cerf: How the internet came to be. In: B. Aboba (Hrsg.): The online user's encyclopedia. Bulletin boards and beyond. Reading, Mass. 1993, S. 6-12; J. Abbate: Inventing the internet. Cambridge, Mass. 1999.

[6] H. D. Hellige: Militärische Einflüsse auf Leitbilder, Lösungsmuster und Entwicklungsrichtungen der Computerkommunikation. In: Technikgeschichte 59 (1992), S. 371-401, hier S. 386.

[7] M. Hauben, R. Hauben: Netizens. On the history and impact of usenet and the internet. Los Alamitos 1997, insbes. Kapitel 9.

[8] P. Gilster: Der Internet-Navigator. München u. Wien 1994, S. 37ff. Vgl. Abbate (wie Anm. 5), S. 96.

später – im Oktober 1992 – wurde die Millionengrenze überschritten. Das Internet wurde in diesen Jahren zum „Netz der Netze" beziehungsweise zur „Matrix".[9]

Das Internet entwickelte in dieser Reifungsphase nicht nur eine erhebliche Wachstums-, sondern auch eine ausgeprägte Innovationsdynamik. Die offene und ausführlich dokumentierte Architektur des Internets schlug sich in einer Vielzahl von neuen Netzwerkdiensten nieder, die auf den TCP/IP-Übertragungsprotokollen aufbauten und sich in netztypischer Geschwindigkeit ausbreiteten. Unter den Diensten, die der Kommunikation mit anderen Benutzern dienten, erwiesen sich die nun zunehmend über das Internet transportierten Newsgroups des Usenets als besonders populär. In den späten 80er-Jahren entstanden mit dem Internet Relay Chat (IRC) und den Multi-User Dungeons (MUD) weitere Kommunikationsdienste, aus denen das soziale Phänomen der „virtuellen Gemeinschaften" hervorging.[10] In Abwesenheit einer zentralen Steuerung oder mächtiger, netzübergreifender Organisationen bildeten sich netzspezifische Formen der dezentralen Selbstregulierung heraus. Dies betraf nicht nur die Ausgestaltung von kollektiven Praktiken der Nutzung von Ressourcen und Diensten, sondern auch Prozesse der technischen Standardisierung. So entstand 1986 mit der Internet Engineering Task Force, einer Unterorganisation des Internet Architecture Board, ein weitgehend offenes Forum, das diese Funktion bis heute wahrnimmt.

Die Kommerzialisierung des Internets

Das Schlüsseldatum für den Übergang vom akademischen zum kommerziellen Internet war die Änderung der Nutzungsrichtlinien der National Science Foundation im Jahre 1991, durch die auch kommerzieller Datenverkehr im NSFNET zugelassen wurde. Kurz darauf gründeten die kommerziellen Zugangsanbieter in den Vereinigten Staaten mit dem Commercial Internet Exchange eine Vereinigung, die den Datenverkehr zwischen den Netzen ihrer Mitglieder regeln sollte. Die steigende Zahl der Zugangsanbieter differenzierte den Markt in mehreren Dimensionen aus. Es gab beispielsweise regionale und nationale Anbieter und solche für korporative und private Kunden. Die Entwicklung des Internets in den USA hin zur Kommerzialisierung wiederholte sich mit Verzögerung auch in Deutschland, wo der langersehnte Boom des Electronic Commerce (E-Commerce) nur schleppend vorankommt und bereits seine erste Krise erlebt.

Offenheit und Interaktivität waren die Kennzeichen des Internets in seiner Reifungsphase. Gleichwohl erwiesen sich die erforderliche computer- und netztechnische Kompetenz sowie die eingeschränkten Zugangswege als erhebliche Schwellen, die es zu überwinden galt, bevor man um 1990 das Internet nutzen konnte. Entwickler von Internet-Tools, -Diensten und -Standards entstammten, ebenso wie deren Nutzer, immer noch zum großen Teil technischen oder naturwissenschaftlichen Disziplinen. Die auf Expertenwissen und Erfahrung ausgerichteten Bedienungsoberflächen der Netzrechner und ausschließlich textbasierte Navigationsmöglichkeiten bildeten nahezu unüberwindliche Hemmnisse für die breite Nutzung des Netzes durch Nichtfachleute. Das Internet war eine weitgehend geschlossene Welt.

[9] J. S. Quarterman: The matrix computer networks and conferencing systems worldwide. Bedford, Mass. 1990. M. Lottor: Internet growth (1981–1991). Request for comments. Network working group, January 1992.

[10] H. Rheingold: Virtuelle Gemeinschaft. Soziale Beziehungen im Zeitalter des Computers. Bonn 1994; S. Turkle: Leben im Netz. Identität in Zeiten des Internet. Reinbek 1998.

Erst mit dem World Wide Web (WWW oder kurz Web) begannen die „Unix-Wälle" zu bröckeln. 1990 am Kernforschungszentrum CERN in Genf gewissermaßen für den Hausgebrauch entwickelt, sollte dieses Hypertextsystem die Kooperation und den Austausch zwischen weltweit verstreuten Arbeitsgruppen von Hochenergiephysikern im Internet erleichtern. 1992 wurden die Software eines WWW-Servers und die eines textorientierten Browsers im Internet veröffentlicht.

Das Wachstum des Internets erhielt einen kräftigen Schub, als das World Wide Web über Browser mit grafischer Benutzeroberfläche (zum Beispiel Mosaic oder Netscape) 1993 auch für Computerlaien zugänglich wurde. Neben der grafischen Benutzeroberfläche erlaubten diese Programme die Integration von attraktiven multimedialen Elementen; vor allem aber boten sie die Möglichkeit, alle bislang getrennten Internet-Anwendungen (Datenübertragung, Newsgroups und E-Mail) in einem einheitlich zu bedienenden System zu vereinen. Damit konnte die Zugangsschwelle für potentielle Nutzer erheblich gesenkt werden. Nutzten 1995 erst knapp drei Prozent der Deutschen das Internet, so waren es im Juni 2001 nach einer Erhebung von Forsa bereits 42 Prozent.

Insbesondere Unternehmen schätzten bald die Möglichkeit, über eine Plattform im Web relativ preiswert Werbung für ihre Waren und Dienstleistungen machen zu können oder sogar neue Käuferschichten und Zielgruppen zu erreichen. Der kommerzielle Netzbereich wuchs seither außerordentlich schnell. Die regelmäßig vom Internet Software Consortium durchgeführten Erhebungen der Internet-Hosts machen dies sehr deutlich: Der Anteil der kommerziellen Internetanbieter ist seit 1995 von 47 Prozent auf heute 86 Prozent angestiegen.

Neben dem Aufkommen neuer Dienste und Nutzungspraktiken sowie dem Strukturwandel der Netzpopulation war die Neuordnung beim Betrieb bedeutender Teilnetze ein wichtiger Aspekt des Umbruchs. So stellte das NSFNET Ende April 1995 seinen Betrieb ein; das transatlantische „Rückgrat" des Internets ging in private Hände über. Fünf amerikanische Telefongesellschaften betreiben seither die wichtigsten Netz- und Zugangsknoten des Internets, während ein privater Netzanbieter Hochleistungsdatenleitungen zwischen den Netzknoten zur Verfügung stellt. Die Heterogenität des Netzes wuchs also nicht nur auf der Nutzerseite, sondern auch auf der Seite der Zugangsanbieter.[11]

Die Entscheidung, kommerziellen Datenverkehr zuzulassen, brachte eine Reihe von organisatorischen Problemen mit sich. In gewisser Weise verlief diese Entwicklung analog zum Prozess der Liberalisierung und Privatisierung in der Telekommunikation: Aufgaben, die bislang selbstverständlich vom bisherigen Monopolisten übernommen worden waren, mussten jetzt explizit geregelt werden. Es mussten neue Institutionen geschaffen werden, die die faire Behandlung aller Beteiligten in einem Wettbewerbsumfeld gewährleisteten. So wurde die Internet Society, die am ehesten mit einer Regulierungsbehörde verglichen werden kann, 1992 grundlegend reorganisiert, um auch die Interessen der kommerziellen Netzanbieter angemessen zu berücksichtigen.

Ein zentrales Problem der neuen Netzakteure war die Definition eines geeigneten Erlösmodells für ihre Angebote. Die frühesten Ansätze stellten sich schnell als wenig praktikabel heraus. So mussten die zugelassenen Nutzer einiger Websites zur Überprüfung ihrer Person erst einen aufwändigen Anmeldungsprozess über sich ergehen lassen, bevor sie auf die

[11] Vgl. Abbate (wie Anm. 5), S. 199.

Masse der Daten zugreifen konnten. Einige Anbieter boten gebührenpflichtige Abonnements an, während andere ihre Angebote über Werbung, zum Beispiel in Form von Bannern, finanzierten. Das Problem war allerdings, dass es mit dem Wachstum des Internets immer einfacher wurde, alternative Angebote wahrzunehmen, die einfach zugänglich, kostenlos oder mit weniger Werbung beladen waren.

Insbesondere hatten kommerzielle Anbieter von Downloads (herunterladbaren Produkten) Probleme mit der Abrechnung ihrer Angebote. Zunächst gab es kein Abrechnungssystem, das preiswert, effizient und sicher zugleich gewesen wäre. Einige Unternehmen setzten deshalb auf die Verwendung von Kreditkarten für finanzielle Transaktionen. Die potentiellen Kunden waren, zumindest in Deutschland, häufig jedoch nicht bereit, die sensiblen Kreditkartendaten über das Internet zu übermitteln. Neben diesen Problemen hatte eine ganze Reihe von Unternehmen überdies erhebliche Schwierigkeiten, ihre traditionellen Angebote an das neue Medium anzupassen.

„Und weil das Geld nicht kam, mußten wir uns umorientieren ..."

Gegenwart und Zukunft des Internets

Allmählich wurden diese frühen Versuche, das kommerzielle Potential des Internets auszuschöpfen, durch anspruchsvollere Strategien abgelöst. In Erwartung erheblicher Investitionen nahmen die Grundzüge eines umfassenderen Systems zum E-Commerce langsam Gestalt an, die auf sicheren Verfahren für finanzielle Transaktionen über das Internet basieren. Dabei können heutige Geschäftsstrategien aus dem mittlerweile umfangreichen Erfahrungsschatz lernen. Einige Unternehmen wie zum Beispiel der Buchversand Amazon haben durch eine First-Mover-Strategie eine starke Wettbewerbsposition gewonnen. Andere haben die Erfahrung gemacht, dass das eigene Dienstleistungsprofil einfacher durch Internet-Angebote verbessert werden kann als durch herkömmliche Service-Angebote. Daneben haben Unternehmen feststellen können, dass über das Internet angebotene produktbegleitende Dienstleistungen für bestimmte Käuferschichten ein wichtiges Kaufargument darstellen.

Das Bestellen per Internet ist heute neben dem Telefon und der Briefpost zum Hauptmedium für Bestellungen avanciert. Ein wichtiger Grund dafür ist die hohe Aktualität, die Internet-Plattformen bieten, da die Angebote „in Echtzeit" aktualisiert und Kunden quasi persönlich angesprochen und ihre Wünsche individuell berücksichtigt werden können. Die Palette der im Netz angebotenen Waren ist umfangreich, reine Internet-Produkte gibt es selten. Jedoch haben sich bestimmte Produkte und damit Marktsegmente besonders stark profiliert: Bücher, Tonträger, Software sowie technische Geräte. Das Internet dient hier als Quelle für Informationen zu Produkt und Preis. Für den Interessenten ist es so nur ein kleiner Schritt bis zur eigentlichen Bestellung. Durch die bevorstehende Weiterentwicklung internetgestützter Bezahlung und die Verbesserung der Sicherheitsmaßnahmen bei der Datenübermittlung wird eine Zunahme des Online-Geschäftes erwartet. Absehbar ist, dass immer mehr Menschen das Internet für die Abwicklung von geschäftlichen und finanziellen Transaktionen nutzen und bald jene Märkte vom E-Commerce dominiert werden, bei denen es für den Verbraucher nicht wichtig ist, die Produkte zu sehen und anzufassen, bevor er sich zum Kauf entschließt. Das Internet hat damit die Disintermediation von Geschäftsprozessen zur Folge, also die Schwächung klassischer Absatzmittler durch einen direkteren Kontakt von Herstellern und Kunden. Gleichzeitig bringt es neue Dienstleister (Webdesigner, Internetberater) hervor, die neue Geschäftsbereiche bilden.

Die vielfältigen Angebote und die einfach zu bedienenden Browser haben Internet-Anwendungen wie das WWW oder E-Mail zu echten Massenmedien gemacht. Tatsächlich sind die Begriffe „Internet" und „World Wide Web" mittlerweile für viele Leute zu Synonymen geworden. Die Entwicklung des Internets zu einem Massenmedium wirft einige gesellschaftliche, rechtliche und politische Fragen auf. Dabei ist das Internet mit seinen Anwendungen und neuen Kommunikationsweisen nicht nur Gegenstand, sondern aufgrund seiner zunehmenden Reichweite und seiner spezifischen Eigenschaften wie Schnelligkeit und Universalität zugleich Austragungsort gesellschaftlicher Diskussionen. Es gibt zu fast jedem aktuellen und zu jedem erdenklichen Spezial-Thema bereits Newsgroups, Foren und Mailinglisten, in denen Interessierte Meinungen austauschen und Fragen stellen und beantworten.

Auf diese Weise werden viele der sozialen, rechtlichen und politischen Fragen ausgetauscht und diskutiert, die das Internet selbst betreffen. Dazu gehören die Versuche von Regierungen oder Interessengruppen, bestimmte Informationen zu zensieren, wobei das Spektrum von Pornografie und rechtsradikaler Propaganda bis zu nicht geduldetem politischem Protest reicht. Auch der Schutz des geistigen Eigentums und der Privatsphäre von Internet-Benutzern ist ein heftig diskutiertes Thema. Die zukünftige Entwicklung digitaler Signaturen, die Wahrung der Anonymität der Nutzer und die Gewährleistung der freien Meinungsäußerung werden maßgeblich die Richtung und den Erfolg von Internet-Angeboten mitbestimmen.

Das globale Web hat zudem internationale Implikationen. So wie sich viele Staaten die Kontrolle des eigenen Luftraums vorbehalten, haben einige Ländern (häufig erfolglos) versucht, ihren nationalen „Internetraum" gegen unerwünschte Inhalte aus dem Ausland zu schützen, die nationalem Recht widersprechen, oder ihren Bürgern den Zugriff auf Angebote zu verwehren, die der Regierung unangemessen erscheinen. In einigen Ländern, wie zum Beispiel in Frankreich, machen sich Verfechter der Nationalsprache bereits Sorgen wegen der Dominanz der englischen Sprache im Internet. Das schwerwiegende kulturelle Problem der anglo-amerikanischen Dominanz und Präsenz im Internet benötigt eine gesellschaftliche Lösung. Zumindest auf technischer Seite scheint dieses Problem durch den Einsatz standardisierter Zeichensätze und Übersetzungsprogramme lösbar zu sein. Es gibt freilich weitere technisch lösbare Probleme. Obenan steht dabei der Wunsch, bestehende Wartezeiten bei der Nutzung des Internets zu verkürzen sowie sichere Standards für die elektronische Unterschrift und das elektronische Bezahlen einzuführen und zu verbreiten.[12]

Was hält die Zukunft für das Internet bereit?[13] Auf Seiten der Technik werden höhere Bandbreiten – egal ob per Glasfaser, Digital Subscriber Line (DSL), Powerline oder über Satellit – nicht nur die Leistungsfähigkeit existierender Internetdienste erhöhen, sondern auch die Anwendungsmöglichkeiten des Internets für interaktive audiovisuelle Medienangebote steigern. Global operierende Medienkonzerne bereiten deshalb die Konvergenz von Internet und klassischen Medien vor. Damit würde das Internet die herkömmlichen Medien um eine größere zeitliche und räumliche Unabhängigkeit sowie neue Sendungsgattungen ergänzen.

Auf Information und Wissen basierende Wirtschaftsbereiche wie Medien und Bildung sehen sich durch das Internet enormen Herausforderungen gegenüber. Die Regierungen in Europa und den USA bereiten sich darauf vor, bestimmte Funktionen der Bürgerservices, von öffentlichen Ausschreibungen bis hin zu Wahlen, zumindest teilweise ins Internet zu verlagern. Es ist noch nicht abzusehen, ob dies zu einer größeren Partizipation der Bürger an den politischen Prozessen führen wird. Schließlich gibt es die Hoffnung, dass das Internet auch eine Chance für die bislang ökonomisch benachteiligten und politisch unterrepräsentierten Bevölkerungsgruppen sein könnte. Dazu müssen jedoch die technischen, ökonomischen und qualifikatorischen Voraussetzungen des Internetzugangs für alle sichergestellt sein. Forschungs- und Förderprogramme im Hinblick zum Beispiel auf lebenslanges Lernen oder die Bedeutung des Internets in verschiedenen Alltags- und Lebensbereichen unterstützen diese infrastrukturellen Bedingungen des Zugangs für alle. Auch in Zukunft kann das Internet nur soviel leisten, wie seine Anwender zu nutzen vermögen.

[12] M. Friedewald: Vom Experimentierfeld zum Massenmedium. Gestaltende Kräfte in der Entwicklung des Internet. In: Technikgeschichte 67 (2000), S. 331-361.

[13] Vgl. die Beiträge in H. Kubicek u. a. (Hrsg.): Internet@Future. Technik, Anwendungen und Dienste der Zukunft. Heidelberg 2001.

Abbate, Janet: Inventing the Internet. Cambridge, Mass. 1999.

Andritzky, Michael (Hrsg.): OIKOS. Von der Feuerstelle zur Mikrowelle. Gießen 1992.

Aubin, Hermann u. Wolfgang Zorn (Hrsg.): Handbuch der deutschen Wirtschafts- und Sozialgeschichte. Stuttgart 1976ff.

Beck, Ulrich u. Peter Sopp (Hrsg.): Individualisierung und Integration. Opladen 1997.

Beck-Gernsheim, Elisabeth: Was kommt nach der Familie? Einblicke in neue Lebensformen. München 1998.

Bellers, Jürgen (Hrsg.): Einführung in die Kommunalpolitik. München u. Wien 2000.

Benevolo, Leonardo: Die Geschichte der Stadt. Frankfurt am Main u. New York 1983.

Böge, Stefanie (Hrsg.): Güterverkehr und Konsum. Wuppertal 1998.

Böhme, Hartmut: Mediale Projektionen. Von der Vernetzung zur Virtualisierung der Städte. In: Neue Rundschau, 1998.

Bollmann, Stefan u. Christiane Heilbach (Hrsg.): Kursbuch Internet. Mannheim 1996.

Bollmann, Stefan (Red.): Kursbuch Stadt. Stadtleben und Stadtkultur an der Jahrtausendwende. Stuttgart 1999.

Bon, Marcel: Pareys Buch der Pilze. Hamburg u. Berlin 1998.

Braudel, Fernand: Sozialgeschichte des 15.-18. Jahrhunderts. München 1985ff.

Brech, Joachim: Neue Wohnformen in Europa. Stuttgart 1989.

Bullinger, Hermann u. Jürgen Nowak: Soziale Netzwerkarbeit. Eine Einführung für soziale Berufe. Freiburg 1998.

Buurman, Dieter C.: Lexikon der textilen Raumausstattung. Frankfurt am Main 1992.

Camagni, Roberto (Hrsg.): Innovation networks. Spatial perspectives. London u. New York 1991.

Campbell-Kelly, Martin u. William Aspray: Computer. A history of the information machine. New York 1996.

Castells, Manuel: Das Informationszeitalter. Bd. 1: Der Aufstieg der Netzwerkgesellschaft. Opladen 2001.

Cerbe, Günter: Grundlagen der Gastechnik. Gasbeschaffung – Gasverteilung – Gasverwendung. 3. Aufl., München u. Wien 1988.

Christ, Karl: Geschichte der römischen Kaiserzeit. Von Augustus bis Konstantin. München 1992.

Clar, Günter (Hrsg.): Humankapital und Wissen. Heidelberg 1997.

Correa, Charles: Architektur als Modell des Kosmos. Stuttgart, Institut für Auslandsbeziehungen 1998.

Dallmeier, Martin: 500 Jahre Post. Regensburg 1990.

Davidow, William H. u. Michael S. Malone: Das virtuelle Unternehmen. Der Kunde als Co-Produzent. Frankfurt am Main u. New York 1993.

Decker, Edith u. Peter Weibel (Hrsg.): Vom Verschwinden der Ferne. Köln 1990.

Diewald, Martin: Soziale Beziehungen. Verlust oder Liberalisierung? Soziale Unterstützung in informellen Netzwerken. Berlin 1991.

Engelmann, Robert, Bonnie Dye u. Pamela LeRoy: Mensch, Wasser! Report über die Entwicklung der Weltbevölkerung und die Zukunft der Wasservorräte. Stuttgart 2000.

Faßler, Manfred: Netzwerke. Einführung in die Netzstrukturen, Netzkulturen und verteilte Gesellschaftlichkeit. München 2001.

Finley, Moses I.: Die antike Wirtschaft. München 1977.

Fischer, Claude S.: To dwell among friends. Personal networks in town and city. Chicago 1982.

Flichy, Patrice: Tele. Geschichte der modernen Kommunikation. Frankfurt am Main u. New York 1994.

Floeting, Holger u. Steffi Gaevert: Städte im Netz. Berlin 1997.

Foelix, Rainer F.: Biologie der Spinnen. Stuttgart 1979.

Freiesleben, Hans-Christian: Geschichte der Navigation. Wiesbaden 1976.

Friedewald, Michael: Der Computer als Werkzeug und Medium. Die geistigen und technischen Wurzeln des Personal Computers. Berlin 1999.

Friedewald, Michael: Vom Experimentierfeld zum Massenmedium. Gestaltende Kräfte in der Entwicklung des Internet. In: Technikgeschichte, 2000.

Giddens, Anthony: Kritische Theorie der Spätmoderne. Wien 1992.

Gilster, Paul: Der Internet-Navigator. München u. Wien 1994.

Glaser, Hermann u. Thomas Werner: Die Post in ihrer Zeit. Heidelberg 1990.

Görs, Jens, Oliver Rein u. Egon Reuter: Stromwirtschaft im Wandel. Wiesbaden 2000.

Guggenberger, Bernd: Das digitale Nirwana. Hamburg 1997.

Habermas, Jürgen: Die postnationale Konstellation. Frankfurt am Main 1998.

Hafner, Katie u. Matthew Lyon: Arpa Kadabra. Die Geschichte des Internet. Heidelberg 1997.

Hakansson, Knut: Handbuch der Fernwärmepraxis. Essen 1973.

Häußermann, Hartmut u. Walter Siebel: Soziologie des Wohnens. Weinheim u. München 1996.

Hellige, Hans Dieter (Hrsg.): Technikleitbilder auf dem Prüfstand. Leitbild-Assessment aus der Sicht der Informatik- und Computergeschichte. Berlin 1996.

Henckel, Dietrich: Entscheidungsfelder städtischer Zukunft. Stuttgart u. a. 1997.

Henzler, Herbert A. u. Lothar Späth: Countdown für Deutschland. Berlin 1995.

Hillrichs, Hans Helmut: Pilze sammeln. München 2000.

Hölldobler, Bert u. Edward O. Wilson: Ameisen. Die Entdeckung einer faszinierenden Welt. Basel u. a. 1995.

Hörisch, Jochen: Jenseits der Gutenberg-Galaxis. Zur Genealogie und Funktion der neuen Medien. In: Manuel Schneider u. Karlheinz A. Geißler: Flimmernde Zeiten. Stuttgart 1999.

Hörisch, Jochen: Der Sinn und die Sinne. Eine Geschichte der Medien. Frankfurt am Main 2001.

Hradil, Stefan: Die „Single-Gesellschaft". München 1995.

Hradil, Stefan: Soziale Ungleichheit in Deutschland. 8. Aufl., Opladen 2001.

Huber, Joseph: Nachhaltige Entwicklung. Strategien für eine ökologische und soziale Erdpolitik. Berlin 1995.

Kelly, Kevin: Das Ende der Kontrolle. Die biologische Wende in Wirtschaft, Technik und Gesellschaft. Mannheim 1997.

Kelly, Kevin: NetEconomy. München 1999.

Keupp, Heiner: Eine Gesellschaft der Ich-

linge? Zum bürgerschaftlichen Engagement von Heranwachsenden. München 2000.
Keupp, Heiner u. Bernd Röhrle (Hrsg.): Soziale Netzwerke. Frankfurt am Main 1987.
Keupp, Heiner u. a.: Identitätskonstruktionen. Das Patchwork der Identitäten in der Spätmoderne. Reinbek bei Hamburg 1999.
Klein, Ruth: Lexikon der Mode. Drei Jahrtausend europäischer Kostümkunde. Baden-Baden 1950.
Kolb, Anne: Transport und Nachrichtentransfer im Römischen Reich. Berlin 2000.
Kretschmer, Winfried: Geschichte der Weltausstellungen. Frankfurt am Main u. New York 1999.
Kühn, Manfred u. Timothy Moss (Hrsg.): Planungskultur und Nachhaltigkeit. Berlin 1998.
Lange, Cornelia: Aids – eine Forschungsbilanz. Berlin 1993.
Lay, Maxwell G.: Die Geschichte der Straße. Vom Trampelpfad zur Autobahn. Frankfurt am Main u. New York 1994.
Leenhardt, Jacques: Stadt und sozialer Zusammenhalt. Köln, Institut Français 2001.
Leonhard, Joachim-Felix (Hrsg.): Programmgeschichte des Hörfunks in der Weimarer Republik. 2 Bde. München 1997.
Lerg, Winfried B.: Die Entstehung des Rundfunks in Deutschland. Frankfurt am Main 1965.
Liesegang, Dietfried G. (Hrsg.): Kostenvorteile durch Umweltmanagement-Netzwerke. Heidelberg, Institut für Umweltwirtschaftsanalysen 1998.
Loschek, Ingrid: Mode- und Kostümlexikon. Frankfurt am Main 1994.
Maar, Christa u. Florian Rötzer (Hrsg.): Virtual Cities. Die Neuerfindung der Stadt im Zeitalter der globalen Vernetzung. Basel u. a. 1997.
Marcinek, Joachim u. Eberhard Rosenkrantz: Das Wasser der Erde. Frankfurt am Main 1989.
Mohr, Hans: Wissen – Prinzip und Ressource. Berlin u. a. 1999.
Müller, Leonhard: Handbuch der Elektrizitätswirtschaft. 2. Aufl., Berlin u. a. 1998.
Naisbitt, John: Megatrends. Zehn Perspektiven, die unser Leben verändern werden. Bayreuth 1984.
Naßmacher, Hiltrud u. Karl-Heinz Naßmacher: Kommunalpolitik in Deutschland. 2. Aufl., Opladen 1999.
Nicolis, Grégoire u. Ilya Prigogine: Die Erforschung des Komplexen. München 1987.
Niemann, S.: Wasserversorgung und Wasserverwendung in Namibia. Hamburg 2000.
Nora, Simon u. Alain Minc: Die Informatisierung der Gesellschaft. Frankfurt am Main u. New York 1979.
Paturi, Felix R.: Schnurfiguren aus aller Welt. München 1988.
Piller, Frank Thomas: Kundenindividuelle Massenproduktion. Die Wettbewerbsstrategie der Zukunft. München u. Wien 1998.
Pohl, Friedrich-Wilhelm: Die Geschichte der Navigation. Hamburg 1999.
Pusch, Günter, Heinrich Rischmüller u. Klaus Weggen: Die Energierohstoffe Erdöl und Erdgas. Berlin 1995.
Putnam, Robert D. (Hrsg.): Gesellschaft und Gemeinsinn. Gütersloh 2001.
Rheingold, Howard: Virtuelle Gemeinschaft. Soziale Beziehungen im Zeitalter des Computers. Bonn 1994.
Röhrle, Bernd (Hrsg.): Netzwerkintervention. Tübingen 1998.
Rötzer, Florian: Die Telepolis. Urbanität im digitalen Zeitalter. Mannheim 1995.
Rötzer, Florian: Digitale Weltentwürfe. Streifzüge durch die Netzkultur. München 1998.
Ropohl, Günter: Allgemeine Technologie. Eine Systemtheorie der Technik. 2. Aufl., München u. Wien 1999.
Sandgruber, Roman: Strom der Zeit. Das Jahrhundert der Elektrizität. Linz 1992.
Sauberzweig, Dieter u.a. (Hrsg.): Stadt der Zukunft – Zukunft der Stadt. Baden-Baden 1998.
Schäfers, Bernhard: Handwörterbuch zur Gesellschaft Deutschlands. Bonn 1998.
Schäfers, Bernhard u. Stefan Hradil: Gesellschaftlicher Wandel in Deutschland. Stuttgart 1995.
Scharfe, Martin: Wegzeiger. Zur Kulturgeschichte des Verirrens und Wegfindens. Marburg 1998.
Schenk, Michael: Soziale Netzwerke und Kommunikation. Tübingen 1984.
Schiller, Dan: Digital capitalism. Networking the global market systems. Cambridge 2000.
Schiller, Herbert I.: Die Verteilung des Wissens. Frankfurt am Main 1984.
Singer, Wolf: Gehirn und Kognition. Heidelberg 1990.
Schliephake, Konrad (Hrsg.): Libyen und nordwestliches Ägypten. Würzburg 1999.
Schmidt, Karl-Heinz u. Ingo Romey: Kohle – Erdöl – Erdgas. Würzburg 1981.
Schmidt-Bleek, Friedrich: Wieviel Umwelt braucht der Mensch? MIPS – das Maß für ökologisches Wirtschaften. Berlin u. a. 1993.
Schneider, Manuel u. Karlheinz A. Geißler: Flimmernde Zeiten. Vom Tempo der Medien. Stuttgart 1999.
Schott, Dieter: Die Vernetzung der Stadt. Darmstadt 1999.
Schreiber, Hermann: Sinfonie der Straße. Düsseldorf 1959.
Schütte, Marie: Alte Spitzen (Nadel- und Klöppelspitzen). Ein Handbuch für Sammler und Liebhaber. Berlin 1914.
Sennett, Richard: Der flexible Mensch. Die Kultur des neuen Kapitalismus. Berlin 1998.
Sieverts, Thomas: Zwischenstadt. Braunschweig u. Wiesbaden 1997.
Spitzer, Manfred: Geist im Netz. Heidelberg 1996.
Straus, Florian: Netzwerkanalysen. Gemeindepsychologische Perspektiven und Methoden für Forschung und Praxis. München 2001.
Sydow, Jörg (Hrsg.): Management von Netzwerkorganisationen. Wiesbaden 2001.
Turkle, Sherry: Leben im Netz. Identität in Zeiten des Internet. Reinbek bei Hamburg 1998.
Uhlig, Günther (Hrsg.): Metropolitane Region. Braunschweig u. a. 1994.
Voigt, Fritz: Verkehr. Die Entwicklung des Verkehrssystems. 2 Bde., 2 Halbbde. Berlin 1965 u. 1973.
Warnke, Martin u.a. (Hrsg.): HyperKult. Geschichte, Theorie und Kontext digitaler Medien. Basel u. Frankfurt am Main 1997.
Wellman, Barry: Networks in the global village. Boulder u. a. 1999.

Weyer, Johannes (Hrsg.): Soziale Netzwerke. Konzepte und Methoden der sozialwissenschaftlichen Netzwerkforschung. München u. Wien 2000.

Witt, Peter N., Charles F. Reed u. David B. Peakall: A spider's web. Problems in regulatory biology. Berlin u. a. 1968.

Wollmann, Helmut u. Roland Roth (Hrsg.): Kommunalpolitik. Politisches Handeln in den Gemeinden. 2. Aufl., Opladen 1999.

Zschokke, Samuel: Web construction behaviour of the orb weaving spider Araneus diadematus Cl. Basel 1994.

Anatomisches Museum, Basel
Bundeszentrale für gesundheitliche Aufklärung, Köln
Deutsches Architektur Museum, Frankfurt am Main
Deutsche Telekom, Internationaler Seekabelbetrieb, Norden
Thomas Hauer, Karlsruhe
Institut für Logik, Komplexität und Deduktionssysteme (ILKD), Universität Karlsruhe
Institut für Praxisforschung und Projektberatung (IPP), München
Klinikum der Johann Wolfgang Goethe-Universität, Senckenbergische Anatomie, Frankfurt am Main
Generalverwaltung Max-Planck-Gesellschaft, München
Max-Planck-Institut für Hirnforschung, Frankfurt am Main
RIMOVA, Köln
Universität Basel, Institut für Natur-, Landschafts- und Umweltschutz, Abteilung Biologie
Universität Würzburg, Institut für Geographie
Markus Wegele, Frankfurt am Main
Wilhelma, Stuttgart

Peter Fromherz, Martinsried
Thomas Goldschmidt, Karlsruhe
Karin Höthker, Karlsruhe
Hugo Kurz, Basel
Michael Madeja, Frankfurt am Main
Wolfram Menzel, Karlsruhe
Lars Muckli, Frankfurt am Main
Marcus J. Naumer, Frankfurt am Main
Wolf Reckhaus, Stuttgart
Maximilian Reiser, München
Clive Shirley, Auckland
Heinz Stegemann, Norden
Andreas Trepte, München
Helmut Wicht, Frankfurt am Main

Michael Andritzky, Studium der Sozialwissenschaften. Freier Journalist, Publizist, Ausstellungs- und Filmemacher. Zahlreiche Ausstellungen und begleitende Publikationen, darunter „OIKOS. Von der Feuerstelle zur Mikrowelle", 1992/93; „Wieviel Wärme braucht der Mensch?", 1995.

Dr. Klaus Beyrer, Kulturwissenschaftler. Stellv. Direktor des Museums für Kommunikation Frankfurt.

Dipl.-Ing. Christel Frank, Architektin und Stadtplanerin.

Dr.-Ing. Michael Friedewald, Studium der Elektrotechnik, Wirtschaftswissenschaften und Technikgeschichte. Promotion mit einer Arbeit zur Geschichte des Personal Computers. Seit 1999 Projektleiter in der Abteilung Informations- und Kommunikationssysteme am Fraunhofer-Institut für Systemtechnik und Innovationsforschung in Karlsruhe. Veröffentlichung zuletzt: „Der Computer als Werkzeug und Medium. Die geistigen und technischen Wurzeln des Personal Computers", 1999.

Dr. Dorothea Friedrich, Studium der Germanistik und Anglistik. Journalistin und freie Autorin. Jüngste Veröffentlichung: „Max Schmeling und Anny Ondra. Ein Doppelleben", 2001.

Prof. Dr. Hermann Glaser, Schul- und Kulturdezernent der Stadt Nürnberg von 1964 bis 1990. Mitglied des P.E.N., Autor zahlreicher Bücher, zuletzt: „Deutsche Kultur 1945 bis 2000".

Dr. Thomas Hauer, Studium der Literaturwissenschaft, Philosophie und Mediävistik und Promotion im Fach Angewandte Kulturwissenschaft. Tätig als freier Autor.

Prof. Dr. Jochen Hörisch, Ordinarius für Neuere Germanistik und Medienanalyse an der Universität Mannheim. Letzte Buchveröffentlichung: „Der Sinn und die Sinne. Eine Geschichte der Medien", 2001.

Prof. Dr. Heiner Keupp, Sozialpsychologe. Professor für Sozial- und Gemeindepsychologie an der Universität München. Letzte Buchveröffentlichung: „Grundkurs Psychologie", 2001.

Dr. Simone Kimpeler, Studium der Publizistik, Soziologie und Wirtschaftspolitik. Promotion zu einem konstruktivistischen Ansatz der Diskursanalyse. Stellv. Leiterin der Abteilung Informations- und Kommunikationssysteme am Fraunhofer-Institut für Systemtechnik und Innovationsforschung in Karlsruhe. Veröffentlichung zuletzt: „Virtuelle Mobilität ... Zur Wirkung der Nutzung von Chat, Online-Banking und Online-Reiseangeboten auf das physische Mobilitätsverhalten", 2001 (gemeinsam mit Peter Zoche und Markus Joepgen).

Prof. Dr. Edgar Lersch, Studium der Geschichte, katholischen Theologie, Philosophie und Pädagogik. Leiter des Historischen Archivs des Südwestrundfunks, Stuttgart; Honorarprofessor für Mediengeschichte und Archivkunde der Medien an der Universität Halle-Wittenberg. Veröffentlichung zuletzt: „Quellen zur Programmgeschichte des deutschen Hörfunks und Fernsehens", 1999 (gemeinsam mit Konrad Dussel).

Dr. Marion Möhle, Studium der Philosophie und der Soziologie. Sozialpolitische Fachreferentin in einem Wohlfahrtsverband. Jüngste Buchveröffentlichung: „Vom Wert der Wohlfahrt. Normative Grundlagen des deutschen Sozialstaats", 2001.

Prof. Dr. Hans Mohr, em. Professor für Biologie an der Universität Freiburg i. Br. Von 1992 bis 1996 Mitglied des Vorstands der Akademie für Technikfolgenabschätzung in Stuttgart. Jüngstes Buch: „Wissen – Prinzip und Ressource", 1999.

Dr. Steffen Niemann, Studium der Geographie, Politikwissenschaft und Ethnologie. Promotion im Graduiertenkolleg „Geowissenschaftliche Gemeinschaftsforschung in Afrika" in Würzburg. Wiss. Mitarbeiter am Lehrstuhl für Wirtschaftsgeographie der Universität Würzburg. Veröffentlichung zuletzt: „Wasserversorgung und Wasserverwendung in Namibia", 2000.

Thomas Pruß, Studium der Agrarbiologie. Redakteur der Sportfischerzeitung „Angel-Woche".

Dr. Franziska Roller, Studium der Empirischen Kulturwissenschaft und der Kunstgeschichte und Promotion in Empirischer Kulturwissenschaft. Kulturwissenschaftlerin und freie Autorin. Veröffentlichung unter anderen: „Abba, Barbie, Cordsamthosen. Ein Wegweiser zum prima Geschmack", 1997.

Dr. Konrad Schliephake, Studium der Geographie, Wirtschaftswissenschaften und Orientalistik. Dozent am Geographischen Institut der Universität Würzburg. Veröffentlichung zuletzt: „Libyen und nordwestliches Ägypten", 1999.

Prof. Dr. med. Wolf Singer, Direktor des Max-Planck-Instituts für Hirnforschung, Frankfurt am Main.

Dipl.-Des. Dagmar Steffen, Studium der Produktgestaltung. Wiss. Mitarbeiterin an der Hochschule für Gestaltung Offenbach. Veröffentlichung zuletzt: „Design als Produktsprache", 2000.

Dr. Florian Straus, Studium der Soziologie und Psychologie. Geschäftsführer des Instituts für Praxisforschung und Projektberatung in München. Veröffentlichung zuletzt: „Netzwerkanalysen. Gemeindepsychologische Perspektiven und Methoden für Forschung und Praxis", 2001.

Dipl.-Geogr. Karin Teister, Verkehrsplanerin und freiberufliche Redakteurin.

Prof. Dr.-Ing. Günther Uhlig, Ordinarius für Wohnungsbau, Siedlungswesen und Entwerfen an der Fakultät für Architektur der Universität Karlsruhe.

Dr. Samuel Zschokke, Studium der Informatik, Promotion im Fach Zoologie. Wiss. Assistent und Lehrbeauftragter am Institut für Natur-, Landschafts- und Umweltschutz der Universität Basel.

Seiten 32-43

Imker mit Imkernetz (Fischer-Braunschweig), Aufnahme aus den 1930er-Jahren
Fechter mit Maske (H. Nolte), 1930er-Jahre

Dame in Netzstrümpfen (B. Wunds-hammer), 1956
Soldat beim Befestigen eines Tarnnetzes (Wolff u. Tritschler), 1942

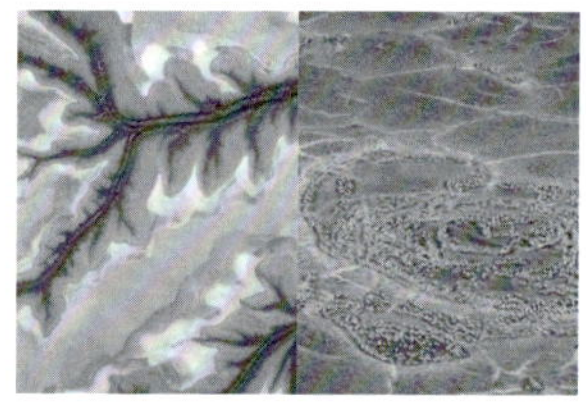

Wasserrinne in Wattregion
Flamingos, Brutkolonie in Natronsee

Looping mit Fahrrad, spätes 19. Jahrhundert

Paar auf Tandem, um 1925
Kalebassen im Netz (S. Wiegand), 1990er-Jahre

Ramona Falls, Mount Hood National Forest

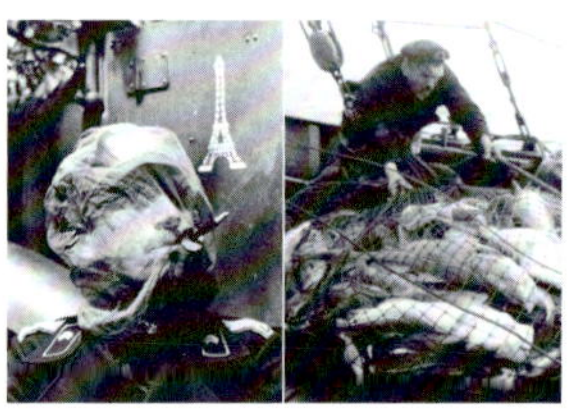

Soldat mit Moskitonetz (A. Grimm), 1942
Einbringen eines Fischernetzes auf hoher See (Pollmann), 1930er-Jahre

Salzmuster im Death Valley/Kalifornien
Fell einer Giraffe (Detail)

Krabbenfischerin (A. Renger-Patzsch), 1937
Hamburgerin beim Einkauf (Germin), 1964

Seiten 65-73

Landschaft mit Flusslauf in Alaska

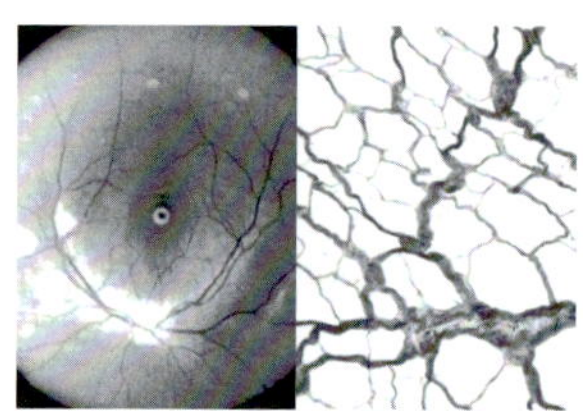

Gefäße des menschlichen Auges
Eisschollen

Seiten 165-176

NIGRÉS-Stromleitungsmasten, ehem. UdSSR, von Vladimir G. Suchov (1853–1939)

Sidney Myer Music Bowl, Melbourne 1957

Seilnetzbrücke über den East River, New York, von John August Roebling, erbaut 1870-1883

Seilnetz des Deutschen Pavillons auf der Weltausstellung EXPO Montreal 1967, von Rolf Gutbrod mit H. Kendel und H. Kies, Frei Otto mit Larry Medlin

Seilnetz des Olympiastadions München 1972, von Behnisch & Partner, Frei Otto, Leonhardt und Andrä

Großvolière für Vögel im Tierpark Hellabrunn, München 1979/80, von Jörg Gribl, Frei Otto, J. Fritz, H. Doster

Naturzugkühlturm für den Reaktor in Schmehausen, von Jörg Schlaich, fertiggestellt 1976, gesprengt 1991

Seiten 226-231

Thermisch-katalytische Crack-Anlage (U. Cantzler)
Versorgungsleitungen auf einem Schiff (R. Häuser)

Industrieanlage (R. Häuser)

Industrieanlage (R. Häuser)

Anhang

Bildnachweis

Akademie der Künste, Berlin 219
Gustavo Alàbiso, Karlsruhe 156
Michael Andritzky, Karlsruhe 136
Argum Bildagentur, Frankfurt am Main 138
Badisches Landesmuseum, Karlsruhe 158/159
Margret Baumann, Köln 140
Bibliothek des Astronomischen Instituts, Bologna 111
Bildarchiv Preußischer Kulturbesitz, Berlin 20, 22, 23, 25, 32-42, 115, 116, 118
Bilderdienst Süddeutscher Verlag, München 130
Herzog August Bibliothek, Wolfenbüttel 122
Centre Pompidou, Paris 223
Daimler-Chrysler Konzernarchiv, Stuttgart 218
Deutsche Lufthansa, Köln 202
Deutsche Post AG, Bonn 207, 208/209, 211, 213, 214
Deutsche Telekom AG, Bonn 251, 254/255, 257
Electrolux, Nürnburg 221
Kai Felmy / FAZ, Frankfurt am Main 263
Focus Bildagentur 44, 73
Fraport AG, Frankfurt am Main 206
Gas-, Elektrizitäts- und Wasserwerke Köln AG 183
Jürgen Gebhard / Stern Picture Press Life, Hamburg 104
Großmarkthalle Frankfurt am Main 189
Gutenberg Museum, Mainz 121
Robert Häusser, Mannheim 226-231
Andreas Haller, Frankfurt am Main 78/79, 83, 103 (nach „Sportbild" 48/2001), 137 (nach SZ vom 30.12.1998), 153-155 (nach Vorlagen von F. Straus), 186 (nach ZEIT-Magazin 5/1993), 197, 199
Institut für Leichtbau, Entwerfen und Konstruieren, Universität Stuttgart 165-176
Donald Kahn-Collection, Miami 109
Amalia J. Knoll, Meran 126-128
Okapia Bildagentur, Frankfurt am Main 52, 65-72
Thomas Pruß, Seth 63
Verlag Philipp Reclam, Ditzingen bei Stuttgart 24
Max-Planck-Institut für Hirnforschung, Frankfurt am Main 51
Schiller-Nationalmuseum / Deutsches Literaturarchiv, Marbach am Neckar 123
Clive Shirley, Auckland 60
Gerhard Ullmann, Berlin 5, 133, 135
Suse Wiegand, Düsseldorf 43
Samuel Zschokke, Basel 53, 55-57

Aus Büchern und Zeitschriften entnommen:

Ronald H. Bailey: Das Gehirn. Amsterdam, Time-Life International 1976 – 46, 114
Leonardo Benevolo: Die Geschichte der Stadt. Frankfurt am Mainu. New York 1983 – 91-102
Bilder und Dokumente zur Sozialgeschichte der Bundesrepublik Deutschland, hrsg. v. Bundesministerium für Arbeit und Soziales – 139
Thérèse de Dillmont: Encyklopädie der weiblichen Handarbeiten. Dornach 1893 – 26
Bert Hölldobler u. Edward O. Wilson: Ameisen. Die Entdeckung einer faszinierenden Welt. Basel u. a. 1995 – 106
Mechthild Meyer-Schneidewind u. Ilona Sauerbier: Strümpfe. Mode, Markt und Marketing. Frankfurt am Main, Deutscher Fachverlag 1992 – 27
Felix R. Paturi: Schnurfiguren aus aller Welt. München, Hugendubel 1988 – 29, 30

Alle Abbildungen ohne Nachweis stammen aus den Sammlungen des Museums für Kommunikation Frankfurt